List Journalistische Praxis

Herausgeber der Reihe: Walther von La Roche

[illegible] Praxis

Herausgeber der Reihe: [illegible] von La Roche

Gerhard Schult /
Axel Buchholz (Hrsg.)

Fernseh-Journalismus

Ein Handbuch für
Ausbildung und Praxis

6., aktualisierte Auflage

List Verlag München

List Verlag
Goethestraße 43
80336 München

Der List Verlag ist ein Unternehmen
der Econ Ullstein List Verlag GmbH & Co. KG

ISBN 3-471-78748-8

Satz: Leingärtner, Nabburg
Druck und Bindung: Ebner Ulm
Umschlaggestaltung: Jorge Schmidt, München

Inhaltsverzeichnis

Vorwort zur 6. Auflage

Sie wollen Fernseh-Journalist werden und Ihre ersten Schritte in das neue Medium richtig vorbereiten?
Sie machen ein Praktikum oder ein Volontariat beim Fernsehen und wollen Ihre Ausbildung systematisch ergänzen?
Sie sind schon ein »alter Hase« beim TV, der mit neuen Entwicklungen Schritt halten will?
Sie arbeiten in einem Offenen Kanal mit oder haben einfach nur Interesse am Medium?
Mit »Fernseh-Journalismus« halten Sie ein Lehrbuch für die (zukünftigen) Macher im Medium in der Hand, das Ihnen eine wichtige Hilfe sein wird. Viele Grafiken, Beispiele und Anleitungen für die praktische Umsetzung helfen dabei, schnell in die TV-Praxis hineinzufinden und sich dort zu bewähren und zu verbessern.

Die aktualisierte 6. Auflage bringt »Fernseh-Journalismus« auf den neuesten Stand, vor allem auch die Ratschläge für die ersten Kontakte zum Medium, egal ob über Fernseh-Kurse oder in der Praxis.

Berufsanfänger werden am meisten profitieren, wenn sie der Systematik von »Fernseh-Journalismus« folgen. Die einzelnen Kapitel und Beiträge sind aber in sich abgeschlossen. Als Ergänzung und Vertiefung einer Hospitanz oder Ausbildung in einem Fernsehsender ist es deshalb auch hilfreich, sie sich gezielt und parallel zu den jeweiligen Stationen in der Praxis zu erarbeiten. Das ist besonders nützlich bei Beiträgen, in denen die (immer häufiger digitale) Fernsehtechnik eine Rolle spielt. Zu deren Verständnis trägt auch das Kapitel »Fachausdrücke« bei.

Ein Kurzfilm in Storyboards macht gleich zu Beginn des Buches deutlich, wie sich die Fernseh-Information aus Bild, Ton und Text zusammensetzt. Mit besonderer Ausführlichkeit beim Bild werden diese drei »Bausteine« dann erläutert. Welche Darstellungsformen es gibt und wie ein Fernseh-Beitrag geplant und realisiert wird (mit welcher Technik und unter welchen Rahmenbedingungen) – das sind die weiteren Schritte.

In fast zwei Jahrzehnten ist »Fernseh-Journalismus« zu einem Standardwerk der Fernsehausbildung geworden, das in TV-Redaktionen, Ausbildungsstätten und Universitäten gleichermaßen geschätzt wird.

Herausgeber und Autoren von »Fernseh-Journalismus« sind zum überwiegenden Teil erfahrene Praktiker, die viele junge Kolleginnen und Kollegen betreuen, als Ausbilder in ihren Redaktionen, als Dozenten und Trainer in Journalistenschulen, Akademien und an Universitäten und in der Weiterbildung von Fernseh-Journalisten am Arbeitsplatz. Einige Beispiele: Ulrich Berls (Bayerische Akademie für Fernsehen), Helmut Göb (Studioleiter FH Würzburg), Gregor Alexander Heussen (Trainer und Ausbilder in vielen Fernsehsendern), Bernhard Nellessen (beim SWR und Referent für verschiedene Institutionen), Karl Nikolaus Renner (Feature-Autor und Professor am Journalistischen Seminar der Universität Mainz), Jörg Schönenborn (beim WDR und der Zentralen Fortbildung der Programm-Mitarbeiter ARD/ZDF), Alexander von Sobeck-Skal (bei PHOENIX und viele Jahre Dozent an der Deutschen Journalistenschule in München) und Sandro Viroli (beim MDR und Trainer bei der Katholischen Medienakademie).

Die 6. Auflage von »Fernseh-Journalismus« berücksichtigt aktualisiert und umfangreich die neuen Entwicklungen in einem schnellebigen Medium: so z. B. den steigenden Bedarf an Nachrichten-Kurzfilmen, Reporter-Stücken und Live-Auftritten und die sich mit großen Schritten vollziehende Umstellung auf die Digitaltechnik mit ihren Auswirkungen auch auf die Arbeit der Journalisten.

Seit mehr als eineinhalb Jahrzehnten sind Fernseh-Journalisten nun in Deutschland nicht mehr nur bei öffentlich-rechtlichen, sondern auch bei privaten Sendern tätig. Viele wechseln zwischen den Systemen. Aber es gibt nur einen Fernseh-Journalismus. Der ist entweder gut oder schlecht, aber nicht öffentlich-rechtlich oder privat.
In diesem Sinne will »Fernseh-Journalismus« auch mit der 6. Auflage zu gutem Journalismus im Medium Fernsehen beitragen und jungen Kolleginnen und Kollegen auf dem Weg dorthin eine praxisnahe Starthilfe geben.

Darmstadt/Saarbrücken, im Februar 2000
Gerhard Schult — Axel Buchholz

In Bildern erzählen

Ein Nachrichtenfilm als Beispiel

So etwa formuliert der Zeitungsjournalist seine Meldung vom Volkswandertag:

> »Rund 1600 Menschen beteiligten sich am Sonntag am 6. Volkswandertag der baden-württembergischen Landesregierung. Ausgangspunkt und Ziel der 30 Kilometer langen Wanderschleife war der Wintersportort Schonach im Schwarzwald. Bereits um 8 Uhr ging die erste Gruppe von 300 Wanderern an den Start. An einer Verpflegungsstation auf halber Strecke nahmen Busse die ›Fußkranken‹ auf. Die erfolgreichen Teilnehmer erhielten Medaillen.«

Der Filmkommentar (Text) des Fernsehjournalisten beginnt so:

```
Ein Tausendfüßler in Wanderstiefeln - der Start
zum 6. baden-württembergischen Volkswandertag.
Schlag 8 Uhr marschierten die ersten 300 los -
die Medaillen im Blickwinkel.
Ausgangspunkt und Ziel: das Schwarzwalddorf
Schonach, ein bekannter Wintersportort.
30 Kilometer lang ist die große Wanderschleife
durch eine der schönsten Schwarzwald-Land-
schaften. Wege und Stege ohne Autos, eine
Idylle die kaum einen Gedanken an übersäuerte
Seen und sterbende Tannen aufkommen läßt.
Keine Angst - nur im Winter müssen hier, auf
der berühmten 100-Kilometer-Langlaufstrecke,
Skier angeschnallt werden.
```

Warum dieser Unterschied? Der Fernsehjournalist formuliert seinen *Text* so, daß sich zusammen mit *Bild* und *Originalton* eine *einheitliche Aussage* ergibt – *die Fernsehinformation*. Welche Überlegungen dabei notwendig sind, wird auf den nächsten Seiten am Nachrichtenfilm »Volkswandertag« beispielhaft dargestellt.

In dem anschließenden Kapitel »Bild, Ton, Text« werden diese drei »Bausteine« einer Fernsehinformation erklärt. Darin wird systematisch – und immer wieder auch an diesem Beispiel – erläutert, was der Übungsfilm beim ersten »Anschauen« nur im Überblick vermittelt.

Bild	Erklärung zum Bild
	Die erste Einstellung (sehr lange Brennweite) soll optisch animieren und Spannung erzeugen: Viele Füße und Beine hinter- und nebeneinander. Die Fahrbahn unten noch zu einem Drittel im Bild, die Kamera sehr tief, knapp über dem Boden: Es entsteht eine Art Spiegelung. Nach ca. 1" Stand: mit dem ersten Schlag der Kirchturmuhr setzt sich der Pulk in Bewegung – ein Durcheinander an Füßen und Beinen.
	Die Totale zur vorhergehenden Einstellung. Das Bild gewinnt an Aussage: Häuser zu beiden Seiten, viele Menschen, die auf die Kamera zugehen, Zuschauer. Die Füße der Wanderer müssen auch in dieser Einstellung das untere Bilddrittel frei halten – sonst »springt« das Bild.
	Nach dem Umschnitt im Vordergrund ein Tisch mit Medaillen; dahinter ziehen die Wanderer vorbei, halbtotal von der Seite. Wichtig: die erste Einstellung von der Seite legt die Achse fest. Da die Wanderstrecke eine Rundstrecke ist, muß die Kamera von nun an immer von der gleichen Seite aus »schießen«. Nur so entsteht für den Zuschauer der Eindruck, daß die Menschen tatsächlich eine Runde wandern. Gehen z. B. die Wanderer von der linken zur rechten Bildkante, müssen alle folgenden Einstellungen ebenfalls links-rechts angeordnet sein. Die Medaillenschachtel im Vordergrund deutet bereits auf etwas wie Wettbewerb hin. Je stärker der Kameramann die Medaillen ins Bild nimmt und die Wanderer in den Hintergrund setzt, umso gewichtiger werden sie. In unserem Fall sind sie nur angedeutet.
	Totale: die Wandergruppe von schräg hinten (die Achse beachten!). Im Hintergrund für das Dorf typische Häuser. Die Einstellung schräg von hinten ist begründet. Bis jetzt kamen die Wanderer im Dorf auf uns zu, gingen an uns vorbei. Jetzt gehen sie von uns weg auf die große Runde, sie verlassen das Dorf. »Ausgangspunkt« heißt es im Text dazu – sie gehen hinaus.

Text	Erklärung zum Text	Ton
Ein Tausendfüßler in Wanderstiefeln.	Der Text ist nur eine Art Schlagwort, ordnet zu: Tausend Füße und Wanderstiefel, dies wiederum über einen fast absurden Vergleich: der Tausendfüßler in Wanderstiefeln. Die Spannung, die das Bild vermittelt, verstärkt der Text.	Atmo Stimmengewirr. Nach ca. 1“ der erste Schlag der Kirchturmuhr. Original-Atmo des Starts, lachende, rufende, anfeuernde Leute, Geräusche von vielen Schritten. Nach ca. 4“ Textbeginn.
Der Start zum 6. baden-württembergischen Volkswandertag. Schlag 8 Uhr marschierten	Der Text bringt Sachinformationen, erklärt, worum es geht, ohne das Bild zu beschreiben: was geschieht, wann, wie viele sind dabei.	Original-Atmo der Wanderer im Dorf.
die ersten 300 los – die Medaillen im Blickwinkel.	Der knappe Hinweis auf die Medaillen ist eine Zusatzinformation: Es geht um einen Wettbewerb; hier wird dies nur angedeutet.	
	Der Text erklärt hier, wo das ganze stattfindet: Schwarzwald, Dorf, Schonach. Zusatzinformation: Sonst kennt man es nur vom Wintersport her. Und er sagt: Hier ist Start und Ziel.	Originalatmo der Wanderer im Dorf.
Ausgangspunkt und Ziel: das Schwarzwalddorf Schonach, ein bekannter Wintersportort.	Ausgangspunkt, das heißt: Jetzt beginnt der eigentliche Marsch. Hierher werden sie wieder zurückkommen: Ziel. Ausgangspunkt ist hier nicht genau identisch mit Start, dieser hat schon stattgefunden, Start ist die Linie, Ausgangspunkt das Dorf.	

Bild

Erklärung zum Bild

Totale, die den Gegensatz zum Dorf vermittelt: eine Buschgruppe, hinter der die Wandergruppe hervorkommt, seitlich von vorn aufgenommen (Achse!). Im Hintergrund Wiesen und Wälder, die Wandergruppe selbst halbtotal.

Umschnitt:
Über Grashalme hinweg, z. T. durch die Halme Wandergruppe halbnah, geht durchs Bild.

Umschnitt:
Totale von der Seite, im Hintergrund See mit einem Boot, Wandergruppe geht am Seeufer entlang.
Die Bilder sind z. T. Antibilder zum Text. Sie zeigen kein Waldsterben, weil man in dieser Umgebung nichts davon spürt.

Groß-Aufnahme Ski-Langläufer-Symbol.
Schwenk nach rechts in Landschaft …

… mit Wandergruppe schräg von hinten. Der harte Schnitt aus der Idylle mit dem Gedanken an Waldsterben führt zunächst zu einem unerwarteten Thema, von dort aber sofort wieder zur Wandergruppe zurück.

Halbnah: teetrinkende Wanderer.

Text	Erklärung zum Text	Ton
30 Kilometer lang ist die große Wanderschleife durch eine der schönsten Schwarzwaldlandschaften. Wege und Stege ohne Autos, eine Idylle, die kaum einen Gedanken an übersäuerte Seen und sterbende Tannen aufkommen läßt.	Der Text gibt Informationen über den Verlauf der Wanderstrecke, erläutert das Bild, ohne es nur zu beschreiben, erklärt das, was hinter dem Bild steht, übersäuerte Seen, Waldsterben. Sie sind da, aber die Idylle läßt kaum zu, daran zu denken. Am Ende dieses Textteils muß eine Pause von 3–4 Sekunden liegen, um dem Zuschauer ein kurzes Nachdenken über dieses Problem zu ermöglichen und um ihn danach wieder ins eigentliche Thema hineinfinden zu lassen.	Originalatmo der Wanderer in der Landschaft.
Keine Angst – nur im Winter müssen hier, auf der berühmten 100-Kilometer-Langlaufstrecke, Skier angeschnallt werden.	Der Text nimmt zunächst die Wirkung des Bildes – der Skiläufer – zurück, erklärt es und informiert gleichzeitig über ein Groß-Ereignis, das jedes Jahr hier stattfindet. Durch den Hinweis auf die Ski-Langlaufstrecke wird im Unterbewußten der besonders einsame Verlauf der Wanderroute angesprochen. Langlaufloipen sind fast immer so angelegt, daß sie abseits der bewohnten Gebiete verlaufen.	Original-Atmo Wandergruppe
Auf halbem Wege eine Verpflegungsstation –	Der Text als Spiel mit dem Wort »Pflege«, um Gleichzeitigkeit der Bedürfnisse und der Hilfen zu betonen.	Original-Atmo Stimmengewirr, Gespräche. Der Ton bleibt am Anfang ca. 3“ Sekunden offen, um die Stimmung wirken zu lassen, erst dann Textbeginn.

Bild	Erklärung zum Bild
	Schwenk nach unten, wo einem Wanderer eine Ferse verpflastert wird. Die Schnittfolge der Wanderung war bisher von vorn, von der Seite, von hinten. Jetzt, in der Zwischenstation, nehmen wir die Wanderer wieder von vorn auf, eine Sequenz ist zu Ende, eine neue beginnt.
	Halbtotale: ein Bus, in den zwei humpelnde Wanderer einsteigen. Der fersenpflasternde Wanderer der vorangegangenen Einstellung saß mit dem Gesicht nach links, der Schwerpunkt des Bildes lag also rechts. Jetzt steigen die Leute von links ein, der Bus steht rechts: der Schnitt wird dadurch klarer. Der Bus wird schräg von hinten unten gezeigt. Diese Ansicht vermittelt deutlicher den Grundgedanken: Die Wanderung endet am Bus. Das bestärkt auch die Richtung, in der der Bus steht, nämlich in Gegenrichtung zur allgemeinen Wanderrichtung.
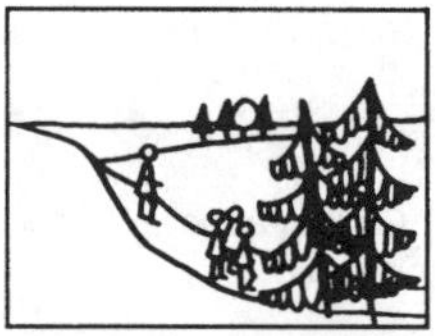	Totale im Wald. Wanderer verschwinden an einer Weg-Ecke zwischen Bäumen.
	Umschnitt: Halbnah von der Seite, die Kamera ist ein Stück vom Weg ab im Wald postiert. Langbrennweitiger ruhiger Schwenk mit einer Gruppe von Wanderern. Zwischen den Menschen und der Kamera schieben sich immer wieder Bäume durchs Bild. Die Wanderer unterhalten sich. Am Ende des Schwenks bleibt Kamera stehen, läßt die Wanderer aus dem Bild gehen. Diese Einstellung vermittelt ein sehr ruhiges, fast intimes Bild. Durch den Blick zwischen den Bäumen hindurch wird fast der Eindruck von Belauschen erweckt. Dies verstärkt das Gefühl, »einander näherzubringen«. Die zweite Einstellung ist länger als alle vorangehenden. Dies erhöht den Eindruck von Ruhe, von Harmonie – der Schnitt wird hier dramaturgisch eingesetzt.

Text	Erklärung zum Text	Ton
auch Pflegestation, vor allem für wundgelaufene Füße.		
Wer nicht mehr weiterwandern wollte, der konnte von hier aus mit dem Bus zum Start- und Zielplatz zurückfahren.	Der Text erläutert das Bild. Das Wort »weiterwandern« ist schon mit Blick auf den nächsten Satz gewählt, mit dem eine neue Sequenz des Films beginnt.	Original-Atmo
Veranstaltet wurde dieser Wandertag von der Landesregierung. Das Ziel: Menschen in einer ungezwungenen Atmosphäre einander näherzubringen, ein gemeinsames aktives Freizeiterlebnis zu vermitteln.	Der Text verläßt hier das Filmbild, informiert nun wieder über die Hintergründe der Wanderung. Trotzdem wird versucht, Bild und Text möglichst aufeinander abzustimmen. Am Ende des Textes bleibt das Bild noch ca. 3“ stumm stehen; das überträgt die ruhige Atmosphäre.	Original-Atmo

Bild	Erklärung zum Bild
	Halbnah, die Kamera fährt knapp über dem Boden seitlich vor einer Gruppe von Wanderern her. Sie gehen schnell, nur ihre Füße und Beine sind im Bild. Durch diese Kameraposition wird der Eindruck von Geschwindigkeit erreicht.
	Umschnitt: Kamera fährt neben den Leuten her. Nahe Gesichter, schwitzend, alle im Profil.
	Umschnitt: Halbtotal, die Kamera schwenkt langbrennweitig von der Seite mit den Wanderern mit. Hinter den Wanderern ein Lattenzaun. Durch das hektische Durch-das-Bild-Huschen des Lattenzauns entsteht der Eindruck von hoher Geschwindigkeit, das Bild wirkt unruhig.
	Umschnitt: Gruppe halbtotal von schräg hinten, verschwindet rasch um eine Hütte. Diese Sequenz ist völlig anders als alle vorangehenden aufgenommen. Die Kamera ist bei den ersten beiden Bildern in Bewegung, das erzeugt Unruhe. Auch der Lattenzaun in der 3. Einstellung schafft Unruhe, ebenso das hastige Um-die Ecke-Gehen der 4. Einstellung. Objektiv könnten dies die gleichen Situationen der vorangehenden Sequenz sein. Subjektiv allerdings drücken sie etwas völlig anderes aus: Der Text beschreibt es. Durch den verkürzten Schnitt-Rhythmus gegenüber der vorigen Sequenz wird die Unruhe weiter verstärkt.
	Halbtotale des Startplatzes: eine Gruppe von 2 Wanderern marschiert ab (immer noch die Bildachse beachten!). Kamera schwenkt nach rechts mit in eine Totale.

Text	Erklärung zum Text	Ton
Den Wander-Organisationen wie Alb- und Schwarzwald-Verein ist dieses Erlebnis mit zuviel Masse, mit zuviel Wettkampf verbunden.	Der Text geht nun in die Gegenrichtung. Er äußert die Kritik, die Fachleute an Veranstaltungen wie dieser üben. Die Meinungen, ob das in einem Filmbericht dieser Art zulässig ist, gehen hier sicherlich auseinander. Meines Erachtens ist es zulässig, da sich die Kritik an objektiven Kriterien mißt. Das Wandern um Medaillen z. B. wird von allen Wander-Organisationen abgelehnt, da es das Wettkampfmäßige verstärkt. Überdies handelt es sich bei der Kritik nicht um eine Einzelmeinung.	Original-Atmo. Schnell gehende Menschen, das Geräusch der Schuhe überdeutlich, Schnaufen, keinerlei Unterhaltung.
Der eigentliche Sinn, nämlich wandern ohne zu hetzen, in Ruhe die Natur zu erleben, das gehe verloren.		
Bis 12 Uhr konnte in Schonach gestartet werden, zogen immer wieder größere und kleinere Gruppen los.	Wiederum Text-Informationen über den Ablauf des Wandertags. Sachinformationen: Bis 12 Uhr kann gestartet werden, Gruppen von Wanderern, wieviele Teilnehmer insgesamt.	Original-Atmo. Gespräche am Start, Unterhaltungen, Geh-Geräusche.

Bild	Erklärung zum Bild
	... Der optische Unterschied zur ersten Einstellung, nämlich dem Start um 8 Uhr: hier geht es gemächlich zu, keine Wettkampfsituation, auch relativ ruhige Einstellungen, im normalen Rhythmus geschnitten.
	Umschnitt: Nah: Vater mit Kind im Rucksack geht los, Kamera schwenkt auf seine Füße, läßt sie aus dem Bild gehen. Bei Zeitproblemen kann man auf diese Einstellung verzichten.
	Totale des Ziels im Dorf. Drei Wanderer kommen rasch marschierend an, bleiben direkt hinter der Ziellinie schnaufend stehen. Im Vordergrund rechts groß die Stoppuhr.
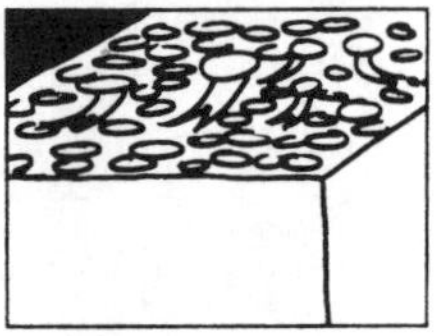	Umschnitt: Groß: Medaillenkasten bildfüllend von oben. Eine Medaille wird herausgenommen. Kamera geht mit, Medaille wird dem Ersten an die Brust geheftet.
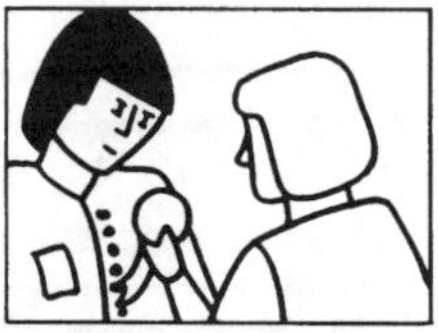	
	Umschnitt: Medaille groß an der Brust.

Text	Erklärung zum Text	Ton
1600 Wanderer waren es schließlich.	Außer beim Einstieg wurden bisher Marsch-Einstellungen von der Strecke gezeigt. Der Sprung zurück zum Start läßt spüren, daß über einen langen Zeitraum hinweg Wanderer aufbrechen, zu einem Zeitpunkt also, an dem im Film die Wanderung beinahe beendet ist.	Im Gegensatz zum Film-Anfang keine hektische Start-Atmo, sondern gemütliches Aufbrechen, freundschafliche Zurufe usw.
Als die letzten auf die 30-Kilometer-Schleife gingen …	Mit der Summe der Wanderer wird bereits eine Bilanz gezogen, das Film-Ende kündigt sich an.	
… hatten die ersten bereits das Ziel vor sich.	Der Text schlägt – wie das Bild – den Bogen zum Beginn des Wandertags wie zum Filmbeginn: die Medaille. Er greift aber auch auf eine Situation vor, die sich erst nach der Sendung ereignen wird: das Eintreffen des letzten Wanderers im Ziel. Das Ereignis bleibt zum Ende offen, die Veranstaltung ist noch nicht abgeschlossen, ist noch aktuell, damit unmittelbarer, näher.	Original-Atmo, Beifall, Rufe.
Das Ziel: die Medaille.		Original-Atmo, Beifall.
Die letzten werden sie vermutlich erst in der Abenddämmerung erhalten.		Original-Atmo, Beifall.

Bild, Ton, Text

Bildsprache

Inhalt und Form der Bilder sind ein wesentlicher Teil der Gesamtgestaltung eines Fernsehfilms, bei der Bild, O-Töne und Text in fester Beziehung zueinander stehen sollen und gemeinsam zum Träger einer Information werden.
Bevor wir uns mit den Kriterien der Bildsprache auseinandersetzen, müssen wir einige wichtige Begriffe klären, als ersten den der Realität.

Fernsehbild und Realität. Was ist das, »Realität«? Auf eine einfache Formel gebracht: Vergleichbare Sinneseindrücke mehrerer Menschen bei der Wahrnehmung des gleichen Objekts lassen uns auf dessen Realität schließen. Das Produkt, das wir herstellen, existiert also nicht auf dem Bildschirm, sondern im Kopf des einzelnen Zuschauers. Das *Aussageangebot,* das wir ihm über die Gestaltung der Sendung zu vermitteln suchen, ist im Grunde nur ein Teil dessen, was wir eigentlich erreichen wollen. Der zweite Teil ist die durch die persönliche Erfahrung geprägte *Verarbeitung des Aussageangebots im Zuschauer.* Erst das Produkt aus unserem Informationsangebot und dem Wahrnehmungsverständnis des Zuschauers können wir als das Ziel unserer Arbeit betrachten. *Dieses Produkt nennen wir Aussage.* Es ist also falsch zu sagen, der Bericht hat eine bestimmte Aussage, denn ein Bericht kann nur für mich – oder für einen einzelnen Zuschauer – eine bestimmte Aussage haben.
Wir wollen Bilder und Bildfolgen gestalten, die wahrgenommen werden können, die etwas bedeuten und dadurch ein Informationsangebot an den Zuschauer herantragen.
Das geschieht auch, wenn die Bildfolge zufällig oder unqualifiziert zusammengefügt wird und die einzelnen Einstellungen etwas repräsentieren, was vielleicht nicht mehr der Vorstellung des Gestalters entspricht.
Wir müssen also ständig den spezifischen Zweck jeder einzelnen Einstellung im Blick haben. Nur wenn wir uns über ihre Funktion innerhalb einer Bildfolge im klaren sind, wird es uns gelingen, dem Zuschauer ein deutliches Informationsangebot zu vermitteln.

Der Aussagewunsch. Das Wesen der filmischen Gestaltung liegt in der Einschränkung, daß sie jeweils nur einen sehr kleinen Teil der Wirklichkeit in einer Einstellung abbilden kann. Aus diesem scheinbaren Mangel ergibt sich jedoch als wichtiger Gestaltungsgrundsatz das *Prinzip der Ausschließlichkeit.* Je größer die Ausschließlichkeit ist, mit der dem Zuschauer etwas gezeigt wird, desto geringer ist seine Möglichkeit zu eigenständiger Interpretation. Bilder mit hohem Ausschließlichlichkeitsgrad sind unmißverständlich und führen zu einem deutlichen Informationstransport. Die Einstellung darf ausschließlich das enthalten, was tatsächlich ausgesagt werden soll – nicht mehr und nicht weniger. Der Auswahl der richtigen Bildausschnitte kommt also eine herausragende Bedeutung zu. Um dieser Bedeutung gerecht zu werden, bedarf es allerdings der genauen Vorstellung, was überhaupt ausgesagt werden soll.
Der erste Arbeitsschritt zum wirksamen Informationstransfer ist die *präzise Formulierung* eines Aussage-Ideals, *also des Aussagewunsches.*

Aussagewunsch im Team formulieren. Im Fernsehteam wirken sich nicht deutlich formulierte Aussagewünsche negativ auf die gemeinsame Arbeit aus. Darum muß der Aussagewunsch vor Beginn der gestaltenden Arbeit präzise formuliert werden. Nur so kann ein *gemeinsamer Aussagewunsch* für das Team zum Leitfaden für die Arbeit werden.
Nun darf man allerdings nicht annehmen, der Aussagewunsch könne so eine Art Arbeitstitel für den ganzen Film sein, wie es in der Fernsehpraxis oft üblich ist. Auf diese Weise vereinfachte Arbeitsvorgaben sind nicht dazu geeignet, Bilder nach dem Prinzip der Ausschließlichkeit zu gestalten, und führen zu einer Zusammenarbeit, die sich zwischen Redakteur/in und Kameramann etwa so anläßt: »Wir drehen einen Film über die Zersiedlung der Großstädte; mach' mal ein paar allgemeine Stadtaufnahmen.« Bilder, die daraufhin entstehen, entsprechen vielleicht den Interessen und spontanen Einfällen des Kameramannes oder der Kamerafrau, nicht aber einem gemeinsamen Aussageziel. Darum ist es erforderlich, den *Aussagewunsch zu differenzieren.*
Der Gesamtaussagewunsch muß von den Einzelaussagewünschen der *Komplexe* getragen werden. Die Komplexe bestehen aus *Sequenzen*, denen jeweils ein Aussagewunsch als Arbeits-

Wenig differenzierte Bilder liefern wenig differenzierte Aussagen.

Ziel vorsteht, und schließlich muß man auch nach Sinn und Zweck der einzelnen *Einstellung* fragen. Erst wenn diese Fragen im Team beantwortet werden können, haben wir das Arbeitsziel »Aussagewunsch formulieren« erreicht.
Dieser gemeinsame Aussagewunsch verändert nichts an der fachspezifischen Aufgabenteilung unter den Teammitgliedern. Im Gegenteil: Die Einzelarbeit des Journalisten, des Kameramannes, des Tontechnikers und der Cutterin lassen sich durch einen einheitlichen Aussagewunsch besser koordinieren und auf ein vernünftiges Maß reduzieren. Erst in dieser arbeitsteiligen Beschränkung auf das Wesentliche erkennt man Professionalität.

Keine Einstellung ohne Standpunkt. Zwei Menschen stehen sich gegenüber. Jeder hat eine bestimmte Stellung im Raum, also einen eigenen Standpunkt. Die mehr oder weniger große Entfernung zwischen diesen Standpunkten stellt eine Beziehung zwischen den beiden Menschen her; sie haben eine Einstellung zueinander, wobei wir zur Definition der Positionen in der Realität von den Axiomen *Raum* und *Zeit* ausgehen. Verändert sich ein Standpunkt (auch der der Kamera), dann kommt es zu einer Veränderung der Beziehung der unterschiedlichen Standpunkte

zueinander. Unterschiedliche Einstellungen sind also das Produkt der Veränderungen im Bezugssystem, nach dem der Mensch, ausgehend von seinem eigenen Standpunkt, die Welt um sich ordnet. Dieses Bezugssystem nennen wir *Perspektive* (vgl. Bildaufbau, Regeln für die Kameraaufstellung):
Habe ich eine Einstellung zu etwas, dann muß es etwas Bestimmtes sein, etwas Festumrissenes, das ich aus einer bestimmten Perspektive eine Zeitlang betrachten kann. In diesem Satz zusammengefaßt, ist es jetzt einfach, den Begriff »Einstellung« zu definieren. Er enthält bereits *die drei wichtigsten Kriterien, die eine Einstellung bestimmen:*
- den *Bildausschnitt* als das Festumrissene,
- die *Perspektive,* die durch meinen eigenen Standpunkt bestimmt wird, und
- eine begrenzte *Betrachtungszeit*, die durch das Ein- und Ausschalten der Kamera, durch eine Kamerabewegung oder durch die Kürzung bei der Montage am Schneidetisch bestimmt wird.

Beschäftigen wir uns mit diesen Kriterien ausführlicher.

Der Bildausschnitt steuert die Konzentration. Gemeint ist der durch den Blickwinkel der Kamera bestimmte Ausschnitt aus unserem realen Gesichtsfeld, also aus dem realen Raum. Dieser Winkel ist im Verhältnis zu unserem Gesichtsfeld (beide Augen mit Augenbewegung und Kopfdrehung) begrenzt. Der Amateurfilmer empfindet das kleine Sucherbild als so bedrückend, daß er mit fortwährenden Schwenks und Zooms versucht, dieser Enge zu entkommen.
Der Fachmann dagegen weiß, daß in der *Konzentration auf das Wesentliche* das Geheimnis der Gestaltung liegt. In der vermeintlichen Einengung des Bildwinkels liegt die Freiheit, nur das zu zeigen, was man wirklich aussagen möchte. Durch diese Einengung oder, besser gesagt, durch die *Ausschließlichkeit* des Raumausschnitts hat man eine Chance, sich der gewünschten Aussage anzunähern.

Die Definition der Einstellungsgröße. Im allgemeinen werden fünf Kategorien unterschieden: *total, halbtotal, halbnah, nah und groß.* Dabei stoßen wir auf das weitverbreitete Mißverständnis, daß ein großes Gesicht grundsätzlich eine Großeinstellung sei,

Differenzierte Bilder ergeben eine eindeutige Aussage

Aussagewunsch: Am Kirchweiher sitzt ein Angler.

Aussagewunsch: Auf dem Kirchweiher rudert ein Mann; die Sonne scheint.

mehrere Personen im Bild seien dagegen stets eine Totale. Das kann natürlich so sein, muß aber nicht, denn ein Gesicht kann durchaus die Totale einer Sequenz sein, deren Aussage von Nase und Augen handelt.

Die Totale ist oft schwieriger festzulegen als die richtige Großeinstellung, die nach unserer Definition die größte Detaileinstellung ist und meist den Aussagekern bildet. Die dem Aussagewunsch entsprechende Ausschließlichkeit ist bei Detaileinstellungen leichter herzustellen als bei einer Totalen, die alle Details einer Sequenz räumlich einordnet und nach Möglichkeit darüber hinaus nur noch Bildinhalte zeigt, die der Aussagewunsch ausdrücklich fordert. *Zwischeneinstellungen* wie halbtotal, halbnah oder nah *sind ordnende Bindeglieder* zwischen der Totale und den Großeinstellungen.

Die Ausschließlichkeit der Bildaussage wird keineswegs immer mit der Großaufnahme erreicht. Das ist nur der Fall, wenn der Bildausschnitt dem Kern des Aussagewunsches völlig entspricht. An den Sinn der Großaufnahme kommen wir deshalb *nicht über die Größe der Detaildarstellung, sondern nur über die Ausschließlichkeit des Bildinhaltes.* Die Großeinstellung zeigt also nicht das Objekt besonders deutlich, sondern sie verhindert durch ihre Ausschließlichkeit, daß sich die Wahrnehmung der Zuschauer auf etwas konzentriert, was nicht dem Aussagewunsch entspricht. Die Großeinstellung ist damit der eigentliche Aussageträger einer Sequenz und wird auch erst in einer Sequenz voll wirksam.

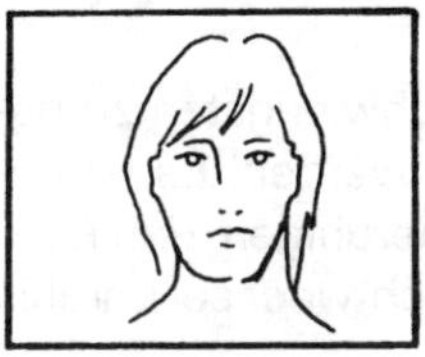

Totale
Besser: Orientierung

Nah
Differenzierung

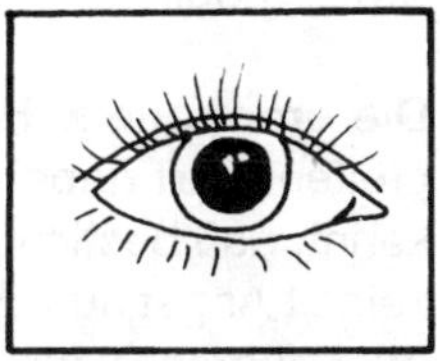

Groß
Aussagekern

Die Orientierung ist die Voraussetzung für die spätere Wahrnehmung einzelner Inhalte und damit ein Teil des Wahrnehmungsprozesses. Über unser Vorbewußtsein spricht die Orientierung einen *Horizont* an, den wir brauchen, um Einzelheiten einzuordnen. Unter Horizont haben wir eine den *Verständnishintergrund bildende Gesamtvorstellung* zu verstehen, die notwendig ist, um vor diesem Hintergrund einen Fokus, eine Konzentration zu bilden. Für die Gestaltungsarbeit müssen wir unterscheiden, ob, je nach Thema, der Horizont erst gebildet wird oder ob er bereits besteht, so daß wir ihn über bestimmte Gestaltungsklischees nur aufs neue ansprechen müssen. Je eingeengter die Darstellungszeit innerhalb der Programmstruktur ist, um so mehr müssen wir auf Klischees zurückgreifen, um damit die bereits beim Zuschauer bestehenden Horizonte anzusprechen.

Horizontbildung durch Informationen über Raum und Zeit ist die übliche Methode. Bilder von Landschaften, Städten, Straßen oder Häusern orientieren zum Beispiel über den *Raum.* Deutlich darstellbare Handlungsabläufe oder zeitlich definierbare Handlungsteile orientieren über die *Zeit.* Der raumzeitliche Horizont ist eine sichere Einführung in einen Bericht oder in eine Geschichte.

Horizontbildung durch begriffliche Einstellungen wie zum Beispiel Symbole orientiert über abstrakte inhaltliche Zusammenhänge (*semantischer* Horizont). Eine Story kann durchaus mit einem Kindergesicht als Großaufnahme beginnen. Wenn dazu gleichzeitig im Text der Begriff »Schule« genannt und damit ein bereits vorhandener Horizont angesprochen wird, realisieren wir das Kindergesicht sofort als Schulkind. Im Gegensatz zu dieser Bild-Text-Verbindung sind natürlich auch rein visuelle begriffliche Orientierungsformen, wie die fünf Ringe vor einer Olympia-Story, möglich.

Die emotionelle Horizontbildung ist am schwierigsten zu begreifen, weil dabei Assoziationen ausgelöst werden. Es ist bekannt, daß bestimmte Farben erregen oder beruhigen, daß Dunkelheit Angst auslösen kann, daß schnelle Lichtwechsel unruhig oder aggressiv machen.
Der Orientierungsprozeß kann nur als ein Schritt der Gestaltungsarbeit verstanden werden. Er ist die wahrnehmungsadäquate Voraussetzung für den Transport der Kernaussage.

Die Einstellungsdifferenzierung innerhalb einer Einstellungsfolge, zum Beispiel von einer orientierenden Totalen über eine halbnahe Einstellung zur Großeinstellung, die den Aussagekern trägt, führt dazu, daß sich beim Betrachter *viele Einzelinformationen zu einem zentralen Begriff verdichten.* Entspricht dieser Begriff dem Kern unseres Aussagewunsches, dann haben wir unser Gestaltungsziel erreicht.
Bei unzureichender Horizontbildung können die Einstellungen, die die Aussage tragen, nicht sinnvoll eingeordnet werden. Es kommt dann zu einer ungenauen oder zufälligen Fokussierung

und damit zu einer falschen Begriffsbildung. Das Gehirn mit seinem programmatischen Auftrag, eine geschlossene Vorstellung von der Realität zu entwickeln, ergänzt die fehlenden Horizont-Teile nach den eigenen Möglichkeiten. Das kann zu einer Interpretation der Bilder führen, die mit dem Aussagewunsch nichts gemein hat.

Eine deutliche Begriffsbildung beim Zuschauer erreichen wir also nur mit einer Einstellungsfolge, einer Sequenz, in der zunächst *zielstrebig orientiert* und dann der *Aussagekern* nach dem Prinzip der Ausschließlichkeit *eindeutig herausgearbeitet* wird. Eine Folge von Einstellungen, die durch die differenzierte Wahl des Bildausschnitts aufeinander abgestimmt sind, stimuliert das Wahrnehmungsverhalten, steuert Aufmerksamkeit und Spannung des Zuschauers.

Unabhängig vom Bildinhalt haben wir ein Spektrum von *Möglichkeiten, mit denen wir den Zuschauer beeinflussen können.* Diese Einflüsse werden vorbewußt verarbeitet und dringen nicht in das Bewußtsein ein. Sie stehen damit auch außerhalb der Kritikfähigkeit des Zuschauers, der unseren Manipulationen des-

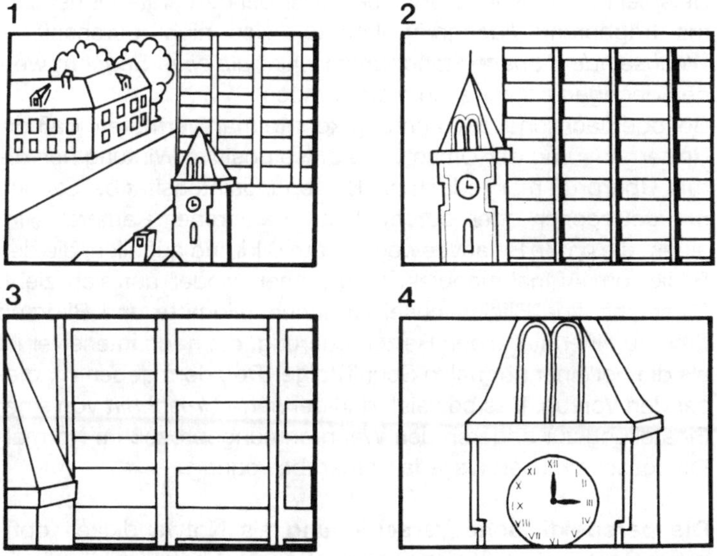

Alt und neu im Stadtbild: Der Aussagekern muß nicht aus nur einer Einstellung gebildet werden. In diesem Beispiel wird er aus den Großeinstellungen 3 und 4 zu einem Begriff – ein Prozeß, der sich im Betrachter unbewußt abspielt.

halb wehrlos ausgeliefert ist. So, wie wir uns in einer gespannten Situation mit einer schnellen Folge kurzer Blicke orientieren, reagieren wir auch auf eine entsprechende Folge kurzer Einstellungen mit Spannung. Ähnliches läßt sich aus Kamerastandpunkten und Einstellungsgrößen ableiten. Genaues Betrachten erzeugt Neugierde, oberflächliches Betrachten Desinteresse. Häufige Reizerneuerung macht nervös und unsicher und führt bei länger anhaltender Reizüberflutung zu Abstumpfung und Resignation. Dinge oder Menschen, die uns zu nahe kommen, bedrängen uns. Wir fühlen uns unterlegen, wenn jemand auf uns herabschaut, und wir gewinnen Übersicht aus der Vogelperspektive.

Unterschiedliche Perspektiven von einer Einstellung zur anderen fordert eine Regel der klassischen Filmgestaltung. Man darf *das gleiche Objekt in anderen Größen vom gleichen Standpunkt aus nicht noch einmal aufnehmen.* Die unterschiedlichen Kamera-Perspektiven haben sich über eine lange Zeit hinweg bewährt. Versuche, ganze Szenen in einer Einstellung zu drehen, wie bei der Einführung der leise laufenden Handkamera, zum Beispiel in der »Nouvelle Vague« oder bei den ersten Einsätzen mit tragbarem Videogerät, konnten sich nicht durchsetzen. *Wechselnde Kamera-Standpunkte innerhalb einer Sequenz* werden dagegen als angenehm empfunden.
Bei oberflächlicher Betrachtung könnte man vermuten, daß die Reizerneuerung der Umschnitte diese positive Wirkung hervorruft. Überprüft man jedoch die Bewegungsintensität bei Szenen mit getragener oder durchgehend gefahrener Kamera, wird einem die große Relativbewegung am Bildrand auffallen, die den Blick vom Aufnahmeobjekt weg immer wieder auf sich zieht. Dieser häufige Blickwechsel zwischen Bildmitte und Bildrand führt zu einer ständigen Reizerneuerung, die noch intensiver ist als die bei einer normalen Schnittfolge. Trotzdem geben wir dieser den Vorzug. Das beweist, daß der *harte Umschnitt* von einer Einstellung zur anderen den Wahrnehmungsprozeß im Normalfall besser simuliert als jede Kamerabewegung.

Die perspektivische Verschiebung als Notwendigkeit optischer Gestaltung läßt sich mit einer Sehgewohnheit erklären, die wir als ererbtes Verhalten beibehalten haben. Können wir ein Objekt nicht genau erkennen – sei es bei Dämmerung oder größerer

Entfernung – dann neigen wir unbewußt zu einer leicht pendelnden Kopfbewegung. Diese führt zu perspektivischen Verschiebungen, die unser räumliches Sehen verstärken und unser Erkennen verbessern, weil sich Vorder- und Hintergrund gegeneinander verschieben. Ein ähnliches Verhalten zeigen wir, wenn wir ein Objekt – auch aus nächster Nähe – ganz genau betrachten wollen. Wir bewegen den Kopf seitlich hin und her, versuchen, um das Objekt herumzugehen, betrachten es von allen Seiten.

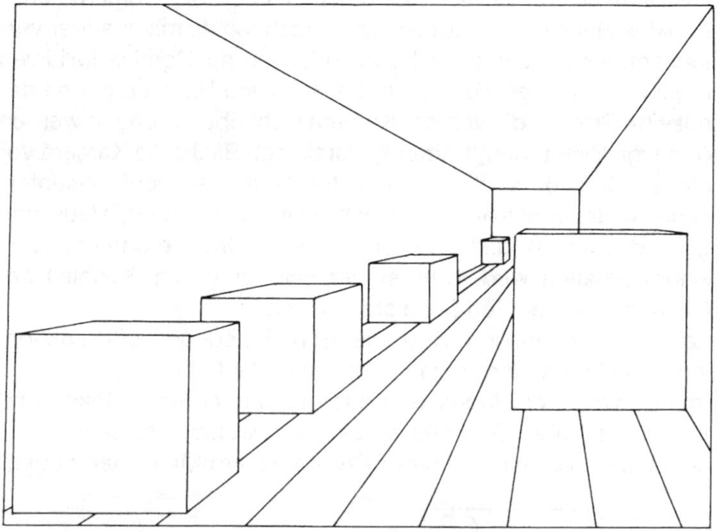

Fernsehbilder sind zweidimensional. Die Größenunterschiede von Gegenständen und Personen in der Perspektive sind ein Code für die Beschaffenheit des Raumes. Diesen Code braucht der Gestalter für die räumliche Darstellung.

Diese Möglichkeit des besseren räumlichen Erfassens fehlt uns auf der Leinwand oder auf dem Bildschirm. Jedes Angebot an *verbesserter Raumempfindung* wird deshalb bereitwillig aufgenommen und ersatzweise wie eine realistische Rauminformation verarbeitet. So akzeptieren wir die unterschiedlichen Kamerastandpunkte anstelle der uns so vertrauten ständigen perspektivischen Verschiebung, die wir uns beim normalen Sehen durch Korpfbewegungen selbst verschaffen.

Schuß und Gegenschuß sind Standpunktwechsel der Kamera, die dem Zuschauer eine umfassende Vorstellung der Realität

vermitteln sollen. Weil sie eine orientierende Funktion haben, muß sich der Gestalter davor hüten, andere, desorientierende Elemente in das Bild zu bringen. So muß z. B. der Verlauf von Linien, der für den Betrachter Orientierung ausdrückt, erhalten bleiben. Geht der Verlauf verloren, wäre zum Verständnis des Bildes eine längere Betrachtungszeit erforderlich. Sie aber ist bei nur einer orientierenden Einstellung innerhalb der Sequenz nicht mehr vorhanden. Im ersten Bild der Sequenz steht das Haus links vom Baum. Werden durch den Wechsel des Kamerastandpunktes Haus und Baum von links nach rechts miteinander vertauscht, entsteht eine solche Desorientierung. Dominante Linien in Bildern, wie der Weg zwischen Haus und Baum, ergeben damit eine Grenze, die von der Kamera nicht übersprungen werden darf (vgl. Bildaufbau, Kameraaufstellung). Bleibt die Kamera vor dieser Grenze, sind bei Objekten extreme Richtungsunterschiede der Einstellung möglich: Haus von hinten, Haus von vorn. Wichtig ist, daß die grundsätzliche Orientierung über den Raum erhalten wird. Das ist der Fall, wenn (im Beispiel) der Baum auf der rechten Seite stehen bleibt.
Leichter verständlich wird die Schuß-Gegenschuß-Funktion, wenn wir Menschen zeigen. Worin liegt der Grund?
Immer wollen die Menschen erraten, was andere denken und fühlen; sie wollen Gleiches erleben oder wenigstens sehen, was erlebt wird. Stehen wir in der Realität einem Menschen gegen-

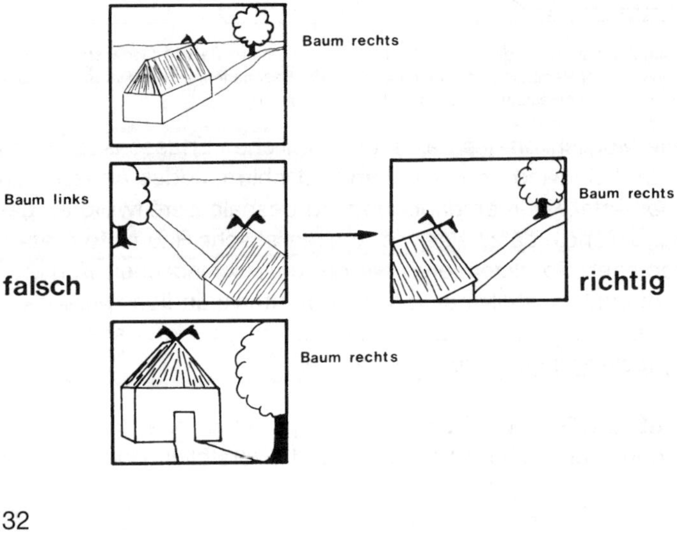

über, dann ist seine Umgebung auch unsere Umgebung, die voll in unser Wahrnehmungsprogramm einbezogen wird. Seitenblicke, die unsere Konzentration auf den Menschen durchaus nicht stören, orientieren uns ständig über unsere und damit auch seine Umgebung. Dieses Orientierungsverhalten läßt sich nur unzureichend auf unsere Gestaltungsarbeit übertragen. Besonders bei der Großaufnahme, die ausschließlich einen Menschen zeigt, fehlt die Umfeld-Information und damit entstehen beim Zuschauer Unsicherheit und Neugier. Der vorbewußte Wunsch, zu sehen, was auch der andere sieht, ist so mächtig, daß sich eine Erwartungshaltung formt, die ihn *unlogische Schnittfolgen, ja selbst die Unlogik eines extremen Wechsels des Kamerastandpunktes* akzeptieren läßt; man kann den dargestellten Menschen dabei auch auf Dinge schauen lassen, die sich in der Realität weit außerhalb seines Gesichtsfeldes befinden oder die sogar nur in seiner Vorstellung existieren.

Ähnliche Bilder irritieren, weil der Betrachter daran gewöhnt ist, daß seine Augen in »harten Schnitten« von einem Objekt zum andern springen. Er ist zum Beispiel nicht in der Lage, mit den Augen einen Schwenk auszuführen; auch beim größten Bemühen springt sein Blick von einem Punkt zum anderen. So erhält er bei jedem Blickwechsel Informationen über völlig veränderte Konturen, die er in das in seiner Vorstellung entstehende Gesamtbild (Horizont) einordnet. Offensichtlich entsteht der Arbeitsauftrag für dieses Einordnen aus dem plötzlichen und totalen Wechsel der Umrisse. Ähnliche Umrisse müssen, wie es scheint, vorbewußt genauer überprüft werden, damit nicht »dasselbe« für »unterschiedliches« gehalten wird und umgekehrt. Andererseits sollten wir von Einstellung zu Einstellung mit zum Teil überlappenden Bildinhalten arbeiten, damit die räumliche Orientierung innerhalb einer Sequenz erhalten bleibt. Es gilt also, *Gleiches mit möglichst unterschiedlichen Umrissen* aufzunehmen; auch dabei hilft uns die Änderung der Perspektive beim Einstellungswechsel.

Die Einstellungslänge. Ein Foto stellt einen kleinen Ausschnitt aus einem Handlungsverlauf dar. Es wäre aber langweilig, wenn es nur diese Bedeutung hätte. Tatsächlich verleitet der Ausschnitt aus der realen Gesamtraumzeit zu einer Interpretation, die den Erfahrungen und Assoziationsmöglichkeiten des Betrachters entspricht; er vollendet eine im Foto begonnene Handlung in seiner Vorstellung und entwickelt Voraussetzungen und Konsequenzen. So wird das Foto zum Repräsentanten der realen Gesamtraumzeit.

Erreicht schon das Foto einen solchen Denkvorgang, so muß eine diachronische Aufnahme, die also nicht nur räumliche, sondern auch zeitliche Ausdehnung aufzeichnet, diesen Prozeß verstärken. In diesem starken, realitätsnahen Eindruck liegt die ungeheure Glaubwürdigkeit, die Film- oder Fernsehaufnahmen vermitteln. Allerdings kann der Betrachter die Betrachtungszeit nicht nach seinen eigenen Ansprüchen bestimmen. Sie wird ihm vorgegeben. Dem Zuschauer eine *angemessene Betrachtungszeit* zu ermöglichen, liegt im Verantwortungsbereich von Kameramann und Cutterin. Die Einstellungslänge wird bei der praktischen Arbeit mit der Kamera oder am Schneidetisch häufig nur durch das Gefühl bestimmt.

Einstellungen haben deshalb nicht selten zufällige Längen, wenn es sich um statische Bilder handelt. Oder sie werden durch einen Handlungsablauf bestimmt, der die Einstellungslänge dehnt, weil die Entscheidung schwerfällt, aus einer nicht abgeschlossenen Handlung wieder auszusteigen. Diese *Entscheidungsschwierigkeit* wird verständlich, wenn man bedenkt, daß der Kameramann ja nicht in der späteren »filmischen Zeit« denkt, sondern mit der Realzeit des Handlungsverlaufes konfrontiert ist.

Am Schneidetisch steht die Cutterin unter dem Druck, diese ungekürzten Handlungsverläufe den meist extrem kurzen Sendeformen des Fernsehens anzupassen. Viele Cutterinnen können sich dabei auf ihr Gefühl verlassen und kommen zu guten Ergebnissen. Allerdings unterliegen sie einer Gefahr: Ihre intuitive Entscheidung kann *nur beim allerersten Ansehen* der Bilder auf dem Schneidetisch funktionieren. Hier werden sie in ihrer Funktion als »erster Zuschauer« wirksam, der keinen oder einen bis jetzt noch nicht angesprochenen Horizont für die dargestellten Aufnahmeobjekte entwickelt hat. Nun macht aber jede Montage ein sehr häufiges Betrachten der Bilder nötig, was bei den Beteiligten zu einer sicheren Ausbildung von Horizonten und Fokussen führt.

Entscheidet dann ein *vorbewußter* Prozeß über eine endgültige Einstellungslänge, kann es zu Kürzungen kommen, die der Zuschauer nicht versteht. Diese Entscheidungen dürfen deshalb

nicht erst am Schneidetisch getroffen werden. Wir müssen sie bereits in unsere konzeptionellen Überlegungen vor oder, wenn es nicht anders geht, bei den Dreharbeiten einbeziehen.
Der Kameramann muß über die *geplante Schnittlänge* der Einstellung informiert werden, damit er sich bei den Bildinhalten entsprechend beschränkt. Eine Totale z. B., die viele Details in sich vereinigt, muß länger eingeschnitten werden als eine Großaufnahme, die nur ein einziges Detail zeigt.
Auch hier ist wieder der Aussagewunsch das entscheidende Hilfsmittel. Bildinhalt und Einstellungslänge lassen sich einfach und sicher davon ableiten. Eine wichtige Entscheidungshilfe ist dabei die *laut ausgesprochene Beschreibung des Einstellungsinhaltes.* Visuelle Wahrnehmung, Denken und Sprechen sind als Arbeitsprozeß im Gehirn miteinander verbunden. Wenn wir in einer bestimmten Zeit eine Einstellung verbal beschreiben können, haben wir tatsächlich gesehen und verstanden, was wir sagen. Für den Zuschauer dürfte das ebenfalls zutreffen.
Ein praktisches Beispiel: Ich habe eine Einstellung, die nur 2 1/2 Sekunden lang ist. Ich sehe den Kopf einer Frau. Wenn ich nun überprüfe, wie lange es gedauert hat, um zu sagen, was ich gesehen habe, nämlich: »Ich sehe den Kopf einer Frau«, dann liegt das ziemlich genau bei 2 1/2 Sekunden. Ich werde nicht mehr Bildinhalt wahrgenommen haben, als diese Feststellung ausdrückt.
Verlängere ich nun die gleiche Einstellung auf sechs Sekunden, so habe ich mehr Zeit, die Frau zu betrachten, und ich werde der

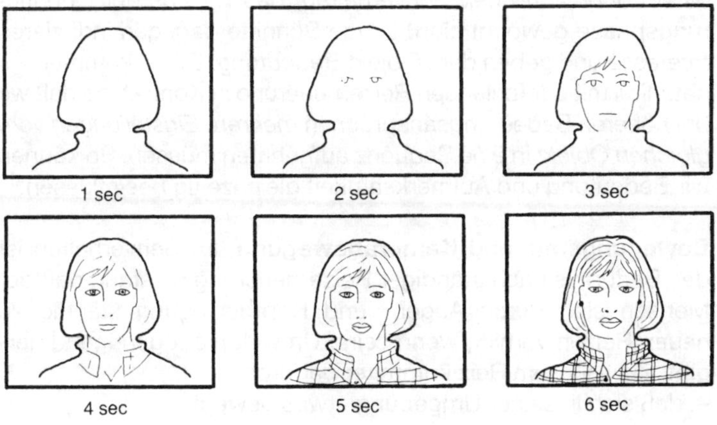

einen Feststellung, daß es sich um eine Frau handelt, zwei weitere hinzufügen können, zum Beispiel meine Beobachtungen über die Länge ihres Haares und über ihre Augenfarbe. Diese Feststellung dauert ziemlich genau sechs Sekunden. Ich habe also mit der Verlängerung der Einstellung gleichzeitig die Voraussetzung für *zusätzliche inhaltliche Aussagen* der Einstellung geschaffen.

Beim Schnittrhythmus können wir uns auf empirische Forschungsergebnisse stützen. Visuelle Wahrnehmung hat häufige Reizerneuerung zur Voraussetzung. Diese Reizerneuerung erhalten wir bei ruhiger Umgebung durch unser Sehverhalten, genauer gesagt: durch den ständigen Blickwechsel unserer Augen. Dabei steht die Häufigkeit der Blickwechsel in direktem Zusammenhang mit unserem Erregungszustand. Bei äußerer und innerer Ruhe, bei Interesse und Konzentration ruhen unsere Augen wesentlich länger auf einem Objekt, als wenn wir unruhig sind. Dann wechseln die Blicke in schneller Folge.

Bedeutungssteuerung durch Schnittlänge. Dieses Sehverhalten kann man auf dem Fernsehschirm durch schnelle/kurze oder langsame/lange Schnitte simulieren und damit Rückwirkungen auf den inneren Zustand des Zuschauers erreichen. Es ist nachgewiesen, daß eine Folge kurzer Schnitte ansteigenden Blutdruck und unterschiedliche Werte des elektrischen Hautwiderstandes zur Folge hat. Eine Folge kurzer Schnitte entspricht einem *oberflächlichen Sehverhalten,* das wir aus der Orientierungsphase gewöhnt sind. Lange Schnitte dagegen induzieren *Interesse* und geben dem Objekt *Bedeutung.* Dabei kommen wir natürlich mit der fehlenden Reizerneuerung in Konflikt, so daß wir bei höheren Bedeutungsansprüchen *mehrere Einstellungen vom gleichen Objekt* in eine Sequenz aufnehmen müssen. So können wir Bedeutung und Aufmerksamkeit gleichzeitig beeinflussen.

Bewegungsreiz und Kamerabewegung. Im Sehverhalten ist das Bedürfnis nach ständiger Reizerneuerung so stark, daß der Mensch sich durch Augen- und Kopfbewegung ständig zu neuen Reizen verhilft, wenn seine Umwelt nicht genügend hergibt. Zu visuellem Reiz kommt er dadurch,
– daß sich in seiner Umgebung etwas bewegt,

- daß sich in seiner Umgebung scheinbar etwas bewegt, wenn er sich selbst bewegt, also durch die perspektivische Verschiebung, oder
- indem er seinen Standpunkt beibehält und sich nur seine Augen bewegen, so daß er bei jedem Blickwechsel einen neuen Reiz erhält.

Natürlich können diese drei Reizerneuerungsprozesse gleichzeitig ablaufen. Mit der Kamera- und Montagearbeit sind wir in der Lage, dieses Wahrnehmungsverhalten zu simulieren:

- Die Kamera zeigt ein Aufnahmeobjekt, das sich bewegt. Das nennt man die »innere Bewegung« eines Bildes.
- Die Kamera bewegt sich selbst von einem Standpunkt zu einem anderen, eine *Kamerafahrt.*
- Die Kamera bewegt sich nicht, zeigt aber sich gleitend verändernde Bildausschnitte durch die Veränderung der Brennweite mit der Gummilinse (dem Zoom), eine *Linsenfahrt* (Zooming).
- Die Kamera verändert ihren Standpunkt nicht, bewegt sich aber an diesem Standpunkt, ein *Schwenk*.

Diese Kameraarbeit führt zu einem starken Bewegungsanreiz durch permanente Veränderung des Bildinhalts. Hinzu kommt außerdem eine hohe Relativbewegung zwischen Bildinhalt und Bildrand. Sie ist beim Schwenk noch größer als bei der Fahrt.
Hier führt die Eigenbewegung der Kamera dazu, daß nicht nur Teile des Bildinhaltes hinzugefügt oder abgezogen werden, sondern daß ein Bildinhalt mehr oder weniger schnell gegen einen neuen ausgetauscht wird. Dementsprechend ist die reizerneuernde Wirkung eine doppelte. Wir erfahren einmal Reizerneuerung von der Relativbewegung zwischen Bildmitte und Bildrand und zum zweiten durch die völlig neuen Umrisse.
So betrachtet, erkennen wir *Schwenk und Kamera- wie Zoomfahrt* als eine Montageform, die ein hohes Maß an Gestaltungsbewußtsein fordert. Die Kameraarbeit ist durch die Nachbearbeitung nämlich nicht mehr zu beeinflussen. Werden also Kamerabewegungen als Gestaltungsmittel verwendet, müssen sie besonders genau dem Aussagewunsch entsprechen, weil sie sonst durch ihr hohes Maß an Reizerneuerung und neuen Bildinhalten den Zuschauer nur verwirren.
Der Umschnitt dagegen, als Blickwechsel von einem Objekt zum anderen, findet statt, ohne daß sich das Aufnahmeobjekt bewegt

und ohne daß eine Relativbewegung am Bildrand vom eigentlichen Bildinhalt ablenkt.
Die Simulation unseres Sehverhaltens auf dem Fernsehschirm funktioniert in vieler Hinsicht nur sehr unvollkommen. Bei dem Mechanismus, den die häufige Reizerneuerung jedoch auslöst, funktioniert sie perfekt:
Reizerneuerung steuert unser Wahrnehmungsverhalten. Der Betrachter folgt dem vorbewußten Wunsch, alles, was sich bewegt, besonders deutlich sehen zu wollen.
Jedes Reizangebot, das über ein direkt aus dem Aussagewunsch abgeleitetes Maß hinausgeht, mindert aber die Konzentrationsfähigkeit. Wir werden zu einer oberflächlichen, schnell Überblick schaffenden Betrachtungsweise gezwungen.
Ständige Reizerneuerung wird so zu einem wesentlichen Teil *inhaltlose Erlebnisgewohnheit,* die den Zuschauer an den Fernseher fesselt. Mit dieser Mechanik erreicht der Kommunikator auf sichere Weise die Kritikunfähigkeit des Rezipienten. Die Aufmerksamkeit wird nicht mehr durch ein spezifisches Interesse am Inhalt, sondern durch einen physiologischen Automatismus gesteuert.
Schwenk, Zoom und Fahrt – diese drei Gestaltungsmittel müssen wir deshalb mit ganz besonderer Vorsicht einsetzen. Sie entsprechen nicht den physiologischen Wahrnehmungsgewohnheiten und werden dadurch als Verfremdung empfunden. Grundsätzlich sind Verfremdungen die stärksten Gestaltungsmittel, die aber zum einschneidenden Fehler werden, wenn wir sie in falscher Weise verwenden.

Einsatzmöglichkeiten von Schwenk, Zoom und Fahrt: *Der langsame Schwenk* wirkt als erweiterte Totale und kann eine orientierende und hinführende Wirkung haben. Er kostet aber viel Zeit, und man muß sich fragen, ob er nach dem »Prinzip der Ausschließlichkeit« nicht viel zuviel Information enthält.
Der *zügige Schwenk* verbindet zwei Einstellungen räumlich miteinander, den Stand vor und den Stand nach der Kamerabewegung. Die Vor- und die Nacheinstellung sind die eigentlichen Aussageträger und dürfen auf keinen Fall bis zur Unkenntlichkeit gekürzt werden. Der verbindende Schwenk beschreibt räumliche Konditionen: »Links neben dem Rathaus steht ein Denkmal« oder »Der Laufsteg führt zu einer kleinen Insel im See«.

Der Reißschwenk, bei dem die Kamera so schnell bewegt wird, daß räumliche Einzelheiten nicht mehr zu erkennen sind, verbindet zwei Schauplätze, deren Abstand für den Zuschauer ungewiß ist, deren Gleichzeitigkeit jedoch dargestellt wird. Auf diese Weise kann man Einstellungen miteinander verbinden, die bei einem harten Schnitt schlecht aneinanderpassen würden, also z. B. zwei Halbtotalen.
Der Verfolgungsschwenk (die Kamera schwenkt bei einem Wettkampf mit einer Gruppe von Läufern mit) entspricht als einziger Schwenk unseren Sehgewohnheiten, weil er ein bewegtes Objekt fixiert und praktisch von diesem eine stehende Einstellung herstellt. *Der Zoom* (richtig: die kontinuierliche Brennweitenveränderung) hat die Wirkung einer Ausschnittvergrößerung – genauso, als betrachte man ein Foto einmal mit und einmal ohne Lupe. Perspektive und Kamerastandpunkt bleiben dabei erhalten. Der falsche Einsatz des Zooms ist wohl der am häufigsten vorkommende Gestaltungsfehler. Richtig eingesetzt wird der Zoom nur bei einem besonderen Hinweis oder entgegengesetzt beim Rückzug vom Besonderen auf das Allgemeine: »In einem Dorf sind viele Fachwerkhäuser, besonders schön ist die alte Kirche« oder entgegengesetzt: »Das alte Haus steht völlig einsam im Wald.«
Die echte Kamerafahrt ist eine permanente Veränderung des Aufnahmestandpunktes und der Perspektive. Damit werden Annäherung oder Distanzierung ausgedrückt. Es wird aber auch die Darstellung der räumlichen Konditionen des aufgenommenen Schauplatzes besonders deutlich. Die perspektivische Veränderung simuliert die Bewegung im Raum sehr realistisch und wirkt damit stark dramatisierend.
Unter den Begriff »echte Fahrt« fällt natürlich auch der oft angewandte Gang mit der Handkamera. Hierbei besteht immer wieder die Gefahr, daß die Relativbewegung am Bildrand (Wackeln der Kamera) so stark vom Bildinhalt ablenkt, daß das angestrebte Aussageangebot nicht zum Zuschauer transportiert wird.

Von der Einstellung zur Sequenz. Wir haben die wichtigsten Kriterien der Bildgestaltung auf der Ebene der Einstellung erörtert. Beschäftigen wir uns jetzt mit der Folge von Einstellungen, mit der Sequenz als raumzeitlich geschlossener Einheit oder als abstraktem Sinnverbund. Bei allen Überlegungen, die zu einem

Sequenzaufbau führen sollen, muß wiederum die Frage im Vordergrund stehen, ob unsere Maßnahmen dazu geeignet sind, den Aussagewunsch der Sequenz zu transportieren. Da auch für die Sequenz der Grundsatz gilt, daß das Ganze mehr ist als die Summe der einzelnen Teile, wird die Arbeit erheblich schwieriger, wenn auch erst eigentlich »filmisch«.
Der Mensch erlebt die unterschiedlichsten Schauplätze, doch ob er von einem Haus in ein anderes geht oder mit dem Flugzeug eine Reise unternimmt, also eine größere Strecke überwindet – immer sind die Schauplätze miteinander verbunden durch Raum und Zeit. Alles menschliche Erleben basiert also auf der Einheit von Raum und Zeit, koordiniert sich in Raum und Zeit. Einzeln sind diese Begriffe nur für die Analyse aufzugreifen. In der Erlebnispraxis werden sie dagegen zu einer *Raumzeit* zusammengezogen. Zwar sind uns aus Rückerinnerung und Traum Unterbrechungen dieser Raumzeit vertraut, aber bei der unmittelbaren Wahrnehmung lehnen wir sie ab und bemühen uns, solche raumzeitlichen Erinnerungslücken zu ergänzen. Ebenso bemüht sich das Vorbewußtsein, die fragmentarischen Repräsentanten realer Raumzeit auf der Erlebnisebene von Film oder Fernsehen so miteinander zu verknüpfen, daß eine neue, allerdings synthetische Raumzeit entsteht. Diese vorbewußte Verknüpfung einzelner Einstellungen zu einem neuen Ganzen nennen wir den induktiven Effekt.

Der induktive Effekt verhindert, daß wir eine Folge einzelner raumzeitlicher Einstellungen als getrennte Einheiten ansehen. Da es in der realistischen Wahrnehmung keine Raumzeit-Lücken gibt, kann es nach vorbewußter Wahrnehmungslogik auch in einem simulierten Wahrnehmungsvorgang nur die Einheit von Raum und Zeit geben. Wird durch Darstellungsfehler oder durch bewußt zu diesem Zweck eingesetzte Gestaltungsmittel eine Einstellungsfolge als unlogisch empfunden, müssen wir diese einzelnen Einstellungen getrennt wahrnehmen. Wir reagieren darauf unterschiedlich:
Bei Gestaltungsfehlern ist entweder eine Verbindung der Einheiten über einen Horizont überhaupt nicht möglich; dann wird vorbewußt die Aufnahme der Information verweigert; der Zuschauer versteht nicht. Oder er ordnet diese Einheiten falsch in seinen Horizont ein und wird sich dann der Unlogik der Wahrnehmung bewußt (»Das kann doch nicht sein!«).

Bei *bewußtem Einsatz von Lücken als Gestaltungsmittel* sind diese so kalkuliert, daß sie ergänzt werden können. Diese Art der Montage steigert Aufmerksamkeit, Spannung oder Lernprozeß, solange ein bestimmter Grenzwert nicht überschritten wird. Andernfalls kommt es zur Verwirrung.
Beim Einsatz formaler oder inhaltlicher Gestaltungsmittel zur Überbrückung von Raum und Zeit empfindet der Zuschauer einen deutlichen Raum- oder Zeitsprung. Solche raumzeitlichen Darstellungslücken lassen sich formal durch Blenden (Übergang vom Abend auf den nächsten Morgen) oder handlungsneutralisierende Einstellungen erreichen. Inhaltlich werden sie durch Schauplatzwechsel, textliche Überbrückung oder zeitbeschreibende Stilmittel (Dekoration, Kleidung) bestimmt.

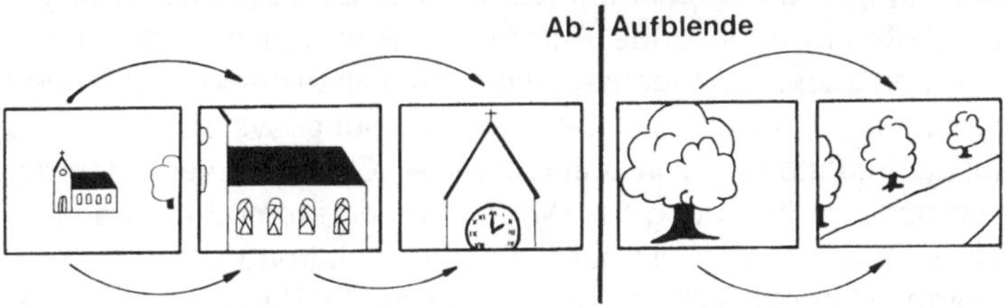

Einstellungen verkoppeln sich raumzeitlich, wenn sie nicht durch Gestaltungsmittel, z. B. Blenden, bewußt getrennt werden.

Bei der Film- und Fernsehgestaltung unterscheiden wir also drei raumzeitliche Betrachtungsweisen:
- die Wahrnehmung der Realität in raumzeitlicher Einheit,
- die Wahrnehmung des Bildschirmabbildes in raumzeitlicher Einheit und
- die Wahrnehmung des Sujets mit seinen oft bewußt getrennten Raumzeit-Einheiten, die wir jedoch in dem aus unserer Erfahrung bestehenden Gesamthorizont wieder raumzeitlich ordnen können.

Handlung dominiert. Bei der raumzeitlichen Einordnung ist die Handlung besonders wichtig, genaugenommen: die Bewegung. Diese Bewegung muß nicht einmal vom gleichen Objekt ausgehen. Selbst ähnliche Objekte reichen aus, um einen Einstellungswechsel zu einer Raumzeit zu verbinden, wenn sich die Bewegungen der beiden Einstellungen zu einem spekulativen Handlungsverlauf koordinieren lassen. Diese spekulativen Handlungen entstehen hauptsächlich im Vorbewußtsein und stellen sich als Selbstverständlichkeit dar. Beispiel: »Ein Mensch geht durch die Stadt«. Solange nicht unterschiedliche Menschen ausdrücklich vorgestellt und unterschiedliche Orte definiert werden, bleibt es für den Zuschauer bei diesem einen Menschen und bei dieser einen Stadt. Die realistische Selbstverständlichkeit von Raum- und Zeiteinheit, mit der er die Darstellung betrachtet, verbindet die einzelnen Einstellungen dieser Darstellung zu einer Raumzeit.

Spannen und Entspannen. Erlebnisse in der Realität bewirken unterschiedliche Spannungzustände. In ihrer Auswirkung auf das Bewußtsein sind Interesse und Desinteresse direkt mit Spannung und Entspannung verbunden. Eine über einen längeren Zeitraum anhaltende Aufmerksamkeit läßt sich daher nur über den ständigen Wechsel zwischen diesen beiden Zuständen erreichen. Das menschliche Wahrnehmungssystem beruht ja auf der Feststellung von Unterschieden. Ohne Reizveränderung, also ohne Veränderung der Wahrnehmung stumpft die Sensibilität schnell ab. Das gilt auch für die Gestaltung auf dem Bildschirm. Unterschiedliche Spannungszustände müssen in der kleinsten Gestaltungseinheit sein, wenn die Aufmerksamkeit des Zuschauers erhalten bleiben soll. *Die kleinste Einheit, die einen solchen Spannungsverlauf steuert, ist die Sequenz.* Sie soll den Aufmerksamkeitsgrad so steigern, daß dem Aussagekern die größte Bedeutung zufällt. Danach muß der Reizeinfluß jedoch abgeschwächt werden, damit die bereits transportierte Information nicht sofort durch einen Folgereiz überdeckt oder ausgelöscht wird.

Wie eine Sequenz aufgebaut wird. Wir beginnen mit unseren Überlegungen nicht bei den ersten, den orientierenden Einstellungen. Vielmehr müssen wir uns zunächst auf den *Aussagekern* konzentrieren, der sich *mit dem Höhepunkt des Spannungsverlaufs decken* soll.
Hier werden also vor allem Einstellungen mit hoher inhaltlicher Ausschließlichkeit zu finden sein, häufig Großeinstellungen oder handlungstragende Aktionseinstellungen. Das muß jedoch nicht so sein. Wenn zum Beispiel der Aussagekern »Weites Land« ausdrücken soll, wird man am Spannungshöhepunkt der Se-

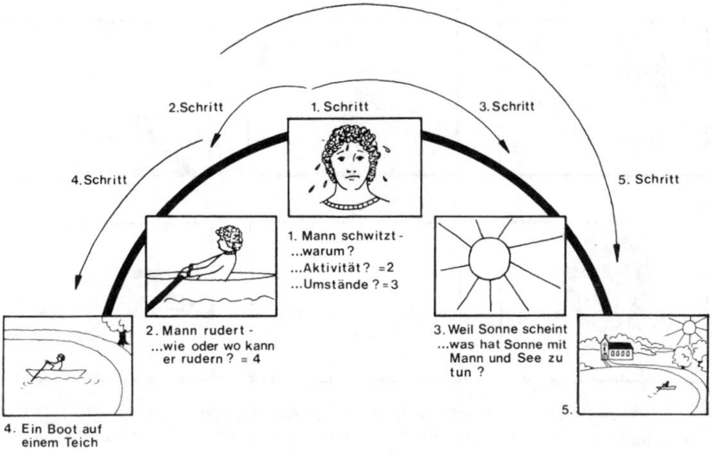

Spannungsverlauf in einer Sequenz

quenz eher eine Totale finden. Versuchen wir uns an Aussagewünschen wie »Weltwirtschaftskrise« oder »Der Glaube gibt dem Menschen Kraft«, dann wird es schwerer sein, Einstellungen für den Aussagekern zu finden.

Erst nachdem wir für den Aussagekern Einstellungen haben, können wir *auf den Aussagekern hin orientieren.* Mit diesen ersten orientierenden Einstellungen wird aber nicht nur ein Horizont geschaffen, sondern gleichzeitig die Spannung zum Aussagekern hin gesteigert. Der Inhalt der ersten Einstellung kann aber auch rein zufällig sein, weil sie bei aller guten Absicht für die Orientierung zu indifferent geraten ist oder weil sie im Zusammenhang mit dem individuellen Vorwissen des Zuschauers einen falschen Horizont aufbaut.

Die zweite Einstellung einer Sequenz sollte die Möglichkeit eines Zufalls so verringern, daß das Vorbewußtsein des Zuschauers bereits eine Bestimmung erkennt. Mit der *dritten* Einstellung kann man dann begriffliche Wahrnehmung erreichen und die eingentliche Aussage der Sequenz transportieren oder damit beginnen. *Folgeeinstellungen* festigen oder differenzieren die Aussageeinstellungen im Aussagekern noch einmal.

Die Entspannung nach dem Sequenz-Höhepunkt ist notwendig, wenn wir die Wahrnehmungsmöglichkeiten des Zuschauers nicht überfordern und die Aufmerksamkeit über eine längere Zeit erhalten wollen. Entspannung erzielen wir am einfachsten durch

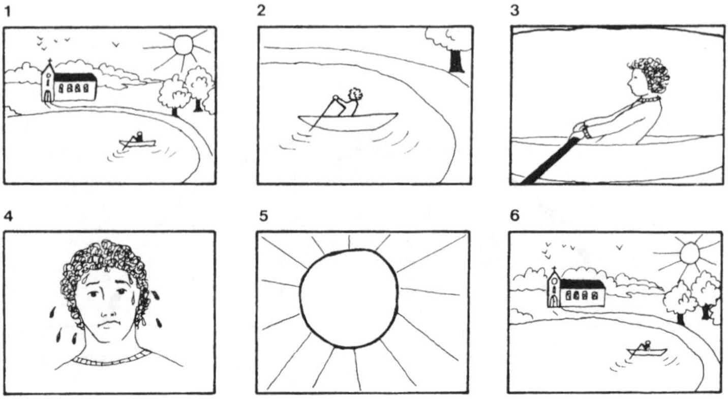

Von der Orientierung zum Aussagekern
Aussagewunsch: Auf dem Kirchweiher (1) fährt ein Boot (2): der Mann rudert (3) und schwitzt (4), weil die Sonne scheint (5).

eine oder mehrere orientierende Einstellungen. So hat der Zuschauer Gelegenheit, noch einmal einzuordnen, was ihm vorher gezeigt worden ist. In solchen Fällen sind zum Beispiel zur räumlichen Distanzierung Rück-Zoom oder Rückfahrt angebracht.
Die Sequenz ist das aktivste Gestaltungselement. Ihr Aussagewert ist größer als der der Summe der einzelnen Einstellungen. Ein Vergleich mit der Sprache bietet sich an. Auch hier läßt sich die Aussage nicht auf die Bedeutung der einzelnen Wörter (Semantik) reduzieren, sondern sie benutzt außerdem die Beziehung der einzelnen Wortbedeutungen zueinander (Grammatik).

Sequenzen bilden einen Komplex, der wiederum nur ein Teil des Gesamtbeitrags ist. Natürlich muß auch der Komplex einen Spannungsanstieg, einen Höhepunkt und eine Entspannungsphase haben, um die Aufmerksamkeit des Zuschauers zu erhalten. Diese Konstruktion formiert sich aus entsprechend mehr oder weniger aktiven Sequenzen. Die Komplex-Aussagewünsche müssen direkte, aber voneinander unabhängige Stützen des Gesamtaussagewunsches für einen Beitrag sein. Die Sequenzen dagegen formen ausschließlich die Komplexaussage; in der eigenen Sequenzaussage können sie im Widerspruch zum Gesamtaussagewunsch stehen.

Nehmen wir als Beispiel bei einem Kriminalfilm die Gesamtaussage an: »Das Gute siegt über das Böse«, dann müssen die Komplexe folgende Aussageaufträge haben:

Exposition:	Orientierung über Raum, Zeit und handelnde Personen
Aufbau:	Das Gute und das Böse werden charakterisiert. Eigenschaften, Fähigkeiten und Möglichkeiten werden dargestellt.
Konflikt:	Das Gute kämpft gegen das Böse. Handlungsumschlag (Peripetie): Der Kampf entscheidet für das Gute.
Abbau:	Das Böse wird überführt und bestraft.
Ausklang:	Das Gute wird belohnt.

Dieses Dramaturgie-Modell, das als die Franzsche Pyramide bekannt ist, ordnet alle Komplex-Argumente unmittelbar dem Gesamtaussagewunsch der Produktion unter. Der Komplex, in dem das Gute und das Böse charakterisiert werden, kann aber Sequenzen enthalten, die das Böse als gut erscheinen lassen. Dann muß eine weitere Sequenz diesen Irrtum aufklären, wodurch die vorangegangenen Sequenzen eine deutliche Umkehrung erfahren. Trotz kontrapunktischer Sequenzaussage bleibt die Komplex-Aussage »Das Böse ist böse« erhalten, und der Komplex wird zum stützenden Argument der Gesamtaussage.
Dramaturgische Überlegungen sind nicht nur auf Spielhandlungen anzuwenden; sie *gelten für jeden Aussagewunsch,* also selbst für die relativ abstrakten Inhalte einer politischen Informationssendung. Solche gewöhnlich spannungsärmeren Inhalte bedürfen sogar einer besonders sorgfältigen formalen Aufbereitung, wenn der Aussagewunsch den Zuschauer erreichen soll. Damit beantwortet sich die Frage, ob die Bildgestaltung bis in dramaturgische Überlegungen hineinreicht. Akzeptiert man die Sequenz nicht nur als das aktivste Gestaltungsmittel, sondern auch als Grundbaustein der Spannungsbögen in einem Film oder einer Aufzeichnung, dann muß sich die Bildgestaltung von dramaturgischen Überlegungen leiten lassen. Eine Trennung nach fachspezifischen Interessen kann es nicht geben, wenn diese einem gemeinsamen Ziel untergeordnet sind: Gestalten, das heißt, einen Inhalt in die für den Zuschauer wahrnehmbare Form zu bringen.

Werner van Appeldorn, Handbuch der Film- und Fernseh-Produktion. Psychologie, Gestaltung, Technik (TR-Verlagsunion, München)
Bayerischer Rundfunk (Hrsg.), Gebrauchswörterbuch Fernsehen (TR-Verlagsunion, München)
Pierre Kandorfer, DuMont's Lehrbuch der Filmgestaltung. Theoretisch-technische Grundlagen der Filmkunde (DuMont Buchverlag, Köln)
Ulrich Vielmuth, Lexikon für Videofilmer, DuMont Taschenbücher 251 (DuMont Buchverlag, Köln)
Ulrich Vielmuth, DuMont's Ratgeber für Videofilmer, DuMont Taschenbücher 296 (DuMont Buchverlag, Köln)
Johannes Webers, Handbuch der Film- und Videotechnik (Franzis Verlag, München)

Bildaufbau

Mit der Kamera lassen sich ständig neue Gestaltungsprinzipien erproben, die zu einer zeitbezogenen Weiterentwicklung der Bildsprache beitragen. Dennoch gibt es für die Kameraarbeit einige Grundregeln. Der Fernsehjournalist muß sich mit ihnen auseinandersetzen, um seine Themen in die Sprache der Bilder übertragen zu können.

Richtiger Abstand zum oberen Bildrand. Darauf ist vor allem zu achten, wenn mehrere Köpfe nacheinander (oder ein Kopf mehrfach) in Nahaufnahme gezeigt werden sollen. Ist der Abstand zum oberen Bildrand von Einstellung zu Einstellung sehr unterschiedlich, dann »springen« die Köpfe in der Bildfolge immer auf und ab. Für den Zuschauer ist das ärgerlich.
In der Regel sollte über einem Kopf etwa eine Handbreit Raum bleiben. Zumindest dürfen bei Bewegungen des Kopfes nicht immer Teile vom oberen Bildrand abgeschnitten werden (Schlechte Bildfolge, Bild 2).
Soll ein Kopf so nah gefahren werden, daß die Stirn angeschnitten wird, dann muß der Anschnitt der unteren Gesichtshälfte entsprechend ausfallen (Gute Bildfolge, Bild 3).

Aufteilung der Bildfläche: Eine harmonische Aufteilung der Bildfläche erfordert den sicheren Blick eines Kameramannes. Soll eine Dialogszene oder ein Gespräch in einer Fernsehszene in optisch unauffälliger Weise wiedergegeben werden, so ist ein ausbalancierter Bildaufbau notwendig. Jede Leere oder Zusam-

Schlechte Bildfolge

Richtige Bildfolge

Gute Bildfolge

menballung von Personen im Bild würde der Situation einen bestimmten Bedeutungsakzent verleihen, der unter Umständen den Sinn der Szene entstellt.

Ein überwiegend *harmonischer Bildaufbau* ist auch notwendig, um extreme Bildeinstellungen als besondere Ausdrucksmittel deutlich werden zu lassen. Bei einem heftigen Wortwechsel können die Gesprächspartner z. B. am Bildschirmrand stehen, weil die Leere in der Bildmitte aus der Handlungssituation erklärt wird.

Bildaufbau bei Personengruppen: Das kleine Bildschirmformat zwingt dazu, eine Personengruppe mehr in die Tiefe als in die Breite zu arrangieren. Die Aufstellung nebeneinander hat leicht zur Folge, daß die Bildeinstellung dann zu total wird und die Personen zu klein erscheinen, oder daß die Personen am Bildrand abgeschnitten werden. Wird eine größere Menschenmenge aufgenommen, sind derartige Anschnitte unver-

Flächenaufteilung eines Bildes

meidlich und auch gar nicht störend. Man verwendet solche Anschnitte sogar als Trick, um eine größere Menschenmenge vorzutäuschen (vgl. Abb. Bildeinstellung von Personengruppen).

falsch richtig

Bildeinstellung von Personengruppen

Bei der Nahaufnahme einer Person wird die *»en face«*-Einstellung bevorzugt, weil sie mehr vom Gesichtsausdruck und vom Mienenspiel des Darstellers zeigt.
Wird allerdings eine Person *im Profil* gezeigt, muß der Kamera-

mann darauf achten, daß der Kopf nicht in der Bildmitte ist. Blickt die Person nach links, muß sich der Kopf in der rechten Bildhälfte befinden. Würde das Profil in der Mitte oder sogar in der linken Bildhälfte sein, bekäme man den Eindruck, als blicke die Person in einen undefinierten Raum. Wird diese Regel von zwei Kameras mißachtet, die jeweils einen Gesprächspartner im Profil zeigen, dann entsteht beim Zuschauer sogar der Eindruck, daß die Dialogpartner Rücken an Rücken zueinander stehen.

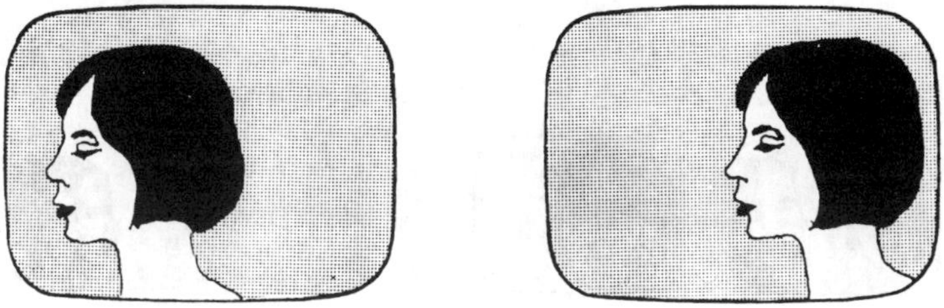

falsch richtig

Bildausschnitt bei Profileinstellungen

Regeln für die Kameraaufstellung sind nötig, um das Orientierungsvermögen der Zuschauer nicht zu überfordern. Es wäre beispielsweise höchst verwirrend, wenn bei der Übertragung eines Fußballspiels zwei Kameras jeweils auf der Längsseite des Fußballfeldes aufgestellt würden. Bei der ersten Kamera würde die Mannschaft A von links nach rechts stürmen und nach einem Bildschnitt auf die zweite Kamera in entgegengesetzter Richtung. Derartige Kamerapositionen hätten unmittelbaren Einfluß auf die Verständlichkeit der übertragenen Informationen.
Bei der Übertragung jeglicher Art von Bewegung muß deshalb die *Kontinuität der Bewegungsrichtung* erhalten bleiben. Die Regel lautet, daß alle Kameras auf einer Seite des Weges stehen müssen, auf dem sich das zu übertragende Objekt bewegt. Die Hauptbewegungsrichtung bei einem Fußballspiel verläuft aber von Tor zu Tor; deshalb dürfen die Kameras auch nur auf einer Seite des Spielfeldrandes stehen.
Eine Abwandlung dieser Regel: Auch ein Darsteller darf nicht in der einen Kamera nach links und in der folgenden nach rechts blicken. Die Abbildung auf Seite 50 oben soll die richtigen und falschen Positionen veranschaulichen. In der gezeichneten Situation findet ein Dialog von A und B statt. Kamera 1 zeigt

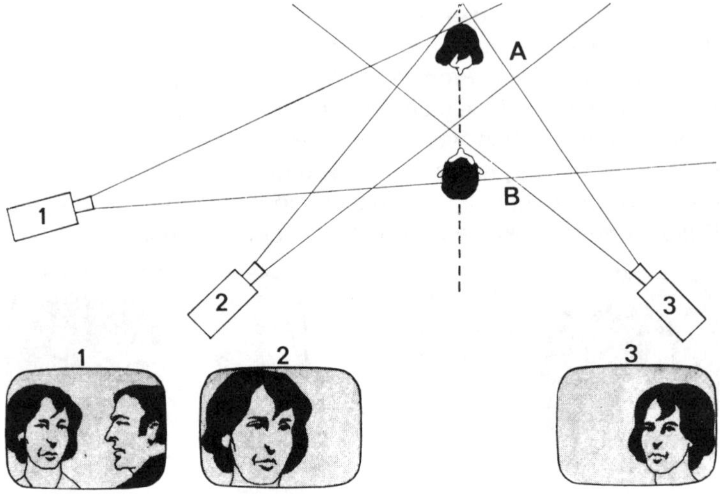

richtig richtig falsch

eine Zweiereinstellung, und Kamera 2 bringt mit einer längeren Brennweite eine Nahaufnahme von der Person A, in der sie nach rechts blickt. Kamera 3 bringt ebenfalls eine Nahaufnahme von der Person A, in der sie jedoch nach links blickt. Bei einem Bildschnitt von Kamera 1 auf Kamera 3 würde die Person A eine vermeintliche Kopfdrehung machen. Diese plötzliche Änderung der Blickrichtung, die noch störender bei einem Wechsel von Kamera 2 auf Kamera 3 auftreten würde, empfindet der Zuschauer ganz unbewußt als aufdringlich und unnatürlich. Die verschiedenen Kamerastandpunkte veranlassen ihn in einem solchen Fall zum Umdenken in die neue Position. Einen Wechsel von Kamera 1 auf Kamera 2 wird er hingegen kaum registrieren.

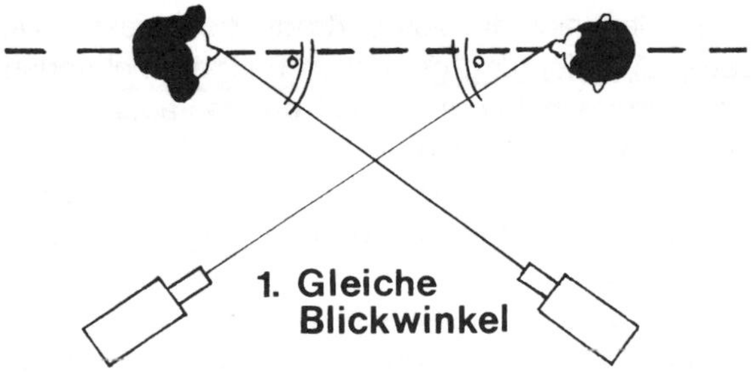

Von der Bildführung wird also auch eine *Kontinuität der Blickrichtung* gefordert, die dadurch erreicht wird, daß alle Kameras auf einer Seite jener gedachten Linie stehen (in der Abb. gestrichelt dargestellt), welche in Blickrichtung der aufgenommenen Personen verläuft. Ein Bildschnitt von Kamera 1 auf Kamera 3 wird als *Achsenschnitt oder Achsensprung* bezeichnet, weil durch den Bildwechsel die Kamera gleichsam über die Achse der Personenblickrichtung springt.

Optische Auflösung einer Dialogszene durch zwei Kameras: Die Gesetze über richtige Kamerapositionen werden noch subtiler, wenn zwei Kameras je einen Dialogpartner einfangen und durch den Wechsel von einer Kamera zur anderen der Eindruck eines engen persönlichen Kontaktes der beiden Personen erweckt werden soll. Dazu müssen Bedingungen erfüllt sein, die in den Abbildungen (S. 50–52) dargestellt sind.

Die beiden Kameras müssen bei der optischen Auflösung einer Dialogszene nicht nur auf einer Seite der Blickrichtungslinie stehen, sondern die Winkel, welche die optischen Achsen der Kameras mit der Blickrichtungslinie bilden, müssen gleich groß sein. Nur dadurch ergeben sich *korrespondierende Bildeinstellungen,* die eine Zuwendung der Dialogpartner auch in der optischen Einzelauflösung wirklichkeitsgetreu wiedergeben.

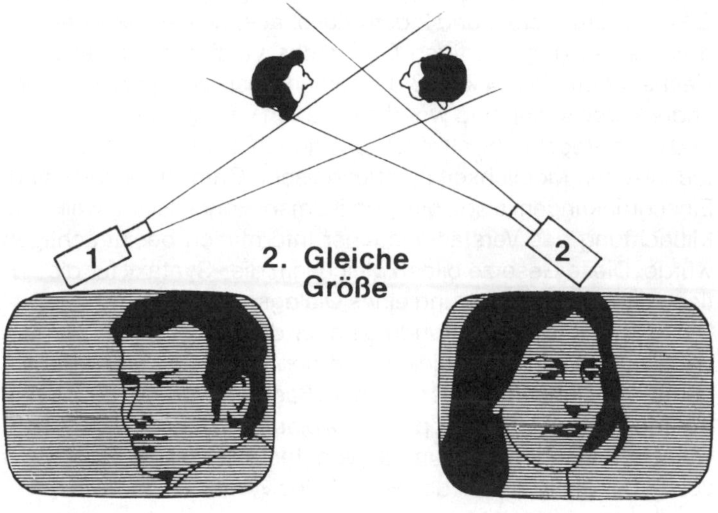

Die zweite Bedingung fordert gleiche Größen der abgebildeten Personen. Der *gleiche Abbildungsmaßstab erlaubt einen möglichst unauffälligen Bildwechsel, der den Gesprächsfluß nicht durch optische Unebenheiten behindert.*

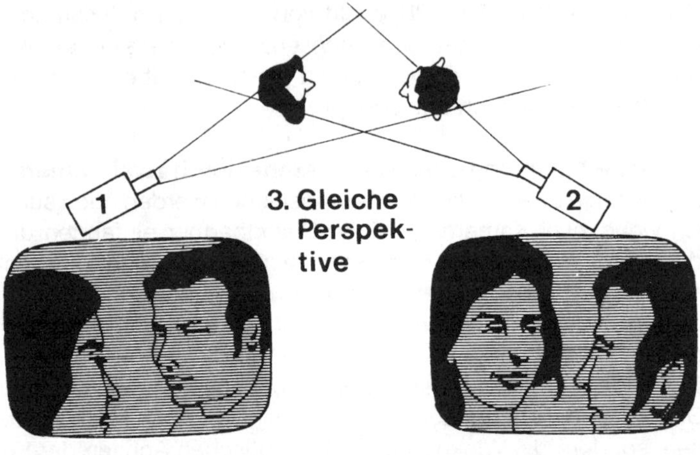

Schließlich wird noch eine *gleiche Perspektive* der beiden Kameras gefordert, die man durch gleiche Brennweiten und gleiche Abstände von den Dialogpartnern erhält.
Die Abbildung auf S. 53 zeigt ein Beispiel einer Kameraeinstellung mit falschen Blickwinkeln. Hier wird bei einem Wechsel der Bilder von Kamera 1 und 2 dem Zuschauer keineswegs der Eindruck eines gegenseitigen Gesprächs vermittelt. Er bekommt vielmehr den Eindruck, daß die beiden Gesprächspartner aneinander vorbeisehen und womöglich auch vorbeireden.
In diesen Regeln über Kamerapositionen zeigt es sich, daß der technischen Möglichkeit nichttechnische Grenzen gesetzt sind, Einschränkungen also, die publikumsbezogen sind, weil eine Mißachtung das Verständnis einer Information beeinträchtigen würde. Diese Gesetze bilden gleichsam die »Syntax« für die optisch richtige Formulierung eines Dialogs.
Die hier aufgeführten Grundregeln für die Kameraarbeit wurden vor allem vom Film entwickelt und geprägt. Wenn diese Regeln heute von jungen Regisseuren mißachtet werden und ihnen trotzdem faszinierende optische Abläufe gelingen, dann auch, weil sie im Gegensatz zum Gewohnten stehen. Die Ausnahme setzt aber die Kenntnis des Regelfalles voraus.

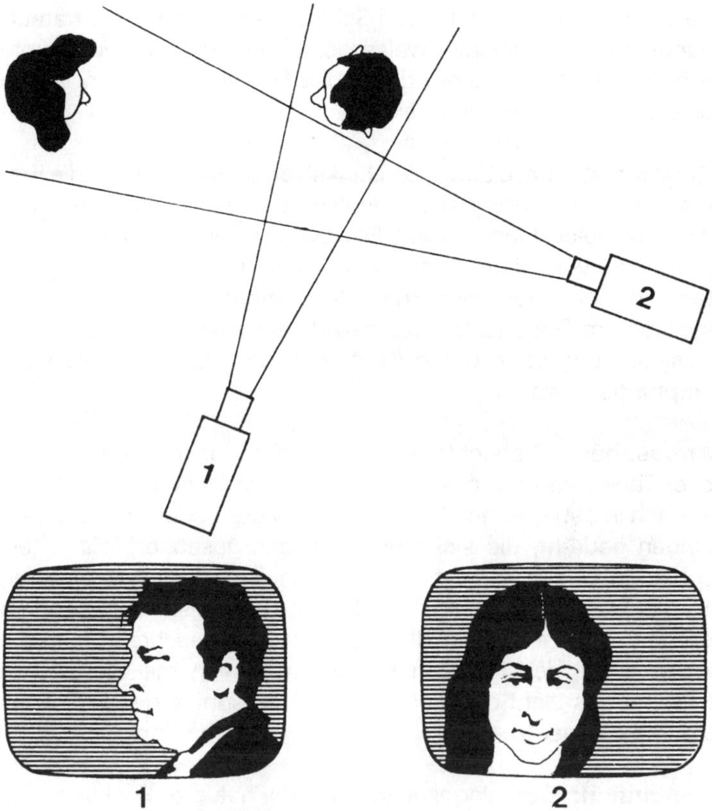

Kameraaufstellung mit falschen Blickwinkeln

Licht und Bildgestaltung

Licht erfüllt im Fernsehen viele Funktionen. Bewußt eingesetztes Licht hat hohe künstlerische Bedeutung für die Bildgestaltung. Technische und künstlerische Aspekte müssen bei den Dreharbeiten berücksichtigt werden, wenn eine optimale Bildqualität erzielt werden soll.

Strukturierung: Der Verlauf der Lichter und Schatten betont die Oberflächenstruktur und Dreidimensionalität der Objekte. Unebenheiten werden erst durch Schatten sichtbar. Bei Porträtaufnahmen können beispielsweise Lichter und Schatten bestimmte Proportionen korrigieren, d.h. unauffälliger erscheinen lassen oder sie stärker hervorheben.

Raumvorstellung: Eine Hell-Dunkelverteilung verstärkt die Tiefenwirkung eines dreidimensionalen Raumes, der auf einer zweidimensionalen Fläche, dem Filmmaterial, aufgenommen wird. Durch den Verlauf der Schatten in der Szene, die Aufhellung unterschiedlicher Teile des Spielortes, betont man die Raumvorstellung. Im Gegensatz dazu bewirkt eine gleichmäßige diffuse Ausleuchtung ohne große Kontraste, daß der Raum als flach empfunden wird.

Atmosphäre: Die Lichtführung muß sichtbar machen, zu welcher Tageszeit und in welchem Milieu die Handlung spielt. So werden in den gleichen Dekorationen Tages- oder Nachteinstellungen gedreht, die sich nur durch das gesetzte Licht unterscheiden. Das Milieu, in dem eine Szene spielt, wird außer durch Szenenbild, Kostümbild, Maske und Requisiten besonders durch das Licht dargestellt. In der Literatur beschreibt man die Atmosphäre des Handlungsortes ausführlich mit Worten. Im Film hat das Licht die Aufgabe, die Atmosphäre des Drehortes ins Bild umzusetzen.

Kontinuität: Der eingesetzte Lichtstil hat die Funktion, die Szene zusammenzuhalten, Ort und Zeit der Spielhandlung für den Zuschauer bildlich erkennbar zu machen. Treten in einer Szene ungewollte Lichtsprünge auf, so wird der Handlungsablauf gestört und der Zuschauer abgelenkt. Bei Außenaufnahmen stellt das unbeständige Wetter ein Problem dar. So sind Aufnahmen bei praller Sonne und solche bei bewölktem Himmel kaum vereinbar, wenn die Illusion einer kontinuierlichen Handlung innerhalb einer Szene vermittelt werden soll.

Akzentuierung: Bestimmte Personen, Requisiten oder andere Teile des Kostüm- oder Szenenbildes werden durch eine punktuelle Lichtführung besonders betont. Hellere Objekte einer Szene ziehen die Aufmerksamkeit des Zuschauers an, dunklere werden von ihm weniger wahrgenommen.

Tontrennung: Zwei Objekte, die bei der gleichen Beleuchtung dieselbe Helligkeit haben, können, wenn man sie mit zwei unterschiedlich starken Lampen ausleuchtet, verschieden hell erscheinen. So ist durch eine richtige Lichtführung eine Trennung der Hintergrund- und Vordergrundobjekte möglich.

Komposition: Wie ein Maler mit Farben arbeitet, so gestaltet ein Kameramann das Bild durch das Licht. Durch den Einsatz verschiedener Lichtquellen, die sich in ihrer Lichtführung, Intensität und Anordnung unterscheiden, erzeugt er vielfältige Lichtstimmungen und Bildwirkungen.

Die Lichtgestaltung hat drei Gesichtspunkte zu beachten:
- *Lichtrichtung:* aus welcher Richtung kommt das Licht?
- *Lichtqualität:* um welches Licht handelt es sich?
- *Lichtquantität:* welche Intensität hat das Licht?

Die Intensität des Lichtes, d. h. seine Lichtstärke, ist entscheidend für die Einstellung der Blende bei einer vorgegebenen Filmempfindlichkeit. Lichtrichtung und Lichtquantität spielen für die Gestaltung eine wichtige Rolle. Man unterscheidet folgende Lichtarten:

Gerichtetes hartes Licht. Die Lichtstrahlen treffen fast parallel auf das Motiv, z. B. bei Sonnenlicht oder Scheinwerferlicht. Die Objekte werden gleichmäßig ausgeleuchtet; es bilden sich harte Schatten. Dadurch erzeugt das Licht Kontraste; es vergröbert Umrisse und Formen und schafft eine größere Plastizität.

Diffuses weiches Licht. Das Licht fällt auf das Objekt aus unterschiedlichen Richtungen, indem es von der Lichtquelle ausgehend über bestimmte lichtstreuende Materialien, z. B. feinmaschige Stoffe oder Gitter, nach allen Seiten diffus auseinanderläuft. Es entstehen weiche Schatten mit sehr geringen Kontrasten. Diffuses Licht kann Unebenheiten glätten und Konturen verwischen.

Direktes Licht. Das Licht trifft direkt auf das Objekt, unabhängig davon, ob es gerichtet oder diffus ist. Direktes Licht hat immer eine größere Lichtstärke als indirektes.

Indirektes Licht. Das Objekt wird nicht direkt von der Lichtquelle beleuchtet, sondern von Lichtstrahlen, die eine weiße Fläche reflektiert. Indirektes Licht ist immer diffus. Als Reflektoren setzt

man weiße Deckenwände, weiße Kunststoffplatten oder Streuschirme ein.
Eine andere Einteilung der Lichtarten berücksichtigt die spektrale Zusammensetzung und unterscheidet im wesentlichen zwischen *Glühlicht* und *Tageslicht*.

Lichtführung nennt man die Ausleuchtung einer Szene unter Beachtung der Position der Lichtquellen, der Strahlungsrichtung, Lichtstärke bzw. Beleuchtungsstärke und Lichtqualität. Die folgende Darstellung der einzelnen Teilgebiete gibt gleichzeitig den Ablauf an, wie man eine Szene einleuchten sollte.
Hauptlicht heißt die stärkste Lichtquelle, die zur Verfügung steht. Es legt den Grundcharakter des Bildes fest und wird deshalb auch Führungslicht genannt. Das Hauptlicht muß immer die erste Lichtquelle sein, die man einsetzt. Es kann an verschiedenen Stellen angeordnet werden, sollte aber möglichst nicht direkt hinter der Kamera stehen.
Das *Aufhell-Licht* hellt die Schatten auf, die das Hauptlicht erzeugt, wobei ein vollkommenes Verschwinden der Schatten nicht anzustreben ist. In den meisten Fällen wählt man als Aufhellung weiches, diffuses Licht. Die Anordnung der Aufhellung richtet sich danach, welche Schatten man aufhellen will. Selbstverständlich können bei der Ausleuchtung einer Szene auch mehrere Lichtquellen als Aufhellung vorkommen. Da der im Fernsehen übertragbare Kontrastumfang wesentlich geringer ist als bei der Filmprojektion, spielt die Aufhellung besonders für Aufnahmen, die im Fernsehen gesendet werden sollen, eine wichtige Rolle. In Fernsehstudios setzt man deshalb häufig große Indirektflächen ein, die eine gleichmäßige Aufhellung garantieren.
Das *Effektlicht* ergänzt das Hauptlicht und dient der Akzentuierung des Bildes. Es wird meistens mit einem kleineren Scheinwerfer erzeugt und wirkt als Spitzlicht in der Szene. Effektlicht ergibt eine stimmungsvolle, dramatisierende Beleuchtung. Bei Porträtaufnahmen können Haare und Schultern einen Lichtkranz erhalten, wodurch sich die Figur vom Hintergrund löst und das Bild eine größere Plastizität bekommt.
Mit dem *Hintergrundlicht* wird der Hintergrund der Szene ausgeleuchtet und die Raumwirkung stärker hervorgehoben. Gleich-

zeitig werden die Schatten auf dem Hintergrund aufgehellt. Dekorationsteile im Hintergrund lassen sich unterschiedlich betonen; das bewirkt eine bessere Raumvorstellung.

An Originalschauplätzen trifft der Fernsehjournalist meist auf normales Raumlicht, d. h. Tageslicht oder künstliches Licht der vorhandenen Beleuchtungseinrichtungen. Außenaufnahmen werden durch das Wetter und die damit wechselnden Lichtverhältnisse erschwert. Will man in Innenräumen drehen, so tritt das Problem der Lichtmischung aus Tageslicht und vorhandenem Kunstlicht auf. Dabei ist ein Angleich beider Lichtquellen in ihrer spektralen Zusammensetzung notwendig, weil das Tageslicht einen größeren Blauanteil aufweist als das Kunstlicht.
In bestimmten Fällen reicht das vorhandene Licht nicht aus, zum anderen ist für einen gestalterischen Einsatz der Lichtführung Zusatzlicht immer notwendig.

Bildschnitt

Der Bildschnitt verbindet die einzelnen Einstellungen zu einem Ablauf, zur bildlichen Umsetzung des journalistischen Aussagewunsches. Techniken und Arbeitsabläufe unterscheiden sich bei digitalem (vgl. jeweils dort), elektronischem und dem Filmschnitt. Hier geht es um die optischen Regeln dafür, unabhängig von der Aufnahmetechnik und dem Speichermedium.

Bildgestaltung und Bildschnitt gehören eng zusammen. Der Kameramann muß für den Bildschnitt Aufnahmen anbieten, die der Cutterin (oder dem Cutter) Gestaltungsfreiheit lassen: Einstellungen zur Auswahl, die die journalistische Information jedoch nicht beeinträchtigen oder gar verändern dürfen. Unterschiedliche Kameraoperationen können ja zu unterschiedlichen Aussagen führen. Es ist zum Beispiel nicht einerlei, in welche Richtung die Kamera schwenkt, ob von rechts nach links oder von links nach rechts, von oben nach unten oder von unten nach oben. Zur Sicherheit empfehlen sich allerdings Schwenks in beide Richtungen.
Ähnliches gilt für Kamerafahrten: wenn eine Ranfahrt, dann auch eine Rückfahrt und umgekehrt. Das schafft zusätzliche Möglich-

keiten beim Texten. Wenn in dem Bericht über eine Kunstausstellung an einem Satzanfang das Detail einer Skulptur angesprochen werden soll und dieses Detail erst am Ende einer langen Ranfahrt zu sehen ist, entscheidet man sich besser für die Rückfahrt, die mit dem Detail beginnt.
In der täglichen Berufspraxis stellt sich beim Schnitt oft heraus, daß man Schwenks oder Kamerafahrten, die viel Zeit kosten, überhaupt nicht braucht, sondern die stehende Einstellung am Anfang oder Schluß. Deshalb muß man darauf achten, daß die Kamera bei Schwenks und Fahrten am Anfang und am Schluß lange genug steht.
Die Notwendigkeit, *kostenbewußt und schnell* zu produzieren, setzt hier allerdings die Grenze. Das Verhältnis von Materialverbrauch bei den Dreharbeiten und Länge des Sendebeitrags bezeichnet man als *Drehfaktor.* Er sollte im aktuellen Bereich 6:1 nicht überschreiten. Es fällt schwer, das Drehverhältnis einzuhalten, wenn sich Journalist und Kameramann als »Sammler und Jäger« verstehen, die (ohne Konzept) möglichst viele Bilder nach Hause bringen wollen (vgl. »Einen Fernsehbeitrag realisieren«).

Der Bildschnitt muß folgerichtig sein. Um den logischen Aufbau ging es dem Journalisten bereits bei der Konzeption seines Beitrags. Logik beim Bildschnitt heißt, reale Vorgänge so nachvollziehen, daß sie als optische Information verständlich sind. Die Kamera hat den Ablauf eines Ereignisses in Verkürzungen eingefangen. Nun geht es darum, Einzeleinstellungen, die die Realität von Raum und Zeit unvollkommen wiedergeben, in einen Zusammenhang zu bringen, den der Zuschauer begreifen kann. Als Grundsatz gilt dabei: *Wahrheitsgemäße Darstellung hat gegenüber ästhetischen Kategorien den Vorrang.*

Der Bildschnitt als Verkürzung. Film und Fernsehen haben die Sehgewohnheiten der Zuschauer im Laufe der Zeit so verändert, daß der Bildschnitt optische Zusammenhänge immer mehr vereinfachen kann. Wir sprechen vom *Funktionsschnitt.* Seine wichtigste Aufgabe: verkürzen. Was muß der Fernsehjounalist dabei beachten?

Eine Grundregel des Bildschnittes. Der Zuschauer braucht eine Ortsbestimmung und soll die handelnden Personen identifizieren können. Die Bildfolge muß daher mit der Totalen beginnen und mit dem nächsten Schnitt zu den Personen hinführen. Wir bringen ein Beispiel, das in einer Folge von vier Einstellungen eine Situation verdeutlicht und in logischer Verkürzung des realen Geschehens eine Aussage enthält.

1

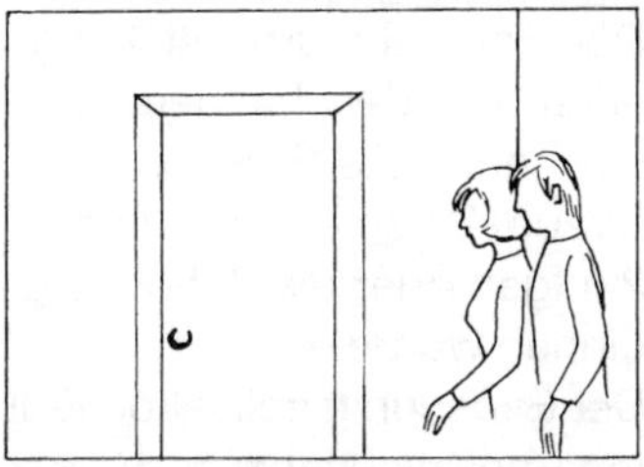

2

3

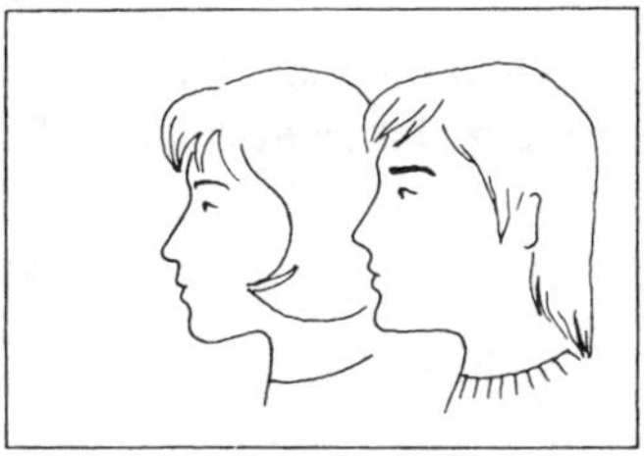

4

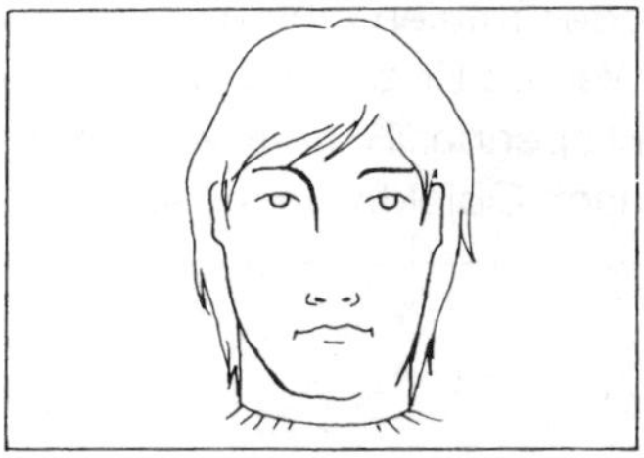

Abb. 1: Ortsbestimmung – ein kleines, fensterloses Haus; im Hintergrund ein Baum.

Abb. 2: Ortsbestimmung – Hauswand mit Tür; Personenbestimmung – zwei junge Menschen, die auf die Tür zugehen.

Abb. 3: Personenbestimmung – die beiden jungen Menschen sind in der Nahaufnahme (Profil) genauer zu erkennen.

Abb. 4: Personenbestimmung – der junge Mann in Großaufnahme; für die Aussage kommt es auf ihn besonders an; vielleicht gibt er ein Statement oder wird im Interview befragt.

Andere mögliche Schnittfolgen sind Variationen, die auch die Aussage verändern.

So kann in umgekehrter Reihenfolge, also mit einer Großaufnahme (Statement, Redeausschnitt), begonnen werden. Der Zuschauer interessiert sich aber auch für das Umfeld. In unserem

Beispiel folgen deshalb der Großaufnahme des jungen Mannes (4) die Einstellungen mit seiner Begleiterin (3) und ihr gemeinsamer Gang zur Tür (2) des kleinen Hauses (1). Die Schnittfolge führt zur Ortsbestimmung in der Totalen oder auch Halbtotalen. Nach den Gesetzen der Filmlogik läßt sich das Geschehen noch stärker verkürzen. Möglich sind die Schnittfolgen 1 – 3 – 4 oder 4 – 3 – 1.
Der Fernsehjournalist kann daraus den Gestaltungsspielraum erkennen, den ihm bereits diese vier Grundeinstellungen bieten, aber auch die Grenzen, die die Filmlogik setzt. Unlogisch wäre es zum Beispiel, wenn in der Schnittfolge 1 – 3 – 4 die Einstellung 2 folgen oder die Schnittfolge 4 – 3 – 1 mit der Einstellung 2 beginnen würde.
Der Bildschnitt sollte konsequent von der Totalen oder Halbtotalen über die Nahaufnahme zur Großaufnahme oder umgekehrt von der Großaufnahme über die Nahaufnahme zur Halbtotalen oder Totalen führen.
Weitere Beispiele zur Verkürzung von Bewegungsabläufen:
Fließender Schnitt von der Totalen auf die Naheinstellung, z. B. nach Objektivwechsel:

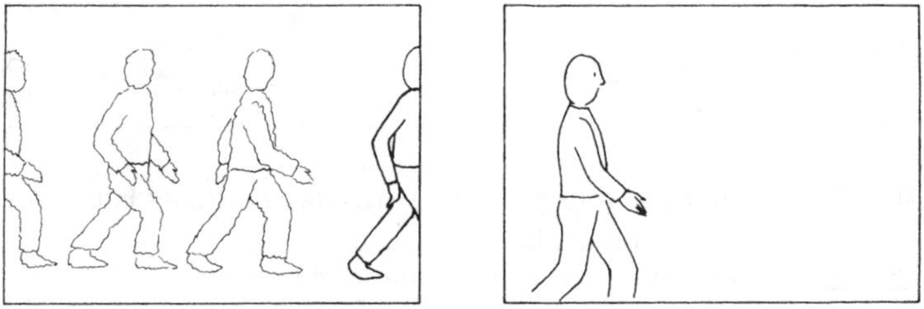

Verkürzung eines Ganges (z. B. nach dem Wechsel des Kamerastandorts) vgl. Abb. unten:

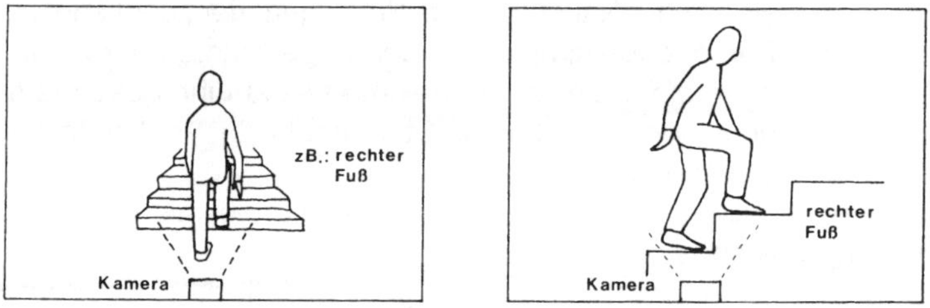

Beim Umschnitt sollte die Verkürzung immer in der Großeinstellung sein; das strafft den Ablauf; vgl. Abb. S. 61 oben:

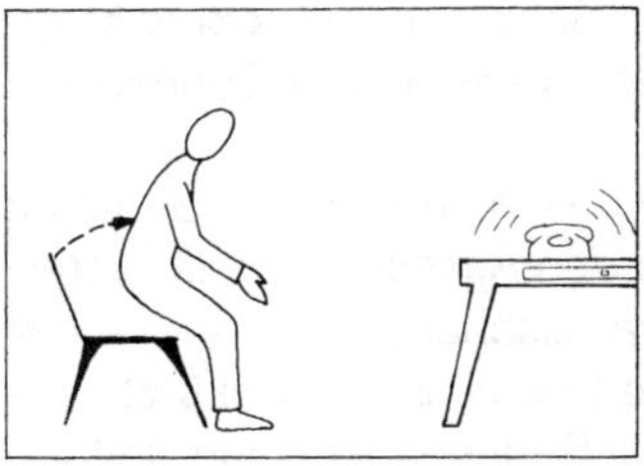

Die Bildanschlüsse müssen stimmen. Soll der Zuschauer eine Folge von Einstellungen als zeitlich unmittelbar zusammenhängenden und harmonischen Vorgang empfinden, dann darf es *keine optischen Sprünge* geben. Dafür einige Beispiele.
Zwei Raucher im Bild. Einer spricht. In zwei aufeinanderfolgenden Einstellungen muß er seine Zigarette in derselben Hand behalten. Sie darf also nicht etwa in der Halbtotalen in der rechten und in der anschließenden Naheinstellung in der linken Hand zu sehen sein. Wie »Zauberei« würde es auch wirken, wenn in diesem Beispiel einmal ein leerer und dann sogleich ein gefüllter Aschenbecher zu sehen wäre.
Bei Außenaufnahmen kann es ähnliche Probleme geben: Wenn von zwei Einstellungen, die beim Schnitt unmittelbar aneinandergefügt werden und die vom Zuschauer als chronologisch und ohne zeitlichen Bruch empfunden werden sollen, die eine im hellen Sonnenlicht und die andere bei bewölktem Himmel gedreht wird.

Zwischenschnitte überdecken Anschlußfehler. Mit ihrer Hilfe lassen sich Einstellungen aneinanderschneiden, die eigentlich nicht zusammenpassen. Den Wechsel der Zigarette von der einen in die andere Hand des sprechenden Rauchers überbrückt man zum Beispiel mit einer Einstellung vom zuhörenden Raucher als Zwischenschnitt. Den wie durch Zauberei plötzlich gefüllten Aschenbecher würde ein solcher Zwischenschnitt nicht erklären. Eine längere Einstellung des zuhörenden Rauchers könnte den Zuschauer allerdings vergessen lassen, daß der Aschenbecher gerade noch leer war.
Natürlich kann die Einstellung eines vollen Aschenbechers auch bewußt eingesetzt werden, etwa um die Länge eines Gesprächs zu verdeutlichen. Dann ist eine solche Einstellung aber kein Zwischenschnitt mehr, sondern vermittelt eine eigene Aussage.

Bei Außenaufnahmen bieten sich für Schnittbilder größere Möglichkeiten, etwa um den plötzlichen Wechsel von Sonnenlicht und Schatten zu kaschieren.
Grundsätzlich müssen die Zwischenschnitte in die Situation passen und nach Möglichkeit auch den Aussagewunsch unterstützen. Keinesfalls dürfen sie ihn verfälschen.
Ein Beispiel: Ein Redner im Bild. Die Sequenz muß gekürzt werden. Der Ton paßt aneinander. Da der Redner aber seine Haltung – und sei es auch nur geringfügig, etwa durch eine Veränderung der Kopfhaltung – geändert hat, gibt es im Bild einen Sprung (»Harter Schnitt«).
Dies kann ein Zwischenschnitt ausgleichen. Zeigt er einen schlafenden Zuhörer (den einzigen unter dreihundert), würde der Beitrag über die Resonanz des Vortrags bei den Zuhörern falsch informieren.

Harte Schnitte sind ehrlich. Um dem Zuschauer deutlich zu machen, daß an dieser Stelle die Rede gekürzt, also redaktionell bearbeitet wurde, kann man auch auf den Zwischenschnitt verzichten und den optischen Sprung zeigen. Dafür sprechen manchmal journalistische Gründe. Cutterinnen ziehen häufig die optisch gefälligere Lösung mit einem Zwischenschnitt vor. Manche setzen auch statt dessen Schwarz ein, um den Schnitt deutlich sichtbar zu machen.

Beim Drehen die Zwischenschnitte nicht vergessen. Da man sich oft erst am Schneidetisch entscheidet, sollten alle Möglichkeiten offenbleiben und genügend Einstellungen für Überbrückungen gesammelt werden. Zwingend ist dies, wenn man unsicher ist, ob die vorgesehenen optischen Anschlüsse wirklich zueinander passen und wenn man Interviews und Statements kürzen muß.

Bewegung läßt sich am schwersten kürzen. Schwenks und Zooms sollte man nach Möglichkeit nicht ab- oder anschneiden. Aber:

- Ein Schwenk kann abgeschnitten werden, wenn man ihn an eine Fahrt schneidet; das Tempo muß allerdings übereinstimmen.
- Ein Schwenk kann an einen Schwenk angeschnitten werden,

wenn beide Schwenks die gleiche Richtung und das gleiche Tempo haben; als Schnittstelle sollte ein markanter Blickpunkt gewählt werden.
- Ein seitlicher Schwenk kann dann angeschnitten werden, wenn ein Hoch- oder Tiefschwenk im gleichen Tempo folgt.

Ausnahmen bestätigen solche Regeln. Erlaubt ist beim Bildschnitt letztlich, was überzeugt. Wichtig sind die dramaturgischen und journalistischen Aspekte, selbst bei einem Nachrichtenfilm von dreißig Sekunden.
Ähnliches gilt auch für Motive, die sich bewegen. Jede Bewegung muß für den Zuschauer verständlich sein und ihren Anfang und ihr Ende haben.

Bewegung macht Bildanschlüsse schwer. Menschen und Gegenstände, die sich nach rechts bewegen, müssen beim Umschnitt auf die Großaufnahme nach rechts »springen«; das gilt natürlich auch in der umgekehrten Richtung (Vgl. Abb. unten).

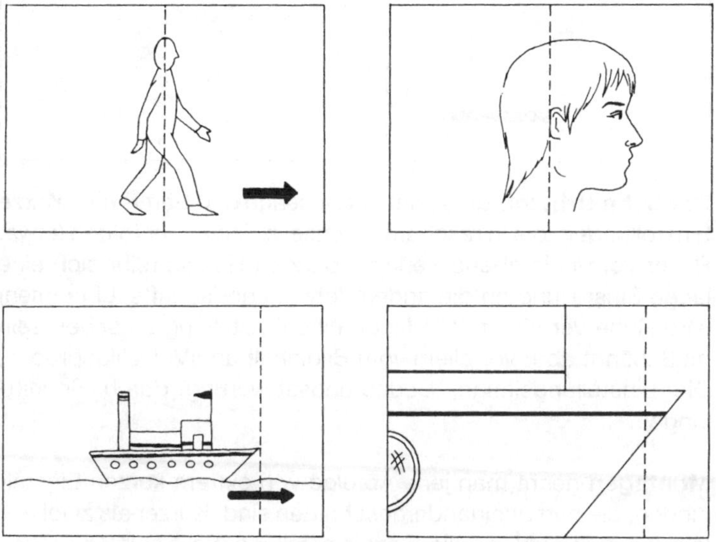

Bewegungen dürfen durch Schnitte nicht unterbrochen werden. Kameramann und Journalist müssen das bei den Dreharbeiten oder bei der Aufnahme berücksichtigen. Nur dann kann die Cutterin in einer Einstellung eine imaginäre Linie annehmen, an der sie beim Umschnitt die fließende Bewegung fortsetzt. Imaginäre Linien oder auch Punkte sind für exakte, nachvollziehbare Schnitte wichtig (vgl. Abb. unten).

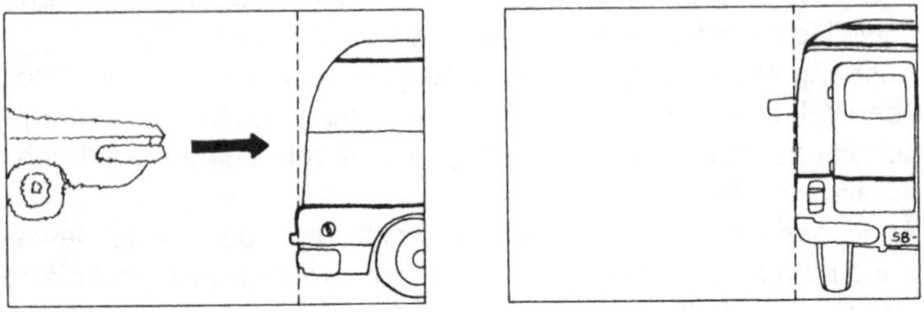

Beim fließenden Schnitt läßt die Cutterin den Wagen nicht völlig aus dem Bild fahren und beim Umschnitt bereits wieder teilweise im Bild sein (Abb. S. 61):

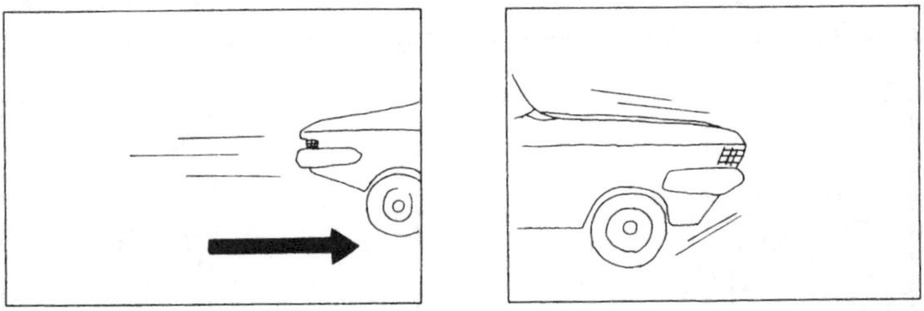

Der Schnittrhythmus beeinflußt Aussage und Stimmung. Kurze Einstellungen, die in raschem Wechsel aufeinander folgen (etwa: Bilder vom Feierabend-Verkehr) bringen Hektik; reiht sich eine lange Einstellung an die andere (etwa: Landschaftsaufnahmen) wird Ruhe vermittelt. Wie lange eine Einstellung zu sehen sein muß, hängt aber vor allem vom Bildinhalt ab. (Vgl. Bildsprache, Die Einstellungslänge, Bedeutungssteuerung durch Schnittlänge).

Montagen nennt man jene Abfolge von extrem kurzen Einstellungen, die hart aneinandergeschnitten sind. Kürzer als zwei Sekunden sollte jedoch die Einzeleinstellung nicht sein; *zwischen drei und sechs Sekunden* hat sich bewährt. Montagen werden eingesetzt, um anreißend in ein Thema einzuführen. Dieses Stilmittel verwirrt jedoch den Zuschauer leicht. Deshalb: Zurückhaltung bei der Häufigkeit und Länge von Montagen.

Schneiden nach Musik. Montagen erhalten eine zusätzliche Wirkung, wenn die Einstellungen im Takt der Musik wechseln. Aber auch ruhigere Sequenzen können durch den Schnitt nach einer sorgfältig ausgewählten Musik gewinnen.

Mit klarem Konzept in den Schneideraum kommen. Was beim Drehen für die Zusammenarbeit mit dem Kameramann gilt, ist am Schneidetisch auch für die Kooperation mit der Cutterin wichtig: Der Fernsehjournalist sollte wissen, was er will. Vor allem muß er sich verbindlich über die Länge seines Beitrags äußern können; nachträgliche Änderungen, auch wenn es sich nur um eine Kürzung von vielleicht einer Minute oder um eine Verlängerung um neunzig Sekunden handelt, belasten die Arbeit erheblich.
Der Bildschnitt ist ein eigenständiger Arbeitsbereich, in dem qualifizierte und selbstbewußte Fachkräfte tätig sind. Der Fernsehjournalist darf nicht vergessen: auch sie wollen und sollen ihm helfen, seine Ideen zu verwirklichen. Deshalb wird er auf ihre Ratschläge und Hinweise hören. Gerade der Berufsanfänger kann von einer erfahrenen Cutterin nur lernen.
In immer mehr Fernsehsendern und Produktionsfirmen ist es, meist nur im aktuellen Bereich, üblich geworden, daß *Fernsehjournalisten kurze Beiträge selbst schneiden.* Diese Entwicklung nimmt durch die Einführung der Digitaltechnik noch zu.
Wenn Sie jetzt diesen Beitrag durchgearbeitet haben, sehen Sie sich den Film über den Volkswandertag auf den ersten Buchseiten noch einmal unter dem Gesichtspunkt der Verkürzung von Abläufen durch den Bildschnitt und im Hinblick auf die Abfolge der unterschiedlichen Einstellungsgrößen an. Profitieren werden Sie auch, wenn Sie ebenso verfahren mit den Beispielen in den Beiträgen »Filmplan, Storyboard, Drehbuch, Produktionsplan«, »Nachrichtenfilm« und »Nachrichtenfilme aus dem Ausland«.

Hans Beller (Hrsg.), Handbuch der Filmmontage (TR-Verlagsunion, München)

Die Kamera kennenlernen

Bei manchen Sendern und Produktionsfirmen gibt es *Kamerareporter/Videoreporter.* Dies sind Journalisten, die auch die Kamera bedienen, oder Kameraleute, die gleichzeitig journalistisch tätig sind. In aller Regel aber sind für das Aufzeichnen oder Aufnehmen der Bilder *Kamerafrauen* oder *Kameramänner* zuständig. Sie werden bei den Sendern selbst oder auf Fachschulen ausgebildet und sind danach erst einmal mehrere Jahre als Assistenten tätig. Die Arbeit mit der Kamera ist ihre Sache.

Trotzdem sollte auch der *Fernsehjournalist* die Kamera etwas kennen und einige Grundbegriffe verstehen. Das hilft bei der Zusammenarbeit im Team. Deshalb gehört an Journalistenschulen, Universitäten und Instituten häufig der Umgang mit der Kamera auch für angehende Journalisten mit zur Ausbildung. Wer sich über die Arbeit in Videogruppen mit dem Medium vertraut machen will, muß ebenfalls selbst die Kamera in die Hand nehmen. Professionellen Maßstäben der Arbeit mit der Kamera kann man so natürlich nicht gerecht werden, vielleicht aber herausfinden, ob man Interesse und Talent hat, sich zum Kamerareporter fortzubilden. Zunehmender Kostendruck führt dazu, daß ihre Beschäftigungschancen steigen.

Was *speziell* elektronische oder Filmkameras betrifft, findet sich in dem Kapitel »Ausrüstung«. Hier wird *Grundsätzliches* erläutert, das unabhängig von der Produktionsmethode gilt. Es schafft gleichzeitig die Voraussetzungen für die Kamera-Übungen, die im folgenden Beitrag vorgeschlagen werden.

Kameraobjektive. Bis vor einigen Jahren gab es nur Objektive mit *festen Brennweiten.* In vielen Filmkameras werden sie auch heute noch eingesetzt, besonders wenn lichtstarke Objektive notwendig sind. Einige Kameras haben einen *Objektivrevolver* mit drei Objektiven unterschiedlicher Brennweite, die sich in den Strahlengang einschwenken lassen.

Ein Objektiv mit veränderbarer Brennweite wird Zoomobjektiv, Varioobjektiv, Transfokator oder Gummilinse genannt. *Zoomobjektive* haben gegenüber den Objektiven mit festen Brennweiten zwei wesentliche Vorteile. Mit einem einzigen Objektiv können unterschiedliche Brennweiten eingestellt werden. Weiterhin erlauben sie während einer Einstellung eine kontinuierliche Brennweitenveränderung. Man nennt das heute »zoomen« oder auch noch Transfokator- oder Linsenfahrt. Elektronische Kameras sind mit solchen Zoom-Objektiven ausgestattet.

Brennpunkt (Fokus) wird der Punkt hinter der Linse des Objektivs genannt, in dem sich die einfallenden Lichtstrahlen sammeln. Sie treffen von vorn parallel auf die Linse auf, werden durch die Krümmung des Glases gebrochen und kommen dann im Brennpunkt zusammen. Dort rufen sie bei der *Filmkamera* auf der Filmschicht chemische Veränderungen hervor, durch die die unterschiedlichen Helligkeitswerte bei der späteren Entwicklung des Films festgehalten werden können. (vgl. »Film-Kamera und Film-Ausrüstung«). Bei der *elektronischen* Kamera treffen die im Brennpunkt vereinigten Lichtstrahlen auf den sog. Wandler, also die Aufnahmeröhre oder den Chip. Dort werden sie in elektrische Impulse umgesetzt (zur Speicherung auf den Videobändern vgl. »Magnetband«).

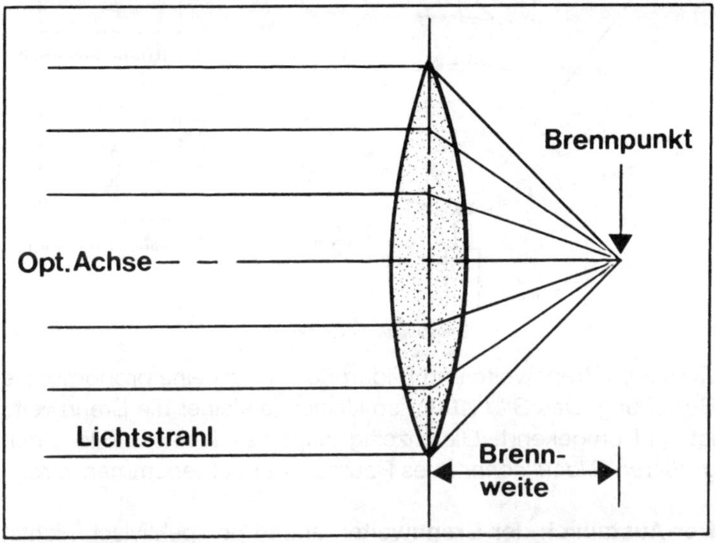

Brennweite ist die Bezeichnung für die Entfernung zwischen dem Mittelpunkt der Linse und dem Brennpunkt. Sie wird in Millimetern angegeben. Bei einem Objektiv mit einer kurzen (oder kleinen) Brennweite ist also der Abstand zwischen Linsenmittelpunkt und Brennpunkt gering, groß ist er bei einem Objektiv mit einer langen (oder großen) Brennweite. Objektive mit *sehr kleiner Brennweite* heißen *Weitwinkel-Objektive,* solche mit *sehr großer Brennweite Tele-Objektive.*

Aufnahmen mit Objektiven, die sich in ihrer Brennweite unterscheiden, ergeben auf der Filmebene verschieden große Abbildungen. Im normalen Aufnahmeprozeß entsteht durch das Objektiv auf der Mattscheibe ein verkleinertes Bild des Objektes.

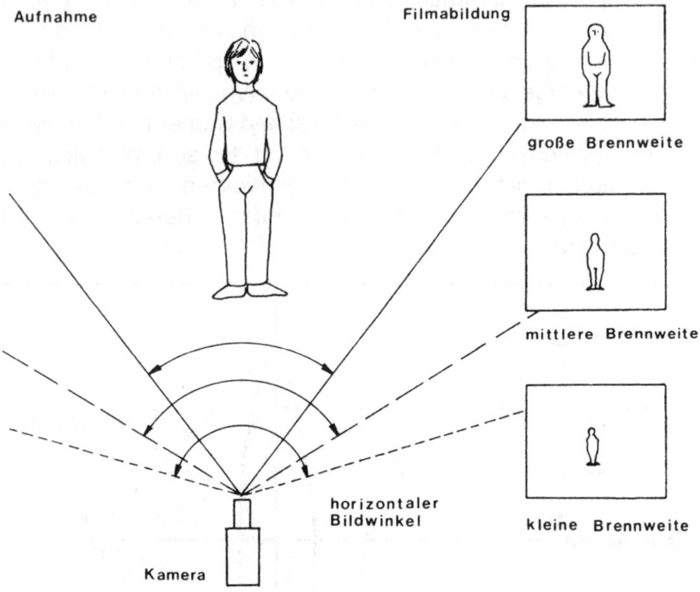

Brennweite und Blickwinkel

Zwischen Brennweite und Bildgröße existiert eine proportionale Beziehung. Das *Bild* ist um so kleiner, je kleiner die Brennweite ist und umgekehrt. Gleichzeitig zeigt das kleinere Bild einen *größeren Bildausschnitt* des Raumes, der aufgenommen wird.

Der Austausch der Brennweiten ändert perspektivisch nichts, wenn der Kamerastandpunkt beibehalten wird. Die längere Brennweite erzeugt eine größere Objektabbildung als die kürzere. Die Annahme aber, daß eine Aufnahme mit kurzer Brennweite (Weitwinkel) und kleiner Entfernung zum Objekt das gleiche Ergebnis bringen würde wie eine Aufnahme mit langer Brennweite (Teleobjektiv) und großer Entfernung, ist falsch. Ändert sich der Kamerastandpunkt, so ändert sich gleichzeitig die Perspektive.
Die lange Brennweite wirkt *raumverflachend* gegenüber der Normalbrennweite und die kurze Brennweite *raumdehnend.*

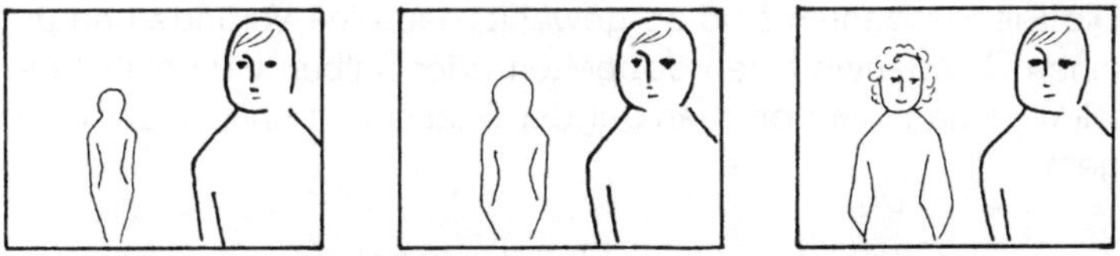

Weitwinkelobjektiv kleine Enfernung — Normalobjektiv mittlere Entfernung — Teleobjektiv große Entfernung

Unterschiedliche Raumwirkung von Objektiven

Die Blende reguliert den Lichteinfall in das Objektiv. Ihre Funktion ist mit der Pupille zu vergleichen. Fällt viel Licht ins Auge, ist die Pupille klein, bei wenig Licht ist ihr Durchmesser größer. Fällt bei der Aufnahme zuviel Licht in die Kamera, erhält man eine Überbelichtung, bei zuwenig Licht eine Unterbelichtung. Eine verstellbare Objektivblende paßt das Objektiv den verschiedenen Belichtungsbedingungen an.

Die Blendenzahl gibt das Verhältnis der Brennweite zur Öffnung der eingestellten Blende an; sie ist auf dem Objektivtubus eingraviert. Je größer die Blendenzahl, desto kleiner ist die Öffnung der Blende, d. h. um so weniger Licht fällt durch das Objektiv.
Bei viel Licht wird also mit großer Blendenzahl (d. h. kleiner Öffnung des Objektivs) und bei wenig Licht mit kleiner Blendenzahl (d. h. großer Öffnung des Objektivs) aufgenommen.
Die Lichtverhältnisse werden mit dem Belichtungsmesser festgestellt. Am Blendenring der Filmkamera wird dann die »richtige Belichtung« eingestellt. Elektronische Kameras haben eine automatische Blendensteuerung, die sich bei Profigeräten auch abschalten läßt.

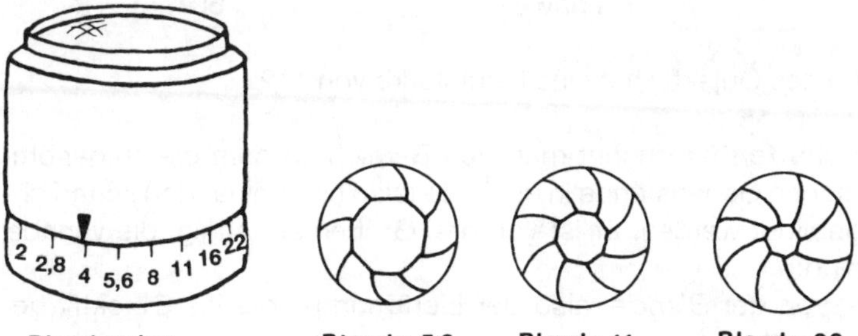

Blendenring — **Blende 5,6** — **Blende 11** — **Blende 22**

Die Blendenzahlen sind so gewählt, daß eine Veränderung um einen Blendenwert den doppelten oder halben Lichteinfall bewirkt, je nachdem ob man auf der Skala nach unten oder oben geht.

doppelte Lichtmenge 4 $\leftarrow$ 5,6 $\rightarrow$ 8 halbe Lichtmenge

Die Lichtstärke ist eine weitere kennzeichnende Größe für ein Objektiv. Sie wird auch »relative Öffnung« oder »Öffnungsverhältnis« genannt. Die Zahlenwerte der *relativen Lichtstärke* lassen erkennen, ob man bestimmte Objektive bei schwierigen Lichtverhältnissen einsetzen kann oder ob man mit lichtstärkeren Objektiven arbeiten muß.
Objektive mit kleineren Zahlenwerten sind lichtstärker als solche mit größeren.
Beispiele für zunehmende relative Lichtstärken von Objektiven: 1 : 2,4; 1 : 2,0; 1 : 1,4; 1 : 1,2.
Die leistungsfähigsten Objektive für 16-mm-Kameras haben relative Lichtstärken von 1 : 1,2.
Die Lichtstärke ist von zwei Faktoren abhängig: vom *Durchmesser* der Linse und dem *Abstand* zwischen Linse und Brennpunkt. Je größer die Linse, desto mehr Licht fällt in das Objektiv, desto lichtstärker ist es also. Von diesem Licht bleibt umso mehr erhalten, je kürzer der Weg von der Linse bis zum Brennpunkt ist, also bis zum Auftreffen auf den Wandler oder den Film. Zur Errechnung der Lichtstärke eines Objektivs werden also diese beiden Werte miteinander in Beziehung gesetzt.

$$\text{Lichtstärke} = \frac{\text{Linsendurchmesser}}{\text{Brennweite}} \qquad \text{z.B.} \quad \frac{30\text{ mm}}{60\text{ mm}} = \frac{1}{2}$$

Dieses Objektiv hat eine Lichtstärke von 1 : 2.

Schärfentiefe nennt man den Bereich, in dem die aufgenommenen Gegenstände in der Tiefe (also hintereinander) scharf abgebildet werden. Er ist von drei Größen abhängig, die variabel sind:
- von der *Blende,* also der Lichtmenge, die ins Objektiv gelangt,

- von der *Brennweite,* also der Entfernung, die das Licht im Objektiv zurücklegt und
- von der *Entfernung* zwischen der Kamera und dem Aufnahmeobjekt.

Die Schärfentiefe nimmt zu
- je besser die Lichtverhältnisse sind, d.h. also, je größer die *Blendenzahl* gewählt werden kann,
- je kürzer die *Brennweite* ist, d.h. also Weitwinkelobjektive haben eine große, Teleobjektive eine kleine Schärfentiefe und
- je größer die *Entfernung zum Aufnahmeobjekt* ist.

Der Bereich, in dem eine Aufnahme scharf ist, nimmt ab
- je schlechter die Lichtverhältnisse sind, also je kleiner die *Blendenzahl* gewählt werden muß,
- je größer die *Brennweite* ist und
- je geringer die *Aufnahmeentfernung* ist.

Benutzt man also ein Objektiv mit langer Brennweite und kleiner Blendenzahl und eine Person läuft auf die Kamera zu, muß ständig die Einstellungsentfernung am Objektiv verändert werden. Je näher die Person zur Kamera kommt, desto schwieriger wird es, sie im Schärfentiefebereich zu halten, da dieser kleiner wird. Die Zone der Schärfentiefe verringert sich, wenn die Einstellungsentfernung abnimmt.
Den Zusammenhang von Einstellungsentfernung, Blendenzahl und Schärfentiefebereich kann man am *Schärfentiefering* eines Objektivs erkennen. Blendenzahl und Einstellungsentfernung ermöglichen ein Ablesen des Schärfentiefebereiches.

Die Bilder mit der Kamera einfangen

Der Fernsehjournalist, der in Bildern erzählen will, braucht dazu im allgemeinen die Hilfe eines Kameramannes. Der hat es nämlich gelernt, den Aussagewunsch des Journalisten optisch zu realisieren, das heißt die dafür erforderlichen Bilder mit der Kamera einzufangen. Der Kameramann kennt die Möglichkeiten und Grenzen der Kamera. Wenn der Journalist aber nicht

ebenfalls damit vertraut ist, kann er nicht wissen, was mit der Kamera umsetzbar ist. Er wird also manchmal zuviel verlangen, manchmal auch zuwenig. Um das zu vermeiden, *muß der Journalist Grundkenntnisse im Umgang mit der Kamera haben.*
Von einem erfahrenen Kameramann könnte der junge Fernsehjournalist bei jeder Produktion einiges lernen – wenn er bei den Dreharbeiten hin und wieder in den Sucher schauen, wenn er einen Schwenk oder Zoom ausprobieren dürfte. In der Praxis sind solche Gelegenheiten allerdings sehr selten. Erstens ist die Zeit knapp, und zweitens sieht sich auch nicht jeder Kameramann in der Rolle eines Lehrers.
Deshalb sollten sich angehende Fernsehjournalisten diese *Grundkenntnisse selbst aneignen.* Dazu ist keine Profi-Ausrüstung erforderlich. Auch mit den handelsüblichen Amateur-Kameras lassen sich die wichtigsten Kamera-Operationen erproben. Fast alle diese Kameras haben einen Schwarzweiß-Sucher-Monitor, auf dem sich das Ergebnis der Arbeit sofort überprüfen läßt. Noch genauer ist die Kontrolle, wenn man die Aufzeichnung direkt vom Camcorder oder über einen Videorecorder auf dem Bildschirm abspielt.
Wer selbst keine Video-Ausrüstung besitzt, findet *Leihmöglichkeiten* bei den Offenen Kanälen, bei Volkshochschulen, in Schulen und Universitäten und – gegen Gebühr – auch beim Fachhändler.
Die *Bedienungsanleitung* muß zunächst gründlich studiert werden. Erst wenn man mit der Kamera vertraut ist, können die ersten Bilder eingefangen werden.

Übungsaufgaben sollen Ihnen helfen, Schritt für Schritt Erfahrungen beim Umgang mit der Kamera und bei der Bildgestaltung zu sammeln.
Bitte nehmen sie sich vor, diese Kamera-Übungen *genauso auszuführen*, wie wir es Ihnen vorschlagen. Die praktische Umsetzung von Bild-Ideen in entsprechende Aufnahmen erfordert handwerkliche Präzision des Kameramannes oder der Kamerafrau und läßt Beliebigkeit nicht zu.
So sollten Sie vorgehen:
- Suchen Sie sich *mindestens einen Partner,* der Sie bei den Aufnahmen unterstützt.

- Arbeiten Sie gemeinsam alle vorgeschlagenen Übungen *vorher durch.* Falls Sie dabei Verständnisprobleme haben sollten, lesen Sie bitte noch einmal die ersten Beiträge in diesem Kapitel.
- Kopieren Sie dann den »Übungsplan Bildgestaltung«, den Sie am Ende dieses Beitrags finden. Damit haben Sie beim Dreh eine kurzgefaßte Arbeitsanleitung zur Hand. Abgedrehte Einstellungen können Sie in der rechten Spalte *abhaken* und dazu gleich die entsprechende Bandstelle mit Bemerkungen *notieren*.
- Nehmen Sie sich als Anfänger für diese Aufgaben *zwei bis drei Stunden Zeit.* Setzen Sie sich nicht unter Zeitdruck. Suchen Sie in aller Ruhe die richtige Einstellung, ehe Sie sie aufzeichnen. Proben Sie die Kamerabewegungen erst mehrfach »trocken«, ehe Sie die Bilder festhalten.
- Sprechen Sie *die jeweilige Aufgabenstellung* vor der Aufzeichnung über das Kameramikrofon *auf Band* (nur Ton). Beim Abspielen der Aufzeichnungen können Sie auf diese Weise besser kontrollieren, was Sie sich vorgenommen hatten.
- Nicht ganz gelungene Einstellungen *wiederholen* Sie bitte. Sie können bei der Vorführung dann Ihre eigenen Fortschritte feststellen.
- Fast alle vorgeschlagenen Einstellungen können Sie *in einem Park* drehen. Wir haben diesen Drehort ausgewählt, weil Sie sich dort am ehesten auf Ihre Arbeit konzentrieren können und durch den Straßenverkehr nicht gefährdet sind. Falls Sie das eine oder andere vorgeschlagene Motiv nicht finden sollten, suchen Sie bitte ein entsprechendes Ersatzmotiv. Und nun: Viel Erfolg bei der Arbeit!

Ein Objekt allein abbilden, damit fangen wir an. Unser Vorschlag: Suchen Sie sich ein feststehendes Objekt, zum Beispiel einen Baum in einem Park. Von diesem Baum wollen Sie ein Bild machen. Es soll ihn ganz zeigen.
Sie können dazu Ihren Standpunkt, die Zoom-Einstellung oder auch beides so lange verändern, bis das erreicht ist. Starten Sie jetzt die Kamera, dann zeichnet sie dieses Bild auf: Ihre erste Einstellung. Spielen Sie sich Ihre erste Einstellung zur Kontrolle

gleich im Sucher vor; wiederholen Sie die Aufnahme, bis Sie wirklich damit zufrieden sind.

Details des Objekts abbilden. Verändern Sie dazu die Zoom-Einstellung in Richtung Tele, bis das gewünschte Detail – ein kleiner Ast mit Blättern – im Sucher erscheint. Mit Hilfe der so geänderten Brennweite haben Sie einen neuen Bildausschnitt gefunden. Aber zoomen Sie nicht von der vorangegangenen Einstellung zu dieser. Drehen Sie eine neue stehende Einstellung mit neuer Brennweite.

Ein Objekt in seiner Umgebung zeigen. Verändern Sie die Zoom-Einstellung in Richtung Weitwinkel. Der Baum ist nun nicht mehr bildfüllend, sondern ordnet sich in die Parklandschaft ein. Wieder hat Ihnen die Veränderung der Brennweite geholfen, einen anderen Bildausschnitt zu finden.

Sie haben damit drei verschiedene feste Einstellungen Ihres Objektes aufgenommen und erfahren: Unterschiedliche Brennweiten liefern unterschiedliche Bildausschnitte.

Erzielen Sie unterschiedliche Wirkungen mit unterschiedlichen Perspektiven. Vielleicht finden Sie für diese Übung ein kleines Kind, das Ihnen als »Statist« behilflich ist. Aber vorher bitte auch die Mutti fragen! Nehmen Sie das Kind auf der Parkbank sitzend aus drei verschiedenen Perspektiven auf: zuerst aus der Sicht (also Höhe) eines Erwachsenen, der vor der Parkbank steht, dann aus der Sitzhöhe des Kindes und schließlich von ganz tief unten (»Froschperspektive«), so daß Sie zu dem Kind aufblicken müssen. Verändern Sie dabei aber nicht den Bildausschnitt und auch nicht den Standort der Kamera, sondern nur die Höhe (Vgl. Abb. S. 76).

Drehen Sie Schuß und Gegenschuß ohne und mit Achsensprung. Auch bei diesen Aufnahmen hilft Ihnen sicher das kleine Kind. Nehmen Sie es von schräg vorn so auf, daß es rechts auf einer ansonsten leeren Parkbank sitzt und nach rechts schaut. Das ist der »Schuß«. Und nun der »Gegenschuß«. Sie gehen dazu mit der Kamera hinter die Parkbank und zeigen das Kind

Aus der Sicht eines Erwachsenen

Aus Sitzhöhe des Kindes

Von tief unten gesehen

jetzt also von schräg hinten. Es muß in dieser Einstellung auch wieder nach rechts schauen. Jetzt ist die rechte Hälfte der Parkbank leer zu sehen. Wenn Ihnen das gelungen ist, dann haben Sie »Schuß« und »Gegenschuß« *ohne Achsensprung* gedreht – so wie es sein muß.

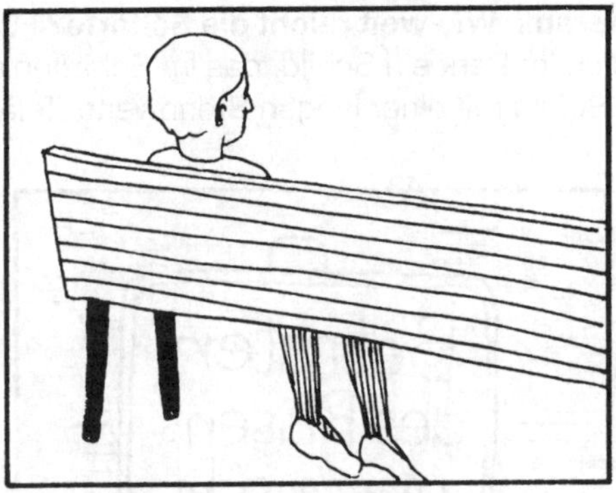

Jetzt überspringen Sie bitte einmal bewußt die Bildachse und produzieren Sie mit der nächsten Einstellung einen *Achsensprung.* Als Ergebnis muß das Kind jetzt plötzlich nach links (und nicht nach rechts) schauen (S. 78, oben).

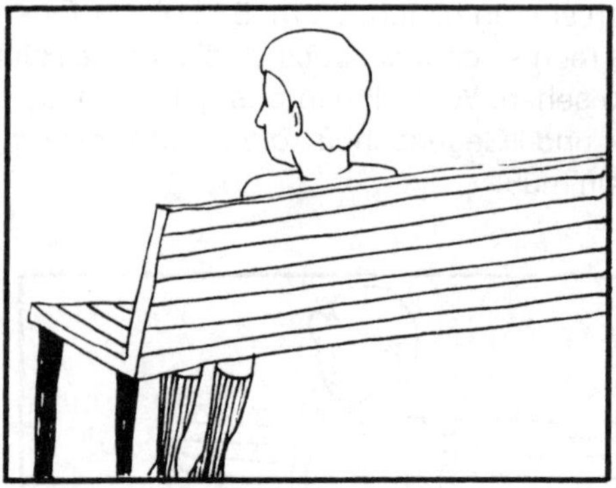

Diesen Effekt erreichen Sie allein mit der Wahl eines anderen (falschen) Kamerastandorts beim Gegenschuß. Das Kind darf seine Position auf der Bank nicht verändern. Ein Achsensprung ist ein handwerklicher Fehler und muß vermieden werden (vgl. Grafik S. 79 und »Bildaufbau, Regeln für die Kameraaufstellung«).

Finden Sie heraus: Wie weit reicht die Schärfe? Für Ihren Test suchen Sie sich im Park ein Schild, das im Schatten steht. Nehmen Sie das Schild mit einer langen Brennweite (Tele) auf.

Sie können die Schrift gut lesen, aber der Hintergrund ist unscharf. Ihr Bild hat also eine geringe Schärfentiefe. Suchen Sie jetzt ein Schild, das im Hellen steht. Nehmen Sie dieses Schild aus derselben Entfernung mit derselben Brennweite auf.

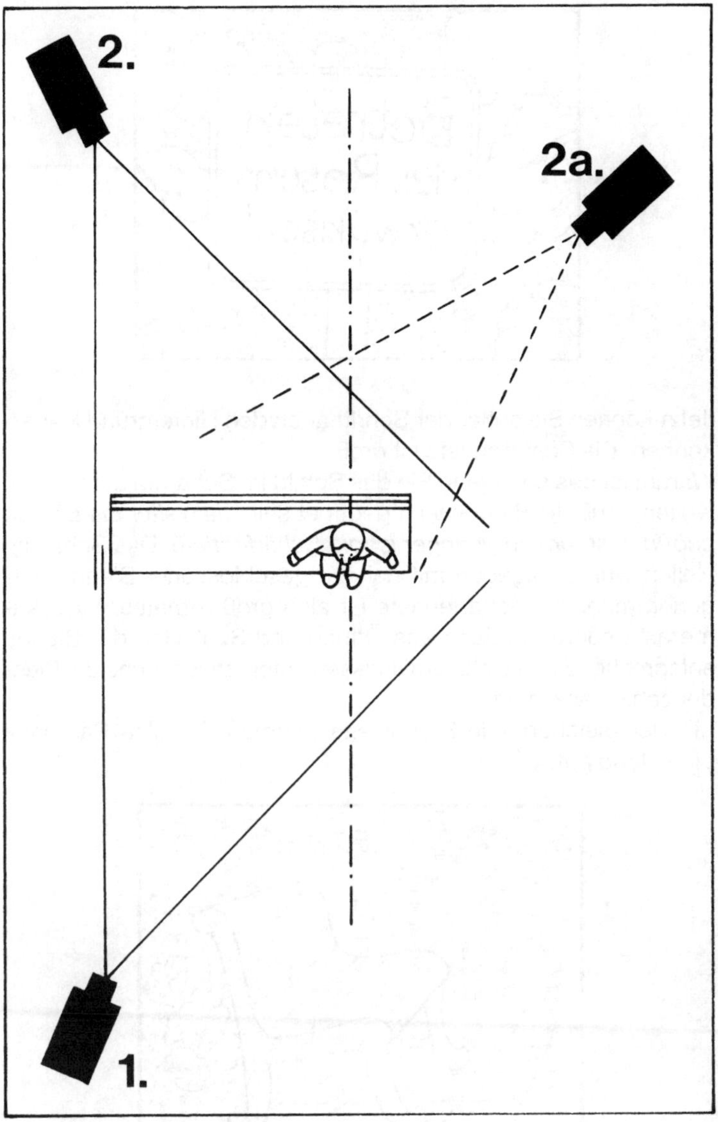

Kamerastandort 1: »Schuß«
Kamerastandort 2: »Gegenschuß«
Kamerastandort 2a: falscher »Gegenschuß«
Bildachse: – · – · – · – · –

Jetzt können Sie außer der Schrift auch den Hintergrund klar erkennen. Die Schärfentiefe ist groß.
Warum ist das so? Wenn Sie das Schild im Schatten aufnehmen wollen, muß die Blende weit geöffnet sein. *Je weiter die Blende geöffnet ist, um so geringer ist die Schärfentiefe.* Das Schild im Hellen wurde dagegen mit nahezu geschlossener Blende aufgenommen; die Schärfentiefe ist also groß. Amateur-Videokameras steuern übrigens das Öffnen und Schließen der Blende entsprechend den Lichtverhältnissen automatisch, ohne die Blendenzahlen anzuzeigen.
Mit der gleichen Tele-Brennweite nehmen Sie eine Parkbank bildfüllend auf.

Sie erkennen, daß die Schärfentiefe nicht sehr groß ist. Anschließend verändern Sie die Brennweite auf Weitwinkel-Position.

Wechseln Sie jetzt Ihren Standpunkt so, daß Sie mit der Weitwinkel-Brennweite wieder dieselbe Parkbank bildfüllend aufnehmen. Bei der letzten Einstellung ist nicht nur die Schärfentiefe größer geworden, auch der Zusammenhang der Bildelemente hat sich verändert. *Die Brennweite des Objektivs wirkt sich also nicht nur auf die Schärfentiefe aus, sondern auch auf die Blickwinkel. Je kürzer die Brennweite, desto größer die Schärfentiefe.*

Bringen Sie Bewegung ins Bild. Finden Sie im Park Menschen beim Spazierengehen. Wählen Sie eine Einstellung, in der die Parkbesucher an Ihnen vorbeigehen. Verändern Sie aber beim Aufzeichnen nicht den Standpunkt der Kamera und Bewegen Sie die Kamera auch nicht. Die (relativ starke) Bewegung wird allein durch die sich bewegenden Menschen erreicht. Man spricht von der *»inneren Bewegung« des Bildes.*
Bewegung kommt aber auch durch Kamerabewegungen (Kameraschwenks, Kamerafahrten) ins Bild.
Das Gestaltungselement Bewegung wird natürlich verstärkt, wenn sich sowohl das Aufnahmeobjekt als auch die Kamera bewegen.

Schwenks sind die ersten Kamerabewegungen, die wir ausprobieren wollen. Auch dafür verändern wir den Kamerastandort nicht. Wir bewegen die Kamera an einem festen Standort.
Wenn Sie kein Kamerastativ haben, lehnen Sie sich am besten an einen Baumstamm. Sie können nun in alle Richtungen schwenken: horizontal, vertikal, diagonal. Sie entscheiden sich zunächst für einen horizontalen Schwenk über die Parkanlage.

Dabei entdecken Sie: *Der Schwenk verbindet zwei Einstellungen miteinander,* den Stand vor und den Stand nach der Kamerabewegung. Beide Einstellungen tragen zur Orientierung bei; ohne sie ist der Schwenk sinnlos.
Nicht sofort die Kamera bewegen! *Am Anfang und am Ende des Schwenks muß das Bild »stehen«,* die Kamera also in Ruhestellung sein. Wenn man übrigens zunächst nicht genau weiß, ob man einen Schwenk am Schneidetisch wirklich braucht, nimmt man den Stand am Anfang und am Ende so lange auf, daß man eine dieser stehenden Einstellungen auch ohne Kameraschwenk verwenden kann. Und da man manchmal auch nicht weiß, in welcher Richtung ein horizontaler Schwenk eingesetzt werden soll, schwenkt man die Kamera zunächst von rechts nach links und in der Wiederholung von links nach rechts. Solch ein »Sicherheitsschwenk« ist aber sinnlos, wenn gemäß dem Aussagewunsch der Schwenk Anfangs- und Endeinstellung gerade in dieser Abfolge miteinander verbinden soll.

Erproben Sie die Schwenkgeschwindigkeit. Ein Schwenk soll zügig, aber nicht zu schnell sein. Durch die Bildvergrößerung bei der Projektion wird nämlich ein längerer Weg in derselben Zeit zurückgelegt, so daß der Schwenk ohnehin schneller erscheint, als man es im Sucher abschätzen kann. *Objektive mit kurzer Brennweite* bilden die Realität am kleinsten ab. Mit ihnen kann deshalb schneller geschwenkt werden als mit *Objektiven mit langer Brennweite,* deren Bildwinkel kleiner ist. Ein *Schwenk mit einem Teleobjektiv* muß deshalb sehr langsam sein. Dennoch ist dabei die Verwacklungsgefahr groß; Ruckbewegungen sieht man beim Teleobjektiv am deutlichsten.
Versuchen Sie also je einen Schwenk mit einer kurzen und einer langen Brennweite und finden Sie dafür die richtige Schwenkgeschwindigkeit.

Schwenken Sie mit einer Bewegung. Die Bewegung »führt« dann den Schwenk, ihre Geschwindigkeit bestimmt auch die Geschwindigkeit des Schwenks, mit dem das sich bewegende Aufnahmeobjekt »verfolgt« wird (*Verfolgungsschwenk):*
Machen Sie einen langsamen und langen Schwenk, indem Sie mit älteren Spaziergängern mitschwenken. Schnelle Schwenks lassen sich realisieren, wenn Sie Kinder im Bild haben und mitschwenken. *Die Bewegung der aufgenommenen Objekte kann also* – wie in diesen Fällen – *die Schwenkgeschwindigkeit vorgeben.*
Die Dauer des Schwenks wird aber auch vom Bildinhalt bestimmt. Schwenken Sie zunächst eine leere Parkbank ab und anschließend eine Parkbank, auf der Menschen sitzen. Die leere Parkbank muß man schneller abschwenken, denn der Bildinhalt läßt sich auch schneller erfassen.
Sammeln Sie jetzt weitere Erfahrungen beim Schwenken. Sie können nicht nur unter Horizontal-, Vertikal- und Diagonalschwenks wählen, sondern es auch mit dem *Panoramaschwenk* versuchen, einem Rundblick-Schwenk von 90 bis 360 Grad.
Versuchen Sie auch ein paar Schwenks aufzunehmen, bei denen Sie die drei Faktoren Brennweite, Geschwindigkeit und Schwenkbereich unterschiedlich miteinander kombinieren.

Reißen Sie einen Schwenk. Bei *Reißschwenks* wird blitzschnell von einer Einstellung weg- zu einer anderen hingeschwenkt. Was zwischen diesen beiden Einstellungen liegt, ist dabei nicht so wichtig und durch die hohe Schwenkgeschwindigkeit auch kaum oder nicht zu erkennen. Reißschwenks können also zwei Einstellungen miteinander verbinden. Wenn damit ein Raum- oder Zeitsprung vollzogen werden soll, wird dabei nur die Ausgangseinstellung zusammen mit dem gerissenen Schwenk gedreht. Die Zieleinstellung wird dann angeschnitten. Auch ohne Raum- und Zeitsprung wird so verfahren, wenn es von der Kameraführung her nicht möglich ist, nach dem Reißschwenk einwandfrei die Kamerabewegung auf der Zieleinstellung zu beenden.
Der Reißschwenk wird auch als Wischblende eingesetzt. Dann signalisieren die durch die Schwenkgeschwindigkeit verwischenden Bilder den *Schlußpunkt einer Sequenz oder einer Szene.*

Versuchen Sie einen Reißschwenk, indem Sie von Eltern auf der Parkbank zu den etwas entfernt spielenden Kindern schwenken.

Kamerafahrten üben. Kamerafahrten sind horizontale und vertikale Veränderungen des Kamerastandpunkts. Sie führen zu immer neuen perspektivischen Wirkungen. Man unterscheidet *Quer-, Längs-, Hoch-, Schräg- und Diagonalfahrten.*

Kamerafahrten

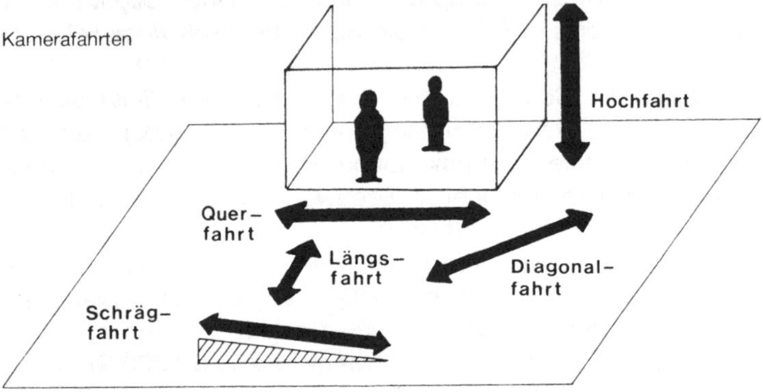

Querfahrten (auch *Parallelfahrten* genannt) können Sie üben, wenn Sie aus dem Seitenfenster eines langsam am Parkrand vorbeifahrenden Autos Bilder aufnehmen. Wählen Sie wieder eine kurze Brennweite (Weitwinkel), um das Verwackeln möglichst zu verhindern.
Querfahrten können auch als *Begleitfahrten* vorkommen. Dabei bewegt sich die Kamera (in unserem Fall also im fahrenden Auto) so schnell wie das Objekt, das sie aufnimmt. Der Abstand zwischen beiden bleibt konstant, das Objekt wird immer gleich groß abgebildet.
Lassen Sie das Auto so schnell fahren wie ein Fußgänger auf dem Bürgersteig geht, den Sie durch das offene Seitenfenster mit der Kamera »begleiten«.

Längsfahrten. Bei ihnen geht es um *Nähe* oder *Distanz* zum Aufnahmegegenstand. Es gibt sie als *Ranfahrten* (Zufahrt) – also eine Fahrt hin zum aufgenommenen Objekt. Weil sich bei diesen Kamerabewegungen der Abstand zum aufgenommenen Objekt tatsächlich verändert, sprechen wir von »echten Fahrten«. We-

gen dieser Abstandsveränderung muß gleichzeitig mit der Kamerabewegung auch die Schärfe »nachgezogen« werden. Bei den Amateur-Videokameras geschieht dies in aller Regel automatisch (Autofocus).
Stellen Sie in der ruhigen Straße am Parkrand eine Person an den Straßenrand. Fahren Sie aus einiger Distanz mit dem Auto auf die Person zu und nehmen Sie sie dabei durch die Frontscheibe auf (Zufahrt). Wenn Sie von der Person wegfahren und dabei dann durch die Rückscheibe drehen, machen Sie eine Rückfahrt.
Gänge werden ebenfalls zu den Fahrten gerechnet. Gehen Sie also mit der Kamera auf der Schulter auf eine Person zu, die auf der Parkbank sitzt (Ranfahrt) oder gehen Sie von ihr weg (Rückfahrt). Üben Sie sich dabei in einem »schleichenden« Gang, weil die Kamerabewegung möglichst gleitend und ruhig ausfallen soll.

Machen Sie eine Zoomfahrt. Dabei wird der Standort der Kamera nicht verändert. *Mit Hilfe der Gummilinse* (also des Zoomobjektivs) *wird* lediglich *gleitend die Brennweite gewechselt.* Man spricht deshalb auch von Zooming.
Zoomfahrten sind »unechte« Kamerafahrten, scheinbare Fahrten durch stufenlose Veränderung der Brennweite und damit des Bildausschnitts. *Diese gleitende Veränderung des Bildausschnitts bei der Zoomfahrt widerspricht den natürlichen Sehgewohnheiten.* Der Zuschauer empfindet sie, als würde sich die Bildwand auf ihn zu- oder von ihm wegbewegen. Bei der »echten« Kamerafahrt dagegen wird der Betrachter in die Bewegung einbezogen, und es scheint, als würde er sich in das Bild hineinbewegen, so wie es beim normalen Gehen der Fall ist. *Profis setzen deshalb den Zoom außerordentlich sparsam ein.*
Nach der Theorie nun die Praxis. Suchen Sie sich im Park ein Schild oder eine Skulptur. In einiger Entfernung davon wählen Sie einen festen Kamerastandpunkt. Das Schild oder die Skulptur sollten Sie zu Beginn zusammen mit der Umgebung und nicht zu groß mitten im Sucherbild haben.
Starten Sie jetzt die Kamera und drücken Sie kurz danach auf die Tele-Taste des Zooms. Das Schild oder die Skulptur werden jetzt langsam immer größer und beherrschen am Ende der Zoomfahrt allein das Bild.

Wenn Ihnen das gut gelungen ist, versuchen Sie es einmal umgekehrt, zoomen Sie von der längsten Brennweite Ihres Varioobjektivs zur kürzesten (von Tele zu Weitwinkel). Zu Beginn sind also Schild oder Skulptur bildbeherrschend groß, am Ende der Zoomfahrt zeigt der Bildausschnitt sie als Teil der Parklandschaft.

Kleiner Bildausschnitt: Tele-Einstellung, großer Weitwinkel

Kombinieren Sie eine »echte« mit einer »unechten« Kamerafahrt. Aus einer solchen Kombination können sich *interessante bildgestalterische Möglichkeiten* ergeben.
Wählen Sie dieselbe Situation wie bei der Längsfahrt als Rückfahrt. Durch die Heckscheibe drehen Sie also eine Person am Straßenrand, von der sich das Auto (und mit ihm die Kamera, also der Zuschauer) wegbewegt. Diese »Wegbewegung« unterstützen Sie durch eine Zoomfahrt von Tele zu Weitwinkel, verändern Sie also gleichzeitig die Brennweite von lang nach kurz.
Bei einer Wiederholung der »echten« Kamerafahrt (Längsfahrt als Rückfahrt) machen Sie jetzt die gegenteilige Zoomfahrt – eine Ranfahrt von Weitwinkel zu Tele. Kamerafahrt und Zoomfahrt wirken jetzt gegenläufig.

Arbeiten Sie mit der subjektiven Kamera. Subjektive Kamera heißt, daß die *Kamera sich in die Rolle einer agierenden – also sich bewegenden – Person versetzt.* Dem Zuschauer teilt sie dabei mit, »wie« und »was« diese handelnde Person sieht, denn die subjektive Kamera vollzieht ja ihre Bewegungen nach – beim Ge-

hen das leichte Auf und Ab, beim Sehen die Blicke nach rechts oder nach links.
Probieren Sie das einmal aus. Stellen Sie sich vor, Sie haben im Park, irgendwo rechts oder links des Weges, Ihren Schlüsselbund verloren. Sie suchen ihn – mit laufender Schulterkamera. Unversehens realisieren Sie dabei Schwenks und Fahrten, indem Sie mal nach rechts und mal nach links schauen, indem Sie mal auf eine größere Fläche schauen (Weitwinkel) und mal leicht gebückt eine kleinere Stelle hinter einem Busch genau in Augenschein nehmen (Tele). Aber übertreiben Sie die Kamerabewegungen nicht. Sie bekommen sonst eine unnatürliche Wirkung.

Und jetzt gehen Sie wirklich in den Park! Wenn Sie dieses Kapitel durchgelesen haben, dann waren Sie bestimmt mit Ihren Gedanken schon im Park beim Dreh. Aber das reicht nicht. *Sie sollten den Schritt von der Theorie zur Praxis wirklich vollziehen und die vorgeschlagenen Bilder selbst mit der Kamera einfangen,* die beschriebenen Kamerabewegungen selbst ausprobieren.
Dabei reicht es nicht, diese elementaren Bildgestaltungsmöglichkeiten mit der Kamera flüchtig durchzuspielen. *Trainieren Sie systematisch,* damit Sie bald von einfachen Übungen zu der schwierigeren Aufgabe übergehen können, wie man diese Gestaltungsmöglichkeiten einsetzt, um damit Aussagewünsche optisch zu realisieren. Der auf den nächsten Seiten abgedruckte »Übungsplan Bildgestaltung« soll eine kurzgefaßte Arbeitsanleitung sein.
Und noch eins: Wenn Sie sich die nächste Fernsehsendung anschauen, wird etwas anders sein. Sie werden jetzt *bewußt* fernsehen, die Auswahl von Bildausschnitten, die Kamerabewegungen und die Abfolge unterschiedlicher Bildausschnitte und Kamerabewegungen wird Ihnen jetzt auffallen. Und Sie werden darüber nachdenken, welcher Aussagewunsch damit wohl verbunden – und ob die Sprache der Bilder verständlich war.

Übungsplan Bildgestaltung

Übung	Motiv/ Bildgestaltung	Übungszweck	Notizen
1. Ein Objekt allein abbilden	Ein Baum im Park bildfüllend	verschiedene Einstellungsgrößen und Bildausschnitte ausprobieren, hier: halbnah	
2. Details eines Objekts zeigen	Ein kleiner Ast bildfüllend	wie 1. hier: groß	
3. Ein Objekt in seiner Umgebung zeigen	Ein Baum in einer Parklandschaft	wie 1. hier: Totale	
4. Ein Objekt aus unterschiedlichen Perspektiven aufnehmen	Kind auf einer Parkbank, von oben, aus Augenhöhe und von unten	Die unterschiedlichen Wirkungen unterschiedlicher Perspektiven kennenlernen	
5. »Schuß« und »Gegenschuß« ohne und mit »Achsensprung«	Kind auf einer Parkbank, erst von vorn, dann von hinten, Parkbank fast bildfüllend	Die Grenzen erfahren, die einem Standortwechsel der Kamera bei Schuß und Gegenschuß gesetzt sind, wenn man den Bildgestaltungsfehler »Achsensprung« vermeiden will	

Übung	Motiv/ Bildgestaltung	Übungszweck	Notizen
6. Die Schärfentiefe ausprobieren	1. Schild im Schatten 2. Mit derselben Brennweite aus derselben Entfernung Schild im Licht	Erkennen, daß das Ausmaß, in dem ein Bild in der Tiefe scharf ist, von der Blendenöffnung abhängig ist. Daß die Schärfentiefe auch von der Brennweite abhängt, merken Sie, wenn Sie Variante eins einmal mit Tele und dann mit Weitwinkel drehen	
7. Ein Objekt aufnehmen, das sich bewegt	Spaziergänger im Park, mit festem Kamerastandpunkt aufnehmen	Die unterschiedlichen Möglichkeiten erproben, wie als Gestaltungselement Bewegung ins Bild gebracht werden kann, hier: innere Bewegung	
8. Schwenken	Parklandschaft	Herausfinden, wie man mit der Kamerabewegung Schwenk optisch orientiert oder zwei Einstellungen miteinander verbindet	

Übung	Motiv/ Bildgestaltung	Übungszweck	Notizen
9. Schwenken mit unterschiedlichen Brennweiten und der jeweils entsprechenden Geschwindigkeit	Parklandschaft	Erkennen, daß die Schwenkgeschwindigkeit u. a. von der Brennweite abhängt	
10. Mitschwenken	Einen Spaziergänger im Park mit einem Schwenk »verfolgen«	Erproben, wie ein Motiv die Schwenkgeschwindigkeit bestimmt	
11. Reißschwenk	Eltern auf der Parkbank und spielende Kinder in der Nähe	Ausprobieren, wie schwer es ist, eine feste Anfangs- mit einer festen Endeinstellung durch einen blitzschnellen Schwenk zu verbinden	
12. Kameraquerfahrt	Parkrand, aufgenommen aus dem Seitenfenster eines auf der Straße am Parkrand vorbeifahrenden Autos	Feststellen, wie es wirkt, wenn Perspektive und Bildausschnitt gleich bleiben, der Bildinhalt sich aber gleitend verändert	

Übung	Motiv/ Bildgestaltung	Übungszweck	Notizen
13. Kameraquerfahrt als Begleitfahrt	Einen Spaziergänger am Parkrand durch das Seitenfenster eines nebenher fahrenden Autos begleiten	Feststellen, wie es wirkt, wenn bei unveränderter Perspektive und unverändertem Bildausschnitt ein Bildinhalt bleibt (Spaziergänger), der übrige Bildinhalt sich gleitend verändert (Hintergrund)	
14. Kameralängsfahrt als Zufahrt	Person am Parkrand, auf die sich die Kamera zubewegt, gedreht durch die Frontscheibe des auf die Person zufahrenden Autos	Die Wirkung einer sich auf das Motiv zubewegenden Kamera erproben	
15. Kameralängsfahrt als Rückfahrt	Person am Parkrand, von der sich die Kamera wegbewegt, gedreht durch die Rückscheibe eines von der Person wegfahrenden Autos	Die umgekehrte Wirkung von Übung 14 erzielen	
16. Zoomfahrt zufahren	Schild/Skulptur im Park, erst in der Totale, dann groß	Erkennen, daß anders als bei der Längs(zu)fahrt die Perspektive nahezu unverändert bleibt	

Übung	Motiv/ Bildgestaltung	Übungszweck	Notizen
17. Zoomfahrt aufziehen	Schild/Skulptur im Park, erst groß, dann in der Totale	Wie Übung 16	
18. Kombination von Kamerarückfahrt und Zooming (aufziehen)	Wie Übung 15, gleichzeitig aber von langer auf kurze Brennweite zoomen	Erkennen der verstärkenden Wirkung von Kamerafahrt und Zooming	
19. Kombination von Kamerarückfahrt und Zooming (zufahren)	Wie Übung 18, die Zoomfahrt allerdings von kurzer zu langer Brennweite	Erkennen der gegenläufigen Wirkung von Kamera- und Zoomfahrt	
20. Subjektive Kamera	Die Kamera begibt sich in die Rolle eines Spaziergängers, der sein Schlüsselbund links und rechts vom Parkweg sucht	Feststellen wie es wirkt, wenn der Zuschauer die Bilder wie der Handelnde sieht	

Diesen Übungsplan bitte kopieren und mit zum Dreh nehmen. Unter »Notizen« können Sie z. B. die Bandzahl eintragen, bei der Sie die jeweilige Übung begonnen haben, außerdem auch die Zahl der Wiederholungen.
Die Reihenfolge der Übungsaufgaben orientiert sich am vorangegangenen Kapitel, ist also didaktisch aufgebaut. Beim Dreh empfiehlt sich aus arbeitsökonomischen Gründen eine andere Reihenfolge. Machen Sie sich einfach einen Drehplan, indem Sie die Übungsaufgaben entsprechend der Reihenfolge umnumerieren, in der Sie drehen wollen – also etwa alle Einstellungen aus dem Auto hintereinander.

Der Beitrag des Tons zur Information

Sehen und hören – eine normale und ideale Kombination. Fällt allerdings einer dieser Sinne aus, beginnt der Konflikt. Schnell wird gefragt: welche sinnliche Wahrnehmung ist wichtiger, Sehen oder Hören, Bild oder Ton?
Was ist »der Ton« in einem Fernsehbeitrag? Lassen wir alle physikalischen, technischen oder musiktheoretischen Erklärungen beiseite: er ist *eine* der beiden gleichwertigen Komponenten einer Sendung, die aus Bild *und* Ton besteht. Mit dieser Aussage, so banal sie zunächst klingen mag, ist das Gewicht der akustischen Komponente beschrieben.

Der Ton wird häufig unterschätzt. Sicher, wir »sehen« fern, und die Faszination des bewegten Bildes wird nicht bestritten, eine Abwertung des Tons aber ist daraus nicht abzuleiten. Zu seiner oft falschen Einschätzung trägt auch die gern verwendete Formulierung »Fernseh-Begleitton« bei; dieser läuft sozusagen geduldig nebenher. Der Ton jedoch »begleitet« das Bild nicht anders als das Bild den Ton auch. Er begleitet nicht, sondern ergänzt, verstärkt und unterstreicht das Bild, kann es auch abschwächen, setzt Akzente. Er dominiert es manchmal, verschmilzt im besten Fall mit ihm zu einer Einheit. Er soll dem Bild entsprechen, kann aber dramaturgisch auch gegenläufig angelegt sein; er wird durchgehalten, wenn das Bild wechselt, verklammert Szenen, zieht Leitmotive durch und verdeutlicht so Inhalte; er verknüpft informative und gefühlsanregende Bildkomponenten, stellt Zusammenhänge her.
Besondere Bedeutung kommt dem *Text* zu: dieser wirkt gewissermaßen als Katalysator; denn: Jedes natürliche optische Gewicht läßt sich durch das Wort verstärken oder abschwächen. Eine ähnliche Wirkung ergeben Musik, Atmo, Geräusche und Effekte.
Die Vertonung insgesamt, nämlich die *subtile Mischung der »Teiltöne,«* steuert in hohem Maße jenes sinnliche Element bei, das durch seine besonders die emotionale Komponente des Bildinhalts verstärkende, in jedem Fall aber stimulierende Wirkung entscheidend das »Ankommen« einer Sendung beeinflußt. »Der Ton« ist damit – über das gesprochene Wort hinaus – wichtiger Teil der Gesamtinformation, die eine Sendung vermittelt.

Wahrnehmungen werden nämlich nicht mit einem Sinn allein, sondern immer als komplexes Ganzes, und dieses wiederum in Verknüpfung mit schon im Gedächtnis Vorhandenem erfaßt und gespeichert.
So kann über die Fähigkeit zur Assoziation schon ein einziger wichtiger Anteil einer erlebten Gesamtheit zur Rückerinnerung dieses Ganzen führen. Das mag ein Bild sein, aber eben auch ein spezifisches Geräusch, ein Glockenton zum Beispiel, besonders natürlich Musik.
Der »Ton« besteht aus einer Reihe von Einzelelementen:

»Kommentar« wird der Filmtext genannt, also die Wort-Informationen, die die Bild-Information ergänzen und kein O-Ton sind. Der Kommentar wird in der Regel aufgeschrieben und dann passend zum Bild aufgenommen. Er kann aber auch frei gesprochen werden.

Originalton (O-Ton). Das ist die an Original-Schauplätzen meist zusammen mit der Kamera synchron oder asynchron gedrehte Tonaufnahme. Die Originaltonaufnahme reicht vom einfachen Statement oder Interview bis hin zur komplizierten Musikproduktion oder Spielszene.

Die »Atmosphäre« (Atmo) soll, wie das Wort sagt, das »Atmosphärische«, damit das Charakteristische eines Drehorts einfangen und besteht meist aus einer Mixtur verschiedener Geräusche. Sie wird synchron gedreht, wenn konkrete Ton-Bild-Bezüge zu erwarten sind, häufig aber als »Nur-Ton«, der dann später die aus Einzeleinstellungen zusammengesetzten Bildsequenzen akustisch verknüpfen und von der Stimmung her beschreiben soll.

»Effekte« sind meist gezielt verwendete Einzelgeräusche; auch bewußt eingesetzte Musikakzente oder Verfremdungen können darunter verstanden werden.

Musik kann vor Ort aufgenommene, dokumentarische Musik sein (O-Ton). Häufig wird Musik jedoch später unterlegt; sie hat dann eine dramaturgische Funktion. Verwendet wird meist Archivmusik, die von Musikberatern (je nach den Umständen auch von Redakteuren, Cuttern, Tonmeistern) zur jeweiligen Sendung passend ausgewählt wird. Falls erforderlich (z. B. bei Fernsehspielen) wird die Musik dem Beitrag gewissermaßen »auf den Leib komponiert«; dies ist allerdings auch eine Frage des Budgets.

Alle diese Töne können also »innere Bilder« erzeugen oder Gefühle und Empfindungen hervorrufen oder beeinflussen. Besonders in Features und Dokumentationen, weniger in aktuellen Kurzbeiträgen, kann der Fernsehjournalist sehr differenziert mit diesen Gestaltungsmöglichkeiten arbeiten. Einige Beispiele sollen dies verdeutlichen.

Bild	*Ton*	*Wirkung*
Zeitliche Festlegung		
Gotische Kirchenfenster	Gregorianischer Choral	Neben zeitlichem auch räumlicher Hinweis; aber auch auf »Inhalte«.
Ortsbestimmung		
Zwei Menschen in einem Zimmer. Sie unterhalten sich.	Originalton oder synchronisierter Ton. Zusätzlich z. B. Verkehr, Hinterhof, Karussell, Kindergeschrei.	Durch die tonliche Gestaltung wird der Ort, die Umgebung beschrieben, ggf. auch das Milieu.
Authentizität		
Statement ausländischer Politiker (Sportler, Künstler)	Originalton, Übersetzung.	Durch teils wörtliche, teils zusammenfassende Übersetzung wird erreicht, daß Teile des Originaltons immer wieder deutlich hörbar werden. Es entsteht Glaubhaftigkeit und größere Nachprüfbarkeit des Berichts.

Atmosphäre

Die optische Gewichtung des Bildes, die zur informativen oder zur mehr vom Gefühl geprägten Seite neigen kann, wird durch die akustische Gestaltung verstärkt oder abgeschwächt; dies gilt neben Wort und Musik auch für Geräusche, die in ihrer Mischung zur »Atmosphäre« werden.

Bild	*Ton*	*Wirkung*
Halbtotale, Zufahrt. Auto am Straßenrand. Polizisten beobachten ein Haus, unterhalten sich, sprechen mit ihrer Zentrale (z. B. »Tatort«).	Originalton. Der Originalton wird möglichst trocken, möglichst isoliert aufgenommen. Alles andere wird später hinzugefügt.	Sprachverständlichkeit
Dieselbe Szene. Ein Team dreht einen Bericht über die Dreharbeiten	Originalton. Der Ton wird möglichst umfassend aufgenommen. Autos, Lärm, auch Drehkommandos sind Teil der Szene.	Dokumentarische Authentizität

Im (nicht erfundenen) Beispiel hatte der Tonmann des Dokumentarteams sich an das Mischpult des Spielfilmtonmeisters »angehängt«. Sein Ton war gut, aber falsch.

Verstärkung, Verknüpfung

Totale. Meer. Hohe Wellen, die auf den Strand zulaufen. Halbnah. Eine hohe Welle bricht sich am Steilufer.	Wellengeräusch, Wind heult, Brandung. Obiger Ton bleibt. Zusätzlich synchron das donnernde Geräusch der einzelnen Welle, die man sieht.	Die Einstellung mit der einzelnen Welle wird in ihrer Wirkung verstärkt. Gleichzeitig wird der Grund-Gesamt-Ton behalten, der die Szene akustisch atmosphärisch beschreibt und die montierten Einzelbilder verbindet.

Ein höchst brisantes Beispiel für das zugrundeliegende Prinzip ist die Übertragung von Musik, besonders von E-Musik, die – je nach Bekanntheitsgrad – einen gewissen Tabuwert genießt.
Die mögliche Diskrepanz zwischen Bild und Ton wird hier besonders deutlich, aber auch das – hoffentlich – gedeihliche Zusammenwirken der beiden Elemente.
Das Bild löst die Szene (das Orchester) in möglichst der Partitur angepaßte Einzelaufnahmen auf. Hier nur zu hören, was man sieht, wäre sinnlos und grotesk. Der Ton hat die Kontinuität des Ganzen zu vollziehen. Trotzdem ist es sinnvoll, das im Bild vordergründige Instrument so vorsichtig zu verstärken, daß der Bildeindruck objektiv kaum merkbar, aber subjektiv deutlich fühlbar bestätigt wird, ohne das Musikwerk als solches zu beschädigen. Hier sind Bildregie und Tonmeister sehr stark gefordert.

Verknüpfung

Reporter im »On«	O-Ton Reporter	Der durchgehende Originalton mit der gleichbleibenden Atmosphäre unterstreicht die Authentizität des Berichts und verknüpft die Bildpassagen zu einer informativen Einheit.
Bildblock, der den Reporter-O-Ton illustriert	O-Ton Reporter weiter als Off-Ton	
Reporter wieder im »On«	O-Ton Reporter weiter	

Solch ein Wechsel zwischen Reporter im »On« und Bildblock bei durchgehendem Reporter-Originalton kann sich mehrfach wiederholen. Statt eines Reporters kann z. B. auch ein Mensch aus seinem Leben erzählen, wobei er dann manchmal im »On« ist, manchmal zu seinem Off-Ton Bilder gezeigt werden, die die gerade beschriebene Lebensphase optisch umsetzen.

Bild	*Ton*	*Wirkung*
Kontrast		
Reporter im »On«	O-Ton Reporter	Durch den Wechsel zwischen Reporter-Originalton und Kommentar-Ton wird ein Spannungsfeld zwischen Live-Charakteristik (Reporter im Bild) und distanzierterer Hintergrundberichterstattung aufgebaut.
Bildblock, der das Thema optisch z. B. durch Hintergrundinformationen weiterführt	Kommentar	
Reporter im »On«	O-Ton Reporter	

Falls erforderlich, kann der Zusammenhang zwischen den Einzelszenen durch die Zumischung von Atmosphäre oder Musik hergestellt oder verstärkt werden.

Interpretation		Die Handlung wird erklärt, akzentuiert, ggf. auch ironisiert. Fast immer früher beim Stummfilm angewandt, der insoweit nie »stumm« war (Orchester oder Klavier im Saal).
Mensch stolpert, kullert Abhang hinab	Glissando abwärts auf dem Klavier	
Clown haut Kollegen auf den Kopf	Schläge auf Snare Drum	
Mann kitzelt Frau mit Feder, versteckt	Hoher Klaviertriller	
Bewegung, Rhythmus		
Skifahrer wedeln in Tiefschnee	Wiener Walzer	Die schwingende Körperbewegung wird akustisch unterstützt, Leichtigkeit, auch Fröhlichkeit, Hochgefühl
Skifahrer fährt Slalomrennen	Zischendes, bei jedem Schwung verstärktes Geräusch	Tempo, äußerster Einsatz

Bild	*Ton*	*Wirkung*
Stimmung, Gefühl		
Sonnenuntergang	»Urton Sonne«	Die Bilder werden durch programmatische Musik illustriert; ihr Gefühlswert wird verstärkt; der Zuschauer wird auf das Thema eingestimmt.
Flußlandschaft	»Die Moldau«	
Hochalm	Alphörner	
Ranch	Mundharmonika	

Vorsicht! Diese Art der musikalischen Vertonung kann leicht kitschig, platt, einfallslos wirken und erreicht dann möglicherweise das Gegenteil dessen, was beabsichtigt war.
Diese Gefahr besteht auch, wenn man mit Beziehungsmusiken arbeitet. Damit sind Musiktitel gemeint, deren Text direkt auf das Bild Bezug nimmt.

Radler	Titel »Ja, wir sind mit'm Radl da«	Was sich zu sehr anbietet, wirkt leicht banal.
Spannung		
Demonstration, abwechselnd im Bild		Eskalation, Zuspitzung, Unausweichlichkeit
Demonstranten, marschierend und	Schritte, Schläge auf Tom Tom	
Polizisten, marschierend	Schritte, Schläge auf Snare Drum, »Rim shots« (d. h. Schläge auf Trommelrand und Fell)	
Totale, beide Gruppen im Bild, marschieren aufeinander zu, kommen zum Halt	Blende in Wirbel auf Stand-Tom Tom, verhalten	Bedrohlichkeit, äußerste Spannung
Gruppen stürmen aufeinander zu	Wirbel weiter, geht unter in lautem Geschrei (O-Ton)	Lösung, zurück zur Realität

Bild	*Ton*	*Wirkung*
LKW fährt in Fabrikhalle.	Fahrgeräusch LKW. Zusätzlich Arbeitsgeräusche Fabrik: Zischen, Stoßen, Klirren, Krach.	Durch die offensichtliche Irrealität der Tongestaltung wird Spannung und Erwartung erzeugt.
Fahrer stellt Motor ab, steigt aus, geht durch die Halle.	Mit Abstellen des Motors ersterben alle anderen Geräusche. Nur die (halligen) Schritte des Fahrers sind zu hören.	

Ankündigung

Ein Schiff wird gebaut. Einzelaufnahmen seiner Entstehung.	Originalgeräusche. Blaskapelle mit fröhlich-feierlicher Musik Musik geht weiter.	Die Musik weist bereits auf den bevorstehenden Festakt hin.
Das Schiff ist fertig.	Musik geht weiter.	Die Musik hat auch Symbolcharakter.
Das Schiff wird getauft. Festakt.	Sektflasche zerschellt. Ggf. Ansprache.	

Leitmotiv

Leitmotive – die gezielte, auf bestimmte Personen, Handlungen, Gegenstände, Situationen abgestimmte Wiederkehr von Effekten, musikalischen Phrasen, Melodien, Harmoniefolgen – *haben immer Signalwirkung.* Sie dienen der Ankündigung, aber auch der Wertung von Personen und Vorgängen.

Straßenszene mit Straßenarbeiter,	Starker, nervtötender Autolärm	Akustische Realität
idyllischer Garten Straßenarbeiter schneidet Rosen,	Lärm wie vor	Lärm verfolgt den Arbeiter
leere Straße, ohne Verkehr, Arbeiter geht spazieren	Lärm wie vor	Lärm als »ständiger Begleiter«, Lärm als Alptraum

Bild	*Ton*	*Wirkung*
Bildführung		
Trailer	Musik, meist sehr rhythmisch.	Anreiz, Herausforderung
Titelmontage	Auch Geräuscheffekt, z. B. Dampflok, rhythmisches Maschinengeräusch o. Ä.	

Beim *»Schnitt auf Takt«* werden *Musik* oder *Geräuscheffekt* vordergründig, sie *bestimmen den Ablaufrhythmus der Bilder.* Die Bildeinstellungen sind ohne inneren Zusammenhang geschnitten, die Bildmontage bezieht ihre Dynamik aus dem Rhythmus der Musik.
Ähnlich kann sich die Bildmontage nach dem Rhythmus und der Satzmelodie von Sprachpassagen richten. Auch hier *gibt der Ton den Takt* an, der aus den Längen gedanklicher Zusammenhänge erwächst. Das gilt insbesondere für Sprach-O-Ton. So soll bei Reden (Vorträgen, Lesungen etc.) die Satzdynamik den Rhythmus der Bildfolge bestimmen.

Redner im Saal, Halbtotale	O-Ton Rede, Redner führt in Thematik ein	Bild paßt sich dem Inhalt und der Intensität der Rede an
Redner groß	O-Ton, Redner gibt wichtige persönliche Stellungnahme ab	
Gegenschuß ins Publikum über Schulter des Redners	Redner begründet seine Stellungnahme	

Kommentartexte dagegen sollten bildbezogen aufgebaut sein. Sie ordnen sich dem Bild unter und ergänzen den Informationsgehalt der aussagekräftig montierten Bildeinstellungen.
So kann man sagen, daß einmal die Bild- die Tonsprache, das andere Mal die Ton- die Bildsprache unterstützt.

Bild	*Ton*	*Wirkung*
Kombination von Geräusch und Musik		
Hubschrauber fliegt über hügelige Landschaft.	Ton des fliegenden Hubschraubers.	Dokumentarisch, realistisch, Hubschrauber als »Akteur«.
Er landet, Rotoren laufen aus.	Ton entsprechend Bild	
Hubschrauber fliegt über hügelige Landschaft	Hubschrauber Überblende in Musik.	Das Bild wird zum »Agierenden«, idylisch, scheußlich, je nach Absicht.
Er landet, Rotoren laufen aus.	Überblende in Realgeräusch.	

Unbeabsichtigte Wirkungen von Originalton. Originalton kann sehr nützlich (häufig unentbehrlich), manchmal auch sehr schädlich sein.
Beispiel: Spielszene. Villenvorort, Bungalow, Garten, Pool, Hecke. Mann, Frau, Drinks, sich anbahnende Liebe, insgesamt Idylle.
Hinter der Hecke allerdings ist die Zufahrt zu einer Kiesgrube, in kurzen Abständen fahren Lastwagen durch, die (voll oder leer) auch noch verschieden klingen.
Originalton ist also nicht oder nur mit großen Einschränkungen möglich.
Sollte hier allerdings »akustische Umweltverschmutzung« dokumentiert werden, wäre der Originalton sehr brauchbar.

Tonsprünge. Fernsehberichte werden in geschlossenen Bildblocks aufgebaut, die sich aus Einzeleinstellungen zusammensetzen. Diese Bildblocks sollten in sich geschlossen vertont werden (Verknüpfung, Herstellung des Zusammenhangs).
Innerhalb eines solchen Blocks sollten Tonsprünge allgemein kleiner sein als Bildsprünge, die sehr viel leichter akzeptiert werden. Bei Orts-, Zeit- oder Bildblockwechsel kann der Ton allerdings voll mitziehen und dadurch den Wechsel verdeutlichen.

Sorgfalt bei der Originalton-Aufnahme. Sie ist der erste der Arbeitsgänge, die zum Endergebnis »Ton« führen sollen. Hier

wird besonders deutlich, daß Fernsehen Teamwork ist. Der Ton wird beim Drehen oft als »notwendiges Übel«, als lästig empfunden. Die Interessenkollision Bild-Ton ist programmiert.
Ein Uralt-Scherz:

Tonmeister zum Kameramann:	»Was war zuerst da, der Ton oder das Bild?«
Kameramann:	»Klar, das Bild! Denn Gott sprach: ›Es werde Licht!‹«
Tonmeister:	»Stimmt! Aber sagen hat er's müssen!«

Das Problem: Optische Ausschnitte sind beliebig herstellbar, akustische auch mit perfekter Technik nicht. Die Verwendung von Richtmikrofonen hilft, aber auch das Interferenz-Richtmikro (»Kanone«) ist keine Wunderwaffe. Manchmal schadet es gar: denn es zielt genauso auf den (unerwünschten) akustischen Hintergrund wie auf den im Vordergrund stehenden Sprecher. Und das Umweltgeräusch ist meist bedenklich laut. Auch Reflexionen gibt es überall. Der durch die Richtcharakteristik gedämpfte Rückwärtsschall wird nach vorne geworfen und von dort in Richtung der besten Mikrofonempfindlichkeit reflektiert. Ziel ist jedoch, möglichst nur das zu hören (und zu verstehen!), was im Bild zu sehen ist. Alles andere kann später hinzugefügt werden. *Mikrofone im Bild sind meist unerwünscht.* Gute Sprachverständlichkeit und Klangtreue erfordern aber eine bestimmte Mindestnähe des Mikrofons zur Schallquelle. Diese ist aus obigem Grund nur schwer erreichbar.
Weiter: Das Mikrofon ist sozusagen dumm. Es registriert objektiv auch das, was wir nicht hören wollen. Der Mensch hört zweiohrig, das Fernsehen noch zumeist mono. Die Richtungswahrnehmung geht verloren. Der Mensch hat Augen, die ihm helfen, Lippenbewegungen zu interpretieren, und er kann sich konzentrieren, kann so Störschall subjektiv unterdrücken. Kein noch so futuristisches Mikrofon wird das jemals beherrschen, wenn auch der Stereo-Kunstkopf eine erste Annäherung zum menschlichen Hören bringt. Folge: *Das Mikrofon muß näher zur Schallquelle als der Mensch.* Das kommt erschwerend hinzu.
So ist fast jede gute O-Ton-Aufnahme ein hart umkämpfter Sieg, der kaum ohne Kompromisse erreichbar ist. Deshalb: Arbeiten Sie schon bei der Aufnahme bewußt mit dem Ton! Im Mischstudio ist es häufig zu spät! Geben Sie dem Tonmann seine Chance:

Sein Job ist nicht Selbstzweck, er tut's für das gemeinsame Produkt des gesamten Teams (vgl. »Mikrofone«).

Die Tonbearbeitung. Das Angebot an Tönen für die Endmischung im Tonstudio sollte im allgemeinen größer sein als das, was voraussichtlich gebraucht wird. Erst bei der Endmischung ist das Gesamtklangbild zu hören und kann gültig definiert werden.
Die Mischvorbereitung erfolgt im Schneideraum. Hier werden die Tonkomponenten nach Kategorien geordnet auf einzelnen Bändern oder Tonspuren zusammengefaßt und nach künstlerischen, journalistischen und praktischen Gesichtspunkten dem Bild zugeordnet. So entstehen Sprachbänder, Geräusch-, Musik- und Effektbänder.
Die Vielzahl dieser Schallquellen wird durch quantitative und qualitative Bearbeitung und Anpassung ihrer Relationen zueinander so gemischt, daß nicht nur der akustische Ablauf in sich perfekt ist, sondern der Ton mit dem Bild je nach erarbeitetem dramaturgischen Konzept eine Einheit bildet, um die vorgesehene Gesamtaussage zu erreichen. Diese Aufgabe stellt oft höchste Ansprüche an die Fähigkeiten des Tonmeisters.
Die handwerklich-technischen Abläufe bei der Tonbearbeitung sind in den Beiträgen »Ton-Bearbeitung« und »Film-Schnitt und Filmton-Bearbeitung« jeweils gesondert dargestellt.

Sehen oder Hören, Bild *oder* Ton – das ist nicht die Frage. Je nach Inhalt und Darstellungsform hat zuweilen das Bild, zuweilen der Ton die größere Aussagekraft. Grundsätzlich stehen beide gleichberechtigt nebeneinander. Nur das sinnvolle Zusammenführen von Bild und Ton ergibt das, was gutes Fernsehen ausmacht.
Auf dem Gebiet der Vertonung sind der Phantasie kaum Grenzen gesetzt. Die Ambivalenz ihrer Einsatzmöglichkeit erschwert das Festlegen von Regeln. Intuition, Gespür für das Wesentliche und Subtilität in der Handhabung sind gefragt.
Wer das erkennt und bereit ist, auch mit dem »Ton« bewußt und gezielt umzugehen, hat ein hervorragendes Mittel an der Hand, seinen Beiträgen die gebührende Akzeptanz zu verschaffen.

Der Beitrag des Textes zur Information

Der Vorrang des Bildes, den das Fernsehen beansprucht, ist in vielen Informationssendungen nur schwer, manchmal überhaupt nicht zu erkennen. Das Wort ist gegenüber dem Bild zumindest ebenbürtig, ja sogar überlegen, sobald Hintergründe und Zusammenhänge darzustellen sind, die sich in ihrer Abstraktion der Bebilderung entziehen. Fernsehinformationen brauchen die Sprache. In Nachrichtenfilm, Bericht und Reportage, in Feature und Dokumentation bleibt ihre Funktion unbestreitbar. Die Frage ist jedoch, wie Bild und Sprache zusammenwirken, damit sie die bestmögliche Information des Zuschauers erreichen.

Fernsehbeiträge müssen ihr Thema auf den Punkt bringen, in Bild und Wort. Sie müssen auf den unverbindlichen Bilderteppich verzichten und eine Story erzählen, die der Zuschauer versteht. Forschung und Praxis sind sich darin einig, daß Fernsehbeiträge nur dann stabile Informationen transportieren, wenn bildliche und textliche Elemente übereinstimmen. Die *Text-Bild-Schere,* die Bernward Wember herausgearbeitet hat, ist seit etlichen Jahren selbst Berufsanfängern als Begriff geläufig. Dennoch klaffen Text und Bild meist auseinander.
Selbst wenn Nachrichtenfilme verbale und optische Informationen zur Deckung bringen, ist es der stärkeren *Faszinationskraft des Bildes* zuzuschreiben, daß der Zuschauer primär auf das Bild achtet.

Mit dem Text die Bildinformation ergänzen – und nicht wiederholen. Wenn das Bild z. B. – wie in unserem Film von der Volkswanderung ganz vorn im Buch – die Wanderer in einem Dorf zeigt, kann der Text den Namen und die Lage des Dorfes der Bild-Information hinzufügen.

Bild

Text

Ausgangspunkt und Ziel: das Schwarzwalddorf Schonach, ein bekannter Wintersportort.

Die Wanderer gehen vom Zuschauer weg, aus dem Bild hin*aus.* Der Text nimmt mit dem Wort »Ausgangspunkt« Bezug auf diese Bild-Information.

Bild

Text

Auf halbem Wege eine Verpflegungsstation –

Das Bild zeigt einen Wanderer, dem aus einer Kanne etwas eingegossen wird. Auf einem Transparent ist »Verpfleg...« zu lesen. Der Text informiert ergänzend darüber, daß die Verpflegungsstation auf halbem Wege lag. Daß es Tee gab hält der Autor nicht für wichtig. Die allgemeine Bild-Information »Getränk aus Kanne« reicht ihm.

Bild

Text

auch Pflegestation, vor allem für wundgelaufene Füße

Die Kamera schwenkt von den Teetrinkern nach unten und zeigt einen Wanderer, dem eine Ferse verpflastert wird. Der Text ergänzt, daß die Verpflegungsstation gleichzeitig auch Pflegestation war. Wenn es dem Film-Autor wichtig gewesen wäre, hätte er diese Einstellung auch nutzen können, um uns

zu sagen, daß hier nur *einige wenige* wundgelaufene Füße behandelt werden mußten. Wären es Dutzende gewesen, hätten zwei, drei kurze »Behandlungs-Einstellungen« dies besser optisch erzählt.
Und hätten gar einige Wanderer sich arg die Füße geschunden, dann hätte uns eine Blase »groß« das deutlich vor Augen geführt.

Denken Sie jetzt bitte noch einmal zurück an unseren »Nachrichtenfilm als Beispiel«. Vergleichen Sie bei jedem Storyboard die Bild-Aussage mit der Text-Information. Sie werden feststellen, was *Bild und Text gemeinsam z. B. auch können:*

- Spannung/Neugier erzeugen (Tausendfüßler-Einstellung)

Bild	Text
	Ein Tausendfüßler in Wanderstiefeln.

- eine lustige Wirkung erzielen (Ski-Hinweis in Sommerlandschaft)

Bild	Text
 Groß-Aufnahme Ski-Langläufer-Symbol Schwenk nach rechts in Landschaft …	Keine Angst – nur im Winter müssen hier, auf der berühmten 100-Kilometer-Langlaufstrecke, Skier angeschnallt werden.

- ironische Distanz vermitteln (Medaille groß auf »Heldenbrust«).

Bild	Text
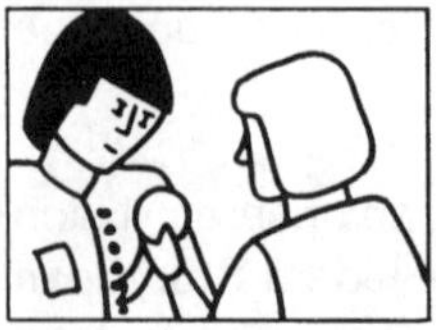	Das Ziel: die Medaille.
	Die letzten werden sie vermutlich erst in der Abenddämmerung erhalten.

Text und Bild müssen übereinstimmen. Das gelingt am besten, wenn der Autor bereits beim Drehen an das Texten denkt und gemeinsam mit dem Kameramann vor Ort Einstellungen wählt, die die Fakten strukturieren. Die einzelne Einstellung, auch die einzelne Einstellungsfolge, darf aber nicht alle Informationen zugleich anbieten; sie darf überhaupt nicht allzu zahlreiche optische Informationen bringen. Das würde nämlich den Autor beim Texten dazu verleiten, genau so kompakt auch die verbalen Informationen zu liefern. In der Regel textet er dann *gegen das Bild.* Verdeutlichen wir uns das mit Hilfe der sechs journalistischen W: wer – was – wo – wann – wie – warum. Eine einzige optische Einstellung kann über drei W – wer, was, wo – informieren, aber der Autor wird die für das Verständnis der Bilder, für die Identifikation des Themas wichtigen Informationen nicht in einem Text unterbringen können, der der Länge dieser Einstellung entspricht. Der Text überlappt mit der nächsten Einstellung, die zusätzliche Informationen enthält, zum Beispiel über das Wie und Warum. Schon fallen Bild- und Wortaussage auseinander. Wer daran beim Drehen denkt, wird einen Bildaufbau realisieren, der die journalistischen W in Anzahl und Reihenfolge nach den Erfordernissen beim späteren Texten berücksichtigt.

Bild — Erklärung zum Bild — Text

WAS?

Häuser zu beiden Seiten, viele Menschen, die auf die Kamera zugehen, Zuschauer.

Der Start zum 6. baden-württembergischen Volkswandertag. Schlag 8 Uhr marschierten

WAS? WANN?

WER? WARUM?

Im Vordergrund ein Tisch mit Medaillen; dahinter ziehen die Wanderer vorbei, halbtotal von der Seite.

die ersten 300 los – die Medaillen im Blickwinkel.

WER? WARUM?

WO?

Die Wandergruppe von schräg hinten. Im Hintergrund für das Dorf typische Häuser.

Ausgangspunkt und Ziel: das Schwarzwalddorf Schonach, ein bekannter Wintersportort.

WO?

Nicht neben dem Bild texten. Der Fernsehjournalist wird immer wieder vor der Entscheidung stehen: Soll er auf Informationen verzichten, weil es dafür kein Bild gibt und ein Bild auch nicht ersatzweise (Grafik, Trick) zu beschaffen ist, oder darf er sich über den Vorrang eines Bildes hinwegsetzen und abweichend von den Bildinhalten zusätzliche Informationen verbal liefern. Bild und Wort haben dann nichts mehr miteinander zu tun.

Bild — Text — Erklärung zum Text

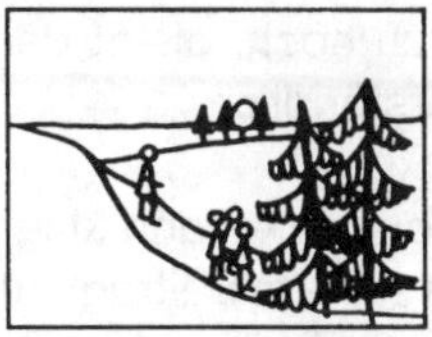

Totale im Wald. Wanderer verschwinden an einer Weg-Ecke zwischen Bäumen.

Veranstaltet wurde dieser Wandertag von der Landesregierung. Das Ziel: Menschen in einer ungezwungenen Atmosphäre einander näherzubringen, ein gemeinsames aktives Freizeiterlebnis zu vermitteln.

Der Text verläßt hier das Filmbild, informiert nun wieder über die Hintergründe der Wanderung. Trotzdem wird versucht, Bild und Text möglichst aufeinander abzustimmen.

Jeder Stoff verlangt seine eigene Sprache. Dafür sollte der Journalist sein Sprachgefühl trainieren. Er muß sich darüber klar werden:

- Zwingt ein Ereignis zu knappen Formulierungen, zu tempogeladenen einfachen oder gar unvollständigen Sätzen? Wenn ja – trotzdem bitte das Stilmittel »Stakkato« nicht übertreiben.
- Oder verlangt das Thema einen Text im ruhigen Duktus? Wenn ja – trotzdem die Ruhe nicht zur Monotonie werden lassen.
- Läßt sich eine optische Pointe textlich verstärken?
- Würde (selten genug) der Zuschauer ironische Akzente verstehen und wären sie dem Thema auch angemessen?
- Und wie soll man es mit Metaphern halten, wenn das Bild also zum Beispiel zerbrochene Fensterscheiben zeigt, formulieren: `In Scherben geschlagen wurde...`

Dies sind Fragen, die sich bereits beim Konzipieren des Beitrags und beim Drehen stellen – und vom Autor auch bereits (vor)entschieden werden müssen.

Ein einfaches Beispiel: Kaum jemals wird ein Autor mit seinem Kamerateam Zeuge eines Unglücks. Bei seinem Eintreffen an der Unfallstelle sieht er in der Regel nur die Folgen, und auch die Kamera kann nur die Folgen schildern, nicht aber, wie alles geschehen ist. Dieser Situation und ihrer Wiedergabe im Bild muß sich der Text anpassen. Wollte er in hektischer Sprache beschreiben, wie das Unglück passiert ist, läge er rettungslos neben der Realität des Bildes.

Reichlich Text, zuviel Text – das trifft auf fast alle Beiträge zu. Meist paßt der Text dann auch nur teilweise, ungefähr oder aber überhaupt nicht zum Bild – kein guter Dienst am Zuschauer, der Bild und Wort gleichzeitig aufnehmen muß. Fallen Bild- und Text-Information auseinander, ist außerdem die Informationsdichte zu groß und das Informationstempo zu hoch, bleibt der Beitrag für die Mehrzahl der Zuschauer unverständlich.

Texte straffen, aber nicht überladen. Gerade am Anfang klagt mancher Fernsehjournalist darüber, daß er in seinem Beitrag auf wichtige Informationen verzichten mußte, weil ihm in der Schnittfolge hier zehn, dort vielleicht sogar zwanzig Sekunden gefehlt haben. Bei einiger Selbstkritik dürfte er aber in seinem

Text manche Formulierung finden, die sich schlicht als Makulatur bezeichnen läßt. Das sind jene Textpassagen, die im Beitrag viel Zeit kosten, ohne indes präzise Informationen zu bringen, Füllsel statt Substanz. Wer seine Texte daraufhin abklopft, wird leicht die Stellen finden, die zu entschlacken sind und Platz für Wesentliches schaffen.
Dabei nicht übertreiben. Ein Stakkato an Fakten erreicht genau das Gegenteil dessen, was der Autor beabsichtigt: Der Zuschauer »schaltet ab«.

Der Filmtext darf nicht mit dem ersten Bild beginnen. In seiner Konzeption hat sich der Autor für den Einstieg über Bilder entschieden. Nun muß er konsequent bleiben und dafür sorgen, daß der Zuschauer die Bildinformationen auch erfassen kann. Einen Augenblick im Sinne des Wortes sollte er die Möglichkeit haben, sich auf den Beitrag einzustellen. Einstellungen, die über die örtliche Situation genauer informieren und auf den Beitrag neugierig machen, müssen dabei nicht angesprochen werden.

Bild	Ton
	Atmo Stimmengewirr. Nach ca. 1“ der erste Schlag der Kirchturmuhr. Original-Atmo des Starts, lachende, rufende, anfeuernde Leute, Geräusche von vielen Schritten. Nach ca. 4“ Textbeginn.

Das Text-Ende. Der Text darf nicht unmittelbar bis an den Schluß reichen. Hat das Bild den Vorrang, so sollte es ihn auch behalten, wenn der Beitrag ausklingt. Der Ablaufregisseur kann dann um so besser der Sendung Rhythmus geben. Er wird in einer Nachrichten- und Magazinsendung, in der Wort-, Film- und Live-Beiträge miteinander abwechseln, einen Film nach der letzten Text-Information noch nicht ausblenden, sondern das Bild einen Augenblick stehen lassen, dem Zuschauer eine Atempause gönnen, bevor der Sprecher oder Moderator zum nächsten Thema weiterführt.
Der Autor erspart sich auf diese Weise den Vorwurf, er habe sei-

nen Beitrag übertextet. Er trägt gleichzeitig – wichtiger Nebeneffekt auch hier – zum störungsfreien Ablauf bei: Selbst bei einem sorgfältigen Timing der Sendung können Live-Teile die Zeit knapp werden lassen. Der Regisseur wird versuchen, ein paar Sekunden herauszuwirtschaften, um nicht zu überziehen. Das kann ihm durch Ausblenden elegant gelingen. Wenn es der Zuschauer überhaupt merkt, wenn es unbeholfen wirkt, wenn im schlimmsten Fall sogar ein Text-Rest geopfert werden muß, dann liegt das in der Regel nicht am Regisseur, sondern am Autor, der seinen Beitrag bis zur letzten Einstellung vollgetextet hat.

Der Autor soll das letzte Wort behalten. Manche Fernsehjournalisten beenden allerdings ihre Beiträge gern mit einem O-Ton. Das ist nur gerechtfertigt, wenn es sich um eine besonders starke Aussage handelt, die beim Zuschauer die beabsichtigte Reaktion auslöst. In allen anderen Fällen schreibt der Autor die »letzten Worte«.

Keine gesuchten Wörter, keine gewagten Satzkonstruktionen. Der Zuschauer sieht einen Beitrag nicht allein, sondern läßt sich in einer Sendung mit mehreren Themen in schnellem Wechsel konfrontieren. Der Fernsehjournalist muß außerdem damit rechnen, daß der Zuschauer keineswegs mit äußerster Konzentration vor dem Bildschirm sitzt, sondern nebenbei oft mit anderem beschäftigt ist, sich ablenken läßt und vieles übersieht und überhört.
Es kommt für den Autor nicht darauf an, als besonders belesen, gebildet, als Sprachkünstler zu erscheinen. Von ihm werden klare Informationen erwartet, die der Eindeutigkeit der Bilder entsprechen. Niemals darf der Zuschauer das Gefühl haben, daß der Autor die Form auf Kosten des Inhalts bevorzugt, daß ihm statt solider Information irgendwelche Effekthaschereien – Pointen um ihrer selbst willen – vorgesetzt werden.

Abkürzungen, Fremdwörter, Eigennamen. Auch wenn sie dem Autor bei seiner Arbeit vertraut geworden sind, verbauen sie dem Zuschauer oft den Weg zum Verständnis eines Beitrags. Deshalb häufiger *Begriffe definieren, Abkürzungen auflösen, Fremdwörter durch deutsche Bezeichnungen ersetzen, Eigennamen einblenden!* Aber so vertrackte Abkürzungen wie KSZE werden nicht verständlicher, wenn sie der Zuschauer auf dem Bildschirm lesen kann. Die schnelle Verständlichkeit ist dahin, wenn der Zuschauer sein Hauptinteresse darauf konzentriert, die Abkürzung anhand des Textes zu dechiffrieren.

Sparsam mit Zahlenangaben: Immer überlegen, was aufgenommen und behalten werden kann. Ab- oder aufrunden, um die Verständlichkeit, die Einprägsamkeit zu erleichtern und eine bessere Grundlage für Vergleiche zu schaffen. Zahlenangaben sollen nicht die Akribie des Autors dokumentieren; er muß deshalb in jedem Fall den richtigen Weg finden zwischen Verständlichkeit und Genauigkeit. Der *Trend* ist aufschlußreicher als die zweite Stelle hinter dem Komma.

Ehrlich mit den Zeitangaben. »Jetzt«, »in diesen Tagen«, »kürzlich«, »unterdessen«, »demnächst« und ähnliche Formulierungen gehören auf den Index. Der Text muß klar und unmißverständlich sagen, wann sich etwas ereignet hat.
Wenn das Fernsehen *live* berichtet, soll es mit aller Deutlichkeit gesagt werden – weniger um selbstgefällig die Schnelligkeit des journalistischen Einsatzes zu beweisen, sondern um dem Zuschauer den Eindruck zu vermitteln, wirklich dabei zu sein.
Außerhalb von Live-Beiträgen wirkt das Präsens in der aktuellen Berichterstattung wie ein literarischer Tupfer, eher verwirrend als erhellend, als Täuschungsmanöver, was die Gleichzeitigkeit von Ereignis und Information betrifft. In der Regel erfüllt das Fernsehen Chronistenpflichten, und dafür hat die Sprache ihre Ausdrucksformen.

Didaktische Hilfen. Einblendungen vom *Schriftgenerator,* vor allem aber *Grafiken* und *Tricks* vergrößern die Aufnahmefähigkeit des Zuschauers. Solche didaktischen Hilfen verführen aber auch dazu, mehr Zahlenangaben in einem Beitrag unterzubringen.

Text und O-Ton-Beginn dürfen nicht überlappen. Andererseits werden Zäsuren zwischen Text und O-Ton-Beginn, auch wenn es sich nur um wenige Sekunden handelt, zu kleinen Ewigkeiten. Für sorgfältige Proben am Schneidetisch sollte deshalb vor Live-Sendungen immer Zeit sein.

Um den Sprechereinsatz vor einem O-Ton zu fixieren, gibt es eine altbewährte Hilfe: Vom O-Ton-Beginn an läuft der Beitrag am Schneidetisch rückwärts, während der Sprecher den Text liest, der auf den O-Ton hinführt; manchmal ist es nur ein Satz. Sobald er bei diesem gegenläufigen Verfahren im Manuskript den vom Autor deutlich gekennzeichneten O-Ton-Beginn erreicht hat, wird der Film gestoppt. Der Sprecher kann nun diese Einstellung am Manuskriptrand notieren. Bei ihr muß mit dem Verlesen des hinführenden Textes begonnen werden. So wird es bei der Live-Sendung oder bei der Sprachaufnahme keine Schwierigkeiten machen, den nahtlosen Anschluß des Filmtextes an den O-Ton zu erreichen. Man kann übrigens auf diese Weise nicht nur beim Antexten von O-Tönen verfahren, sondern immer dann, wenn das Bild präzise angesprochen werden muß.

Oft folgen mehrere O-Töne aufeinander. Will der Autor solche unmittelbar aufeinander folgenden O-Töne ankündigen, so wird an letzter Stelle der Name dessen genannt, der danach sogleich zu Wort kommt; die anderen erhalten Namensinserts, oder die Namen werden vom Schriftgenerator eingeblendet. Ebenso verfährt man bei der Aufzählung von Interviewpartnern und Gesprächsteilnehmern.
Glücklich wirken solche unvermittelten Reihungen nicht. *Zwischenschnitte* führen hier zu Zäsuren, die dem Zuschauer helfen, die vorangehende Äußerung zu verarbeiten und sich auf den nächsten O-Ton einzustellen. Der Autor wird diese Zwischenschnitte deshalb nicht mit textlichem Inhalt überfrachten, sondern sich eher mit lapidaren Informationen begnügen, vielleicht nur den nächsten Namen ankündigen und das Thema der Aussage nennen. Falsch ist es, Zwischenschnitte mit Zahlenangaben zu belasten.

Für jede O-Ton-Aussage den Urheber nennen. Das gilt für Magazin-Beiträge und für Nachrichtenfilme.
Unzulässig ist es, eine O-Ton-Aussage ohne Hinweis auf ihren Urheber zu bringen. Wenn der Nachrichtenfilm lediglich aus einem solchen O-Ton besteht, aus einem Redeausschnitt, Statement, Interview, dann führt der Sprecher im On mit dem Nachrichtentext unmittelbar an den O-Ton heran, der präzise gestartet werden muß. Es hängt von der Länge des O-Tons ab, ob und

wie häufig zusätzlich der Name eingeblendet wird, und es kommt natürlich auch auf den Bekanntheitsgrad an. Bei Protagonisten auf der politischen Szene mag sich der Zuschauer manchmal als unbedarft eingeschätzt fühlen, wenn ihm in jeder aktuellen Sendung Spitzenpolitiker mit Namenseinblendung präsentiert werden.

Filmtext und Moderation. Doppelinformationen vermeiden. Textanfang und Textende im Beitrag sind nicht immer zugleich Informationsanfang und Informationsende. In Nachrichten- und Magazinsendungen brauchen viele Beiträge die Einleitung durch den Sprecher im On. Hier gilt die Grundregel: Der Filmbeitrag darf nichts bringen, was der Nachrichtensprecher oder Moderator bereits zuvor gesagt hat.

In Nachrichtensendungen ist das selten problematisch: Die Redaktion hat genügend Stoff zu einem Thema und kann eine solide Meldung formulieren, die zum Nachrichtenfilm überleitet. Dabei ist gelegentlich die Meldung wichtiger als der Nachrichtenfilm, weil sie aktueller sein kann. Vielfach kündigt die Meldung auch in erweiterter Form ein Statement oder einen Redeausschnitt an (vgl. »Darstellungs- und Sendeformen«, Nachrichtenfilm).

Anders in Magazinsendungen, in denen der Moderator die Beiträge einleitet. Wenn der Autor den Moderationstext selbst und als erstes schreibt, ihn bis an den Filmanfang führt und dann mit neuen Informationen den Filmtext beginnt, kann er Doppelinformationen vermeiden helfen. Moderation und Film gehen nun nahtlos ineinander über. Das muß bereits der Filmschnitt berücksichtigen: Nach der einleitenden Moderation kann der Beitrag *gleich zur Sache kommen.* Als optischer Einstieg sind die vielstrapazierte Außentotale, das unumgängliche Ortsschild nicht mehr erforderlich.
Der Autor weiß über sein Thema mehr als der Moderator, der sich erst relativ kurz vor der Sendung mit dem Thema beschäftigen kann. Er muß ihn deshalb über den Moderationstext hinaus informieren, vielleicht sogar den Beitrag mit ihm ansehen, jedenfalls mit ihm darüber sprechen.

Sparsam mit Schlußmoderationen. Endet der Beitrag mit einer optischen oder verbalen Pointe, brauchen sich Autor und Moderator eine weitere Pointe für die Schlußmoderation nicht einfallen zu lassen. Nur mit zusätzlichen Informationen erfüllt die Schlußmoderation ihre Aufgabe: Ein Thema kann noch während einer Sendung aktualisiert werden – das heißt für den Autor und für die Redaktion: den *Fernschreiber beobachten und den Moderator auf dem letzten Stand halten.* Das heißt aber auch, während eines längeren Beitrags die *Anrufe der Zuschauer entgegennehmen* und ihre Reaktion für die Schlußmoderation aufarbeiten.

Walther von La Roche, Fürs Hören schreiben. In: Radio-Journalismus. Ein Handbuch für Ausbildung und Praxis im Hörfunk. (List Journalistische Praxis)
Bernward Wember, Wie informiert das Fernsehen? Ein Indizienbeweis (List Journalistische Praxis)

Darstellungs- und Sendeformen

Nachrichtenfilm

Nachrichten bedeuten zwangsläufig Reduktion und Konzentration, doch zwischen knappen und knappsten Informationen gibt es immer noch Abstufungen. Für die kürzeste Form der Nachrichtenvermittlung im Fernsehen überhaupt gibt es zwei formale Möglichkeiten: »Die Wortnachricht optisch unterstützen« (vgl. dort), oder den Nachrichtenfilm, die konziseste Form mit Hilfe bewegter Bilder. Diese Nachrichtenfilme werden im Jargon der Branche meist *NiF (Nachricht im Film)* oder Clip genannt.
Vom Korrepondenten- oder Reporterbericht unterscheidet sich die NiF zunächst einmal durch die Länge.
Früher hatte ein Nachrichtenfilm meist die Standardlänge von 0'30", während der Reporterbericht in der Regel 1'30" dauerte. Durch das Aufkommen der vielen privaten Anbieter mit ihren neuen Typen von Nachrichtensendungen hat sich dieses starre Schema insgesamt zwar aufgelockert, gleichwohl bleibt die NiF eine Art bebilderte Kurznachricht zwischen ca. 0'15" und 0'30" Länge.

Die Endfertigung der NiF findet im Gegensatz zum Korrespondentenbericht häufig in der Redaktion der Nachrichtensendung statt. Als Quelle dienen entweder Bilder, die ein Team im Auftrag des Senders gedreht hat, oder Agentur- bzw. Eurovisionsmaterial, das von fremden Teams gedreht, im Laufe des Tages überspielt und in der Nachrichtenredaktion aufgezeichnet wurde. Die zweite Möglichkeit ist vor allem bei internationalen Ereignissen die häufigere (vgl. »Nachrichtenfilme aus dem Ausland«).
Der bearbeitende Redakteur des Nachrichtenfilms ist im Gegensatz zum Reporter in der Regel nicht Augenzeuge des Geschehens gewesen, er muß also häufig Bilder schneiden, bei deren Dreh er nicht beteiligt war, und, wie beim Verfassen von Wortnachrichten zumeist üblich, anhand von Meldungen der Presseagenturen texten (vgl. »Wortnachricht«).
In einigen Nachrichtensendungen werden alle Nachrichtenfilme (das können bis zu einem Dutzend sein) von einem Off-Sprecher gesprochen. Dies geschieht meist live, damit noch während der

Sendung Änderungen möglich sind. In anderen Sendungen werden mittlerweile auch aus den USA bekannte Mischformen von Wortnachricht und NiF praktiziert: Der Nachrichtensprecher beginnt im On mit einer Meldung und wechselt dann, während er die Nachricht weiterliest, ins Off, und NiF-Bilder füllen den Bildschirm.

Als undankbare Arbeit gilt mitunter die Produktion von Nachrichtenfilmen, so kann z. B. der Schnitt von fremdem Material frustrierend sein. Auch werden naturgemäß in der NiF nicht immer die ganz großen Themen behandelt. Trotzdem ist die Qualität der Nachrichtenfilme mitentscheidend für die Qualität einer Nachrichtensendung als Ganzes. Der sorgfältige Umgang mit den Nachrichtenfilmen ist somit weitaus mehr als eine gute Fingerübung für Jungredakteure. Im Gegenteil, je komprimierter ein Thema behandelt werden muß, desto schwieriger ist häufig die Umsetzung. Erstes Kriterium bei der Beurteilung der Qualität einer NiF ist deshalb ihre Verständlichkeit.

Katastrophen-, Wetter- oder Verkehrsnachrichten sind Meldungen, die besonders gerne in der Form des Nachrichtenfilms aufbereitet werden. Einen sachgerechten und schnörkellosen Text für Fernsehbilder z. B. eines Hurricans in der Karibik zu finden, gehört zum kleinen Einmaleins des Berufes. Hier zeigt der Fernsehjournalismus auch seine Überlegenheit über die anderen Medien, denn der Zeitungsbericht über einen Hurrican wird bestenfalls durch ein Foto unterstützt. Das Ausmaß der Verwüstungen erkennen wir aber nur in den bewegten Fernseh-Bildern.

Öffentliche Veranstaltungen aller Art sind ebenfalls sehr häufig als NiF aufgearbeitete Ereignisse. Von der Gewerkschaftsdemonstration bis zur Preisverleihung, von der Gedenkfeier über die Jahrestagung bis zur Eröffnungszeremonie reicht die Palette »klassischer« NiF-Themen. Solche Nachrichtenfilme nicht nach »Schema F« zu gestalten, ist fast unmöglich. Und warum soll man auch nicht drei, vier Einstellungen vom Veranstaltungsort bzw. den Versammlungsteilnehmern zeigen, um dann z. B. mit einem kurzen O-Ton, einem prägnanten Ausschnitt einer Ansprache, zu enden?
Wenn solche Veranstaltungs-Nachrichtenfilme als fade empfunden werden, dann hat das mit dem rituellen Charakter des Er-

eignisses als solchem zu tun. Das Ganze ist somit eine Frage der redaktionellen Planung: Will oder muß man das Geschehen wahrnehmen, oder verzichtet man darauf?
Wenn sich die Redaktion entscheidet, das Thema aufzugreifen, dann gibt es für die Bildgestaltung wenig Möglichkeiten, denn ein Ereignis dieser Art kann selten optisch spannender aufbereitet werden, als es dem Verlauf der Veranstaltung nun einmal entspricht. Bei der vergleichenden Analyse von privaten und öffentlich-rechtlichen Nachrichtensendungen fällt auf, daß die Privatsender gerne einen Bogen um solche Veranstaltungs-Kurzberichte machen. Die Vermutung liegt nahe, daß in diesen Häusern das Interesse am Augenkitzel stärker ist als die Selbstverpflichtung auf eine dröge Chronistenpflicht.

Politikertreffen. Während die Veranstaltungs-NiF gewissermaßen eine Grauzone bei der Frage nach dem sinnvollen Einsatz von Nachrichtenfilmen bildet, muß ein anderer »Klassiker« der NiF besonders problematisch bewertet werden: das Politikertreffen. Handelt es sich um einen hochrangigen Termin, z. B. einen Staatsbesuch von Spitzenpolitikern, dann werden die meisten Redaktionen keinen Nachrichtenfilm, sondern ein ausführlicheres Reporterstück in Auftrag geben. Über Routinetreffen, etwa auf Ministerebene, wird freilich sehr häufig in Form eines Nachrichtenfilms berichtet.
Doch wie soll man ein solches Ereignis optisch in 30 Sekunden anders aufbereiten als mit den stattsam bekannten Bildern von vorfahrenden Limousinen und händeschüttelnden Politikern? Problematisch dabei ist nicht die Tatsache, daß die Filmbilder solcher Treffen immer gleich (langweilig) wirken, sondern daß die unausweichlichen *Bild-Text-Scheren,* die dabei entstehen, zur Unverständlichkeit eines Großteils dieser Nachrichtenfilme führen müssen. Selbst der aufmerksamste Zuschauer ist überfordert, wenn er im Text etwas über abstrakte Verhandlungsinhalte hört und dazu konkrete Bilder irgendwelcher Funktionäre sieht. Bezeichnenderweise werden diese immer gleichen Konferenzbilder ja mit den unterschiedlichsten Texten über alle möglichen Themen versehen. Die Bilder über ein Treffen, bei dem es um die Rindfleischpreise in der EU ging und jene, bei denen über Blauhelmeinsätze beraten wurde, sind austauschbar – die Texte selbstverständlich nicht.

Daß sich politische Inhalte häufig sehr schwer optisch darstellen lassen, ist ein *Grundproblem des Fernsehjournalismus;* im kurzen Nachrichtenfilm der beschriebenen Art wird dies freilich immer wieder besonders deutlich. Solche (Bild-)Informationen sind nicht nur wertlos, sondern sie lenken sogar von der eigentlichen (Text-)Nachricht ab. Es gibt zwei Alternativen: Entweder man versucht, den Inhalt des Treffens mit Hilfe eines Grafik- oder Archivstückes zu erläutern, oder – weniger ist mehr – man bescheidet sich mit einer kargen Wortmeldung, die ja optisch durch ein Foto der beteiligten Politiker (etwa auf der Bluebox im Hintergrund des Nachrichtensprechers) unterstützt werden kann. Es ist wohl wahr, daß Fernsehen kein bebilderter Hörfunk sein sollte. Dennoch ist eine verständliche Wortmeldung immer noch einem wirren Bilderteppich vorzuziehen – auch das kraftvolle Medium Fernsehen hat seine Schwächen.

Die Gestaltung eines Nachrichtenfilms sollte sich immer an der Grundregel orientieren: Der Kern der Information muß textlich *und* bildlich am Anfang stehen. Die bekannten »W's« einer Nachricht (Wer, wann, wo, was, warum) muß auch die NiF beantworten. Betrachten wir dazu eines der typischen Standardthemen für einen Nachrichtenfilm: die monatliche Verkündung der neuen Arbeitsmarktzahlen durch die Bundesanstalt für Arbeit in Nürnberg. Bekanntgegeben werden diese Zahlen im Rahmen einer Pressekonferenz, womit wir eine der alltäglichen Aufgaben des Fernsehjournalismus berühren.
Die phantasieloseste Gestaltung sähe so aus, daß wir verschiedene Einstellungen von der Pressekonferenz in Nürnberg zu sehen bekommen: mitschreibende Journalisten, eine Großaufnahme des vorgelegten Berichts etc. Bei einem solchen Aufbau bekämen wir Bildinformationen über die Verkündung präsentiert. Den Zuschauer interessiert jedoch nicht, wo, wann und wie wir die Zahlen erfahren haben, sondern was der Inhalt des Monatsberichts ist. Vollends zum Negativbeispiel würde dieser Nachrichtenfilm werden, wenn er im Text so begänne:
»Die Bundesanstalt für Arbeit in Nürnberg hat in ihrem heute veröffentlichten Arbeitsmarktbericht für den Monat X eine weitere Zunahme der Arbeitslosigkeit festgestellt ...«

Wir hätten es mit einem Nachrichtenfilm zu tun, der optisch und textlich die Behörde ins Zentrum stellt, die die Zahlen vorlegt. Uns geht es jedoch nicht um die Bundesanstalt, sondern um den Arbeitsmarkt. Der Text muß folglich so beginnen:
»Die Arbeitslosigkeit steigt weiter ...«
Optisch anspruchsvoller als die Gestaltung mit Bildern der Pressekonferenz, wären Einstellungen, die z. B. ein Arbeitsamt zeigen, die wartende Schlange von anstehenden Stellungssuchenden etc. Doch läßt sich Arbeitslosigkeit auf diese Weise besser darstellen? Hinter den allgemeinen Zahlen aus Nürnberg stehen konkrete Einzelschicksale von Millionen Betroffener. Arbeitslosigkeit hat viele Gesichter. Es besteht die Gefahr, daß diese Arbeitsamtsbilder nur eine optische Krücke sind, geboren aus dem Zwang des Fernsehens, Information bebildern zu müssen. Die Exemplifizierung solcher Informationen anhand von Einzelschicksalen kann aber nicht die Aufgabe des kurzen Nachrichtenfilms sein, dies kann eher ein längerer Reporterbericht leisten.
Die sachlich beste und verständlichste Lösung wäre eine Mischform aus verschiedenen Darstellungsmöglichkeiten, die es heute bei den Fernsehnachrichten gibt:
1. Moderator im Studio liest die Nachricht aus Nürnberg. ca. 0'10" Text: »Die Arbeitslosigkeit steigt weiter. Sie hat im Monat X im Vergleich zum Vormonat um Y % zugenommen. Dies hat die Bundesanstalt für Arbeit heute in Nürnberg mitgeteilt«.
2. Grafik (möglichst animiert) ca. 0'20", Text: Zahlendetails, z.B. jahreszeitliche Schwankungen, unterschiedliche Entwicklungen in West- und Ostdeutschland etc.
3. O-Ton ca. 0'15"
   Präsident der Bundesanstalt für Arbeit

Diese Lösung würde optisch nur das Wesentliche nüchtern verdeutlichen. Der Ausschnitt aus den Worten des Präsidenten würde, vorausgesetzt natürlich, er hat einen prägnanten Satz formuliert, als Zitat des Tages die Nachricht aus Nürnberg abrunden. Überdies wäre die Präsenz der Sendung vor Ort sichtbar. Die W-Fragen werden von allen Elementen dieser FS-Nachricht gemeinsam beantwortet.

Keine Verführung durch Action-Bilder. Die Verantwortlichen für Fernsehnachrichten stehen täglich vor dem Problem, zwischen optisch reizvollen Angeboten, sogenannten Action-Bildern (z. B. Kriegsbilder, Naturkatastrophen, aber auch Kuriositäten) auf der einen Seite und journalistisch hochstehenden Themen, die aber optisch arme Bilder liefern (z. B. Politikberichterstattung) andererseits entscheiden zu müssen. Die Nachrichtenredaktionen der einzelnen Sendeanstalten entscheiden hierbei sehr unterschiedlich, je nachdem, wie sie den Anspruch der eigenen Sendung definieren. Aber auch Nachrichtenredaktionen, die dem Boulevardjournalismus aufgeschlossen gegenüberstehen, müssen sich hüten, die Nachrichtenauswahl und -gewichtung nach vermeintlicher Stärke und Schwäche des Bildmaterials vorzunehmen. Es gibt nun einmal Meldungen, die »oben stehen«, auch wenn sie visuell reizlos scheinen.

Der schnellere und preiswertere Zugang zu fremdem Filmmaterial, das in der Senderedaktion nur noch bearbeitet werden muß, hat zu einem anhaltenden Boom des Nachrichtenfilms geführt. Dabei ist die Trennungslinie zwischen reinem »Nachrichtenfilm« und »Bericht« heute oft nicht mehr so klar wie früher.

Zwei Nachrichtenfilme als Beispiele

Häufig kommt es vor, daß aus gedrehtem Material verschiedene Versionen erstellt werden, z. B. ein längerer Bericht für eine Magazinsendung und zusätzlich eine Kurzversion für eine Nachrichtensendung, NiF (Nachricht im Film) oder auch Clip genannt.
Nachdem Sie eben das Kapitel über den Nachrichtenfilm (und vorher schon das über den »Text«) gelesen haben, sollten sie sich einmal selbst an einem NiF versuchen. Kopieren Sie dazu etwas vergrößert die Storyboards des Nachrichtenfilms über den Volkswandertag von den ersten Buchseiten. Dann schneiden Sie die kleinen Zeichnungen aus. Sie haben jetzt viel mehr Einstellungen als Sie für eine NiF von 20 Sekunden brauchen. Auf der Seite vor dem »Nachrichtenfilm als Beispiel« finden Sie in der Pressemeldung über die Volkswanderung die Fakten für Ihren Text.

Und nun los. Welches sind die wichtigsten Informationen? Wieviel Text-Zeilen haben Sie zur Verfügung? Welche Einstellungen ergänzen Ihre Textaussage am besten? In welcher Abfolge wollen Sie diese Bilder zeigen? Wenn Sie jetzt auf eine dieser Fragen keine Antwort wissen, schauen Sie noch einmal in die entsprechenden Kapitel.
Legen Sie dann links untereinander die ausgewählten Storyboards in der von Ihnen für richtig gehaltenen Reihenfolge. Rechts neben jede kleine Zeichnung schreiben Sie den dazugehörigen Text. Und fertig ist Ihre erste NiF. Wenn Sie die Übung mitmachen wollen, lesen Sie bitte erst danach weiter. Jetzt folgen nämlich zwei Beispiele von Profis mit denen Sie Ihren eigenen Film vergleichen können.

Als Beispiel zwei NiFs aus dem Film über den Volkswandertag. Sandro Viroli, Leiter der Fernsehnachrichten beim Mitteldeutschen Rundfunk, schreibt zu seinem Vorschlag:
Die Textlänge beträgt ca. 20 Sekunden, die Bildlänge ca. 25 Sekunden. Diese »Überlänge« ist notwendig, damit der Live-Sprecher bei späterem Einstarten oder bei Versprechern nicht über das letzte Bild hinaus ins »Schwarze« liest. Mit Textende wird in der Sendung die NiF ausgeblendet. Textbeginn nicht mit dem Bildstart, eine oder zwei Sekunden »Luft« für den Bildstart lassen. Bei kurzen NiFs möglichst auf lange Schwenks, langsame Zufahrten oder Aufzieher verzichten, weil sie unnötig Zeit kosten und kaum zu kürzen sind.

Zeit/Bildfolge	Text
0'00 bis 0'04  Totale Schonach, viele Wanderer, die sich gleichzeitig in Bewegung setzen	`Rund eintausendsechshundert Menschen beteiligten sich heute am baden-württembergischen Volkswandertag.` (Zahlen werden ausgeschrieben, damit anhand der Textzeilen die genaue Länge ausgerechnet werden kann. Eine Zeile mit 60 Anschlägen sind ca. 4".)

0'05 bis 0'07

Gruppe Wanderer durch Landschaft (Halbtotale).

0'08 bis 0'11

Totale Wanderer und Schonach

Ausgangspunkt und Ziel der dreißig Kilometer langen Wanderschleife war der Schwarzwaldort Schonach.

0'12 bis 0'14

Anheften der Medaille an Wanderer (halbnah)

Für die erfolgreichen Teilnehmer gab es Medaillen.

0'15 bis 0'19

Halbtotale: Wanderer laufen aus dem Bild.

Die Volkswanderung wird seit sechs Jahren von der Landesregierung ausgerichtet.

(Letzte Einstellung einfrieren, wenn alle Wanderer aus dem Bild gelaufen sind. Grundsätzlich sollte das ein Bild ohne »innere Bewegung« sein.)

0'20 bis 0'25

Halbnah: Wanderer, die stehen.

Bild nur zu Sicherheit, falls überzogen wird.

Zu diesem NiF-Vorschlag macht Simone Schneppensiefen, Reporterin beim Bayerischen Fernsehen, folgende Anmerkungen:
Die Fakten der Pressemeldung finden sich in der NiF klar und nachrichtlich gegliedert wieder. Zusätzliche Informationen zum Sinn und Zweck der Veranstaltung – die Antwort auf die Frage »Warum?« – würden dem Zuschauer aber sicher helfen, das Ereignis einzuordnen. Die Bilder ergänzen den Text gut, haben allerdings relativ ähnliche Einstellungsgrößen. Eine größere Einstellung macht die NiF abwechslungsreicher und erzeugt mehr Spannung.

Ihrem eigenen Vorschlag für die NiF stellt Simone Schneppensiefen folgenden erklärenden Text voran:
Ob man die NiF mit einer Schlagzeile beginnt oder nicht, hängt von der jeweiligen Redaktion und Sendung ab. In diesem Beispiel sollen zwei bis drei Worte das Thema anreißen und neugierig machen. Hier würde es sich übrigens lohnen, noch etwas zu recherchieren, da die Informationen der Pressemeldung etwas dürftig sind: Waren es mehr oder weniger Teilnehmer als im vergangenen Jahr, oder stand ein Umweltthema im Vordergrund? Daraus würde sich vielleicht eine spannendere Schlagzeile ergeben.
Anders als bei einem längeren, anmoderierten Beitrag entsteht der Text der NiF vor oder während des Schnitts und bestimmt weitgehend die Schnittfolge. Da die Zuschauer bei einer 20-Sekunden-NiF nicht viel Zeit haben, sich zu orientieren, bietet es sich hier an, mit einer Totalen zu beginnen. Die Schlußeinstellung sollte nicht genau mit dem Text enden, sondern überhängen.

Zeit/Bildfolge	Text
0'00 bis 0'05  Totale, Wanderer kommen hinter einer Buschgruppe hervor	Natur erleben bei Volkswanderung - Rund 1600 Menschen haben sich am
0'06 bis 0'09  halbnah, sich schnell bewegende Füße u. Beine	6. baden-württembergischen Volkswandertag bei Schonach im Schwarzwald beteiligt.
0'10 bis 0'13  halbnah, Wanderer von der Seite	Mit der Veranstaltung wollte die Landesregierung den Menschen ein »aktives Freizeiterlebnis« vermitteln.
0'14 bis 0'16  Totale vom Ziel	Am Ende der 30 Kilometer langen Route erhielt

0'17 bis 0'25

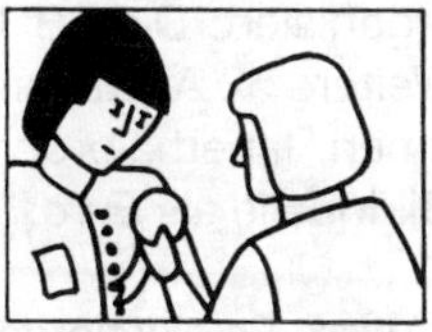

Groß, Medaille wird Wanderer an die Brust geheftet

... jeder Teilnehmer eine Medaille.

Überlegen Sie bitte, was Sie von dieser NiF halten. Lesen Sie dann erst die Anmerkungen von Sandro Viroli dazu:
Die aus der »dünnen Agentur-Meldung« bekannten Daten (Teilnehmerzahl, Veranstalter, Ort) finden sich im Clip. Da in dem Text ein Ortsbezug (Schonach) auftaucht, wäre es besser gewesen, statt »neutrale Füße« eine Einstellung mit dem Ort zu wählen. Davon abgesehen, ist der Text-Bild-Bezug klar und verständlich. Die Zahlenangaben (1.600 Teilnehmer, 6. baden-württembergische Volkswanderung, 30 km Wegstrecke) sind im Clip nicht an einer Stelle massiert, sondern verteilt. Daß Teilnehmer an solchen Volkswanderungen eine Medaille erhalten, ist üblich. Ob aber »jeder« eine bekommen hat, ging aus dem Ursprungsmaterial nicht genau hervor. Hier bedarf es einer Nachfrage.

Nachrichtenfilme aus dem Ausland

Fast jede Nachrichtensendung, außer regionale Formate, gehen in ihrer Themenpalette auf ausländische Ereignisse ein. Wenn kurz vor der Sendung über die weltumspannenden Satellitenkanäle Bilder von einem wichtigen Ereignis überspielt werden und der Korrespondent nicht erreichbar ist – schlägt die Stunde der »Euro«. Das gilt auch, wenn innenpolitisch »wenig los ist«. Um die Sendezeit zu füllen, sind Planer und Chefs vom Dienst dankbar für das internationale Bildangebot aus dem PNN (Permanent-News-Network). Dahinter verbirgt sich ein täglich 24 Stunden arbeitendes Austauschsystem, an dem sich Fernsehstationen und Bildagenturen wie REUTERS TV, WORLDWIDE TELEVISION NEWS oder AP TV beteiligen. In Europa wird dieser Nachrichtenaustausch von der EBU (European Broadcasting Union) – besser als *Eurovision* bekannt – organisiert. Die EBU zählt 65 Rundfunkanstalten in 43 Ländern. Weitere 52 Anstalten in 30 Ländern arbeiten mit der EBU zusammen. Innerhalb der Fernsehredaktionen bezeichnet man diese Bildquelle als *Euro*.

Wie das EBU-Angebot zusammengestellt wird. Es existieren zwei Euro-Hierarchien nebeneinander: In Grand-Saconnex bei Genf nimmt der EBU-News-Coordinator die Angebote der ständigen Programmkonferenzen, der privaten Fernsehstationen und der EBU-Büros in den USA entgegen. Der News-Coordinator kauft darüber hinaus Material von Bildagenturen und – was seltener vorkommt – Videomaterial von Privatleuten.
Die Programmkonferenzen der EBU-Mitglieder werden vom News-Editor geleitet. Sie finden vor den Überspielzeiten statt. Dort wird per Konferenzschaltung geklärt, welcher Anbieter welches Bild zu welcher Zeit zur Verfügung stellen kann. Danach richtet sich die Reihenfolge in den EVN-Überspielungen (Eurovision News-Exchange). Nationale Stationen, sei es das ZDF oder die ARD, ERT in Athen oder RTO in Moskau, spielen ihr Angebot ein. 90 Prozent sind Rohmaterial in IT-Fassung (internationaler Ton), kommentierte Bildangebote mit Inserts und Senderkennung bilden die Ausnahme.

Weltweit sind folgende Überspielzeiten festgelegt (jeweils MEZ): Die EVN Morning 5.30 Uhr, für Spätaufsteher gibt es um 10.00 Uhr eine Wiederholung. Die EVN-Y um 10.30 Uhr, die EVN-0 um 12.00 Uhr, die EVN-W um 15.15 Uhr, die EVN-1 um 17.00 Uhr und die EVN 2 um 18.30 Uhr. Dazwischen gibt es regionale Austauschzeiten, z. B. nordeuropäischer Staaten. Zu jeder Zeit sind sogenannte Blitz-Angebote der Agenturen möglich. Sie heißen im Redaktionsdeutsch *Flashes*.

Dope-Sheets jeweils vor den Überspielungen informieren über Reihenfolge und Inhalte der Überspielungen. Die Dope-Sheets werden über Fax oder im Regelfall über Redaktionsinfo-Systeme wie beispielsweise Basys übertragen. Die Einspeisung erfolgt über Satellit. Die Dope-Sheets – in Englisch – beinhalten alle wichtigen Informationen zum erwarteten Bild wie die *Source*. Dahinter verbirgt sich die Bildquelle, also der Anbieter,

der Ort des Geschehens, das Recording-Datum, der Anlaß, Namen von Personen und Übersetzungen von O-Tönen. Nicht jeder Redakteur ist der arabischen Sprache mächtig. Zur Arbeitserleichterung der Redaktionen gibt es mitunter Shot-Listen der erwarteten Bildsequenzen.
Die Dope-Sheets bilden zusammen mit den Wortagenturen die Grundlage für die Arbeit mit Euro-Material. Gemessen am Umfang des Materials kann der Euro-Bearbeiter einen Nachrichtenfilm (Regelfall) oder je nach Kenntnis der Lage einen Kurzbericht anbieten.

Ein Beispiel. Vereidigung des tschetschenischen Präsidenten und ehemaligen Sowjet-Offiziers Aslan Maschadow am 12. Februar 1997.
Erste Bilder sind in der EVN-Y 9.30 bis 9.33 Uhr GMT (also ab 10.30 Uhr unserer Zeit) angekündigt. Die Shot-Liste informiert über die Bildinhalte. Straßenbilder in Grozny, der Kulturpalast, in dem die Vereidigung stattfindet, Soldaten in den Straßen, die tschetschenische Flagge etc.

---

evn8 evy

R/O	ORIGIN	SLUG	SOURCE	TXM TIME
000	EVNY	Time: 0930 gmt*) Post txm final r/o	Syn: 1426	12/02/97
001	zzebumsko**)	preparations	gbrtv c:a/w	0930-0933*
002	zzebunwyk	shuttle	gbrtv c:a/w	0933-0935
003	gbrtv	NZ shooting	gbrtv c:a/w	0935-0938
004	zzebutir	republican	gbwtn	0938-0941

Regards, Eur Coord/tc

*) GMT: Greenwich Mean Time // MEZ plus eine Stunde
**) EBU Moskau

Dope-Sheet
evn8 evy
CHECHNYA: PREPARATIONS
ORIGIN: ZZEBUMSKO
SOURCE: RURTR
SHOT: GROZNY, 11/02, NAT. SOUND
aslan Maskhadov, who led chechnya's successful resistance to russia's army, will be sworn in as the rebels's region's president on wednesday. in the regional capital grozny prepara-

tions are under way - the chemists' house of culture is getting last minute repairs as one of the places still standing where the ceremony could be held. all the main public buildings in the city centre have been reduced to rubble. the several hundred armed men designated to look after security for the event are needed because murder, kidnappings and assasinations attempts have become common features in a region brutalised by 21 months of fighting.

show:
1.1 streets of grozny being cleaned
1.2 g. v. (general view = Totale) of the chemist's house of culture
1.3 armed chechens in the streets
1.4 soldiers with chechen flags
1.5 close-up (Nah-Einstellung) of armed rebel
1.6 various shots of chechen presidential guard with machine guns and grande
1.7 launchers near the inaugurations site
1.8 chechen flag being put on the house of culture
ebu

Die EVN-O (12.00 Uhr) kündigt weiteres Bildmaterial an: Ankunft auf dem Flughafen, Begrüßung des russischen Ex-Generals Lebed, Ansprache des Präsidenten und Proteste russischer Kommunisten vor dem »Weißen Haus« in Moskau.

---

ebu0 ev0

R/O	ORIGIN	SLUG	SOURCE	TXM TIME
000	EVNO	Time: 1100 GMT	Syn: 1591	12/02/97
	Post txm final r/o:			
001	zzebumsko	inauguration	gbrtv	1100-1104
002	zzebutir	roadblocks	gbrtv	1107-1110
003	zzebutir	interview	gbrtv	1110-1113

Dope-Sheet
inauguration
ORIGIN: zzebumsko*)
SOURCE: gbrtv**)
SHOT: nazran 12/02
chechen president inauguration ceremony
Shows: Grozny, Russia
2.1. russian security council secretary ivan Rybkin arriving at airport (various = verschiedene Einstellungen)
2.2. exterior view of government ministry

```
2.3. inauguration in progress (various)
2.4. alexander Lebed in audience
2.5  aslan Maskhadov speaking as noted
2.6. fighters shooting guns into the air in celebration mos-
     cow, russia
2.7. communist party members and military union officials
     protesting the inauguration outside moscow's white
     house (various)
ebu
```

---

*) d. h. Abspielort Moskau

**) gb = Großbritannien; rtv = Reuter, d. h. ein Team der internationalen Nachrichten- und Bildagentur Reuter hat die Bilder in Grosny aufgenommen.

Die EVN-W (15.15 Uhr) bietet Auszüge der Pressekonferenz des Ex-Sicherheitsberaters Jelzins, General Lebed, an. Die russischen Statements müssen dem Euro-Bearbeiter keine Kopfschmerzen bereiten, die englische Übersetzung liefert das Dope-Sheet. Zusätzlich wird hier bereits ein ausformulierter Text mitgeliefert.

```
Dope-Sheet ebu 11 evw
CHECHNYA: Lebed
ORIGIN: zzebumsko
SOURCE: Ruort
SHOT: 12/02 Grozny natsot
Thousands of people came to the chemist's house of culture to
greet the inauguration of the third president of chechenya -
aslam maskhadov. Alexander lebed, former security adviser to
president boris yeltsin, sat in the audience. Lebed signed a
deal with maskhadov in august, agreeing to pull out troops
and bringing fighting to an end. After the inauguration ce-
remony the hall was given to alexander lebed, who gave a
press-conference.
»the war is over, further relations should be based on common
sense, we signed khasavyurt agreement, and postponed the po-
litical agreement for five years«, lebed said. several times
his statements were interrupted by the words »allah akbar«.
»it's a complicated process, it has to be looked at with a
clear head, we need to put the guns aside and start over. i
began the process and i'm glad it ends at this way«, lebed
said. shows: people near the house of culture, site of the
```

inauguration ceremony, people chanting, dancing, presse of alexander lebed, chechens greeting lebed's statements
ebu

Folgender Bericht entstand aus dem überspielten Bildmaterial, den Dope-Sheets und den deutschsprachigen Diensten der Nachrichtenagenturen REUTER und AP in den Fernsehnachrichten von »mdr-aktuell« am 12. Februar 1997:
Anmoderation:
Tschetschenien hat seit heute einen neuen Präsidenten. Wahlsieger am 27. Januar war der ehemalige Sowjet-Offizier Aslan Maschadow. Heute wurde er vereidigt. Die kleine aber freiheitsliebende Kaukasus-Republik strebt nach wie vor in die Unabhängigkeit - aber laut Friedenspakt mit Moskau bleibt in den kommenden fünf Jahren alles beim alten. Erst dann gibt's weitere Verhandlungen mit dem ungeliebten großen Nachbarn. Katrin Hampel mit Einzelheiten.

(Die Bildbeschreibungen in den beiden Überspielungen EVNY (1) und EVNO (2) finden Sie mit den von der Redaktion eingefügten Ziffern bei »Quelle«.)

Bildfolge	Text
 Außeneinstellung Haus mit Leuten Quelle: EVNY/show 1.2.	Der Kulturpalast ist das wohl einzig größere Haus, das den Unabhängigkeitskrieg der Tschetschenen überlebt hat.

Inneneinstellung
Tribüne etc.
Quelle: EVNO/show 2.3.

Gegen Mittag: Der Festakt beginnt. Hochrangige Besucher aus Moskau fehlen.

Dreiergruppe Männer,
Bildmitte Alexander Lebed
Quelle: EVNO/show 2.4.

In den Zuschauerreihen aber: der russische Ex-General Lebed. Er hatte im vorigen Jahr als Sicherheitsberater Präsident Jelzins den Frieden zwischen Moskau und der Kaukasus-Republik ausgehandelt.

Zweiergruppe mit Koran
auf dem Tisch
Quelle: EVNO/show 2.5.

Höhepunkt der Zeremonie: die Vereidigung.
Aslan Maschadow hatte die Wahl Ende Januar mit einer klaren Mehrheit gewonnen. Ein Schwur auf den Koran. Und jetzt ist es amtlich. Aslan Maschadow ist der neue tschetschenische Präsident. Er verspricht Frieden in Freiheit.

Außeneinstellung, Gruppe
vor dem Kulturpalast mit
Fahnen etc.
Quelle: EVNO/show 2.3.

Wenig später: Das Bad in der Menge. Maschadow gilt als gemäßigter Politiker. Er will sich mit Moskau gutstellen.

Außeneinstellung
Gruppe mit Pelzmützen
Quelle: EVNY/show 1.6.

Auf Verhandlungsbasis will er erreichen, was seine Landsleute erwarten:

Gruppe von bärtigen Kämpfern
Quelle: EVNY/show 1.6.

Tschetschenien soll eine unabhängige, islamische Republik werden.

Außeneinstellung, Mann hält sich Ohren zu, Nationalflagge
Quelle: EVNY/show 1.4.

Das aber will Rußland nicht.
Die Begeisterung auf der Straße kann nicht darüber hinwegtäuschen.

Außeneinstellung, Leute mit Schußwaffen
Quelle: EVNO/show 2.6.

Daß im Kaukasus ein Präsident gewählt werden durfte, ist ein Zugeständnis von Moskau, aber kein Einverständnis mit dem neuen Staat.

Nicht jeder darf alles benutzen, was auf PNN (Permanent News Network) angeboten wird. Die EBU hat Einzelverträge mit den nationalen Fernsehanstalten (auch privaten) und internationalen Anbietern von Filmmaterial (Bildagenturen). Wer mit einer Bildagentur keinen Vertrag hat, darf das Bild nicht verwenden. Soll solches Material gesendet werden, muß es bei der Agentur angekauft werden.

Wortnachricht

Grundsätzlich gelten für Wortnachrichten im Fernsehen natürlich dieselben Kriterien der Relevanz und Objektivität wie in anderen Medien. Wie beim Hörfunk haben Nachrichtenredakteure auch im Fernsehen bei der Formulierung ihrer Meldungen stets auf die spezifischen Rezeptionsbedingungen des Hörens und Verstehens gesprochener Texte zu achten. Jedes Wort, jeder Satz muß gleich beim ersten Hören verstehbar sein. Der Hörer/Zuschauer hat nicht wie der Zeitungsleser die Möglichkeit, etwas noch einmal nachzulesen.

Die übliche Nachrichtensituation (Moderator/Sprecher liest Texte im »On«) ist ihrem Wesen nach fernsehuntypisch. Das Bemühen, dies durch unterstützende Elemente wie Grafiken, Fotos oder Landkarten (vgl. »Die Wortnachricht optisch unterstützen«) für den Zuschauer abwechslungsreicher zu gestalten, hat Konsequenzen für die Formulierung der Nachrichten. Sie sollten auf die grafischen Elemente (Ortsnamen in Karten, Zahlen in Grafiken etc.) Bezug nehmen.

Mit dem Aufkommen der Newsshow und der Konzentration auf die Person des anchors läßt sich die Entwicklung beobachten, daß die Grenze zwischen purer Nachricht und Moderation immer mehr verwischt wird. Lockerheit geht dabei leicht auf Kosten der Seriosität. Formulierungen wie `Die Pflegeversicherung muß auf die Intensivstation` oder `Rote Karte für Scharping auf dem Mannheimer Parteitag` taugen sicher als Boulevard-Schlagzeile, in Nachrichten sollte man jedoch auf sie verzichten.
Vom Virus der Lockerheit um jeden Preis am wenigsten infiziert

ist sicher die altehrwürdige Tagesschau der ARD. Wo sich bei ihr Ausgaben auf eine zweistellige Millionensumme belaufen, heißt es bei Vox Millionen wurden verpulvert. Einen Staatssekretär, der in der Tagesschau in den einstweiligen Ruhestand versetzt wurde, hat man bei der Konkurrenz schlicht in die Wüste geschickt.

Zwei Grundhaltungen stehen sich gegenüber: Seriosität und Glaubwürdigkeit durch korrekte Formulierungen auf der einen – leichtere Konsumierbarkeit und höhere Aufmerksamkeit durch saloppe Sprache auf der anderen Seite.
Im Sinne der Verständlichkeit ist es geradezu geboten, Nachrichten möglichst anschaulich und lebhaft zu formulieren. Wo sachliche Details Schlagworten geopfert werden, verfehlen Nachrichten aber ihre eigentliche Funktion: wahrheitsgetreu, umfassend und objektiv zu informieren.

DW Handbuch Nachrichten, von der FS-Nachrichtenredaktion der DW zusammen mit der ZFP erarbeitet, Berlin, o. J. (Broschüre mit Beispielen für die optische Unterstützung)

Die Wortnachricht optisch unterstützen

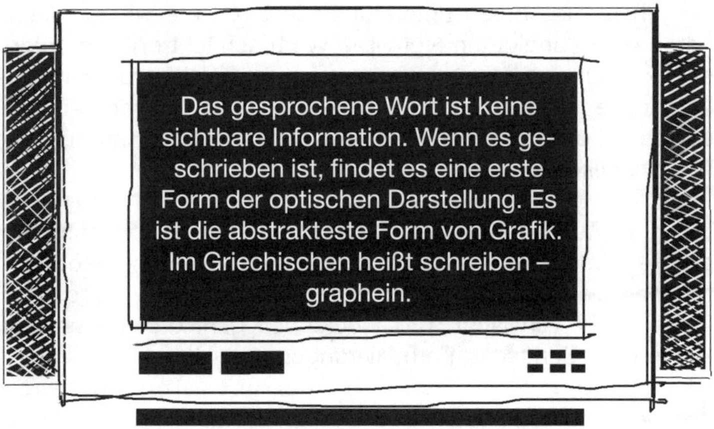

Die Werkzeuge des Designers haben sich im elektronischen Medium verändert. Entwurf und Skizze werden auch heute noch mit dem »Stift« erstellt. Die Realisation ist rein digital elektronischer Art. Fernsehnachrichten bestehen aus Wort und Bild. Der Journalist ist für das Wort, der Designer für das Bild verantwortlich. Ob Foto, Grafik, Typographie oder andere visuelle Elemente – das obliegt seiner ästhetischen und ethischen Verantwortung. Der Designer ist wie der Journalist der Wahrheit und der Glaubwürdigkeit verpflichtet.

Wichtig ist die größtmögliche Übereinstimmung von Wort und Bild. Der Designer muß alle bildsprachlichen Mittel kennen und einsetzen können. Beschaffung, Auswahl und Bearbeitung ist seine Aufgabe. Auch für den Designer gelten die W-Fragen: was/wer/wo/wann/warum/wie. Sein Ziel: umfassendste Information, einprägsamste Darstellung. Präsentation und Rahmengebung sind entscheidend.

Die folgenden Seiten zeigen Möglichkeiten des Grafik-Designers, Nachrichtentexte für den Bildschirm optisch aufzubereiten. Für die Synopse von Wort und Bild hat die Tagesschau-Redaktion Textmaterial einer Sendung zur Verfügung gestellt.

Text:

Bosnien

Eine neue Bosnien Konferenz hat am Nachmittag in New York begonnen.
Drei Wochen nach Genf nahmen Kriegsparteien und Kontaktgruppen einen neuen Anlauf, um eine Friedensregelung zu finden.
Trotz mehrfacher Boykott-Drohungen sitzt auch der bosnische Außenminister Sacirbey mit am Verhandlungstisch.
Ziel der Konferenz ist es, Grundzüge der künftigen Verfassung von Bosnien-Herzegowina festzulegen und einen Waffenstillstand zu beschließen.
Noch aber scheinen die Positionen der bosnischen Regierung und der Serben unvereinbar.

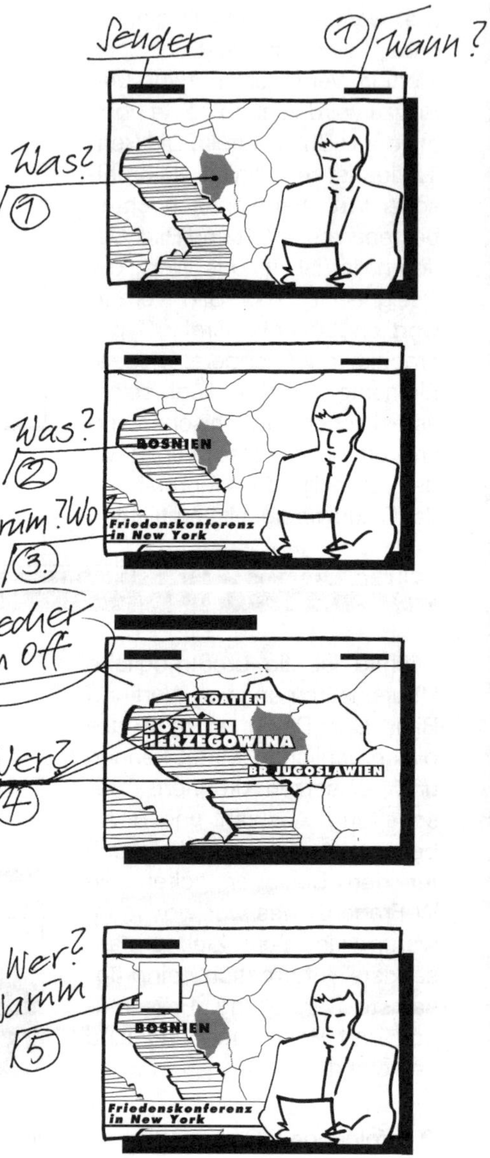

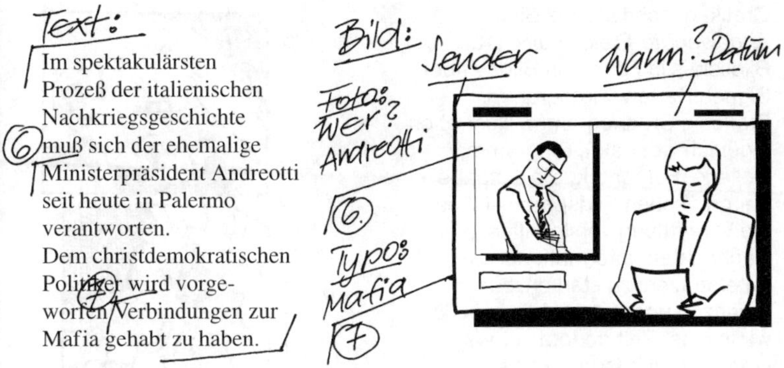

Die bildsprachlichen Mittel:

Typografie Fotografie Grafik

Typografie, Buchstabenschreiben, Gestaltung mit Schrift: Lesbares in Form von Untertiteln, Bauchbinden-, Namens- und Funktionsbeschreibung (8), Schlagzeilen (9), Stichwortsammlung (10), Tabellen.

Fotografie, lichtgeschriebenes, lichtgestaltetes Bild (11): Schwarz/weiß- und Colorfotografie, Sach-, Personenaufnahme, Landschaftsaufnahme. Die Fotografie oder ein Standbild aus einem Video werden am häufigsten als Bildbeleg und als Dokumentation eingesetzt. Das *Foto/Standbild* allein sagt, wer oder was abgebildet ist, eventuell wo: Aber über Wie und Warum sagt das Einzelbild nichts aus. Es ist austauschbar.
Erst durch den Zusatz von *Grafik* (12) erhält es unverwechselbare Aussage und Aktualität, wird gleichzeitig interpretiert.

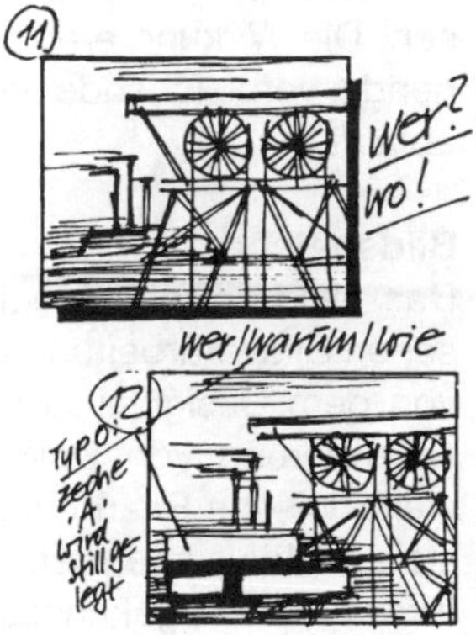

Grafik, geschriebenes Bild. *Angewandte-Freie Grafik.* (13) Bildliches in Form von Bildsymbol, Signet, Karten, Pictogramm, Statistik, Organogramm, Illustration (figürlich-abstrakt), Diagramm, Collage, Fotografik. Die Aufgabe der grafischen Bildsprache ist es, die Vermittlung von Inhalten, Nachrichten, Informationen zu unterstützen, zu stärken, zu ergänzen und aufzuschlüsseln. Da wir in einer Zeit der optischen Überfütterung leben, ist es notwendig, sorgsam mit dem Bild umzugehen und es sinnvoll einzusetzen und anzuwenden. Die geografische oder politische *Karte* (14) stellt eine räumliche oder politische Orientierung dar. Entfernung oder Zuordnung wird sichtbar, Geschichte übersichtlich. *Signets, Pictogramme, Bildsymbole* (15) sind stellvertretende Sinnbilder, Bildidentifikationen mit allgemeinbekannten Vorgängen. Bildkürzel oder bildliche Kurzformen stehen für gesellschaftliche Sparten oder Trends.

13

14

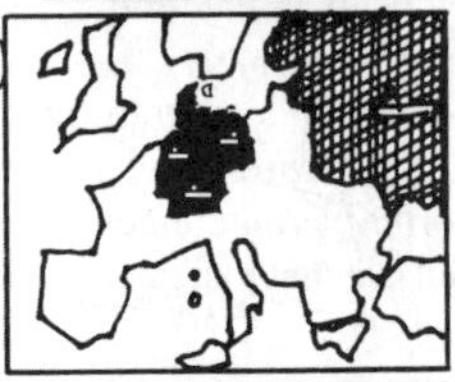

15

16

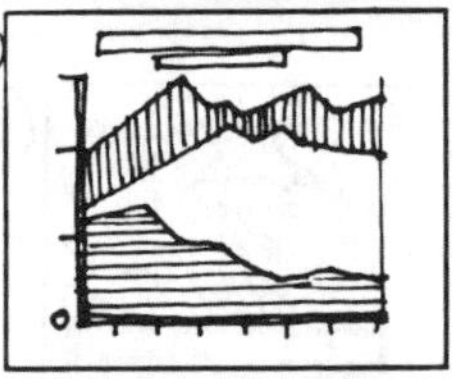

Diagramme, Organogramme und Statistiken (16) sind in sich geschlossene, stehende Bildaussagen aus fachbezogenen Analysen. Die Wirkung erhöht sich um ein Vielfaches, wenn die ordnende, vergleichende und erklärende Funktion in zeitlicher Folge abläuft.

Bildspeicher

Das elektronische Medium mit der Möglichkeit der elektronischen Bildverarbeitung fordert einen hohen ethischen Anspruch von dem Designer, der sich jeder Form der Verfälschung und Veränderung von Dokumenten bewußt sein muß. Durch die elektronische Bearbeitung entstehen neue Originale, die, wenn sie subjektive Interpretationen sind, namentlich und mit dem Datum versehen, gekennzeichnet sein sollten.

Im Zusammenwirken von Sprache und unverwechselbarem Bild findet eine umfassende Interpretation statt. Zusätzlich stellt sich der Effekt der Redundanz ein. Diese Verdoppelung von Information schafft eine verstärkte Verständlichkeit.

17 Gegen einen deutschen 18 Alleingang bei der Öko-Steuer haben sich der Verband der Chemischen Industrie, 19 die IG-Chemie und Wirtschaftsminister Rexrodt ausgesprochen. In einem gemeinsamen Positionspapier vertreten sie die Auf- 20 fassung, daß eine Besteuerung von Kohlendioxid-Emissionen nur zu weiteren 21 Produktionsverlagerungen ins Ausland führen würde. Damit gingen in Deutschland Arbeitsplätze verloren, für die Umwelt aber wäre weltweit gesehen nichts gewonnen. Die chemische Industrie bekräftigt 22 stattdessen ihre Selbstverpflichtung, den CO2-Ausstoß bis zum Jahr 2000 auf der Basis von 1990 um 30 Prozent zu senken.

Ein vollständiges
Verbot von Landminen
hat UN-Generalsekretär
Boutros Ghali gefordert.
In einer per Video
übertragenen Ansprache
an die UN-Konferenz
über inhumane kon-
ventionelle Waffen
in Wien sagte er:
Jährlich würden
20.000 Menschen durch
Minen getötet
oder verstümmelt.
Für ein Teilverbot
sprach sich der
Vertreter Deutschlands,
Staatssekretär Schäfer
aus.
So sollte die
Verwendung von Minen,
die sich nach einer
gewissen Zeit nicht
selbst zerstören,
untersagt oder zumindest
eingeschränkt werden.
Frankreich kündigte an,
die Produktion und den
Export von Anti-
Personen-Minen
auszusetzen.

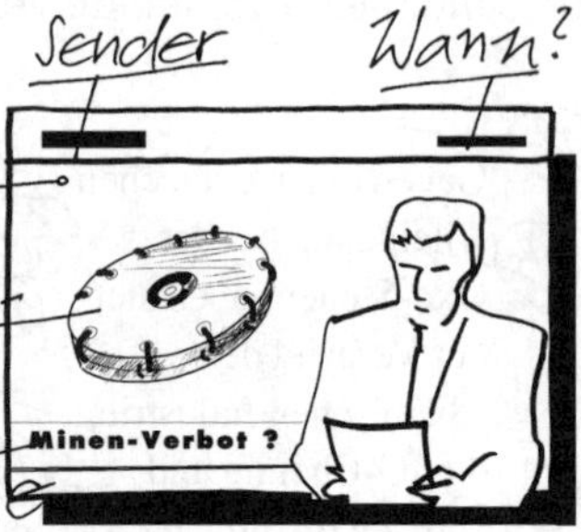

Alle optischen Lösungen sind nur unzulängliche Hilfsmittel. Das liegt nicht an der mangelnden Qualität von Journalist und Designer. Die richtige Bildsprache zu finden, hängt in erster Linie von der Zeit ab, die zur Verfügung steht. Will die Nachrichtenredaktion auf die gestaltenden, unverwechselbaren Bilder nicht verzichten, muß sie vorplanen können.

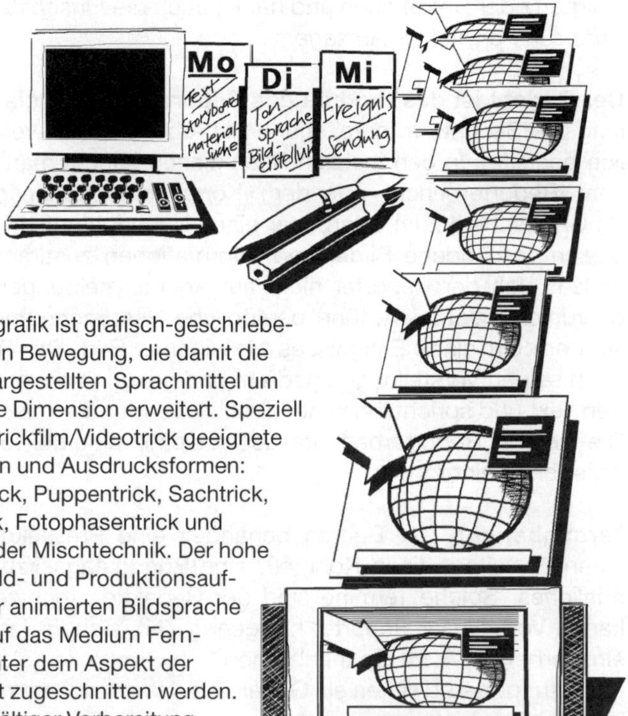

Trickfilmgrafik ist grafisch-geschriebenes Bild in Bewegung, die damit die bisher dargestellten Sprachmittel um eine neue Dimension erweitert. Speziell für den Trickfilm/Videotrick geeignete Techniken und Ausdrucksformen: Modelltrick, Puppentrick, Sachtrick, Legetrick, Fotophasentrick und Formen der Mischtechnik. Der hohe Zeit-, Geld- und Produktionsaufwand der animierten Bildsprache mußte auf das Medium Fernsehen unter dem Aspekt der Aktualität zugeschnitten werden. Bei sorgfältiger Vorbereitung kann die Bildsprache viele Informationen transportieren. Je nach Ziel und Aufgabenstellung wird die Trickfilmgrafik für Erklärstücke oder Spots eingesetzt, die Hintergründe von Vorgängen und Systemen erhellen oder Sachverhalte in Kurzanalysen darstellen.

Bericht/Reporterbericht

Auf die wichtigsten Themen und Ereignisse des Tages gehen Nachrichtensendungen in Berichten ein. Sie sind länger als Nachrichtenfilme, meist anderthalb bis zwei Minuten, und gehen deshalb auch inhaltlich über die bloße Nachricht hinaus. Sie liefern Erläuterungen und Hintergründe, Stellungnahmen von Beteiligten oder Betroffenen und häufig auch die *Einschätzung des Autors in Form eines Aufsagers.*

Der Bericht ist das Produkt des Reporters. Er hat die Herstellung des Berichts vorbereitet und alle Arbeitsschritte verantwortlich begleitet. In den meisten Redaktionen spricht man deshalb vom »Reporterbericht« oder dem »Korrespondentenbericht«.
Im Unterschied zum Bearbeiter eines Nachrichtenfilms, der lediglich vorhandene Bilder und Informationen zusammenführt, verläßt sich der Reporter nicht auf Agenturmeldungen. Er recherchiert, telefoniert, führt persönliche Gespräche und macht sich am Ort eines Ereignisses ein eigenes Bild. Der Film wird nach seinen Vorstellungen gedreht und geschnitten, er schreibt den Text und spricht ihn in der abschließenden Tonmischung.
Die meisten Reporterberichte lassen sich in eine der folgenden Kategorien einordnen:

Terminbericht. Der Beitrag behandelt eine Pressekonferenz, einen Parteitag, einen Kongreß, eine Bundestagssitzung oder ähnliches. Solche Termine sind der Redaktion rechtzeitig bekannt. Vorteil: Der Reporter hat genug Zeit, sich in das Thema einzuarbeiten. Auch die inhaltlichen Schwerpunkte solcher Veranstaltungen sind selten ein Geheimnis. Nachteil: Sitzungen und Konferenzen bieten ausgesprochen schwache Bildmotive. Nach Möglichkeit vermeidet man, den gesamten Bericht aus diesem Material zu schneiden. Der Reporter dreht stattdessen schon vorher Motive, die unmittelbar mit dem Thema zusammenhängen.
Beispiel: Der Gesundheitsminister soll in einer Pressekonferenz neue Sparmaßnahmen bei der Krankenversicherung ankündigen. Hierzu kann man – je nach Schwerpunkt – vorab in einem Krankenhaus, einer Arztpraxis oder Apotheke Aufnahmen machen und damit einen Teil des Berichts bestreiten.

Hintergrundbericht. Anlaß kann der Stichtag für eine Gesetzesänderung sein oder der Jahrestag eines wichtigen historischen Ereignisses. Hintergrundberichte gibt es auch als ergänzenden Beitrag (sogenanntes »B-Stück«) zu einer wichtigen politischen Entscheidung oder Auseinandersetzung, die selbst in einem separaten Terminbericht (das »A-Stück«) behandelt wird.
Beispiel: Der Bundestag entscheidet nach heftiger Debatte über die Kürzung der Kohlesubventionen. Nach dem Bericht über die Parlamentssitzung folgt ein Hintergrundbericht über die Lage der Branche.
In solchen Beiträgen greift der Reporter manchmal auch auf *Archivmaterial* aus früheren Sendungen zurück, das dann *in der Sendung* durch eine Einblendung *entsprechend gekennzeichnet* wird.

Aktueller Bericht. Entführungen, Geiselnahmen, Flugzeugabstürze, schwere Unfälle und Straftaten sind für die Redaktion nicht planbar und gehören doch in jede Nachrichtensendung. Wenn ein solches Ereignis bekannt wird, müssen Reporter und Redakteure schnell entscheiden und handeln. Die ersten Informationen sind meist spärlich, die Meldungen oft noch unbestätigt. In jedem Fall versuchen Reporter und Kamerateam so schnell wie möglich zum Ort des Geschehens zu fahren. Häufig wird auch ein Satellitenübertragungswagen auf den Weg geschickt, damit der Reporter die ersten Bilder sofort in die Redaktion überspielen und live berichten kann (vgl. »Live-Berichterstattung«). Für den späteren Bericht sammelt der Reporter, was er bekommen kann: Stimmen von Augenzeugen, Betroffenen und dem Polizeisprecher. Fotografen oder freie Kameraleute (*professionelle Katastrophenjäger* gibt es in jeder größeren Stadt), die als erste am Ort waren, bieten ihre Bilder gegen Honorar an.

Für den Aufbau des Reporterberichts ist der Einstieg entscheidend, das erste Bild, der erste Satz. Zuschauer sind neugierig auf den angekündigten Bericht und entscheiden gleich zu Beginn, ob sie sich auf den Beitrag einlassen, sich vom Reporter durch das Thema führen lassen wollen oder ob sie – zumindest gedanklich – abschalten.
Die meisten Filme werden deshalb *gegen die Chronologie*, gegen den tatsächlichen zeitlichen Ablauf der Ereignisse *geschnitten*. Zum Einstieg wählt man am besten die aktuellste Einstel-

lung oder – wenn es das gibt – ein besonders eindrucksvolles Bild, das Interesse wecken kann. Inhaltlich steht am Anfang des Reporterberichts auf jeden Fall der nachrichtliche Kern, der dann im folgenden erläutert, hinterfragt und eingeordnet wird. Schließlich ist der Reporterbericht keine Fußballreportage, bei der die Spannung bis zum Schluß erhalten bleibt – im Gegenteil, *das Wichtigste steht am Anfang*.
Beispiel: Zwei Straftäter sind aus der Haft entkommen, haben eine Bank überfallen, dort Geiseln genommen. Nach einigen Stunden werden die Geiselnehmer von der Polizei überwältigt. Die Geiseln kommen unverletzt aus der Bank, die Täter werden vernommen und später in die Strafanstalt zurückgebracht. In dieser Reihenfolge würde der Reporterbericht mit Sicherheit nicht geschnitten. Die Aufnahme der gerade befreiten Geiseln, die die Bank verlassen, wäre wohl am eindrucksvollsten und würde deshalb am Anfang stehen. Dann folgte eine Rückblende zum Beginn des Überfalls. Je nach Zeitpunkt der Sendung könnte man sich aber auch für das aktuellste Bild entscheiden: den Transport der Geiselnehmer zurück in die Haftanstalt.

O-Töne beleben den Bericht. Fast jeder Reporterbericht enthält einen oder mehrere O-Töne. Der O-Ton-Anteil beträgt selten mehr als ein Drittel, bei einem Eineinhalb-Minuten-Stück also etwa 30 Sekunden. Der einzelne O-Ton ist dabei häufig nur 15 oder 20 Sekunden lang. O-Töne stehen – bis auf begründete Ausnahmen – weder am Anfang noch am Ende des Berichts (vgl. »Statement«, »Statements umsetzen« und »Redeausschnitte«).

Aufsager haben Konjunktur. Über wenige formale Fragen wird in Nachrichtenredaktionen so viel diskutiert wie über den »Aufsager« – den Reporter, der vor der Kamera im »On« spricht, »seine Nase ins Bild hält«. Für Aufsager gebe es nur einen wirklich zwingenden Grund, sagen Kritiker, und der liege in der persönlichen Eitelkeit der Reporter. Der Aufsager, wird entgegengehalten, schaffe eine engere Beziehung zu den Zuschauern. *Vertraute Gesichter erhöhten die Bindung an den Sender*. Ein Blick in die wichtigeren Nachrichtensendungen im In- und Ausland zeigt, welche Argumente sich durchgesetzt haben: Aufsager sind in praktisch allen Nachrichtensendungen, bei Öffentlich-Rechtlichen und bei Kommerziellen, ein festes Stilelement.

Vor allem von Auslandskorrespondenten werden Aufsager gewünscht, zeigen sie doch, daß der Sender in Person seines Reporters überall auf der Welt dabei ist, wenn etwas passiert. Bei Inlandsberichten sind manche Nachrichtensendungen mit dem Aufsager etwas sparsamer. Es gibt sogar Sender, bei denen die Chefredaktion festlegt, wer einen Aufsager machen darf und wer nicht.

Abgesehen von solchen formalen Überlegungen hat der Aufsager auch eine inhaltliche Funktion. *Meistens gibt der Reporter eine Einschätzung der Situation*, er ordnet die Fakten ein. Das ist umso wichtiger, je komplizierter das Thema selbst ist. Dabei darf der Reporter natürlich nicht die Grenze zur Kommentierung überschreiten. Nicht seine persönliche Meinung ist gefragt, sondern eine Einschätzung, die er aus seinen Beobachtungen ableitet.

Beispiel: Der Reporter berichtet über Tarifverhandlungen. Seit Wochen wird gestreikt, in vielen Betrieben wird überhaupt nicht mehr produziert. Der Reporter hat in Hintergrundgesprächen den Eindruck gewonnen, daß eine Einigung unmittelbar bevorsteht. Gefragt ist seine Einschätzung:

Der Druck auf die Verhandlungspartner ist mittlerweile so groß, daß beide Seiten jetzt einen schnellen Abschluß wollen. Vermutlich wird man sich noch in dieser Nacht auf einen neuen Tarifvertrag einigen. Wahrscheinlich werden die Arbeitgeber jetzt doch einer ordentlichen Lohnerhöhung zustimmen - nur damit ihre Betriebe endlich wieder arbeiten können.

Auf keinen Fall aber soll der Reporter kommentieren:

Der Streik hat die Arbeitgeber mürbe gemacht. Nun werden sie wohl - gegen jede Vernunft - doch höhere Löhne zahlen. Die Quittung dafür werden die Gewerkschaften bald bekommen. Höhere Löhne kosten Arbeitsplätze. Weitere Entlassungen sind unvermeidbar.

Gelegentlich ist der *Aufsager auch Ersatz für fehlende Bilder*, etwa wenn mögliche Drehorte für Journalisten versperrt sind oder Beteiligte sich nicht aufnehmen lassen wollen. Dann bleibt dem Reporter als einzige Lösung, einen Teil seines Textes im On zu sprechen.

Gedreht wird der Aufsager am Ort des Geschehens. Schließlich soll er ja deutlich machen, daß der Reporter unmittelbar dabei war. Der Reporter wird meist groß gezeigt, der Bildausschnitt hinter ihm muß eindeutig mit dem Thema in Verbindung stehen, aber er darf natürlich nicht ablenken.
Beispiel: Bei einer Demonstration steht der Reporter beim Aufsager nicht mitten unter den Demonstranten oder gar neben einem Transparent, sondern er steht am Rande des Aufmarsches. Hinter ihm ist die Masse der Demonstranten erkennbar, nicht einzelne Personen. Ein solcher Standort unterstreicht zugleich die Rolle des Reporters: Er ist nah dran am Geschehen, aber er ist nicht Teil des Ereignisses.
Inhaltlich muß sich der Aufsager ohne Bruch in den späteren Filmtext einfügen lassen. Der Reporter muß sich also noch beim Drehen entscheiden, wie sein Beitrag aufgebaut sein wird. Der konkrete Text des Aufsagers wird nicht spontan formuliert, sondern sollte in seinen Grundzügen vorgedacht werden. Am besten spricht man den Text ein paarmal leise durch, bevor man ihn aufnimmt. Dabei kommt es darauf an, den Gedankengang zu verinnerlichen, nicht einzelne Sätze auswendig zu lernen.
Die Aufnahme selbst kann dann ruhig ein- oder zweimal wiederholt werden, bis alles richtig sitzt. Kameramann und Techniker sind die ersten Zuschauer. Sie können gut beurteilen, ob der Aufsager gelungen ist. Ihre formale und inhaltliche Kritik sollten Reporter ernst nehmen.

Bildmaterial von PR-Firmen und Pressestellen wird gerade im Wirtschaftsjournalismus immer häufiger angeboten. Bei Messen, Präsentationen oder anläßlich einer Pressekonferenz stellen die Veranstalter professionell gedrehtes Material kostenlos zur Verfügung. Das Angebot ist verlockend, lassen sich doch aufwendige eigene Dreharbeiten vermeiden und dadurch Geld und Zeit sparen. Die damit verbundene Gefahr ist aber nicht zu unterschätzen. *Fremdmaterial zeigt die Dinge immer aus der Sicht dessen, der es in Auftrag gegeben hat.* Dem Reporter werden damit eigene Gestaltungsmöglichkeiten genommen. Manchmal wird ihm und seinem Team sogar unter Verweis auf das Material der Zugang zu einem Betrieb oder einem Ereignis verwehrt. Meistens allerdings wird nur die Bequemlichkeit geschickt ausgenutzt.

Beispiel: Der Betreiber eines privaten Mobilfunknetzes stellt Journalisten, die über das Unternehmen oder ganz allgemein über Handys und Autotelefone berichten wollen, gerne eine Kassette zur Verfügung. Sie zeigt glückliche, gutangezogene Menschen mit Handy – die heile Welt moderner Kommunikation.
Diese Aufnahmen sind dutzendfach verwendet worden und stehen in den Filmarchiven der meisten Sender. Egal ob bei RTL oder im ZDF – immer wieder taucht diese geschönte Realität im Programm auf. Und selbst wenn die Texte kritisch sind, dominiert doch der Eindruck der gestylten Mobilfunkwelt.
Viele Sender haben diese Gefahr erkannt und sind entschlossen, weitgehend auf den Einsatz von PR-Material zu verzichten. Dort wo es keine Alternativen gibt, z. B. bei NASA-Bildern aus dem Weltraum, wird die Quelle entweder durch Einblendung deutlich gekennzeichnet oder im Text erwähnt.

Live-Berichterstattung

Die mobile Satellitenübertragung hat die Arbeit der Fernsehreporter mehr verändert als jede andere technische Entwicklung. Freier Blick nach oben zum südlichen Äquatorhimmel ist die einzige Voraussetzung, um mit einer sogenannten *»SNG-Einheit«* (SNG = Satellite News Gathering) von jedem beliebigen Punkt aus live, also direkt und ohne Zeitverzug, berichten zu können. Mit einer schüsselförmigen Antenne, die genau auf den Satelliten im All ausgerichtet ist, wird das Sendesignal abgestrahlt und kann Sekundenbruchteile später von einer anderen Antennenschüssel im Funkhaus empfangen werden. Es ist das gleiche Prinzip, nach dem Millionen Privathaushalte ihre Fernsehprogramme empfangen.
Noch bis Ende der achtziger Jahre war eine Live-Übertragung eine aufwendige und teure Angelegenheit. Die Sender mußten sich – möglichst 24 Stunden im voraus – an die Deutsche Bundespost wenden, die dann eine Richtfunkstrecke aufbaute. Sie hatte damals das Monopol für die Übertragung von Bild- und Tonsignalen. Selbst bei dramatischen Ereignissen, zum Beispiel einer Entführung oder einem Flugzeugabsturz, dauerte es Stunden, bis eine Live-Übertragung möglich war. Live-Berichte waren deshalb eine seltene Ausnahme.

Satelliten-Übertragungswagen dürfen in Deutschland erst seit 1990 von Sendeanstalten oder Produktionsfirmen in eigener Regie betrieben werden. Bei wichtigen internationalen Ereignissen bauen sich heute nicht selten ein Dutzend und mehr SNG-Lastwagen der verschiedenen Sender nebeneinander auf. Wo immer etwas passiert, stehen auch Satellitenschüsseln. Durch die Einführung digitaler Fernsehtechnik sind die Geräte, die man für eine Live-Übertragung benötigt, kleiner, leichter und vor allem billiger geworden. Es gibt aktuell arbeitende Kamerateams, die stets mit einem vollständig ausgerüsteten Satellitenübertragungswagen zu ihren Einsätzen fahren und, wenn es erforderlich wird, innerhalb von 15 Minuten sendebereit sind.

Live-Berichterstattung hat die Programme revolutioniert. Sie ist tägliche Praxis in allen Nachrichtensendungen. Häufig wird sie als Stilmittel sogar dann eingesetzt, wenn sie aus inhaltlichen Gründen gar nicht unbedingt notwendig wäre. Aber Live-Schaltungen vermitteln dem Zuschauer eben das Gefühl, unmittelbar dabei zu sein und aktueller informiert zu werden, als es in einem Filmbericht möglich ist. Ganz nebenbei sollen die Reporter durch häufige Live-Berichte zu vertrauten Gesichtern werden, Kompetenz und Glaubwürdigkeit verkörpern und damit die eigene Sendung von der Vielzahl anderer unterscheidbar machen.

Für den Reporter bringt der Schritt vor eine Live-Kamera eine Reihe zusätzlicher Aufgaben mit sich – und: Er birgt ein Risiko. Was live gesendet worden ist, kann nicht mehr überarbeitet oder korrigiert werden. Das gilt für inhaltliche Fehler, das gilt aber auch für das Auftreten des Reporters selbst. Von ihm wird erwartet, daß er flüssig und verständlich spricht ohne abzulesen. Dabei steht er unter großem Zeitdruck. Die Vorbereitungszeit bei aktuellen Ereignissen ist knapp, und mitunter erhält er bis kurz vor der Sendung noch neue Informationen, die er in seinem Beitrag berücksichtigen muß.
Ähnlich wie bei vorproduzierten (»gebauten«) Beiträgen gibt es auch bei der Live-Berichterstattung unterschiedliche Formen, die meist von der Redaktion vorgegeben werden und vom Charakter der Sendung und des Ereignisses abhängen.

Der »Live-Bericht« (auch: »Live-Aufsager«) ist die häufigste Form. Der Reporter sucht sich einen geeigneten Standort, bekommt vom Moderator oder Sprecher ein Stichwort und gibt dann ohne weiteren Dialog seinen Bericht. Teleprompter, die bei Studiosendungen den Moderationstext zum Ablesen in die Kamera spiegeln, gibt es für den Reporter nicht. Er sollte seinen Text nach einem zuvor festgelegten Konzept weitgehend frei sprechen, aber nicht auswendig lernen. Ein Zettel mit Stichworten (häufig: eine kleine Karteikarte) kann helfen. Zu Beginn und zum Ende des Aufsagers ist der Reporter auf jeden Fall im »On«. Er guckt in die Linse der Kamera und hält dadurch Blickkontakt zum Zuschauer.
Während des Berichts kann die Kamera auf das laufende Ereignis oder ein anderes wichtiges Motiv schwenken. Dafür wird vorher ein Stichwort verabredet. Das ganze vermittelt einen zusätzlichen optischen Eindruck vom Übertragungsort.
Häufig zeigt der Reporter auch einen vorbereiteten Einspielfilm, in dem der bisherige Verlauf des Ereignisses zusammengefaßt ist. Auch dafür muß ein Stichwort verabredet werden. Kürzere Einspielfilme sollte der Reporter live kommentieren, also den Filmtext live sprechen. Längere Beiträge mit O-Tönen können vorher getextet und abgemischt werden.

Die »Live-Nachfrage« ist kürzer als ein Live-Bericht und als Ergänzung zu einem gerade gezeigten Beitrag gedacht. Der Moderator stellt Fragen, die sich aus diesem Beitrag ergeben. Dabei geht es meistens um eine Einschätzung der Situation oder um neue Fakten, die sich seit der Überspielung des Berichts noch ergeben haben können. Gelegentlich haben Moderator und Reporter vor der Sendung die Fragen abgesprochen. Häufiger ist nur das Thema selbst verabredet, und der Reporter muß spontan auf die Fragen reagieren.

Die »Live-Reportage« ist in klassischen Nachrichtensendungen selten. Sie dauert normalerweise länger als ein vergleichbarer vorproduzierter Beitrag und paßt deshalb eher in Magazinsendungen. Inhaltlich ist es – wie bei der herkömmlichen Reportage – Aufgabe des Autors zu schildern und Eindrücke zu vermitteln. Formal ist er dabei nicht an einen Standort gebunden. Er selbst kann während der Reportage gehen, Gegenstän-

de zeigen oder in anderer Weise agieren. Häufiger als beim Live-Bericht werden Menschen vorgestellt und als Gesprächspartner einbezogen. Die Live-Reportage ist nicht auf einen aktuellen Anlaß angewiesen. Sie kann auch ganz einfach als belebendes Element in eine Sendung einbezogen werden.
Viele Reportagewagen sind mittlerweile nur noch mit einer einzigen Kamera ausgerüstet. Dafür sind sie kleiner und schneller als die früher üblichen Übertragungswagen. Aber auch mit einer Kamera gibt es genügend Gestaltungsmöglichkeiten. Am besten nimmt der Kameramann die Kamera auf die Schulter, folgt dem Reporter oder zeigt Details, die er angesprochen hat. Je mehr Elemente die Reportage enthält, desto wichtiger ist, daß Reporter und Kameramann den Ablauf genau absprechen und proben.

Korrespondentenbericht aus dem Ausland

Das Interesse an Informationen aus dem Ausland ist beim deutschen Fernsehpublikum vergleichsweise groß. Während die Nachrichtensendungen der großen amerikanischen Networks fast ausschließlich über Themen aus den USA berichten, leisten sich deutsche Fernsehsender umfangreiche Auslandsberichte und eine Vielzahl von Korrespondentenbüros. Die ARD unterhält mehr als zwei Dutzend (aktueller Stand und Namen der Korrespondenten s. ARD-Jahrbuch) und hat damit eines der dichtesten Korrespondentennetze weltweit. Die Korrespondentenriege des ZDF ist beinahe genauso groß, während sich die kommerziellen Sender nur in besonders wichtigen Hauptstädten wie Washington, Moskau, London und Paris fest eingerichtet haben. Sie setzen stattdessen (wie zusätzlich auch ARD und ZDF) auf Sonderkorrespondenten, die mit ihren Teams eingeflogen werden, sobald sich irgendwo auf der Welt ein wichtiges Nachrichtenereignis ankündigt.

Die Arbeit des Auslandskorrespondenten ist breiter angelegt als die seiner Kollegen im Inland. Nachrichtenfilme sind nur ein Teil seiner Arbeit. Er liefert auch Hintergrundberichte für Auslandsmagazine und Kultursendungen oder produziert Features. Die aktuelle Berichterstattung prägt allerdings seine Arbeit, besonders in Ländern, die weltpolitisch bedeutsam sind.

In demokratischen Staaten können Korrespondenten genauso frei arbeiten wie im Inland. *In diktatorisch regierten Ländern müssen Dreharbeiten allerdings häufig angemeldet und* von den Behörden *genehmigt werden*. Die Korrespondenten riskieren sonst festgenommen und ausgewiesen zu werden. Doch selbst nach erteilter Genehmigung können Korrespondenten oft nur in Begleitung staatlicher Aufpasser arbeiten. *Korrespondenten machen in ihren Berichten normalerweise auf solche Umstände aufmerksam.*

Die Produktionsbedingungen im Ausland unterscheiden sich gründlich von denen in der Heimat. Gibt es hier Dutzende Reporter, die sich häufig auch noch auf bestimmte Themen spezialisiert haben, muß der Auslandskorrespondent Politik, Wirtschaft und Kultur eines ganzen Landes, manchmal sogar mehrerer Länder im Auge behalten. Oft sind die Entfernungen so groß, daß er es gar nicht schaffen kann, mit seinem Team alle wichtigen Ereignisse selbst zu drehen. Hilfestellung leisten sogenannte Producer – ortsansässige Journalisten, die Themen suchen, recherchieren und Kontakte schaffen. Sie begleiten Kamerateams im Auftrag des Korrespondenten bei Dreharbeiten, führen gelegentlich auch Interviews und übersetzen.
Neben dem selbstgedrehten Material gibt es zusätzliche Bildquellen. Meist stellt das örtliche Fernsehen Bilder zur Verfügung, und Produktionsfirmen bieten Kassetten zum Kauf an. Die Berichte werden im eigenen Studio geschnitten und entweder direkt von dort oder über das örtliche Fernsehen nach Deutschland überspielt. Die Zeiten, da Korrespondenten ihr Drehmaterial ungeschnitten mit dem Flugzeug an die Heimatredaktion schickten, sind vorbei. Selbst außerhalb der fest eingerichteten Studios lassen sich heute weltweit *Satellitenübertragungsanlagen* (sogenannte *»Flyaways«*) mieten, die man in wenigen Koffern verpackt mit auf Drehreise nimmt. Die Überspielung ist damit von jedem Punkt der Erde praktisch ohne Zeitverzögerung möglich.

Reportage

Viele Reporter betrachten Berichte als Pflicht, und Reportagen als Kür ihres Journalistenalltags. Die Reportage lebt von Eindrücken und Beobachtungen, nicht nur von Fakten. Sie soll dem Zuschauer neben der Information das Gefühl vermitteln, dabei zu sein und die Situation selbst miterleben zu können.

Als journalistische Form erlebt die Reportage eine Renaissance. Jedes Fernsehprogramm, das etwas auf sich hält, hat mittlerweile einen festen Sendeplatz für Reportagen, 30 oder 40 Minuten jede Woche. Aber die Länge eines Beitrags ist für seine Form nicht entscheidend; auch in drei oder vier Minuten läßt sich eine gute Reportage machen. Solche Stücke passen zwar nicht in die klassischen Nachrichtensendungen wie Tagesschau oder heute. Aber Redaktionen wie Tagesthemen, heute journal oder RTL-Nachtjournal senden gerne kürzere Reportagen.

Reportage und Berichte unterscheiden sich vor allem im Blickwinkel. Wer berichtet, muß alles zur Kenntnis nehmen, jeden Aspekt, jede verfügbare Information. Er wählt später das Wichtigste aus. Die Reportage leistet sich den Luxus, nicht überall hinzusehen, sondern wie im Spotlicht eines Scheinwerfers nur einen Ausschnitt der Wirklichkeit zu betrachten. Dieser wird dafür umso genauer beleuchtet.
Beispiel: Im Reporterbericht von einem Bundesparteitag wird die Wahl des Vorsitzenden im Mittelpunkt stehen. Es wird Ausschnitte geben aus seinen und den Reden anderer prominenter Parteimitglieder. Und der Reporter wird die wichtigsten Sachthemen des Parteitags ansprechen.
Die Reportage zum selben Thema kann auf all das verzichten. Der Reporter könnte zum Beispiel einen unbekannten Delegierten auf dem Parteitag begleiten. Reporter und Team würden ihn an seinem Platz beobachten, mit ihm zum Mittagessen gehen, zur Wahlkabine, und sie würden zuhören, wenn er mit befreundeten Delegierten spricht. Der Reporter würde ihn nach seinen Erwartungen an diesem Tag fragen, nach seinen Reaktionen auf die Wahl des Vorsitzenden, seiner persönlichen Wahlentscheidung und den Gründen dafür.

Reportagen können ein Thema nicht erschöpfend behandeln. Das zeigt dieses Beispiel. Die Reportage ist eine Darstellungsform, die Nachrichten und Berichte ergänzt, sie aber nicht ersetzt. Meist wird die Form der Reportage deshalb dann gewählt, wenn ein Thema vertieft werden soll, über das in derselben oder einer früheren Sendung bereits berichtet worden ist.

Ein wichtiges Reportageelement sind die O-Töne. Der Reporter läßt Menschen zu Wort kommen, erzählen, reagieren. Dabei treten als Interviewpartner selten Funktionäre oder Politiker auf, die zu Sachfragen Stellung nehmen. In der Reportage sprechen normale Menschen über persönliche Dinge. Dabei soll *der Reporter als Fragesteller sichtbar* sein; schließlich ist es seine Handschrift, die den Beitrag prägt. Im Einzelfall kann er sogar *als Akteur auftreten*, der selbst etwas ausprobiert oder erkundet.
Mitunter werden solche Situationen auch nachgestellt, um einem Beitrag Reportagecharakter zu geben. So klingelt der Reporter zum Beispiel an der Haustür eines möglichen Gesprächspartners, von dem man schon weiß, daß er ein Interview verweigern und deshalb die Tür nicht öffnen wird.
Kopiert wird im deutschen Fernsehen auch ein in den USA entwickeltes Konzept, nach dem der *Reporter immer wieder im Bild* erscheint und seinen Text – meist gehend – in die Kamera spricht. Wer diese Formen einsetzt, muß sich der Wirkung bewußt sein. Je häufiger der Reporter im »On« erscheint, desto geringer kann im Laufe des Beitrags die Aufmerksamkeit für solche Szenen werden.

Sportreportage

Auf zwei verschiedene Arten gibt das Fernsehen Sportereignisse wieder, mit der *(Direkt)-Übertragung* und mit dem *Zusammenschnitt*.
Die Sportreportage im Fernsehen ist überwiegend eine kürzere Berichterstattung von aktuellen Ereignissen. Längere Beiträge und Direkt-Übertragungen mit Live-Kommentar spielen bei national und international bedeutenden Sportveranstaltungen aber eine wichtigere Rolle.

Bei Direktübertragungen unterscheidet sich die Arbeit des Sportreporters im Fernsehen wesentlich von der seines Kollegen im Hörfunk. Der Radioreporter muß den Ablauf des Ereignisses schildern, das er stellvertretend für den Hörer sieht. Im Fernsehen besorgen die Kameras diese Arbeit für den Reporter. Der Zuschauer sieht selbst. Vom Kommentator wird deshalb nicht eine verbale Wiederholung der Information durch das Bild erwartet, sondern eine Ergänzung.

Das Bildangebot durch Zusatzinformation ergänzen – das ist die Aufgabe des Fernsehreporters im Sport.
Diese Zusatzinformation kann in einer *Schilderung* liegen. Das ist der Fall, wenn sich außerhalb des von den Kameras aufgefangenen Bildausschnitts etwas tut, was für das Verständnis des Zuschauers wichtig ist. Beispiel: Bei einem Turnier der Springreiter fällt eine Stange erst dann, wenn der Reiter (und die ihn verfolgende Kamera) bereits beim nächsten Sprung ist.
Unterstützung der Bildaussage ist dann erforderlich, wenn Wichtiges vom Zuschauer nicht auszumachen ist, wenn die Einstellung z. B. so total ist, daß der Zuschauer nicht erkennen kann, welcher Spieler am Ball ist.
Aufgabe des Reporters im Fernsehen ist auch die *Erläuterung* (»Dieser Freistoß wurde gegeben, weil ...«), die *Kommentierung* (»Der Schiedsrichter hat das Spiel nicht in der Hand, denn ...«) und die *Wiedergabe der Stimmung* im Stadion.
Zu den verbalen Bildergänzungen, die von einem Fernsehreporter erwartet werden, gehören in jedem Fall die erforderlichen *Hintergrund-Informationen:* Warum läßt der Trainer diesmal nach einer anderen Taktik spielen? Warum versucht ein Radprofi, gerade bei dieser von mehreren Bergprüfungen einer Tour-Etappe die Konkurrenz zu versetzen? Auch *persönliche Informationen über den Sportler* und – wohldosiert! – *statistische Angaben*, z. B. über bereits erzielte Ergebnisse, können sinnvolle Zusatzinformationen sein.

Wie emotional darf der Reporter sein? Wie sehr der Reporter auch seine *eigene Stimmung und Erregung* bewußt in seinen Kommentar einfließen lassen soll, ist umstritten. In den Sportredaktionen der Funkhäuser wird der eher nüchterne Stil bevorzugt. Gleichwohl schätzen die Zuschauer häufig die begeistert mitgehenden Reporter besonders. Ihnen wird dann auch der entzückte Ausruf »Tor« sogar in dreifacher Wiederholung noch gern abgenommen, obwohl alle selbst gesehen haben, daß es ein Tor war. Und die eher geflüsterte denn gesprochene Feststellung »Wassergraben« muß keine unnötige verbale Wiederholung des Bildinhaltes sein – sie kann als Ausdruck der Spannung durchaus ihre Berechtigung haben. Ebenso wird das betroffene »Schade!« dem Reporter sicher nicht als verpönte Parteinahme angekreidet, wenn er damit die Empfindungen der Fernsehzuschauer artikuliert hat. Aber die Grenzen sind hier fließend.

Was der Sportreporter nicht tun sollte, findet man am besten heraus, wenn man seine eigenen Reaktionen bei Sportübertragungen am Fernsehgerät verfolgt:

- nicht zu viel reden, sondern das Bild wirken lassen
- nicht gerade dann Zusatzinformationen geben, wenn das Geschehen spannend ist. Dafür ist vor dem Anpfiff oder bei Spielunterbrechungen Gelegenheit
- nicht ständig am Bild vorbeireden, d. h. Zusatzinformationen am Bild »aufhängen« und schnell zum Ereignis zurückkehren
- nicht so tun, als seien alle Zuschauer Sportexperten, die über alle Regeln jeder Sportart jederzeit Bescheid wissen
- nicht meinen, daß man mit Feststellungen wie »Der Ball ist halt rund« besonders originell wirkt.

Die Arbeitsbedingungen bei der Sportberichterstattung im Fernsehen spielen eine wichtige Rolle. Im Idealfall kann der Reporter das Sportgeschehen direkt verfolgen und hat vor sich noch einen (möglichst großen) Monitor. Er sieht dann die Bilder, die dem Fernseh-Zuschauer übertragen werden und kann gleichzeitig verfolgen, was sich außerhalb dieses Bildausschnitts tut. Um richtig kommentieren zu können, muß er also *seine Aufmerksamkeit spalten* zwischen der Wirklichkeit und dem übertragenen Ausschnitt aus der Wirklichkeit. Meist allerdings muß er sich mit einem zu kleinen Monitor begnügen – dann sieht der Zuschauer zu Hause mehr als der Reporter, der oft auch noch das Handicap eines schlechten Beobachterplatzes in Kauf nehmen muß. So können ihm wichtige Informationen fehlen.

Die Bildauswahl, die ein Regisseur oder Sportredakteur in der »Bildregie« vornimmt, kann der Reporter im Ausland nicht beeinflussen. Im eigenen Land gibt es bei gut eingespielten Teams so etwas wie eine wechselseitige Steuerung zwischen Reporter

und Bildregisseur. »Am Spielfeldrand läuft sich ein neuer Spieler warm ...« könnte ein solcher Hinweis im Kommentar des Reporters sein. Der Regisseur würde dann ein entsprechendes Bild anbieten, sofern es die Kameraposition erlaubt.
Umgekehrt geht es auch: Unter vielen Bildern, die bei einer großen Übertragung von den verschiedenen Kameras der Regie vorliegen, bietet der Regisseur dem Reporter ein besonders ausdrucksstarkes, z. B. von der Trainerbank, an. Ein guter Reporter wird ein solches Bild nicht unkommentiert lassen.

Der Zusammenschnitt gibt ein sportliches Ereignis nur in wesentlich geraffter Form wieder. In dieser Reduzierung auf die wichtigsten Szenen und die Höhepunkte liegt die *Gefahr der Verfälschung.* Ein lahmes Spiel kann so hochdramatisch erscheinen. Einen Spieler, der in einer Szene besonders gut oder schlecht wirkt, beurteilen die Zuschauer von diesem Eindruck her. Hier hat der *Kommentar* des Reporters die Aufgabe der Korrektur oder zumindest der Relativierung der Bild-Aussage.
Welche Bilder soll der Reporter nun (abgesehen von den Höhepunkten, wie z. B. Toren) für solch einen Zusammenschnitt auswählen? Er wird sich dazu selbst gestellte Fragen beantworten: Was war typisch für den Spielverlauf? Welche Spieler waren besonders gut, welche besonders schlecht? Die ausgewählten Bilder sollten dann möglichst genau das Ergebnis einer derartigen Analyse belegen. Zusätzlich gedrehte Schnittbilder (z. B. Zuschauer) helfen beim Schnitt später, die Szenen miteinander zu verbinden, wo es sonst Bildsprünge gäbe.
Bei der Aufnahme wird der Reporter versuchen, möglichst genau darüber *Buch zu führen*, welche Szenen er verwenden will. Wenn er engen Kontakt mit dem Kameramann hat, kann er sich gleich die Kassetten-Nummer mit Timecode-Zahl notieren. Bei EB ist der Ton synchron auf dem Band aufgezeichnet. Bereits am Mischpult kann man da während des Bild-Schnitts harte Ton-Sprünge ausgleichen. Man spart so den Gang ins Synchronstudio.

»Kommentar live« heißt es bei solchen Zusammenschnitten dann oft auf den Ablaufplänen der Sportsendungen. Wenn der Reporter genug Zeit hatte, ist er vom Stadion ins Funkhaus gefahren, um sein Material selbst zu bearbeiten. Häufig wird es aber auch

überspielt, im Funkhaus von einem Redakteur in Absprache bearbeitet und vom Reporter dann live aus dem Stadion kommentiert. Im Studio gibt es dafür einen Kommentatorenplatz.
Ein Anfänger schreibt sich den Text am besten auf und liest ihn dann zum Bild ab. Er wird darauf achten, daß der Kommentar sich aber dann nicht wie abgelesen anhört.
Als Einsatzmarkierung sind Notizen von bestimmten Einstellungen manchmal besser als Zeiten. Mit der Routine wächst die Fähigkeit, den Kommentar mehr und mehr frei zu sprechen. Stichworte helfen, nichts Wichtiges zu vergessen. Je freier der Kommentar, desto lebhafter wird er. Obendrein spart man noch Zeit, die bei der aktuellen Sportberichterstattung ja meist sehr – um nicht zu sagen zu – knapp bemessen ist.

Statement

Das Statement (laut Duden = Erklärung, Darstellung, Feststellung) ist die authentische Aussage einer Person zu einem bestimmten Sachverhalt oder Ereignis. Die Person (z. B. Politiker, Gruppen- oder Verbandssprecher) wird durch die Abgabe einer Erklärung vor der Fernseh-Öffentlichkeit selbst zur Quelle einer originären Nachricht. Formal besteht das Statement aus einer halbnahen (»Brustbild-«) oder nahen (»Kopf-«)Einstellung ohne Zwischenschnitte und (möglichst auch) ohne Kürzungen. Die Statement-Dauer ist variabel, überschreitet jedoch selten 30 Sekunden, meist liegt sie weit darunter.

Statements vorbesprechen. Es kommt darauf an, eine möglichst knappe, auf den Punkt gebrachte Aussage des Statement-Partners zu bekommen. Handelt es sich um ein eingeholtes, also durch die Redaktion erbetenes Statement, kann die Erklärung inhaltlich und in ihrer zeitlichen Länge mit dem Partner abgesprochen und notfalls durch mehrfache Wiederholung der Aufzeichnung präzisiert werden.

Der »Interview-Einstieg« ist bei ungeübten Partnern nützlich, die es nicht gewohnt sind, auf Kommando (»Kamera läuft – bitte sprechen Sie!«) präzise und im Korsett der vorgegebenen Zeit druckreif zu »verlautbaren«. Der Reporter wird nach ausführlichem Vorgespräch, vielleicht nach ein- oder mehrmaligem »Übungs-Sprechen« des Partners eine Einstiegsfrage formulieren, die er – in unmittelbarer Nähe der Kamera stehend – an den Statement-Partner richtet. Es sollte ihm jedoch schon vor der Aufzeichnung unmißverständlich erklärt werden, daß lediglich seine »Antwort« als Statement ausgestrahlt wird, nicht aber die vorausgegangene Einstiegsfrage.

Beispiel: Reporter – `Herr X, Ihre Gewerkschaft hat heute die Leitlinien für die Tarifpolitik dieses Jahres beschlossen. Erläutern Sie uns bitte die zentralen Forderungen` Antwort – `Die Gewerkschaft XYZ wird bei der bevorstehenden Tarifrunde mit Vorrang für eine Verkürzung der Lebensarbeitszeit eintreten usw.` Die Einstiegsfrage wird für die Sendung gestrichen, findet sich inhaltlich jedoch in der einleitenden Nachrichtenformulierung wieder: `Tarifpolitische Leitlinien für die bevorstehende Verhandlungsrunde mit den Arbeitgebern hat heute die Gewerkschaft XYZ auf ihrem Vertrauensleute-Kongreß in A beschlossen.` Es folgt das Statement des Vorsitzenden mit Namens- und Funktionseinblendung.

Statements auswählen, z.B. aus dem Mitschnitt einer Pressekonferenz. Dabei muß mit einer Fülle von Unwägbarkeiten gerechnet werden, die sich negativ auf Inhalt und Form auswirken können: Unwichtige Passagen, »Längen«, Zwischenfragen, störende Nebengeräusche, falsche Kameraeinstellung, zufällige Wortausschnitte, Unwiederholbarkeit der Aufnahmen (vgl. »Redeausschnitte«). Trotz dieser Nachteile müssen zahlreiche Verlautbarungen so produziert werden, weil die Informationsgeber für separate Aufnahmen oft nicht zur Verfügung stehen. Aus den aufgezeichneten Wortpassagen wird dann der wichtigste *Ausschnitt* für die Sendung ausgewählt. Eine andere Bearbeitungsmöglichkeit bietet sich dem Redakteur im *Zusammenschnitt* jener Aussageteile, die das Thema zentral betreffen. Erfolgt diese Summierung ohne Zwischenschnitte, wird jede Kürzung im Bild als abruptes »Rucken« sichtbar. Anhänger dieser Schnittmethode bewerten die Priorität der Nachrichten höher als bild-ästhetische Effekte. Gegner lehnen dies als »Stückelschnitt« rundweg ab.

Statements während einer Pressekonferenz einholen. Auch das geht. Der Journalist stellt dazu eine eigene Frage, durch die der Partner bewogen wird, eine Stellungnahme zum angefragten Sachverhalt abzugeben.
Vorteile: Kein eher zufälliges Mitschneiden von allgemeinen Ausführungen; das Kamerateam kann auf Stichwort des Reporters in Aktion treten; Material- und Zeitersparnis.
Nachteile: Der Partner kann der Frage ausweichen, langatmig antworten, mit Leerformeln operieren (»Sie stellen da eine hochinteressante Frage, für die ich sehr dankbar bin, denn ...«). Dann: Frage wiederholen und dabei noch gezielter stellen.

Statements umsetzen

»Sprechende Köpfe« werden dem Medium Fernsehen in aller Regel weniger gerecht als in Bilder umgesetzte Informationen. Deshalb sollten Statements, wenn man sie schon nicht ganz vermeiden will oder kann, jedenfalls *sehr kurz* sein. Um das zu erreichen, werden immer häufiger *optische und akustische Zugeständnisse* gemacht: Statements enden im Ton mit »Stimme oben« und ohne gutes Schlußbild. Der Zuschauer merkt, daß der Statement-Geber danach noch weitergeredet hat. Diese formalen Unzulänglichkeiten werden dadurch aufgewogen, daß »unnötiges Geschwätz« und »zuviel Kopf im Bild« vermieden werden.

Der passende Hintergrund kann ein Statement *optisch reizvoller* machen und *ergänzende Bildinformationen* beisteuern. Besonders wichtig ist dies bei längeren Statements, die Bestandteil von Bericht, Feature oder Reportage sind. Da kann der Arbeiter z. B. am Fließband, der Landwirt im Stall oder der Bademeister im Schwimmbad aufgenommen werden. Schwieriger allerdings ist es, für den Beamten aus dem Ministerium, den Politiker aus dem Landtag und den Wissenschaftler von der Universität den entsprechenden Bildhintergrund zu finden. *Routine-Einstellungen* sind oft die Folge: Der Beamte am Schreibtisch, der Wissenschaftler vor der Bücherwand und der Politiker vor dem Landtag mit Gebäude und/oder Schriftzug im Hintergrund. Schöner wäre es, wenn der Politiker mit einer Aussage zum Gesundheitswesen z. B. auch im Krankenhaus gezeigt würde. Wo so etwas sich nicht anbietet, ist ein neutraler Hintergrund besser als ein optisch »verbrauchter«.

Bilder zum Antexten werden immer dann gebraucht, wenn das Statement nicht allein steht. Soll der Statement-Geber schon im Bild zu sehen sein, sobald er im Text zum ersten Mal »angesprochen« wird, ergibt sich die Frage, welche Bilder man von ihm sieht, bis Name und Funktion gesagt sind. Das wird unterschiedlich gelöst:

- Der *Statement-Geber* wird *bei seiner* normalen *Beschäftigung* gezeigt: Der Arbeiter also bei seiner Tätigkeit am Fließband, der Landwirt beim Füttern. Die Schwierigkeit dabei liegt im Übergang zum Reden. Der ist gestellt und wirkt häufig auch so. Eben noch telefoniert der Beamte, dann legt er den Telefonhörer auf und gibt unvermittelt (und meist leicht verkrampft) sein Statement. Immerhin sind damit unmittelbar vor dem Statement Bilder mit einiger Bewegung.
- Der *Statement-Geber* wird *stumm zuhörend* gezeigt. Diese Bilder bekommt der Reporter automatisch, wenn er dem Statement-Geber eine Eingangsfrage stellt. Diese Situation ist natürlicher. Im Bild ist aber weniger Bewegung.
- Vom Statement-Geber wird während des Antextens ein *Standbild* gezeigt. Das letzte Bild, bevor er den Mund zum Sprechen öffnet wird also eingefroren.

Andere Lösungsmöglichkeiten bestehen darin, daß der Statement-Geber sich selbst vorstellt (»Mein Name ist Markus. Ich bin hier der Vorarbeiter ...«) oder daß er eine »Bauchbinde« bekommt, Name und Funktion also eingeblendet werden. In beiden Fällen braucht man keine Bilder zum Antexten.

Statements unterschneiden. Bei längeren Statements wird das Bild des Statement-Gebers für kurze Zeit gern durch andere Bilder ersetzt, während er im »Off« weiterspricht. Auf diese Weise ist weniger »Kopf« im Bild und mehr Bewegung. Diese Bilder müssen aber im *Zusammenhang* mit der Aussage stehen, sollten sie im Idealfall *illustrieren*. Einige Einstellungen vom Fließband können z. B. die Aussage des Arbeiters über die von der Technik vorgegebene Arbeitsgeschwindigkeit belegen.

Statements kürzen. Das ist erforderlich, wenn der Statement-Geber sich beim besten Willen nicht kurz fassen kann oder wenn der Journalist nachträglich sein Konzept ändert.
Dafür gibt es drei Methoden:

- Das *Bild* wird einfach *entsprechend* der *Kürzung im Ton* geschnitten. Das ergibt ein »Rucken« im Bild (vgl. »Statement«).
- Beim Aufzeichnen des Statements wird eine zu lang geratene Passage wiederholt. Die *Wiederholung* wird *in einer deutlich anderen Einstellung* aufgenommen und direkt an den ersten Teil des Statements angeschnitten. Der Zuschauer nimmt diesen Einstellungswechsel ebenfalls wahr, allerdings nicht als Fehler wie beim Rucken. Diese Technik empfiehlt sich auch, wenn der *Statement-Geber sich verspricht* und man keine Hoffnung haben kann, daß er das ganze Statement ohne störende Versprecher geben kann.
- Um das Rucken oder den Wechsel der Einstellungen zu vermeiden, wird die Schnittstelle im Ton *durch ein »Schnittbild« überdeckt.* Der Zuschauer sieht also ganz kurz statt des Statement-Gebers ein anderes Bild. Dadurch merkt er nicht, daß die beiden Einstellungen vom Statement-Geber vor und nach dem Zwischenschnitt nicht aneinanderpassen.

Wer *Zwischenschnitte zum Kürzen* dreht, geht also auf Nummer sicher. Manche dieser Schnittbilder sind allerdings deutlich als Notbehelf erkennbar: der Kronleuchter an der Decke, die Kaffeetasse auf dem Tisch, der Aschenbecher und die sich drehenden Spulen eines Tonbandgeräts. Solche Zwischenschnitte haben gelegentlich eine *eigene Aussage*, die nicht gewollt und zudem auch nicht angebracht sein kann: Die unruhig scharrenden Füße unter dem Stuhl, die verkrampften Hände auf dem Tisch und der übervolle Aschenbecher sind Beispiele dafür. Also Vorsicht vor falschen Bildkommentaren durch Zwischenschnitte.

Off-Statements zeigen den Statement-Geber nicht beim Sprechen. Die Aussage wird als »nur Ton« aufgenommen und mit Bildern unterschnitten. Sie können (aber müssen nicht) auch den Statement-Geber zeigen. Diese Methode hat den Vorteil, daß *Off-Tonaufnahmen häufig ergiebiger und natürlicher* sind, der sprechende Kopf vermieden wird und mehr Bewegung ins Bild kommt.

Der Reporter im Bild stört beim Statement. Trotzdem sind Einstellungen wie diese gelegentlich zu sehen: Reporter von hinten über die Schulter, vor ihm der Statement-Geber. Meist sind solche Bilder allerdings eine Notlösung, weil aus dem ursprünglich beabsichtigten Interview dann beim Schnitt nur noch ein Statement wurde. Wer nicht genau weiß, wieviel Zeit er letztlich zur Verfügung hat, der kann sich helfen, indem er *außer dem Interview sicherheitshalber noch ein Statement* aufnimmt.

Redeausschnitte

Die Bewältigung einer mehrstündigen Parlamentsdebatte in Fernseh-Nachrichtensendungen mag als Ausgangspunkt beispielhaft die problematische Arbeit mit Redeausschnitten verdeutlichen:
Redner aller Fraktionen haben während eines langen Sitzungstages zu Grundsatz- und Detailfragen verschiedener politischer Themen in oft lang dauernden Ausführungen Stellung genommen. Die abendliche Nachrichtensendung hat die Aufgabe, das Geschehen in knappster Zeit verständlich und zutreffend wiederzugeben. Dazu gehört die *inhaltliche Bewältigung* (um was ging es im Parlament?) ebenso wie die *Darstellung unterschiedlicher Fraktionsauffassungen* oder gar *individueller Nuancierungen.*
Die redaktionelle Bearbeitung kann durch die Zentralredaktion direkt erfolgen: Elektronische Kameras beobachten während des Sitzungstages die Debatte. Ihr Bild wird am Sitz der Redaktion aufgezeichnet. Ein Redakteur verfolgt dort den Diskussionsverlauf und sucht die repräsentativen Passagen aus. In der Sendung werden die Ausschnitte durch erläuternde Texte des Nachrichtensprechers miteinander verbunden.
Redeausschnitte bilden auch den Kern eines Berichtes oder Reporter-Berichtes über diese Debatte, den die Redaktion nach außen – zum Beispiel an ihren Parlamentskorrespondenten – vergibt. Der Bericht wird die Redesegmente durch Zwischenschnitte verbinden. Sie bilden zeitliche Intervalle, die der Autor zu Erläuterungen und Übergängen aus dem Off nutzen kann. Im Reporter-Bericht erscheint der Autor zwischen den Debatten-Passagen selbst im Bild und schildert als Augenzeuge und als erkennbare Person Diskussions-Inhalte und -Verläufe.

Der Redeausschnitt stützt dokumentarisch hier wie dort den Bericht. Dennoch: Der Redeausschnitt bleibt lediglich eine Momentaufnahme; das argumentative und »klimatische« Umfeld kann er nur unzulänglich transportieren. Oft ist er das Ergebnis von Zufälligkeiten, von schlicht mühevoller Selektionsarbeit oder manchmal sogar zweifelhaften Abmachungen.
Redeausschnitte kommen nicht nur aus den Parlamenten. Sie sind bei Konferenzen und Parteiveranstaltungen, bei Kirchentagen und Staatsakten, auf Gewerkschaftskongressen und bei Podiumsdiskussionen zu produzieren.

Vorausmanuskript der Rede. Es ist nicht erstaunlich, daß Journalisten schon vor einer Veranstaltung begierig nach Redemanuskripten fahnden: Sie können die noch nicht gesprochene Rede lesen, die wichtigen Passagen anstreichen und mit dem Kameramann besprechen. Es kann auf »Anschnitt« gedreht werden, so daß sich die Ausschnitte bei der Bearbeitung am Schneidetisch schnell und homogen verbinden lassen.
Der Ruf der Journalisten nach Vorausmanuskripten ist ebenso verständlich wie die Bereitschaft von Funktionsträgern, ihm zu entsprechen: Beide sind an einer korrekten, repräsentativen Wiedergabe des Gesagten interessiert. Das führt jedoch unvermeidlich auch zu negativen Effekten: Reporter halten solche Manuskripte zunehmend für selbstverständlich; Redner wollen »die Presse« nicht verärgern und liefern sie; frei gehaltene Ansprachen werden selten.

Grenzen der Absprache: Die Not des Journalisten beim Redeausschnitt soll hie und da zu geradezu abenteuerlichen Praktiken führen: Der Redner soll veranlaßt worden sein, durch »unverfängliche« Zeichengebung (Brille ab- oder aufsetzen; Griff an die Krawatte; eindeutiges Blickzeichen zur Kamera o. ä.) selbst den Kamerastart und damit den Inhalt des Ausschnitts zu bestimmen. Daß solche Kumpanei unstatthaft ist und einen unverzeihlichen journalistischen Etikettenschwindel bedeutet, braucht nicht gesondert unterstrichen zu werden: Die haarige Arbeit mit dem Redeausschnitt wird zwar erleichtert, es werden jedoch Schaufensterreden ermöglicht und Nachrichten zu Eigenwerbe-Spots degradiert.

Timetable führen und Stichworte notieren. Wenn genügend Zeit zur Verfügung steht, können Reden voll »mitgefahren« werden. Der Autor muß die Ausführungen verfolgen, ein Timetable führen (Kamera auf Realtime) und Stichworte notieren. Durch sie und den Zeitfahrplan kann er die gewünschte Passage schnell wiederfinden.

Zwischenschnitte dürfen nicht verfälschen. Man wird Zwischenschnitte sammeln, um die Redepassagen zu verbinden und Zwischentexte unterzubringen. Da bieten sich stereotype Beifall-Szenen, die übliche »erste Reihe« mit anwesenden Ehrengästen, Saaltotalen und anderen Sujets an. Solche Bildsegmente werden oft unter Zeitdruck rasch zu Zwischenschnitt-Sequenzen verbunden.
Da diese Aufnahmen während der Veranstaltung fast immer zu Zeiten gemacht werden müssen, die vor oder nach der Rede liegen, sind *zeitlogische Fehler* möglich: Der Redner, wieder oder noch in der ersten Reihe, lauscht seinen eigenen Worten oder applaudiert gar sich selbst; jemand nickt zu einer Passage, die er in Wirklichkeit mit Kopfschütteln quittiert hat; jemand hebt zustimmend den Arm zu einem Zeitpunkt, wo er sich ablehnend oder unentschieden verhalten hat.
Zur Vermeidung solcher Pannen empfehlen sich *zeit- und personenneutrale Zwischenschnitte:* Der »Gegenschuß« über die Schulter des Redners (wenn während seiner Ausführungen – vielleicht mit einer zweiten Kamera – möglich); die Saaltotale; das Transparent mit dem Tagungsmotto; Tischvorlagen der Delegierten; selbst eine andere Kamera sieht allemal besser aus als ein bildfüllender Zuhörer, der in Wirklichkeit während der Rede nicht anwesend war und nach der Sendung verärgert über »Manipulation im Fernsehen« schimpfen wird.

Interview

»Von den Fragen wird die Welt in Bewegung gehalten – von den Antworten immer wieder gebremst.«[1] Diese nicht nur auf Journalisten bezogene aphoristische Behauptung hat gerade für sie besondere Bedeutung: Fragend stehen Journalisten als Stellvertreter des Publikums vor vielschichtiger Prominenz. Sie haben es mit Partnern zu tun, die nicht immer auskunftswillig sind oder – wenn doch – mit ihren Antworten anderes beabsichtigen als der Fragende erwartet. Durch das Interview entsteht eine »Aussage in wenigstens zweifacher Hinsicht: a) die Textaussage (die auch der Hörfunk vermitteln könnte[2]) und b) die Bildaussage (z. B. durch das Mienenspiel oder das Spiel der Hände), die nicht selten mehr enthüllt, als der überlegte, häufig nach Absicherung oder Verschleierung suchende Text«.[3]

Auch Fragen sind Information. Nicht nur die Antworten können wichtige Informationen enthalten; bei Ausweich-Antworten oder nichtssagenden Floskeln des Interview-Partners, die auch durch insistierendes Nachfragen nicht aufgebrochen werden können, erfolgt der Informationstransfer fast ausschließlich durch die Fragen selbst. Durch sie erfährt der Zuschauer, was – im wörtlichsten Sinne – fragwürdig ist.
Im engen Raum der Nachrichtensendung ist der Platz für das Interview äußerst eingeschränkt. Dies mag ein Hauptgrund für die Tatsache sein, daß hier eher Abfrage-Rituale als wirkliche Interviews stattfinden (»Was stand im Mittelpunkt Ihrer Tagung/Beratung/Gespräche?«). Die Ergebnisse – vernünftig gekürzt – reichen in vielen Fällen höchstens für ein Statement, das in zwei, drei Sätzen den echten Informationskern transportiert.

Journalistische Unternehmen mit ungewissem Ausgang sind Interviews in der Regel. Ihr Ergebnis hängt von zahlreichen, zum Teil unbeeinflußbaren Faktoren ab. Dazu zählen neben anderen: *die Fragefähigkeit* des Interviewers; die *Bereitschaft* des Partners; die strukturierende *Vorarbeit*; die Qualität und Brisanz des *Themas;* Zufälligkeiten des *Aufnahmeortes* und *-zeitpunktes;* die technische *Ausstattung* des Teams; die *Kameraführung*. Der Journalist sollte sich hinreichend sachkundig machen, ehe er in das Vorgespräch mit dem Partner eintritt. Es soll das zu behandelnde Thema auf seine wesentlichen *Inhalte* begrenzen und diese herausarbeiten. Der Partner soll darüber informiert werden, wieviel *Sendezeit* für seine Aussage vorgesehen ist und in welchem *Umfeld* sie erscheinen soll; bei schwierigen und sperrigen Partnern kann es in Ausnahmefällen notwendig werden, die Fragen bis in Einzelheiten der Formulierung festzulegen.[4]

Ratsam ist es bei kritischen Themen auch, dem Interview-Partner das Gespräch nach der Aufnahme noch einmal vorzuführen. Bei EB-Aufzeichnungen ist dies mit Bild und Ton möglich; bei Filmproduktionen kann wenigstens das Tonband abgespielt werden. Es sollte auch unmißverständlich darüber informiert werden, welche Passagen des Interviews für die Sendefassung wahrscheinlich herausgeschnitten werden müssen.

Sorgsamer Umgang mit Gesprächspartnern ist nicht nur ein Gebot der Fairness, sondern dient auch der eigenen Absicherung. Ein beliebter Vorwurf gegenüber Journalisten besteht in der Behauptung, das Interview sei durch manipulative Bearbeitung verunstaltet, Aussagen seien aus dem Zusammenhang gerissen oder durch Weglassung verfälscht, die eigentlich wichtigen Antworten seien weggeschnitten worden.
Solche (Schutz-)Behauptungen prominenter Interview-Partner lösen oft zeitraubende und höchst ärgerliche Nachuntersuchungen, Stellungnahmen, Schriftwechsel und Beschuldigungen aus und zerstören nachhaltig das Umgangsklima nach innen und außen. Ein Interview-Partner darf nicht »verladen« und »verschaukelt« werden: Was du nicht willst, daß man dir tu', das füg' auch keinem (Interview-)Partner zu!
Nicht nur der Inhalt, sondern auch die formale Umsetzung bestimmt die Qualität des Interviews. Wie immer in der aktuellen Fernseh-Produktion sind auch hier Zeitfaktor, Produktionsumstände und technische Produktionsmittel von oft entscheidender Bedeutung.

Das »Überfall«-Interview als schnellste Frage-Aktion muß auf Anhieb klappen. Der Prominente, eingespannt in ein lückenloses Protokoll, kommt nur einmal durch die Bahnhofshalle, entsteigt nur einmal dem Flugzeug. Im Getümmel von Empfangskomitees, Pressejournalisten, Absperrkordons und Zuschauern muß der Reporter »ran«; er hat – wenn überhaupt – oft nur die Chance für *eine* Frage. Es bleibt keine Zeit für langatmige Einführungstexte, der Kameramann braucht leichtes, mobiles Aufnahmegerät. Es kommt nicht auf »schöne« Bilder an, sondern auf das wie auch immer festzuhaltende einmalige Erlebnis. Die stativgebundene Kamera, aufwendiges Licht und aufgebaute Mikrofone haben hier keine Chance.

Das »Auflauer«-Interview. Beispiel: Die Fraktionssitzung dauert an. Man rechnet mit wichtigen Ergebnissen, vermutet harte Diskussionen hinter verschlossenen Türen. Der »Tatort« ist bekannt, also kann das Aufnahmegerät entsprechend früh, günstig und zweckentsprechend aufgebaut werden. Dann muß das Ende der Sitzung abgewartet werden.
Der Reporter nutzt die Zeit, um etwas über Stand und Verlauf der Sitzung zu erfahren. Er kennt die Abgeordneten, die immer wieder einmal den Raum verlassen, und kommt leicht mit ihnen ins Gespräch. Mosaikartig gewinnt er einen Eindruck von der Debatte und somit den Hintergrund seiner Fragen. Er lauert seinem »Opfer« auf, dem er blitzschnell entgegentreten wird. In aller Regel wird er Antworten auf seine Fragen bekommen, aber auch Verweigerungen des Partners können eine Nachricht sein.
Überfall- und Auflauer-Interviews sind bei Prominenten nicht sehr geschätzt, weil sie gezwungen sind, in für sie oft schwierigen und kritischen Momenten spontan zu antworten. Diese Abneigung bekommen Journalisten zuweilen deutlich zu spüren. Auch bei heftiger Gegenwehr des Partners muß der Reporter hartnäckig bleiben und mit freundlicher Bestimmtheit sein Frageziel verfolgen.
Kommt es in solchen Situationen zu Drängeleien unter den journalistischen »Wegelagerern«, so können Mitglieder des Aufnahmeteams ihn als »Bodyguard« bei seinen Bemühungen unterstützen.

Das »ideale« Interview. Der Sendetermin ist relativ weit entfernt; mit dem Interview-Partner wurden Zeit und Ort der Aufnahme vereinbart; der Gesprächsinhalt wurde (telefonisch) vorbesprochen; beide Partner haben zeitlich so disponiert, daß das Interview ohne Hektik vorbereitet und durchgeführt werden kann. Im besten Fall wird als Aufnahmeort das nächstgelegene Fernsehstudio gewählt, das über alle notwendigen Produktionsmittel verfügt. Alle technischen Vorbereitungen sind abgeschlossen, wenn der Gast erscheint.
Nach kurzer Präzisierung des Gesprächsinhaltes kann das Interview aufgezeichnet werden. Unter optimalen Bedingungen wird es von zwei oder mehr Kameras aus unterschiedlichen Blickwinkeln in voller Länge mitgefahren. Bei der elektronischen Aufzeichnung mit mehreren Kameras wird das Bild jeder Kamera (Beispiel: Kamera 1 – Interview-Partner; Kamera 2 – Reporterin;

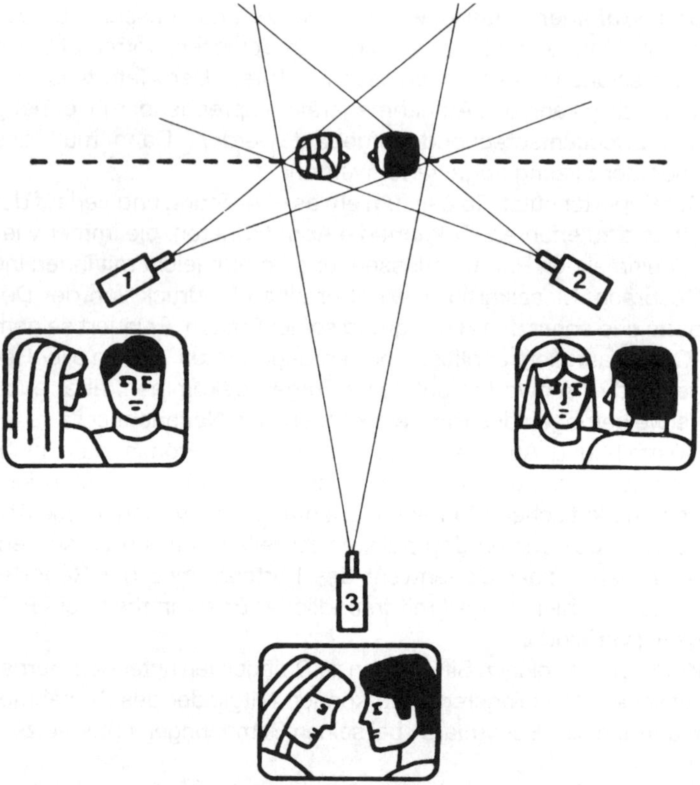

eventuell Kamera 3 – Totale oder Halbtotale) auf Bildschirmen in der Regie sichtbar.
Der Regisseur entscheidet, welches Kamerabild aufgezeichnet wird. Beispiel: Während einer Frage – Kamera 2; für die Antwort – Kamera 1; zwischenzeitlich, zur optischen Auflockerung längerer Passagen – Kamera 3. Der Bildschnitt erfolgt also während der Aufzeichnung. Dieselbe Aufnahmetechnik wird eingesetzt, wenn Studio-Interviews live gesendet werden.

Wie man Interviews kürzt. Mit einigem Geschick kann die Mehr-Kamera-Aufnahme-Technik auch dann angewendet werden, wenn nur eine Kamera vorhanden und große Eile geboten ist. Dies ist unumgänglich notwendig, wenn das Interview später bearbeitet – meist gekürzt – werden muß.

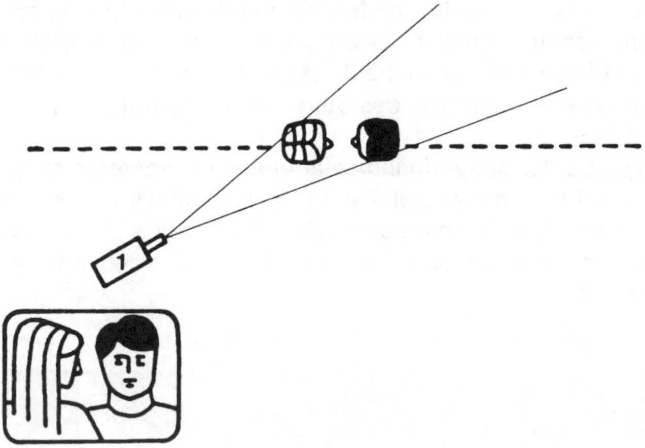

Beispiel 1: Das Gespräch wird in einer Einstellung mit allen Fragen und Antworten durchgedreht. Die Kamera blickt über die rechte Schulter der Reporterin auf den antwortenden oder – während der Fragen – schweigenden Interview-Partner.

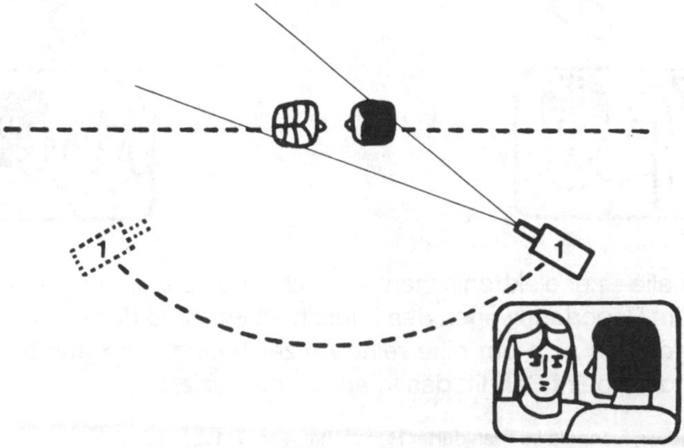

Nach dem Gespräch bittet die Reporterin ihren Gast, noch einen Augenblick seine bisherige Position beizubehalten. Der Kameramann wechselt den Standort und schießt nun über die linke Schulter des Interviewten auf die Reporterin, die ihre vorhin gestellten Fragen wiederholt und auch für einige Sekunden schweigend und auf den Partner blickend gefilmt wird.

So entstehen zwei Bildstreifen (Film oder MAZ), die durch Zusammenschnitt vielfältige Bearbeitungs- und Kürzungsmöglichkeiten bieten. Dies ist die häufigst praktizierte Aufnahmetechnik bei Interviews außerhalb des Studios (vgl. »Bildaufbau«).

Beispiel 2: Ist das Aufnahmeteam mit zwei Kameras ausgerüstet, wird die im Beispiel 1 dargestellte Technik fast identisch eingesetzt: Jede Kamera blickt über die Schulter eines Beteiligten und zeichnet dessen Verhalten während des gesamten Interviews auf.

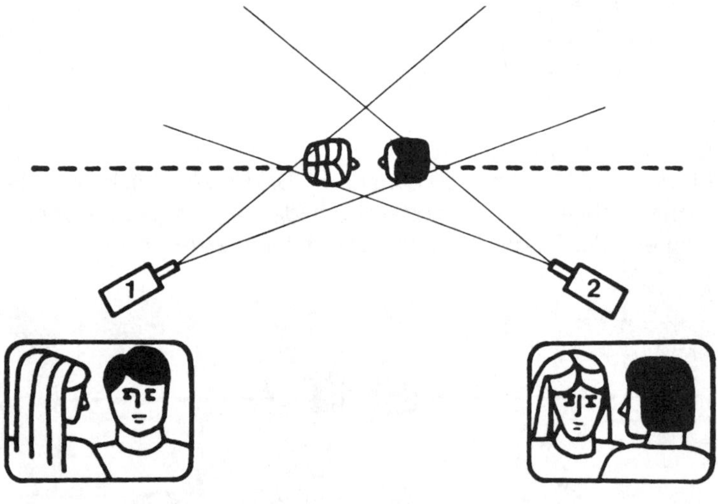

Im Falle einer elektronischen Aufzeichnung übernimmt die Bildregie im Reportagewagen den Bildschnitt während der Aufnahme. Handelt es sich um eine reine Aufzeichnung, wird aus beiden Bändern beim Schnitt das Interview produziert.

1 Ludwig Fienhold in: Frankfurter Rundschau vom 7.11.1991
2 Vgl. Axel Buchholz, Interview; Conrad Ahlers, Gegenstrategien des Interviewpartners; in: »Radio-Journalismus« (List Journalistische Praxis)
3 Hans Arnold, Formen der publizistischen Aussage; in: Handbuch der Publizistik, Berlin
4 Hans Mathias Kepplinger/Jürgen Fritsch, Unter Ausschluß der Öffentlichkeit. Abgeordnete des 8. Deutschen Bundestages berichten über ihre Erfahrungen im Umgang mit Journalisten; in: Publizistik 1/1981, Seite 44: »Nach Aussage der Abgeordneten sprechen Journalisten vor Interviews ›meist den Themenkomplex‹ ab. Das gilt sowohl für Presse- wie für Hörfunk- und Fernseh-Journalisten

(85 vH, 84 vH, 83 vH). Nur relativ selten werden dagegen die einzelnen Fragen vor dem Interview abgesprochen, wobei deutliche Unterschiede zwischen den Medien bestehen. Nur 11 vH der Abgeordneten berichteten, daß Presse-Journalisten vor Interviews ›meist die Fragen absprechen‹. Immerhin 16 vH kennen diese Praxis aus Hörfunk-Interviews, sogar 22 vH aus Fernseh-Interviews ... Hörfunk- und Fernseh-Interviews müssen für die Berichterstattung häufig gekürzt und zusammengefaßt werden. Dabei besteht die Gefahr, Aussagen bewußt oder unbewußt zu entstellen. Weitaus die meisten Abgeordneten berichteten jedoch, ihre Interviews seien ›meist akzeptabel‹ gekürzt und zusammengefaßt worden. Mit ihren Hörfunk-Interviews waren 89 vH, mit ihren Fernseh-Interviews 79 vH der Abgeordneten zufrieden.«

Umfrage

In einer Umfrage werden kurze Antworten mehrerer Befragter in schneller Folge präsentiert. Dabei kann der fragende Reporter manchmal zu sehen (oder nur zu hören) sein, unbedingt nötig ist dies aber nicht. Die Antworten sind *unter wissenschaftlichen Gesichtspunkten nicht repräsentativ*. Unter journalistischen Aspekten sind sie dennoch sinnvoll. Sie können
- einen Überblick über das *Meinungsspektrum* zu einem Thema geben,
- einen Eindruck davon vermitteln, wie der *Wissensstand* zu einem Thema ist,
- lustig sein und einfach nur *unterhalten*.

Selten wird ein Thema nur mit der Darstellungsform Umfrage behandelt. Meist ist die Umfrage Bestandteil eines Berichts oder sie ergänzt andere Darstellungs- oder Sendungsformen wie z. B. Bericht, Interview, Diskussion oder Talkshow.

Wie eine Umfrage wirkt, oder wirken kann, wenn sie gut ist:
- Sie ist *belebend* durch die schnelle Abfolge von Antworten.
- Sie ist durch die natürliche *Alltagssprache* der Befragten *zuschauernah* und
- verhindert so den Eindruck, daß »über die Köpfe hinweg« gesendet wird.
- Sie *regt zum Mitdenken an*, weil sich der Zuschauer direkter angesprochen fühlt, sich mit »seinesgleichen« leichter identifizieren kann.

Der Aufnahmeort hängt vom Inhalt der Frage ab. Will man herausfinden, was Frau und Herr »Jedermann« von einer Sache wissen, wird man dort fragen, wo man ein *allgemeines Publikum* antrifft, also z. B. in einer *Fußgängerzone*. Umfragen in einer bestimmten Gruppe der Bevölkerung gehen natürlich viel schneller, wenn der Umfrageort entsprechend ausgewählt wird: Studenten an der Universität, Reisende vor dem Bahnhof und Arbeiter vor den Werkstoren eines Industriebetriebs. Wer bei solchen Umfragen *»draußen vor«* bleibt, braucht *keine Drehgenehmigung*. Das spart Zeit und hat zudem den Vorteil, daß die Befragten meist unbefangener reagieren.

Bei der Ortswahl muß auch an den *Ton* gedacht werden. *Zu laute Hintergrundgeräusche* sind ebenso schlecht wie sehr *große Unterschiede in der Lautstärke*, weil es dadurch beim Aneinanderfügen der einzelnen Antworten zu unangenehmen *Tonsprüngen* kommen kann.

Der optische Hintergrund wertet eine Umfrage auf. Die Frage nach dem »Rauchen am Arbeitsplatz« wirkt im Betrieb *authentischer* als irgendwo auf der Straße. Meinungen zum Sommerschlußverkauf sind in Geschäften (Dreherlaubnis) und vor Schaufenstern (keine Dreherlaubnis) gut ins Bild gesetzt. Unter Passanten in einer Ladenpassage (vielleicht mit Einkaufstüten in der Hand) wirkt eine solche Umfrage glaubwürdig – ein ruhiger Park dagegen wäre der falsche optische Rahmen. *Der Befragte* muß allerdings *stets der Blickfang* sein. Der *Hintergrund darf* durch zu starke optische Reize *nicht ablenken*, er soll *nur einordnen.* Vorsicht ist auch geboten vor Werbung durch Firmennamen im Hintergrund.

Die Auswahl der Befragten ist nicht willkürlich. Da ein Überblick über die vertretenen Meinungen das Ergebnis einer Umfrage sein soll, muß auch ein *Querschnitt der Bevölkerung* gefragt werden, also Männer und Frauen, Jüngere und Ältere immer im Wechsel. Die *unterschiedlichen Stimmen* und das *unterschiedliche Aussehen* machen die Umfrage zudem abwechslungsreicher. Dabei daran denken: Die Aussage wird vom Zuschauer automatisch in Beziehung gesetzt zum Erscheinungsbild. Exotisch oder exzentrisch aussehende Befragte haben einen hohen Aufmerksamkeitswert, werden aber nicht bei jeder Fragestellung gleich ernst genommen.

Die Blickrichtung der Befragten: Abwechselnd *mal leicht von links und mal leicht von rechts* sollten die Befragten ins Bild schauen.

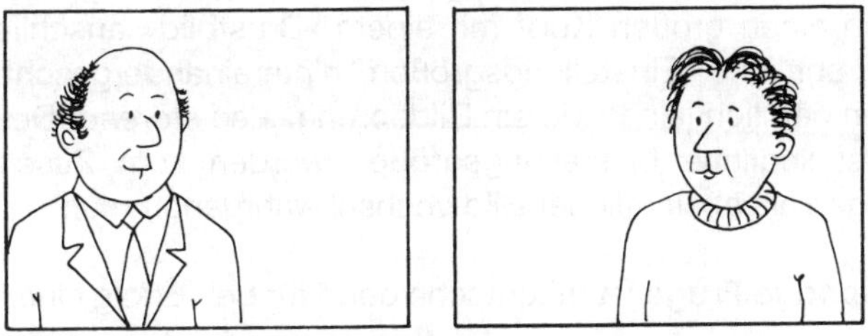

Guter Anschluß

Blicken sie aus derselben Richtung, gibt das einen schlechten Bildanschluß. Die Befragten richtig ins Bild zu setzen, ist Aufgabe von Kameramann bzw. Kamerafrau.

Schlechter Anschluß

Der *Reporter* hilft dem Kameramann bei der Aufnahme. Er stellt sich abwechselnd mal links und mal rechts vor den Befragten. Dadurch ergibt sich ohne viel Erklärungen, die nur verunsichern würden, die richtige Blickrichtung.

Wie sich der Reporter stellt

Auch die Einstellungsgrößen sind wichtig für den Bildanschluß. *Unterschiedlich große Einstellungen* passen besser hintereinander. Also: Nicht Kopf groß auf Kopf groß, sondern besser an einen großen Kopf mit einem »Brustbild« anschließen. Sehr ähnliche Einstellungsgrößen hintereinandergeschnitten wirken nämlich leicht wie ein Bildsprung, also *störend*. Deutlich unterschiedliche Einstellungsgrößen werden vom Zuschauer dagegen als absichtlicher Bildwechsel wahrgenommen.

Die richtige Frage ist mitentscheidend für den Erfolg einer Umfrage:

- Der unvorbereitete Passant auf der Straße muß sie *ohne Mühe verstehen* können. Sie darf also auch *nicht zu lang* sein.
- Die Antwort auf die Frage sollte einen *vollständigen*, aus sich heraus *verständlichen* Satz ergeben.

Bekommt der Reporter z. B. nur nichtssagende Ja/Nein-Antworten, muß er seine *Fragestellung überdenken*. Oft hilft es, wenn in die Frage die Bitte eingeschlossen wird, doch »mal seine Meinung zu begründen« oder »mal zu erzählen, was man sich unter einem bestimmten Begriff vorstellt«. Keinesfalls darf der Reporter eine Bestätigungs- oder Suggestivfrage stellen, die es dem Befragten leicht macht, sich mit einer kurzen Floskel aus der Affäre zu ziehen. Frage: `Und Sie sind auch zufrieden, daß Sie mit dem Einkaufen bis zum Sommerschlußverkauf gewartet haben?` Antwort: `Ja, natürlich.`

Verbale Zurückhaltung des Reporters trägt zum Gelingen von Umfragen bei. Also:

- Nicht zu schnell nachfragen, oft brauchen die Befragten etwas Zeit.
- Nicht mit Nachfragen unterbrechen. Das gibt beim Schnitt Probleme.
- Keine Bestätigungslaute (»hm, hm«) und kein «ja, ja«. Es wirkt komisch, wenn der Zuschauer zusammen mit den Antworten ständig solche Töne von einem (unsichtbaren) Reporter hört.
- Nach Ende der Antwort mit dem »Dankeschön« etwas warten. Vielleicht braucht man beim Schnitt eine kleine Pause für eine kurze Tonblende.

Die Passanten richtig ansprechen – das erleichtert die Arbeit bei der Umfrage. Wer antwortet, tut nicht sich, sondern dem Reporter einen Gefallen. Daß der Journalist deshalb korrekt und höflich auftreten sollte, versteht sich von selbst. Entscheidend ist aber auch, daß er *keine Formulierungen* gebraucht, *die es* dem Befragten *leicht machen, eine Antwort abzulehnen*. Also nicht: `Darf ich Sie mal etwas fragen?` Noch schlechter: `Haben Sie Zeit für eine kleine Frage?` Mit dieser Formulierung wird nämlich die Begründung für die Ablehnung gleich mitgeliefert. Besser ist es, wenn man beim Ansprechen seine Bitte *nicht* in Frageform vorträgt, sondern so: `Ich möchte Sie gern für den Sender »XY« nach Ihrer Meinung zum Sommerschlußverkauf befragen ...`

Das Recht am eigenen Bild und Wort muß dabei strikt beachtet werden. *Wer nicht zugestimmt hat, darf auch nicht aufgenommen werden*. Die Zustimmung muß aber nicht ausdrücklich erklärt werden. Wer auf solch eine Frage antwortet und ja auch Kamera und Mikrofon sieht, der hat zugestimmt.

Erklärstück, Rausschmeißer und andere Kurzformen

Man kann Fernsehformen handwerklich beschreiben, denn sie unterscheiden sich in ihrer Struktur. Nützlich sind dafür vier Kriterien:

Der Erzählsatz beschreibt die *Gestalt* des Films, das dramatische Skelett: um wen oder was geht es eigentlich *(Hauptfigur);* wer oder was ist es, mit dem sich die Hauptfigur auseinandersetzen muß (Hindernis, *Herausforderung*, Gegner, Problem, Widerstand); was ist das Ergebnis dieser Auseinandersetzung (*Veränderung*, Verwandlung, nichts von beidem). Der Erzählsatz sichert die journalistische Präzision.

Der Rote Faden beschreibt den *Verlauf* des Films. Er kann mehr oder weniger dicht am Geschehen sein. Er kann ein Zeitverlauf sein, ein Weg, die unterschiedlichen Aspekte eines Ortes, ein abstrakter Entscheidungsgang; es kann aber auch eine formale Strukturierung sein wie z. B. ein *»running gag«* oder ein immer wiederkehrendes Bild oder Geräusch. Am überzeugendsten erweisen sich diejenigen Roten Fäden, die jeder aus eigenem Erleben kennt. Der Rote Faden sichert den Zusammenhang der Fakten und oft auch die Attraktivität.

Die Textperson beschreibt die *Rolle* und die *dramatische Position*, in der Autoren in einem Film auftreten: als Anwälte oder Richter, als Sozialarbeiter oder Freunde, als Spötter oder Lehrer. In jedem Text schreiben Autoren eine Rolle. Nur im Kommentar sind Autoren und dramatische Position identisch. Entscheidet man sich nicht für eine bestimmte Textperson, gerät man oft in die Rolle von Pressesprechern und Unternehmensvertretern. Durch die Textperson schaffen sich Autoren die Glaubwürdigkeit beim Zuschauer und häufig einen Gewinn an Spannung und Attraktivität.

Das Ergebnis für den Zuschauer beschreibt das *Ziel*, das Autoren mit ihren Filmen erreichen wollen.

Die folgenden Beschreibungen geben eine Richtung, in der sich für die Auftragsvergabe und die eigene Konzeption eine brauchbare Lösung finden läßt.

Das Erklärstück ist eine kurze, konzentrierte Form, vergleichbar dem »Kasten« oder »Stichwort« in der Zeitung. Es ist dem Schriftlichen eher als dem Mündlichen verwandt und somit keine sehr geeignete Fernsehform; als lange Form ist es nicht gut erträglich. Aber es ist notwendig, wenn öffentliche Kommunikation im Fernsehen funktionieren soll, denn durch Erklärstücke kann man Hintergründe liefern und Zusammenhänge, die sich in anderen Formen oft nicht so konzentriert darstellen lassen.
Oft kommt ein Erklärstück auch als Analyse von Zusammenhängen daher, die einem Ereignis zugrunde liegen und es verständlich oder beurteilbar machen. Manchmal ist es auch eine Erklärung von Fachbegriffen oder Fachvorgängen, die nur einer geringen Zahl von Zuschauern unmittelbar zugänglich sind.

Erklärstücke braucht man immer häufiger, weil die Nachrichten komplizierter werden. In einem Magazinprogramm ermöglichen Erklärstücke, die Berichte oder Reportagen präziser zu

machen, und ihnen nicht auch noch die gesamte Hintergrunderklärung aufzuladen. Überdies schafft man Abwechslung in den Formen, was einem Magazin immer gut tut und seine Attraktivität steigert.
Das Erklärstück benötigt eine straffe Form, deutliche Gliederungen, hohe Redundanz.
Im Erklärstück haben Autoren keine eigene Meinung oder Position. Sie stellen dar, wie die Dinge zusammenhängen, wie sie von anderen (Parlament, Gericht, Vertrag, Verhandlung) geordnet wurden und wie sie jetzt als Basis für Entscheidungen und Urteile dienen oder noch dienen müssen.

Die Bilder für Erklärstücke sind häufig abstrakt, man kann alle Möglichkeiten der Bildcomputer nutzen, animierte und bearbeitete Szenen helfen sehr. O-Töne sind nur insofern wichtig, als sie den Hintergrund erklären. Der Einzelfall muß – im Gegensatz zur Reportage – deutlich auf die Zusammenhänge hin inszeniert sein. Ein Erklärstück kommt oft auch als kleiner Teil in einem Bericht vor, selten in einer Reportage.

Eine Zeitachse hat ein Erklärstück, weil es Grundsätzliches enthält, nur dann, wenn man das Abstrakte an einem »Fall« klarmacht und wenn die Zeit für dies Grundsätzliche eine Rolle spielt[1]. Einen *Ort* benötigt es auch dann nicht, denn Grundsätzliches spielt sich immer an allen Orten ab. Wenn man z. B. das Zusammenspiel von Institutionen klären möchte, ist der Ort, an dem sie sich befinden, unerheblich.
Das Erklärstück hat, wie andere Filme auch, einen *Erzählsatz*, allerdings ist die Hauptfigur normalerweise der Zuschauer, der das Problem hat, etwas nicht verstanden zu haben, und der sich im Laufe des Films so verändert, daß er jetzt verstanden hat[2].
Der *Rote Faden* beim Erklärstück ist meist abstrakt, oft einfach eine logische Ableitung.[3] Es kann auch der Ablauf eines Falles sein, aber dann muß man sich schon entscheiden, ob es nicht klüger ist, den Fall in einer Reportage zu behandeln und ein Erklärstück anzufügen oder vorzusetzen.
Die *Textperson* ist am günstigsten eine Art Lehrer oder Analyst.
Das *Ergebnis für die Zuschauer* ist eine Einsicht in Zusammenhänge, ob man sie nun mag oder nicht, ein Verstehen, was die Basis augenblicklicher Entscheidungen ist.

Beispiel: Für ein Erklärstück zur Neuordnung der KFZ-Steuer könnte der Erzählsatz lauten: Ich erzähle Dir heute die Geschichte von Dir, dem Autofahrer, der das Problem hat, zu begreifen, wie sich genau die Steuer ändert und der daraufhin sein Verhalten ändert.
Der *Rote Faden* könnte sein: Schlendern durch mehrere Autohäuser und Gebrauchtwagenmärkte der Stadt.
Die *Textperson* könnte sprechen wie eine innere Stimme, die zurät oder abrät.

Ein Anspielfilm (Vorsetzer) ist eine Art provokativer Moderation vor einer Diskussion; er baut eine Spannung auf, reißt ein Problem an, macht Appetit auf eine folgende Diskussion, stellt Fragen. Wenn er einen Sachverhalt erklären soll, kommt ein Anspielfilm oft in Schwierigkeiten, weil er dann leicht zum Erklärstück wird, nach dessen Ende man eigentlich zufrieden wird. Günstig ist es, die Formen zu teilen: ein kleines Erklärstück zu machen und einen Anspielfilm zusätzlich – und dazwischen die Vorstellung der Gäste mit der Frage, ob eigentlich der Sachverhalt für alle klar geworden ist.
Der Anspielfilm kann auch Thesen enthalten, denen dann die Diskutanten widersprechen müssen. Langweilig wird ein Anspielfilm, wenn er die Positionen der Diskutierenden festhält. Dann nämlich sagen alle JA dazu, und die Diskussion muß zum zweiten Mal losgehen. Für den Zuschauer wirkt das, als hätten die Diskutanten nicht gehört, was der Anspielfilm schon gesagt hat.
Der Anspielfilm ist ziemlich kurz, er soll provokativ sein und durchaus herausfordernd subjektiv, aber eben nicht so sehr, daß nicht die Diskussionsgäste gleich zu Beginn den Film für überzogen erklären. Denn dann hat man als Ergebnis des Anspielfilms nur eine dramatische Vollbremsung in der Sendung.

Wenn ein Gespräch mit einer einzigen Person folgt, kann der Anspielfilm auch eine Art Kurzporträt sein. Das unterscheidet sich vom normalen Porträt dadurch, daß die Veränderung fehlt. Am Ende eines Anspielfilms als Porträt hat der Zuschauer eine Menge Fragen, was in einem solchen Fall auch beabsichtigt ist.
Auch der Anspielfilm hat einen *Erzählsatz*; dem fehlt aber die Veränderung, das Ende ist offen. Hauptfigur kann eine Person (Fall) sein, oder etwas Abstraktes.

Der *Rote Faden* kann beim Anspielfilm (je nach Thema) vom klassischen Erzählschema über die Muster des eigenen Erlebens bis zu zeitlichen Abläufen oder dem Weg durch Räume reichen. Meist aber wird ein klassisches Erzählmuster den Anspielfilm spannender machen. Die formalen Roten Fäden (Zeitablauf oder realer Weg) sind oft zu schwach.
Die *Textperson* ist meist eine Art Anwalt, entweder Rechtsanwalt oder Staatsanwalt, eben entsprechend dem Thema. Die Textperson kann auch provozierend spöttisch sein; dann allerdings riskiert man die Ablehnung durch die Diskutierenden. Anspielfilme sind Gratwanderungen.
Das *Ergebnis für die Zuschauer*: Ihr Interesse für die folgende Diskussion ist geweckt, die Spannung ist gestiegen, jetzt muß es weitergehen, die Diskussion muß Antworten und Schlüsse bringen.

Beispiel: Ein Anspielfilm zum Thema Rentenversicherung könnte als Erzählsatz haben:
Ich erzähle Dir heute die Geschichte von einem Parlament, das vor der Herausforderung steht, den Rentnern Sicherheit zu garantieren, und dieser Herausforderung nicht genügt, also darin steckenbleibt.
Oder: Ich erzähle Dir heute die Geschichte von dem Autowerker-Ehepaar Hermann und Emilie Kötter, die jetzt 54 Jahre alt sind und das Problem haben, sich zu entscheiden, was sie für ihre Rente tun sollen, aber eigentlich keine Lösung finden.
Der *Rote Faden* könnte in der ersten Geschichte sein: die Debatte des Bundestages und seiner Ausschüsse in den vergangenen sechs Monaten; in der zweiten Geschichte: ein Samstagnachmittag bei Familie Kötter (Das ist die Situation, in der solche Fragen aufkommen können).
Die *Textperson* könnte in beiden Fällen ein Rechtsanwalt sein, für den das, was man im Bild sieht und hört, Argumente sind.

Der Einspielfilm (Einspieler) ist eine kurze Form, weil man sonst die Diskussion vergißt, in die er hineingehört.
Inhaltlich kann der Einspielfilm sehr Unterschiedliches enthalten: einen Fall, der einen abstrakten Punkt der Diskussion wieder auf den Boden bringt, eine bestimmte Episode, die gerade jetzt in den Gesprächsverlauf mit einer Person paßt, ein Argument, das

niemand der Beteiligten so bringen könnte, ein Erklärstück, das ganz kurz Wesentliches zusammenfaßt, damit man einen Abschnitt der Diskussion beenden oder einen neuen eröffnen kann. Dramaturgisch wirkt ein Einspielfilm immer als Trenner, aber auch als Abwechslung in der Form. Damit Zuschauer das nicht als Enttäuschung wahrnehmen, sollten diejenigen, die Diskussionen leiten, vorher auf den Einspieler hinführen. Das erfordert viel Sensibilität, denn es wirkt für Zuschauer oft recht abrupt, wenn sie spüren, wie Gesprächsleiter durch ihre Körperhaltung auf Unterbrechung der Diskussion dringen, um einen Einspielfilm zu zeigen.
Einen Einspielfim in Auftrag zu geben erfordert vom Auftraggeber, daß er die Struktur seiner Diskussion gut kennt und weiß, wann er den Film einsetzen möchte und mit welchem dramatischen Zweck.
Der *Erzählsatz* eines Einspielfilms muß dann vollständig sein, wenn es sich um ein Erklärstück handelt oder um ein Argument. Er sollte aber dann – entgegen dem sonst Üblichen – am Ende ein neues Hindernis auftürmen, damit der Einstieg in die Diskussion sich lohnt. Wenn aber der Einspielfilm thematisch einen neuen Abschnitt der Diskussion einleiten soll, dann sollte der Erzählsatz wie beim Anspielfilm unvollständig sein, damit er die folgende Diskussion aufreißt.
Der *Rote Faden* kann sehr unterschiedlich sein; man kann jedes erzählerische Muster nutzen.
Die *Textperson* muß eine hohe Spannung zu Bild und Geräusch schaffen, damit man den Einspielfilm als Vorantreiben der Diskussion erlebt, denn mitten in einer Fernsehdiskussion wirkt der Einspielfilm ja wie ein weiterer Gesprächsteilnehmer.
Das *Ergebnis für die Zuschauer:* sie bekommen in der Diskussion durch die andere Form eine Abwechslung und Erholung und neue Spannung auf das Folgende.

Beispiel: Ein Einspielfilm zum Thema »Kindergärten für alle« könnte als *Erzählsatz* haben: Ich erzähle Euch heute die Geschichte von Katrin Bense, die das Problem hat, arbeiten zu müssen, aber nicht zu können, weil die Öffnungszeiten der Kindergärten mit ihren Arbeitszeiten nicht übereinstimmen und daher Sozialhilfe bezieht. Der *Rote Faden* könnte sein: Der Tageslauf dieser Frau.

Die *Textperson* könnte eine einigermaßen wütende Freundin sein, die genau so alt ist, den gleichen Beruf hat, aber eben kein Kleinkind.

Die Rausschmeißgeschichten (Rausschmeißer) sind oft Vorkommnisse, wie sie unter »Vermischtes« in der Zeitung erscheinen. In der Fachsprache nennt man sie auch »bunte Stücke«. Es ist eine kurze, konzentrierte, heitere Form. Es kann auch eine ironische Anmerkung sein.
Eine Rausschmeißgeschichte wird besonders lebendig und gewinnt an Attraktivität, wenn die Gestaltungsebenen des Films eine hohe Spannung zueinander haben, oder auch, wenn es überhaupt keinen Text gibt und Geräusch oder Musik kommentieren.
Da es sich um eine Geschichte handelt, benötigt der Rausschmeißer auch einen *Erzählsatz*, einen besonders genauen, weil sonst die Pointe zu flach wird. Schön sind Rausschmeißer, die ihre Geschichte vor allem in Bild und Geräusch erzählen können und deshalb nur einen sparsamen, aber genau steuernden Text haben. Die Geschichte ist immer vollständig, sie läßt keine Fragen offen.
Die *Textperson* kann sehr unterschiedlich sein, oft aber wirkt die allwissende über den Dingen schwebende Textperson sehr treffend.
Das *Ergebnis für die Zuschauer:* sie fühlen sich entspannt und heiter aus der Sendung entlassen, sie spüren positive Gefühle und bekommen vielleicht Lust auf die nächste Folge der Sendung.

Beispiel: Eine Rausschmeißgeschichte könnte sein: Ich erzähle Euch heute die Geschichte von dem schottischen Bauern, der seine Rinder nicht verkaufen kann wegen einer Krankheit, sie aber nicht schlachten will und sie deshalb jetzt an der nahen Autobahn als lebendige Reklametafeln grasen läßt.
Der *Rote Faden* könnte sein: fünf Minuten auf dem Parkplatz neben der Autobahn. Aber auch: ein Abend in der schottischen Dorfkneipe, in der die Bauern sitzen.
Die *Textperson* könnte sein: ein Theaterkritiker, der das Ganze als Aufführung rezensiert; oder beim zweiten Roten Faden: die Frau des Nachbarn, die diese Idee neidisch bewundert.

Der Aufschrei gehört zu den kommentierenden Fernsehformen; manche Redaktionen nennen es auch »Haßstück«. Es ist ein ganz kurzer, emotionaler Kommentar. Wer kommentiert ist im On, auch mit Bildern unterschnitten. Es kann ein Aufschrei auch allein aus Szenen, Geräuschen und Text bestehen, der durchaus nicht in allen Argumenten stimmen muß. Ein Kommentar ist notwendigerweise einseitig, bis hin zur massiven Provokation.
Der *Erzählsatz* ist nicht vollständig. Er hat normalerweise eine Hauptfigur, nämlich, das, worüber man sich ärgert, der, dem Unrecht geschieht; er hat ein ganz hartes Hindernis, das sich nicht bewegt und das keinerlei Veränderung zuläßt, weshalb die Textperson zu brüllen oder zu explodieren beginnt.
Beim Aufschrei startet der *Rote Faden* normalerweise bei der Erfahrung, bei einem ganz bestimmten Vorgang und gerät dann immer mehr ins Abstrakte, denn beim Aufschrei steht am Ende immer irgendeine Forderung, die ja notwendigerweise nicht erfahrbar sein kann. Das ist nur dann anders, wenn die Forderung darin besteht, eine bereits bestehende Erfahrung zu übernehmen.
Weil es ein Kommentar ist, ist der Sprechende selbst die *Textperson*.
Das *Ergebnis für den Zuschauer* ist ein Anstoß, eine Herausforderung. Man weiß vielleicht noch nicht ganz genau warum, aber man weiß, daß der Aufschreiende irgend etwas für faul oder dumm oder unmöglich hält. Daraus kann man schließen, ob man dieser Meinung folgt oder nicht. Was man tut, hängt von der Glaubwürdigkeit dessen ab, der den Aufschrei macht.

Beispiel: Ein Haßstück oder Aufschrei über einen Spielplatz könnte als *Erzählsatz* haben:
Ich erzähle Dir heute die unglaubliche Geschichte eines schönen Platzes, der nicht als Kinderspielplatz dient, sondern als Müllkippe. Trotz vieler Eingaben von Eltern und Anwohnern ändert sich nichts, weil kein einziger der Stadtverordneten dort wohnt.
Der *Rote Faden* könnte sein: ein Dienstag, an dem normalerweise die Stadtreinigung Mülltonnen leert.
Die *Textperson* könnte sein: ein ätzender Engel, der auf einer Wolke sitzt und sich das Ganze von oben betrachtet, ironisch, scharf.

1 z. B. wenn es darum geht, bestimmte Termine einzuhalten.

2 Man könnte glauben, das sei eigentlich bei jedem Informationsfilm so. In Wirklichkeit aber findet man in den meisten Fernsehformen die Hauptfigur im Geschehen selbst. Aber natürlich ist auch dort immer der Zuschauer beteiligt.

3 Darin unterscheidet sich das Erklärstück nicht vom Aufsatz. Es läuft z. B. von der Grundlage zum Detail, von der Voraussetzung zur Folgerung.

Kommentar

Damit ist in Deutschland fast nur noch der »*Meinungskommentar*« gemeint. Pointiert bis polemisch soll er sein, je polemischer desto besser, dann darf der Kommentator hoffen, daß die Kollegen seinen Mut loben. Das war nicht immer so, und es ist nicht überall so – in den angelsächsischen Ländern gilt der Kommentar weit weniger als in Deutschland, das sich von jeher im öffentlichen Leben durch einen gewissen Gesinnungsmilitarismus auszeichnete, dem Grundsatzpositionen wichtiger waren als pragmatische Lösungen und praktische Hilfen.
Doch auch hierzulande findet *der analytische Kommentar*, der erklären und interpretieren will, seine Leser, Hörer und Befürworter. Am wenigsten freilich im Fernsehen. Liegt es an dem Zwang zur Kürze, der die platte Meinung wichtiger macht als ihre Begründung, weil zum Begründen, wenn es rational und plausibel ausfallen soll, die berühmten 1 : 30 oder 2 Minuten kaum ausreichen? Liegt es daran, daß Kommentare, die sich gleichwohl um ein Mindestmaß an Analyse bemühen, die Fakten und Worte wägen, bevor sie ein Urteil wagen, oft langweilig daherkommen nach dem Schema: »Einerseits und andererseits und wie es weitergeht, bleibt abzuwarten«?

Was unterscheidet den Fernsehkommentar von seinen Verwandten in Hörfunk oder Printmedien? Neben dem Zwang zu extremer Kürze zunächst einmal *die Person des Kommentators:* Er kommt ins Bild, weckt Zu- oder Abneigung, ist in unserem Wohnzimmer präsent, und zwar ungebeten. Das verändert seine Wirkung, verstärkt sie oder schränkt sie ein; jedenfalls zählen nicht das Wort und der Gedanke allein.
Wäre es da nicht umso notwendiger, daß der Kommentator *eine klare Position auch klar begründet*, doch ohne den Eindruck zu erwecken, er halte seine Meinung für die einzig richtige und allein seligmachende? Besonders bei Themen, die die Gefühle der

Menschen ansprechen, besteht die Kunst des Kommentators gerade darin, daß der Autor zwar der Emotionalität einer bestimmten Situation gerecht wird, zugleich aber versachlichend wirkt. Er soll zum Nachdenken anregen, und nicht nur eine, nämlich seine Meinung propagieren. Das setzt Distanz voraus – Distanz zur Sache, zu den handelnden Personen, auch zu sich selbst und zur eigenen Meinung.

Was ist das überhaupt, die »Meinung«? Zur Meinungsbildung sollen die Medien ja schließlich anregen, das Fernsehen, zumal das öffentlich-rechtliche, ganz besonders. Gerade das öffentlich-rechtliche Fernsehen muß sich aber auch fragen lassen, wie es um seine integrierende Kraft bestellt ist gegenüber gesellschaftlichen Desintegrationsprozessen, die nicht nur in zunehmender Gewalt gegen Wehrlose ihren Ausdruck finden und die mit dem Verschleiß der bewußtseinsprägenden Institutionen – von den Parteien bis zu den Kirchen – viel zu tun haben.
Vor diesem Hintergrund stellt sich auch die Frage, welchen Stellenwert man der intellektuellen Auseinandersetzung realistischerweise noch zubilligen kann, wie der Faktor »Meinungsbildung« selbst zu bewerten ist. Auch die »Meinung« ist in der pluralistischen Welt der Medien einem rapiden Kursverfall unterworfen. Das hohe Lied auf die Vielfalt der Meinungen klingt nur deshalb gut, weil es nicht (oder insgeheim doch?) mit der Bedeutungslosigkeit der Meinung rechnet und zugleich mit der Bedeutungslosigkeit des Einzelnen, der sie hat.

Der beste Beitrag zur Meinungsbildung liegt deshalb gerade nicht im Überbewerten der Meinung, sondern in der möglichst differenzierten, umfassenden, ja möglichst »ausgewogenen« Information. Ausgewogen deshalb, weil es unredlich ist, wenn nur bestimmte Aspekte eines Problems den angeblich mündigen Bürgerinnen und Bürgern zur Kenntnis gebracht, wenn andere ihnen vorenthalten werden. Das gilt für Fakten wie für Argumente.
Zur politisch-moralischen Bewertung eines Sachverhaltes gehört nicht nur »Meinungsfreude«, sondern vor allem die Kenntnis des Sachverhalts selbst. Deshalb ist es von wesentlicher Bedeutung, daß der Meinungskommentar durch gründliche Information vorbereitet ist. Durch eine Information, die nicht

im Kommentar selbst enthalten sein muß, die aber im nachrichtlichen Kontext nicht fehlen darf, wenn wir den Zuschauer nicht entmündigen wollen, statt ihn zu ermutigen, sich ein eigenes Urteil zu bilden. Denn das und nur das soll der Kommentar, besonders der tägliche, im Fernsehen sein: ein Angebot und eine Aufforderung an die Zuschauer, kein missionarischer Akt.

Darf der Kommentator provozieren? Natürlich darf er, doch die Provokation ist kein Selbstzweck. Wer mit Unterstellungen operiert und dem politischen oder ideologischen Feind unter die Gürtellinie schlägt, ohne für seine Behauptungen auch die Beweislast zu akzeptieren, mag sich als großartiger Provokateur fühlen, der das verschlafene Publikum endlich aufrüttelt – ein beliebtes Klischee zur Selbstrechtfertigung von Chefpolemikern.
Wer dagegen ohne Zorn und Eifer eine unangenehme Einsicht zu vermitteln versucht, mag unbequem sein – doch die Zuschauer werden ihm anmerken, daß es ihm um die Sache geht und nicht nur um die eigene Glorie. Wenn er seinen Punkt gleichsam mit sportlicher Fairneß macht, und wenn er, soweit die Sache es zuläßt, dabei Sprachwitz und Eleganz ins Spiel bringt, hat er die größere Chance, sein eigentliches Ziel zu erreichen; auch die zu überzeugen oder wenigstens nachdenklich zu machen, die anderer Meinung sind.

Der Kommentar muß sich einordnen in ein Selbstverständnis des öffentlich-rechtlichen Fernsehens, das sich als Dienstleistung an der demokratischen Gesellschaft begreift.
Er darf sich dabei durchaus »einseitig« auf eine Seite eines Problems beschränken, wenn die Argumentation schlüssig bleibt, wenn wesentliche Gegenargumente nicht einfach unterschlagen werden und wenn im übrigen schon durch die Diktion erkennbar wird, daß in der strittigen Frage (und nur bei strittigen Fragen lohnt eigentlich das Kommentieren) auch andere Positionen mit gleichem Recht vertretbar sind. So schwierig das sein mag, es muß doch versucht werden.

Das Gebot der Pluralität, dem der öffentlich-rechtliche Rundfunk zu Recht unterworfen ist, kann nicht für den einzelnen Kommentar gelten, das versteht sich von selbst. Es gilt aber für die

Auswahl von Kommentatoren und Kommentarthemen insgesamt – denn mit der Benennung des Kommentators steht auch die Tendenz des Kommentars oft schon fest. Gerade weil kein Kommentator für sich einen Alleinvertretungsanspruch auf »die Wahrheit« erheben kann, folgt aus dem Wahrheitsgebot die Pflicht zur Pluralität. Denn um Wahrheit und Klarheit muß es auch beim Kommentar gehen, wie bei allen journalistischen Formen, die dieses Attribut verdienen.

Eine unprätentiöse, allgemein verständliche Sprache, die nicht hochmütig unterstellt, alle Zuschauer müßten in jeder Frage den gleichen Kenntnisstand wie der jeweilige Kommentator haben, gehört auch zur Klarheit. Der Kommentator spricht sein Urteil – auch über sich selbst, sein Sprachvermögen, seine Kompetenz, seine Fairneß, seine Fähigkeit zu Toleranz und Liberalität.

Nachrichtensendungen

Eine Nachrichtensendung bietet einer Vielzahl von unterschiedlichen Darstellungsformen Platz. Sie sollten stets unter der Maßgabe eingesetzt werden, Informationen möglichst präzis, anschaulich und schnell zu vermitteln. Solche formalen Elemente können sein:
- vom Moderator im »On« präsentierte *Wortnachrichten*
- *durch Grafiken*, Fotos, Standbilder (*stills*) oder Landkarten *unterstützte Wortnachrichten*
- aus dem »Off« gesprochene *Nachrichtenfilme (NiFs)*
- *Reporterberichte*
- *Korrespondentenberichte* aus dem Ausland
- *»Erklärstücke«* aus Grafiken und Archivmaterial
- *Statements* (O-Töne) von Akteuren (Politikern, Prominenten, Betroffenen, Augenzeugen)
- *Interviews*
- *Live-Reportagen*
- *Live-Schaltgespräche mit Reportern*
- *Live-Gespräche mit Experten im Studio*
- *Kommentare*

Der Wechsel zwischen diesen Elementen, ihre dramaturgische Anordnung und ihre Einbettung in den stets wiedererkennbaren

Rahmen einer Sendung machen deren Gesicht aus. Entscheidend tragen dazu neben den Präsentatoren (Moderator bzw. Nachrichtensprecher) das Studio-Design sowie der in der Regel computeranimierte Anfang und Schluß (Indikativ und Abdikativ) der Sendung bei.

Auswahl und Plazierung: Da die Nachrichtensendungen des Fernsehens für den größten Teil der Bevölkerung die entscheidenden Informationsquellen sind, kommt den Redakteuren, die diese Sendungen »machen«, eine besondere Verantwortung zu. Sie prägen mit ihrer Auswahl der Themen, ihrer Entscheidung über Plazierung und Präsentationsform das Urteil der Zuschauer über »die Wirklichkeit« mit.
Aus diesem Grund sind Nachrichtenredakteure nicht selten offenem oder verstecktem Druck von Politikern, Parteien, Verbänden und Lobbyisten ausgesetzt. Dabei kann es genausogut um Versuche gehen, bestimmte Personen oder Themen in Sendungen unterzubringen, wie sie aus ihnen herauszuhalten. Ein professionell arbeitender Nachrichtenredakteur wird sich bei der Auswahl und Plazierung seiner Themen stets von den klassischen Nachrichten-Kriterien leiten lassen. Dazu zählen neben *neu* vor allem *relevant* und *interessant*.
So ist eine Nachricht über Renten vielleicht für jüngere Zuschauer nicht sonderlich interessant. Da sie aber einen anderen Teil des Publikums ganz existentiell betrifft, ist sie relevant und unverzichtbar. Umgekehrt sind die Meldungen über Intrigen im englischen Königshaus für das Leben der allermeisten Zuschauer in Deutschland absolut irrelevant. Getreu dem alten Motto »Namen sind Nachrichten« stoßen sie aber bei vielen Menschen auf lebhaftes Interesse und haben daher auch in seriösen Nachrichtensendungen ihren Platz.

Die Trennlinie zwischen sogenannten »hard news« (politisch-relevante Ereignisse, Katastrophen etc.) und sogenannten »soft news« (Themen mit human touch bzw. yellow press-Charakter) markiert einen signifikanten Unterschied zwischen dem Nachrichten-Credo öffentlich-rechtlicher und privater Anbieter. Letztere geben mit Blick auf die Einschaltquoten und die unterstellten Vorlieben ihres Publikums häufig »soften« Themen den Vorzug, bewerten das Auswahlkriterium »interessant« oft höher als das Kriterium »relevant«. Dies läßt sich an vielen Beispielen belegen.

Unser Zufallsbeispiel[1] stammt vom Dezember 1994. An diesem Tag beginnen *Tagesschau* und *heute* ihre Sendungen mit der Entscheidung des BGH, ein umstrittenes Urteil des Landgerichts Mannheim gegen den Bundesvorsitzenden der NPD aufzuheben. *RTL aktuell* setzt dagegen einen Beitrag über angebliche Autoschiebereien eines Fußball-Nationalspielers an die erste Stelle. Dieses Thema landet in *heute* im Sportblock am Ende der Sendung. Tags darauf verzichtet *RTL aktuell* zugunsten eines »Booms bei Pfandleihern« und eines ausführlichen Sportteils ganz darauf, die Diskussion über die Pflegeversicherung im Bundestag, den letzten Tag der Haushaltsdebatte in Bonn oder den Versuch einer Regierungsbildung in Italien überhaupt zu erwähnen ...

Präsentationsformen: Bei allem Bemühen um eine moderate Modernisierung des eigenen Designs aus Gründen der Konkurrenzfähigkeit achten die klassischen Nachrichtensendungen stets darauf, daß ihre spezifischen Merkmale nicht verwischt werden.

Am Sprecher-Prinzip hält nur die *20-Uhr-Tagesschau* bisher noch fest, während das ZDF seine Nachrichtensendungen von *Redakteuren* präsentieren läßt, die den größten Teil ihrer Meldungen und Filmeinleitungen selbst schreiben. Private Anbieter setzen eindeutig auf die Rolle des *»anchors«* oder eines nur für Meldungen zuständigen *»Co-anchors«*, der/die nicht hinter der Nachricht zurücktritt, sondern durch persönliche Ausstrahlung die Sendung prägen, »verkaufen« soll.

Live-Schaltungen zu aktuellen Brennpunkten des Geschehens gehören inzwischen zum Alltag, wobei *heute* anders als die *Tagesschau* beinahe täglich auch zu seinen Korrespondenten im In- und Ausland schaltet, um im Interview Hintergründe und Einschätzungen aus erster Hand zu liefern.

Im Wortanteil unterscheiden sich auffällig die Nachrichtensendungen öffentlich-rechtlicher von denen privater Anbieter.

Während in *Tagesschau* und *heute* neben sieben bis acht Korrespondentenberichten und weiteren Nachrichtenfilmen eine Vielzahl von Themen als reine Meldung laufen, kommt *RTL aktuell* mit weniger Wortmeldungen aus. Hier wechseln sich häufiger Einleitungen, Filmberichte und Nachrichtenfilme ab. Die bei den klassischen Nachrichtensendungen früher übliche Trennung von Inlands- und Auslandsblöcken gibt es bei RTL nicht.

Nachrichtenquellen sind für die großen Nachrichtenredaktionen rund um die Uhr mehrere *Agenturen*: Deutsche Presse Agentur (*dpa*), Deutscher Depeschendienst (*ddp/adn*), Reuter (*rtr*), Agence France Presse (*afp*), und Associated Press (*ap*).
Neben dem Basisdienst mit Meldungen und Berichten aus Politik, Wirtschaft, Kultur, Sport und Vermischtem, bietet *dpa* zur Information über Ereignisse in den Regionen 11 Landesdienste an. Die meisten Agenturen liefern auch aktuelle Fotos. Sie werden inzwischen zunehmend über Satellit digital verbreitet, beim Empfänger auf einem *server* gespeichert und können von dort ohne Zwischenträger zur Sendung gebracht werden. Die Spezialdienste *VWD* (Vereinigte Wirtschaftsdienste) und *SID* (Sport-Informationsdienst) bringen gezielt aufbereitetes Material für Fachressorts.

Die Pressedienste wichtiger Organisationen wie etwa *KNA* (Katholische Nachrichtenagentur) und *epd* (Evangelischer Pressedienst) sind eine weitere Quelle.

Die eigenen Korrespondenten sind die wichtigste, weil authentischste Quelle für Fernsehnachrichten im In- und Ausland. Sie verfügen oft über jahrelang gepflegte Kontakte zu Insidern, kennen ihr Berichtsgebiet »aus dem eff-eff« und wissen aktuelle Themen und politische Entwicklungen in einen größeren Zusammenhang einzuordnen. Die ARD unterhält das weltweit größte Korrespondentennetz.
Aus dem Inland beliefern die einzelnen Landesrundfunkanstalten die Sendungen von »ARD aktuell«. Das ZDF unterhält in allen Landeshauptstädten eigene Landesstudios, und auch die privaten Sender arbeiten mittlerweile mit einem großen Netz von

Außenredaktionen. Natürlich ist jeder nationale Anbieter auch am Sitz von Regierung und Parlament in Bonn bzw. Berlin präsent.

Der Eurovisionsnachrichtenaustausch – kurz: »die Euro« – der EBU (»European Broadcasting Union«, eine Arbeitsgemeinschaft Europäischer Rundfunkanstalten, der längst auch Sender in anderen Erdteilen assoziiert sind) liefert von den Brennpunkten in aller Welt, die nicht von eigenen Korrespondenten abgedeckt werden können, Bilder fast rund um die Uhr (vgl. »Nachrichtenfilme aus dem Ausland«).

Redaktionsorganisation: Eine große Nachrichtenredaktion ist stets arbeitsteilig im Schichtdienst organisiert. Planungs-, Wort- und Filmredakteure arbeiten Hand in Hand. Während *»die Planer«* ständig die Agenturlage im Blick haben und engen Kontakt zu den Korrespondenten im In- und Ausland halten, ist es die Aufgabe der *Wort- und Filmredakteure*, ihre »Puzzleteile« so zu verzahnen, daß eine »Sendung aus einem Guß« entsteht. Computergestützte Redaktionssysteme, die eine Vielzahl von Bildschirmarbeitsplätzen miteinander vernetzen, haben die traditionellen Arbeitsabläufe mit Manuskriptpapier weitgehend ersetzt. Moderne Fernsehnachrichten-Redaktionen nutzen die Digitaltechnik und verfügen über Multimedia-Arbeitsplätze. An ihnen kann der einzelne Redakteur parallel recherchieren, aktuelle Agenturen lesen, Überspielungen (Korrespondentenberichte oder Eurovisionsmaterial) sichten und eigene Texte schreiben.

[1] Unser Zufallsbeispiel wird im Trend belegt durch zwei interessante Untersuchungen:

Thielmann, Edgar: Zwischen Information und «Information«. Die Nachrichten der privaten Fernsehprogramme. Vom Gehversuch zur professionellen Desinformation. In: Funkreport, 28. Jg., Nr. 21/1992, S. 2-5.

Tofall, BIrgit: Dem Super-Feierabend steht nun nichts mehr im Wege. Über den Unterhaltungscharakter der Nachrichten im privaten Fernsehen. In: Hörfunk – Fernsehen – Film, 38. Jg., Nr. 7/1988, S. 18-21.

Krüger, Udo Michael: Unterschiede der Programmprofile bleiben bestehen, Programmanalyse 1996; in: Media Perspektiven 7/97, S. 354 ff.

Nachrichtenmagazin und Newsshow

Nachrichtenmagazine wie *Tagesthemen* oder *RTL aktuell* liefern das, was in der klassisch-knappen Nachrichtensendung zu kurz kommt: Hintergründe, Analysen, Bewertungen.
Die Nachrichtenlage des Tages soll im Magazin nicht rein chronistisch nachgezeichnet werden. Diese Grundversorgung leistet meist ein separater Meldungsblock, der in der Regel von einem eigenen Moderator/Sprecher präsentiert wird. Das Nachrichtenmagazin will ganz bewußt Schwerpunkte setzen.
Ein zentrales Thema (etwa ein Erdbeben in Kalifornien) kann im Magazin aus verschiedenen Blickwinkeln und in der Form variierend aufgearbeitet werden. Während der Korrespondent oder Reporter das Ereignis (also die Bilder des Tages, die Reaktionen der betroffenen Menschen) »covert«, ordnet ein zweites (Erklär-) Stück dieses Ereignis in einen größeren Zusammenhang ein oder zeigt die Entwicklungen auf, die das Ereignis erst ausgelöst haben. (Warum kommt es entlang des »Andreasgrabens« immer wieder zu solchen Katastrophen?) Im Interview mit einem Experten bzw. Betroffenen werden Hintergründe und mögliche Konsequenzen ausgelotet (Gab es Warnungen? Hätten die Bürger rechtzeitig evakuiert werden können? Gibt es politische Konsequenzen?). All dies kann die Basis für einen journalistischen Kommentar liefern.
Schließlich lebt ein Magazin von der Mischung. Themen, die in der klassischen Nachrichtensendung durch den Rost fallen, haben hier eher eine Chance und sorgen häufig erst dafür, daß eine »runde« Sendung zustande kommt.

Die Newsshow ist vom *Nachrichtenmagazin* nicht strikt zu trennen. Sie legt die Bandbreite der Themen noch größer an. Politik ist hier meist nur ein Gegenstand von vielen und muß schon für wichtige Schlagzeilen sorgen, um sich gegen Neues aus Sport, Wirtschaft, Kultur, Gesundheit, Mode, Life-style etc. zu behaupten.
Die Morgen-, Mittags- und Nachtmagazine haben in den letzten Jahren dafür gesorgt, daß aktuelle Berichterstattung im deutschen Fernsehen nicht mehr nur auf die *primetime* beschränkt bleibt.
Speziell das Frühstücksfernsehen paßt sich in seiner Dramaturgie den Lebensgewohnheiten der Zuschauer an. Fernsehen präsentiert sich hier als nebenbei konsumierbares Medium. Zwischen

Aufstehen, Bad und Frühstück wird der Zuschauer auch bei nur kurzem Einschalten jeweils nach wenigen Minuten in Schlagzeilen über das Weltgeschehen informiert und kann dem tagesaktuellen Magazinprogramm ansonsten auch »en passant« folgen.

Anchorman: Eine entscheidende Rolle kommt in beiden Magazinformen natürlich den Moderatoren zu. Nach anglo-amerikanischem Vorbild hat sich vor allem im Bereich der klassischen Nachrichtenmagazine in den letzten Jahren der *Trend zur Profilierung durch Personalisierung* durchgesetzt.
Hanns-Joachim Friedrichs (vgl. »Moderationstips von H.-J. Friedrichs«) war jahrelang für viele der Prototyp eines deutschen *anchorman*. Heute geben Gabi Bauer, Ulrich Wickert oder Wolf von Lojewski Sendungen wie *Tagesthemen* und *heute-journal* ihr Gesicht. Peter Kloeppel von *RTL aktuell* oder Astrid Frohloff von SAT. 1 *18:30* sind die bekanntesten *anchors* der Privaten.
Der/die *anchorman/-woman* verkörpert journalistische Kompetenz, indem er/sie die Nachrichten des Tages nicht nur verliest, sondern auch einordnet und hinterfragt. Seine/Ihre Formulierungen können, ja sollen subjektiv eingefärbt sein – nicht im Sinne der Parteinahme, sondern im Sinne der Analyse.
Im hart *nachfragenden Interview* ist der/die *anchor* als Anwalt der Zuschauer Gegenpart des Befragten. Von den Fähigkeiten des *anchors* hängt es ab, ob investigativer Journalismus auch im Studio selbst stattfindet.

Dropping: Ein guter anchor wird im Laufe der Zeit für den Zuschauer tatsächlich zu einer Art *»Anker« in der unübersichtlichen Flut der Aktualität*. Er/sie vermittelt (moderiert) Zusammenhänge und ermöglicht es dem Zuschauer dadurch erst, aus der bloßen Rolle des Augenzeugen in die eines kompetenten Beobachters der Wirklichkeit zu gelangen.
Um das *Gefühl der Nähe zum Ereignis*, das im Fernsehen ohnehin größer ist als in anderen Medien, noch zu steigern, entschließen sich die Macher von Magazinen und Newshows immer häufiger zum *Dropping*.
Der Moderator wird zum Schauplatz eines besonders bedeutsamen Ereignisses geflogen und die ganze Sendung von dort gefahren. Dies mag eine größere Unmittelbarkeit bewirken. Für die Qualität der Sendung ist es jedoch häufig ohne Belang, da der

Überblick über ein Ereignis nicht automatisch mit der Nähe des Moderators zum Schauplatz zunehmen muß.

Virtuelles Studio: Um die Wirkung größtmöglicher *Nähe zum Ereignis auch im Studio* zu erzielen, experimentieren Nachrichtensendungen auch mit den Möglichkeiten eines *virtuellen Studios*. Es handelt sich hierbei – stark vereinfacht gesagt – um eine Fortsetzung des Blue-Box-Verfahrens (vgl. »Mit elektronischen Tricks informieren«) unter Einsatz der Digitaltechnik.
War es bisher nur möglich, zweidimensionale Bilder (Fotos, Landkarten etc.) hinter den Moderator zu stanzen, *simuliert der Computer* mittlerweile *auch dreidimensionale Kulissen*. Der Moderator kann sich darin bewegen, er läuft de facto durch einen leeren blauen Raum, für den Zuschauer aber z. B. durch das Reichstagsgebäude. Ein sogenannter Motion-Control-Kamerakopf stimmt die Bewegungen des Moderators über einen Spezialrechner mit der künstlichen Kulisse ab.
Für das menschliche Auge ist nicht mehr auszumachen, ob der Moderator sich in einer realen Umgebung befindet oder aus einer *elektronisch simulierten Kulisse* agiert.

Andreas Wittwen: Infotainment. Fernsehnachrichten zwischen Information und Unterhaltung. (Züricher Germanist. Stud. 43, Peter Lang Verlag, Bern).
Peter Ludes (Hg.): Von der Nachricht zur Newsshow. Fernsehnachrichten aus der Sicht der Macher. Wilhelm Fink Verlag, München.

Politisches Magazin/Spartenmagazin

Magazin-Sendungen bieten zunächst die reizvolle Chance, bestimmte Themen ausführlicher zu behandeln. Weder der Zwang zur kürzesten Aussage noch der Termindruck ständig tagesgebundener Produktion belasten die Arbeit. Hinzu kommt, daß Magazine – in regelmäßiger Folge ausgestrahlt – eine »Gemeinde« besonders interessierter und engagierter Zuschauer ansprechen. Ihr Publikum ist weniger heterogen als bei allgemeinen Sendungen des Tagesjournalismus.
Der Magazin-Journalist kann zudem in seinen Beiträgen eine eigene »Handschrift« in Bild, Text und Aufbau präsentieren, die zum »Markenzeichen« werden kann. Eine individuelle Sicht und Bewertung von Ereignissen und Vorgängen ist hier möglich,

während sie in den eher asketischen Formen des quasi-objektiven Nachrichten-Journalismus disqualifiziert.

Die politischen Magazine von ARD (z. B. »Panorama«, »Report«, »Monitor«, »Kontraste«) und ZDF (z. B. »Kennzeichen D« und »Bonn direkt«) sind zum Teil seit Jahrzehnten bekannte Bestandteile im Programmangebot mit festen Sendezeiten. Neue Titel sind hinzugekommen, beim ZDF das zeitkritische Magazin »Frontal«, auf den privaten Kanälen neben »Stern TV« und »Spiegel TV« auch »Focus-TV«.
»Unter den Bausteinen der Magazine befinden sich nahezu alle ... Form-Elemente: Nachricht, Kommentar, Statement, Interview, Reportage ... Ein in die Augen fallender Bestandteil einiger dieser Sendungen: Kritik bis zur Aggression, Meinung bis hin zur Polemik akzentuiert. Sie können sich sowohl im Bild wie im Text niederschlagen ... Sie setzen sich in der Regel zusammen aus drei bis vier einzelnen Beiträgen, die von einem ›Moderator‹ vorgestellt, interpretiert und auch kommentiert werden. In den einzelnen Beiträgen findet sich durch Text- und Bildauswahl nicht selten eine kommentierende oder polemische Aussage. Sie zeigen häufig nur einen hervorstechenden Aspekt des Themas und geben selten erschöpfende Information. Diese Konzeption hat immer wieder zu scharfen Kontroversen geführt. Der Einwand war, die Einseitigkeit, durch die nicht alle Seiten des Themas beachtet werden, verstoße gegen die Pflicht zur Objektivität.«[1]
Diese 1969 veröffentlichte Magazin-Beschreibung ist im ganzen zutreffend, atmet jedoch den Geist ihrer Zeit. Zwar transportieren die politischen Magazine auch heute noch immer Meinungsjournalismus; sie werden – wenn auch in gewandelten Formen – moderiert, aber sie sind unter dem Eindruck der seit Jahren geführten Ausgewogenheitsdiskussion »zahmer« geworden. Magazin-Skandale früherer Jahre sind ebenso verschwunden wie »Kritik bis zur Aggression, Meinung bis hin zur Polemik«. Der Meinungsjournalismus im Fernsehen – auch in den politischen Magazinen – laboriert im Niemandsland des Zwar-Aber.
»Die eigene Meinung des beim Rundfunk tätigen Journalisten hat ihren legitimen Platz im Programm. Freilich halten sich die Notwendigkeit und die Möglichkeit, diese eigene Meinung zu aktivieren, in den Grenzen des Programmauftrages. Die Rundfunkanstalt hat das Recht, die Meinung der bei ihr angestellten

Journalisten für das Programm zu aktivieren. Sie bestimmt die Anlässe und die Grenzen. Der Rundfunkjournalist hat kein eigenes, von dem Recht der Anstalt losgelöstes Recht auf Verbreitung seiner Meinung durch den Rundfunk.«[2]

Meinung erwünscht. Diese Auffassung ist zwar umstritten, aber immerhin: Politische Magazine sind solche Anlässe, bei denen die Rundfunkanstalten die Meinung der bei ihnen angestellten Journalisten im Programm deutlich werden lassen. In Einzelbeiträgen behandeln Mitarbeiter der Magazin-Redaktionen in der Regel kontroverse Themen. Der Recherchenaufwand ist erheblich, die Sicherung der Fakten schwierig, weil in vielen Fällen Betroffene die Öffentlichkeit scheuen und ihre Beteiligung an Mißständen leugnen. Wer als Journalist für politische Magazine arbeitet, muß »bilanzsicher«, seine Informationen müssen belegbar, seine subjektive Bewertung muß die Summe einer argumentativen Beweisführung sein.

Latente Aktualität. Die Beiträge der politischen Magazine umfassen das gesamte Spektrum der Innenpolitik; ihr Schwergewicht liegt jedoch im gesellschaftspolitischen Bereich, weil z. B. Probleme der Kultur- oder Wirtschaftspolitik in Spartenmagazinen behandelt werden. Politische Magazine wenden sich Themen zu, die »in der Luft liegen« oder der vertiefenden Analyse bedürfen. Es geht nicht nur – wie beim Nachrichten-Magazin – um ausführlichere Sachdarstellung, sondern eher um die Erläuterung und kritische Bewertung von *Motiven*; um die nicht offen zutage tretenden *Strömungen, Absichten und Strategien* hinter politischen Entscheidungen und Prozessen. Daher ist auch nicht die Tagesaktualität das bestimmende Gestaltungsprinzip, sondern die mittelfristige, »latente« Aktualität anhängiger Themen.

Nach wie vor werden die politischen Magazine moderiert. Im allgemeinen präsentiert der Redaktionsleiter die einzelnen Beiträge. Versuche, den Moderator zu ersetzen (beispielsweise durch Schriftgrafik zwischen den Beiträgen), hatten keine überzeugenden Ergebnisse und wurden bald wieder eingestellt. Der »personale« Bezug zwischen Publikum und Moderator erleichtert zwar die Identifikationsmöglichkeit, hat jedoch auch Nachteile von erheblichem Gewicht.

Politische Magazine müssen unbequem sein. »Hofberichterstattung« zum höheren Ruhme mächtiger Gruppen oder Gestalten ist ihr Ende. Sie müssen gesellschaftliche Konflikte erkennbar und dadurch auch lösbar machen. Damit stehen sie in einem Geflecht von Machterhalts- oder Machterwerbs-Strategien und übernehmen eine zentrale Funktion öffentlicher Kontrolle. Es ist bezeichnend, daß ihnen dieser Rang vor allem von jenen bestritten wird, die durch solche Berichte betroffen sind oder sein können.

Sparten-Magazine wenden sich an besonders interessierte Zuschauergruppen. In ihrer Summe umfassen sie das gesamte Themenspektrum: von der Berichterstattung aus *aller Welt* (ARD: »Weltspiegel«; ZDF: »Auslandsjournal«) über *Wirtschaftsfragen* (ARD: »Plusminus«, ZDF: »Wiso«) und Kulturthemen (ARD: »Titel, Thesen, Temperamente«, ZDF: »Aspekte«, RTL: »10 vor 11« als Kulturmagazin) bis hin zu Sport-, Gesundheits-, Wissenschafts- und diversen *Ratgeber*-Magazinen: (Recht; Geld; Verbraucher; Jugend; alte Menschen; Schule, Erziehung, Ausbildung; Essen und Trinken; Bauen und Wohnen; Reise usw.).
Neben Information und Unterhaltung steht häufig ein stark *didaktisches Element* im Vordergrund der Sparten-Magazin-Arbeit: Lebens- und Orientierungshilfe für unterschiedliche Sozial-, Alters- und Berufsschichten. Komplizierte, für den einzelnen kaum noch durchschaubare Vorgänge der Gesetzgebung und Rechtsprechung, technischer und wirtschaftlicher Entwicklungen, wissenschaftlicher und künstlerischer Innovationen, können hier verdeutlicht und verstehbar werden.
Zwar liegen in den Sparten-Magazinen reizvolle Arbeitsfelder für Fachjournalisten, sie dürfen jedoch nicht zu »Fachzeitschriften« des Fernsehens werden, in denen sich Kundige nur noch an Eingeweihte wenden. Die Fähigkeit, komplizierte Sachverhalte mit allen gestalterischen Möglichkeiten des Fernsehens für ein breites Laienpublikum zu erklären, ist eine der wichtigsten Voraussetzungen für journalistische Arbeit in Sparten-Magazinen.

[1] Hans Arnold, Formen der publizistischen Aussage; in: Handbuch der Publizistik, Bd. 2, Berlin 1969, Seite 459f.
[2] Dietrich Schwarzkopf, Journalistisches Selbstverständnis im öffentlich-rechtlichen Rundfunk; Referat in der 250. Sitzung des Programm-Beirates für das deutsche Fernsehen/ARD in Köln am 14. Januar 1982

Feature und Dokumentation

Feature ist ein Modewort des Fernsehens. Da spielt es nur eine geringe Rolle, daß eigentlich niemand so recht weiß, was genau ein Feature ist.

Feature als Sammelbegriff für die großen Formate ist eine im Fernsehalltag übliche Begriffsverwendung. In vielen Fernsehanstalten wird so ziemlich jeder längere, fernsehjournalistische Filmbericht, der selbständig im Programm erscheint, als »Feature« bezeichnet, egal ob es sich dabei um eine Dokumentation, eine Reportage oder ein Feature im engeren Sinn handelt.

Das Wort »Feature« kam mit den englischen Controllern ins Land, die nach 1945 einen demokratischen Rundfunk aufbauten. Es bezeichnete ursprünglich journalistisch-künstlerische Radiosendungen, die bereits Ende der 20er Jahre entwickelt wurden und sich durch Musikeinspielungen und andere akustische Illustrationen vom damals gebräuchlichen Radio-Vortrag unterschieden. Dieser Begriff wurde dann vom Fernsehen für ähnlich gestaltete, längere Filmberichte übernommen. Daneben steht das Feature aber auch in der Tradition des Dokumentar- und Kulturfilms und der Zeitungsreportage. Bei derart unterschiedlichen Stammeltern kann die heutige Formenvielfalt dieser Darstellungsform nicht verwundern. Unabhängig davon hat das Feature schon längst Eingang in den Printjournalismus gefunden. Vor allem die Zeitschriften verwenden es als eine Darstellungsform für längere Artikel, die Elemente der Reportage und des Hintergrundberichts miteinander kombinieren.

Die Attraktivität zu steigern, also die Aufmerksamkeit der Rezipienten zu erwecken und sie zu erhalten, ist eine zentrale Aufgabe aller großen Formate in allen Medien. Die Zuschauer und Zuhörer sollen dranbleiben, die Leser sollen den Artikel fertig lesen. In diesem Sinne bedeutet »etwas zu verfeaturen«, etwas attraktiver zu machen. Ein übliches Mittel dazu ist die szenische Gestaltung. Für das Fernsehen bieten sich dann aber auch all die anderen Ausdrucksmöglichkeiten an, die Bild, Ton und Musik bereitstellen.

Unter einem Feature im engeren Sinn ist vor diesem Hintergrund ein umfangreicher journalistischer Beitrag zu verstehen, der attraktivitätssteigernde Techniken verwendet und analytisch-deduktiv aufgebaut ist. Der analytisch-deduktive Aufbau ist für die Themenentwicklung eines Features charakteristisch. Ähnlich wie ein Hintergrundbericht ist das Feature eine Problemdarstellung, die einen Sachverhalt umfassend analysiert. Zentrales Merkmal ist die These, die der Autor auf Grund seiner Recherchen entwickelt hat und die er nun anhand einzelner Beispiele belegt und diskutiert. Es versteht sich dabei von selbst, daß diese Beispiele nicht im Zirkelschluß ausgewählt und zu Beweismitteln zurechtgebogen werden dürfen.

Eine Dokumentation ist demgegenüber synthetisch-induktiv angelegt. Sie zeigt das, was sie vorfindet und ordnet dies in einen größeren Zusammenhang ein. Dabei versucht sie wie ein Bericht, eine möglichst objektive Position einzunehmen und sachlich zu informieren. Dokumentationen sind vor allem in der Kulturberichterstattung und bei Naturfilmen verbreitet, wo sie die Tradition des früheren Kulturfilms fortsetzen.

Die große Reportage möchte wie jede Reportage die Zuschauer am dargestellten Geschehen beteiligen, sie dieses Geschehen miterleben lassen. Eine Reportage hat meist einen latent aktuellen Hintergrund, sie will nichts beweisen, sie will vielmehr subjektiv das zeigen, was der Reporter vor Ort erlebt hat. Die große Kunst dabei ist, nicht alles blind abzufilmen, was gerade vors Objektiv kommt, sondern dem den richtigen Stellenwert zuzuordnen. Entscheidend ist dabei, das erlebte Geschehen zu verstehen und so wiederzugeben, daß die Wirklichkeit an den Tag tritt, die sich dahinter verbirgt. Hier sind die Auffassungsgabe von Kamera und Ton, die Interviewführung des Reporters und die Auswahl und Gestaltung beim Schnitt gleichermaßen gefordert.

Die Unterschiede dieser Darstellungsformen sind deutlich, auch wenn diese Formate in der Praxis oft ineinander übergehen. So ist ein Film `Keine Chance für Erfinder?` ein typisches Feature, dessen These die Frage nach der Innovationsfähigkeit der deutschen Wirtschaft stellt. Dabei werden zum

Zweck der Attraktivitätssteigerung einzelne Erfindungen vorgestellt, den Schwerpunkt des Films bilden aber Interviews mit Betroffenen und Experten, in denen die These diskutiert wird. `Erfinder in Deutschland` ist hingegen eine typische Dokumentation, die den mühseligen Weg beobachtet, den ein Erfinder zurücklegen muß, bis seine Innovation als Produkt auf den Markt kommt. Eine typische Reportage schließlich ist `Ein Tag auf der Erfindermesse`, in der all die skurrilen und weniger skurrilen Begebenheiten einer solchen Veranstaltung plastisch wiedergegeben werden.

Langzeitdokumentationen beobachten ein Geschehen oder einen Entwicklungsprozeß über Monate und Jahre hinweg. Prominentestes Beispiel sind »Die Kinder von Golzow«, ein Projekt, das seit 1961 die Lebensläufe von Kindern beobachtet, die damals, noch in der DDR, in die erste Schulklasse kamen. Langzeitdokumentationen fallen in das Metier des Dokumentarfilms, da sie mit ihren besonderen Anforderungen den Produktionsrahmen üblicher Fernsehfeatures sprengen. Andererseits können sie heute eigentlich nur noch von öffentlich-rechtlichen Sendern produziert werden, die diese besondere Verantwortung aber kaum wahrnehmen.

Historische Dokumentationen berichten über historische Ereignisse und stellen Personen vor, die Geschichte gemacht oder erlebt haben. Ihre Besonderheit liegt darin, etwas berichten zu müssen, was bereits geraume Zeit vergangen ist. Da Fernsehdokumentationen, anders als Print- oder Funkdokumentationen auf Bilder angewiesen sind, steht und fällt ihre Qualität mit der Qualität der Bild-Recherche. Man kann nicht genug Archive, Museen und Bibliotheken durchstöbern, um interessante und aussagekräftige Motive zu finden. Das können alte Zeichnungen, Fotos oder Archivfilme genauso sein wie Kunstwerke, Schriftstücke oder historische Gebrauchsgegenstände.

Zeitgeschichtliche Dokumentationen leben von den Zeitzeugen, die das Geschehen miterlebt haben und darüber berichten. Bei historischen Dokumentationen länger zurückliegender Epochen besteht die Kunst hingegen darin, tote Objekte zum Reden zu bringen und so die Vergangenheit wiederzuerwecken.

Dabei sind der Phantasie durch die Pflicht zur historischen Genauigkeit enge Grenzen gesetzt, besonders kritisch sind hier Spielszenen. Daher ist bei jeder historischen Dokumentation eine enge Zusammenarbeit mit ausgewiesenen Historikern anzuraten.

Film-Essay. Manches Feature entwickelt sich zu einem Film, der wie ein literarisches Essay Altbekanntes in einem neuen Licht zeigen möchte. Dabei spielt der subjektive Blickwinkel des Films die entscheidende Rolle. Essay-Autoren haben große stilistische Freiheiten, sie können Situationen beobachten, sie können ihre Bilder elektronisch verfremden, Kompilationsfilme aus Archivmaterial zusammenstellen, beim Schnitt pointierte Collagen montieren, – nur eines dürfen sie nicht: einen phantasie- und geistlosen Film abliefern.

Die Dramaturgie all dieser großen Formate unterscheidet sich von der kürzerer Berichtsarten, sie muß der großen Sendeform Rechnung tragen. Stimmungen und Situationen, die Atmosphäre und die Ausstrahlung von Personen sind dabei genauso wichtig wie die reine Information. Erwartungen müssen aufgebaut und eingelöst werden, Gestaltung und Aussage der einzelnen Abschnitte und des Films insgesamt müssen zusammenpassen.

Das Interview ist nach wie vor ein wesentliches Gestaltungsmittel des Features, vorausgesetzt, es wird nicht dazu mißbraucht, Sendezeit zu füllen. Das größere Format erlaubt es, statt Schlagworten Argumente zu vermitteln. Denn die Interviewten haben genügend Zeit, ihre Ansichten, Motive und Einschätzungen darzustellen. Dabei können ihre Aussagen als off-Kommentare über Bilder und Szenen gelegt werden, die so an Authentizität gewinnen.

Interview-Filme müssen keineswegs der fade Kopfsalat sein, als der sie verschrieen sind. Die Dokumentarfilme von Eberhard Fechner demonstrieren dies beispielhaft. Wenn die Menschen vor der Kamera »etwas zu sagen« haben, wenn der Schnitt Position und Gegenposition herausarbeitet, wenn Mimik und Gestik das Gesagte unterstreichen, ergeben sich äußerst dichte

Filme, die informativer und packender sind als jede Talkshow und jede Gesprächsrunde.

Recherche und Entwicklung des Themas sind die wichtigsten Voraussetzungen für ein gelungenes Feature. Beim großen Stoffvolumen eines Features läuft man dabei leicht Gefahr, im Material zu ertrinken. Um einen Stoff filmisch gestalten zu können, braucht man jedoch eine gewisse Distanz, aus der heraus man die vielen Einzeldaten in einen größeren Zusammenhang einordnen kann und aussagekräftige Beispiele auswählen kann. Hier sind Übersichtsartikel in Lexika hilfreich. Sie bieten für fast jedes Gebiet rasch und komprimiert das erforderliche Hintergrundwissen und können so die notwendige Orientierung erleichtern.

Drehortbesichtigung und Motivsuche – eventuell zusammen mit dem Kameramann – sollen, wenn irgend möglich, die Recherchen ergänzen. Vor Ort ergeben sich wertvolle Anregungen für die Story und den Film. Dies gilt selbst dann, wenn vom eigentlichen Geschehen noch nichts zu sehen ist. Man lernt Leute kennen, die Tips geben und einem weiterhelfen. Man kennt die Drehorte, man weiß, wann die Sonne optimal steht, wie die Stromversorgung für das Licht funktioniert. Man hört, ob störender Lärm den Ton behindert, und man kann problemlos abklären, ob man die nötigen Drehgenehmigungen besitzt.

Das Treatment eines Features setzt die Recherchen, die These und die dramaturgischen Überlegungen so um, daß man einen klaren Eindruck vom Aufbau und vom Aussehen des Films erhält. Damit bildet es die Arbeitsgrundlage für die Dreharbeiten, den Produktionsplan und den Schnitt. Es ist zweckmäßig, ein Feature-Treatment nicht von »vorne nach hinten«, sondern von »oben nach unten« zu schreiben. Man konzentriert sich also nicht sofort auf die Reihenfolge der Szenen und Bilder, sondern man entwickelt für seine Motive und Ideen zunächst eine grobe Gliederung. Dabei sucht man nach Leitmotiven und baut Handlungsstränge auf, die als roter Faden dienen können. Dann erst arbeitet man die einzelnen Kapitel und Szenen so weit aus, wie dies vor dem Drehen möglich ist. Ihre Länge richtet sich nach ihrer inhaltlichen Bedeutung.

Das »Kartenlegen« ist eine bewährte Arbeitsmethode bei der Treatment-Entwicklung. Man schreibt die einzelnen Motive auf Karteikarten und legt sie dann so oft auf- und hintereinander, bis die »Patience« aufgeht. Die Sendezeit geteilt durch die Zahl der Karten ergibt ein grobes Maß, wieviel Zeit für die einzelnen Motive zur Verfügung steht. Damit läßt sich leicht abschätzen, ob alle Motive zum Tragen kommen oder ob man nicht besser einige von ihnen zusammenfaßt oder ganz wegläßt.

Als Improvisationsrahmen für die Dreharbeiten enthält ein gut ausgearbeitetes Feature-Treatment möglichst genaue Drehangaben für Kamera und Ton. Zugleich läßt es aber so viel Freiraum, daß eine spontane Reaktion auf unvorhergesehene, aussagekräftige Situationen möglich ist, um dem journalistischen Anspruch gerecht zu werden. Dies hängt allerdings auch davon ab, inwieweit das aufzunehmende Geschehen vorhersehbar ist. Einen Kulturfilm über Kirchen und Klöster kann man ganz anders vorbereiten als eine Reportage über Autotramper, bei der man nicht weiß, was im nächsten Augenblick passiert.

Präzise Aussagewünsche für jedes Kapitel und jede Szene sind das wichtigste Mittel für diese Quadratur des Kreises. Man entdeckt so beim Improvisieren leichter mögliche Alternativen und kann die Aussagekraft neuer Motive besser beurteilen. Zugleich läßt sich rasch entscheiden, welche Passagen beim Drehen und Schneiden geändert werden müssen, welche man weglassen kann und welche unverzichtbar sind.

Klare Vorstellungen über die Anfangs- und Endbilder in den einzelnen Szenen und Filmabschnitten sind ebenfalls eine gute Improvisationshilfe. Vor Ort findet man dann immer einen Bogen, der die beiden Pfeiler miteinander verbindet. Auf keinen Fall sollte man vergessen, eigene Einstellungen für den Anfangs- und Endtitel zu drehen. Das eingefrorene Standbild mit darüber laufendem Rolltitel macht meist keinen guten Eindruck, so etwas sollte man seinem Film als Abschluß nicht antun.

Zeitplanung. Gewöhnlich rechnen die Rundfunkanstalten für ein 45-Minuten-Feature mit 15 Dreh- und 15 Schnitt-Tagen, d. h. mit ca. drei Sendeminuten pro Arbeitstag. Dieser Richtwert läßt sich meist ganz gut einhalten. Sind allerdings viele Reisen nötig, braucht man zusätzliche Reisetage. Bei der Zeiteinteilung sind unbedingt Zeitreserven einzuplanen. Mal ist das Wetter für die Außenaufnahmen ungünstig, mal steht man im Stau, dann gibt es technische Pannen. Nicht vergessen sollte man bei alledem, daß man mit den Team-Kollegen drei Wochen lang zusammenlebt. Schlechte Hotels beeinträchtigen schnell die Stimmung, und davon bleibt keine Produktion unberührt.

Größe und Ausrüstung des Aufnahmeteams hängen vom Thema und seiner Umsetzung ab. Kleine Teams sind wesentlich flexibler als große Aufnahmestäbe. Daher ist für ein reportagemäßiges Feature ein kleines Team besser, während für einen Kulturfilm mit viel Licht und aufwendigen Kamerafahrten ein größerer Stab notwendig ist. Ungünstig ist es allerdings, ein Feature nur mit einem Zwei-Mann-Team zu drehen, bei dem der Assistent den Ton mit erledigt. Dies ist in der aktuellen Berichterstattung möglich. Bei einer langen Produktion auf einen eigenen Tonmann zu verzichten, führt jedoch fast immer zu Tonproblemen.

Die Kameraführung für Features unterscheidet sich von der für kurze Berichte. Das große Sendeformat läßt genügend Zeit für lange Schwenks und Fahrten. Man darf allerdings darüber Stände und Zwischenschnitte nicht vergessen, sonst läßt sich beim Schnitt das Material kaum mehr gestalten. Dies gilt insbesondere für reportageähnliche Produktionen, die erst am Schneidetisch ihr Gesicht bekommen. Abgesehen davon wirkt eine ewig schwenkende Kamera schnell monoton. Wichtig ist es auch, die Übersicht über das verdrehte Material zu bewahren. Eine regelmäßige Kontrolle, wieviel wofür verdreht wurde, schützt davor, daß man beim Schnitt im Material ertrinkt.

Schnitt. Wie jeder andere Film entsteht auch ein Fernsehfeature letztlich erst im Schneideraum. Dabei darf man sich nicht von der Materialmenge erschrecken lassen. Wenn man ähnlich wie bei der Entwicklung des Treatments das Material zunächst in große Blöcke und dann in einzelne Passagen einteilt, bekommt man es schon in den Griff. Spätestens beim Schnitt sollte man dann auch an die Sprache und die Musik denken. Der richtige

Charakter der Musik, die richtige Stimmlage und der richtige Ausdruck der Sprecherinnen und Sprecher (Frau – Mann, jung – alt, hell – dunkel) hängt wie so vieles bei einem Feature vom Thema ab. In jedem Fall sollte man aber auf den Musikteppich der Industriefilme verzichten und auch jenen sattsam bekannten Sprechergestus vermeiden, der oberlehrerhaft alles wegerklärt und kein Interesse daran hat, die Bilder wirken zu lassen.

Christhart Burgmann, Alles kann zum Thema werden. Über einige Bedingungen des Features. In: Helmut Kreuzer/Karl Prümm (Hrsg.), Fernsehsendungen und ihre Formen. (Stuttgart 1981)

Heinz-B. Heller, Peter Zimmermann (Hrsg.), Bilderwelten – Weltbilder. Dokumentarfilm und Fernsehen. Marburg 1990

Guido Knopp, Siegfried Quandt (Hrsg.), Geschichte im Fernsehen. Ein Handbuch. (Wiss. Buchgesellschaft Darmstadt 1988)

Moderation

Zweifelsfrei ist der Moderator in Magazin-Sendungen bis heute unverzichtbar. Er stellt den personalen Bezug zwischen Programm und Publikum dar: Durch ihn kommt eine Sendung ins Haus; er ist das erkennbare, wiederkehrende »Menschliche« in einer Sendung voll unterschiedlicher Informationen, wechselnder Bilder und Beiträge. Er tritt mit dem Zuschauer zwar nicht in einen Dialog, aber er wird dennoch wie ein angenehmer Gesprächspartner empfunden oder wie ein ungebetener Gast geschmäht.

Der »Verkäufer« des Programms ist er im Fachjargon: Er präsentiert die Arbeit zahlreicher Kollegen, die unerkennbar bleiben; er gibt in der privaten Sphäre des Zuschauers die Visitenkarte für alle jene ab, die mit dieser Sendung zu tun haben.
Seine interne Allround-Funktion wird nach außen kaum erkennbar: Er muß souverän über Pannen hinwegmoderieren, eine Filmverwechslung erklären, ein »Loch« überbrücken, Schwächen einzelner Beiträge überspielen, fehlende Facts nachtragen, Übergänge zwischen unterschiedlichsten Themen finden und vor allem sympathisch und glaubwürdig sein.

Moderation ist keine »One-man-Show«. Der Moderator muß in der Lage sein, mit Redaktion und Technik kollegial zusammenzuarbeiten. Wer die Moderation als seine eigene »One-man-Show« begreift, wird sehr schnell ins Leere laufen. Der Moderator nimmt an allen Redaktionskonferenzen teil; er erhält das gesamte Agenturmaterial; aus den Fachredaktionen bekommt er ergänzende Informationen zu den einzelnen Beiträgen; er berät sich – direkt oder telefonisch – mit den zuliefernden Autoren und stimmt mit ihnen seinen Text auf den Filminhalt hin ab. Den Moderationstext verfaßt er selbst und läßt ihn gegenlesen: durch den Fachredakteur, den Schlußredakteur und/oder den Redaktionsleiter.

Zur Präsentation des Textes in der Sendung stehen *Lesegeräte* als technische Hilfsmittel zur Verfügung (vgl. »Journalistischer Arbeitsplatz Studio«). Die seltenere Präsentationsmöglichkeit: Das *Manuskript* liegt vor dem Moderator auf dem Tisch; er liest den Text ab, ohne zu stark am Papier zu kleben.
Beide Vortragsarten haben Vor- und Nachteile. Der Teleprompter (auch Autocue genannt) verleiht dem Moderator eine Textsouveränität, die niemand in solchem Maße besitzen kann. Das Publikum – so argumentieren seine Gegner – werde betrogen: Da es diese Technik nicht kenne, glaube es, die Moderation werde im Augenblick der Ausstrahlung derart frei und fehlerlos formuliert.
Befürworter der Lesehilfe verschließen sich diesen Vorbehalten nicht und raten zum Kompromiß. Sie empfehlen, *Lesegerät und Manuskript in Kombination einzusetzen:* Der »normale« Text kann vom Prompter gelesen werden – schwierige Passagen wie Zitate, Zahlen, Quellenangaben müssen dagegen »vom Blatt« kommen. Moderatoren, die mit beiden Präsentationsmöglichkeiten routiniert umgehen, arbeiten mit optischen »Querverweisen«: Im Text des Teleprompters mahnen Zeichen, sich dem Manuskript zuzuwenden; im Manuskript gibt es Zeichen, die den Befehl geben, wieder in die Kamera – also auf das Lesegerät – zu schauen.

Wenn es gilt, Havarien zu bewältigen, hilft dies alles nichts. Streikt eine Abspielmaschine, kommt eine Direkteinspielung aus dem Ausland durch Leitungspannen nicht zustande, sind alle noch so sorgfältigen Vorbereitungen nutzlos. In diesen Sekunden beweist sich die wahre Qualität des Moderators. Er muß möglichst elegant die gegebene Situation meistern, *die Pannen* *erklären*, in genauer Kenntnis der Ablaufplanung eine halbwegs saubere Sendung ermöglichen. Schweißausbrüche und Breakdowns sind erst nach der Sendung erlaubt.

Der »ideale« Moderator ist ein Übermensch, der zudem noch die Eigenschaft besitzen muß, daß man es ihm nicht anmerkt, sondern ihn als vertrauten, klugen Freund empfindet. Das bedeutet: Den idealen Moderator gibt es allenfalls annäherungsweise: Er soll *entspannt*, aber nicht lässig wirken; *ruhig*, aber nicht langweilig sein; *überlegen*, aber nicht arrogant; *sprachgewandt*, aber nicht manieriert; *gut gekleidet*, aber nicht geckenhaft. Kurz: ein Mensch (ob männlich oder weiblich), den man gern neben sich auf der Wohnzimmercouch wüßte.
Wie ein Programm beim Publikum ankommt, steht in direktem Zusammenhang mit der Aufnahme des Moderators. Zuschriften in großer Zahl belegen, daß die Sendung mitsamt ihren in Form und Inhalt sehr unterschiedlichen Beiträgen akzeptiert wird, wenn der Moderator anerkannt ist. Wird er dagegen – aus welchen Gründen auch immer – abgelehnt, haben es auch noch so gute Beiträge schwer, »überzukommen«.

Moderation in Nachrichten-Magazinen. »Die Moderatoren der ›Tagesthemen‹ (also eines Nachrichten-Magazins) haben den Auftrag, Verbindungen zwischen den Beiträgen herzustellen, den Zuschauern Erläuterungen, zusätzliche Informationen und Einordnungshilfen zu geben sowie Zuschauer-Interesse für die Beiträge zu wecken. Die strenge Zurückhaltung der Nachrichtensprecher wird von den Moderatoren der ›Tagesthemen‹ nicht verlangt. Sie stellen sich den Zuschauern als journalistische Persönlichkeit vor. Dies schließt eine gewisse Subjektivität bei der Präsentation der Beiträge ein.
Andererseits sind auch die Moderatoren zur Zurückhaltung im Meinungsbereich verpflichtet. Es ist nicht ihre Aufgabe, ihr Engagement hervorzukehren, Zensuren zu verteilen oder Gegenstände ihrer Präferenz kampagneartig in den Vordergrund zu rücken. Sachlichkeit und Nüchternheit der Präsentation sind auch hier geboten. Betroffenheit der Zuschauer wird durch den behandelten Stoff bewirkt und nicht durch die Moderation.«[1]
Mit dieser Aufgabenbeschreibung ist die Funktion des Moderators in Nachrichten-Magazinen definiert. Zugleich macht sie er-

kennbar, daß Konfliktsituationen nicht auszuschließen sind: »Eine gewisse Subjektivität« kann das Engagement der Moderatoren durchscheinen lassen, selbst wenn sie sich mit aller Redlichkeit bemühen, es nicht hervorzukehren.
Der Moderator des Nachrichten-Magazins wird sich der täglichen Gratwanderung bewußt und er wird bemüht sein, sich in programmdienender, nicht aber in tendenzbestimmender Funktion zu sehen. Er bleibt – trotz persönlicher und subjektiver Attitüde – der Nachricht verpflichtet.

Moderation in politischen Magazinen. Anders als der Moderator des Nachrichten-Magazins präsentiert der Moderator des politischen Magazins eine Sendung mit Meinungsbeiträgen. Sein Engagement wird erkennbar; er bezieht Stellung und kann zur Symbolfigur politischer Meinungslager werden. Folgerichtig gerät er häufig unter Beschuß der anderen Seite und in die Gefahr, entweder zum Kronzeugen oder zum Märtyrer politischer Auffassungen zu werden. Gibt er sich gar dazu her, Kampagnen zu starten oder publizistisch zu fördern, so sammeln sich gläubige Zuschauergemeinden, die mit seinem politischen oder sozialen Engagement sympathisieren; ebenso deutlich formieren sich Gegnerschaften.
Es entstehen emotionale Zustimmungs- oder Widerspruchssyndrome, die Ausdruck oder gar Anlaß politischer Polarisierung im Publikum sein können; der Moderator kann zum Polit-Star auf dem Bildschirm werden. Damit verläßt er jedoch – gewollt oder gedrängt – seine Funktion als Journalist und wird zur handelnden Figur im politischen Meinungsstreit. Zugleich beschwört er die Gefahr herauf, daß die Rundfunkanstalt, in deren Auftrag er arbeitet, in politischen Mißkredit gerät.
Gruppenmoderation wirkt dem entgegen. Der Moderator führt zwar weiterhin durch die Sendung, er wird jedoch durch die Autoren der Beiträge flankiert, die als »Ko-Moderatoren« ihre eigenen Themen einführen und erläutern. Der Autor stellt sich als erkennbare Person dem Publikum vor und gibt Auskunft über Ausgangspunkte, Motive und Akzente seines Beitrags.

Castings (Moderatoren-Auswahltests) werden von Zeit zu Zeit von Fernsehsendern veranstaltet, die Nachwuchs suchen – oft allerdings im Unterhaltungsbereich. Meist muß für die Vorauswahl neben den Bewerbungsunterlagen auch ein Video eingeschickt werden. Selbst wenn die Chancen auf Erfolg gering sein mögen, empfiehlt sich doch die Teilnahme: Zusätzliche Erfahrung und neue Kontakte sind allemal der Lohn für die Mühe.

Moderationstips von Hanns Joachim Friedrichs

Der Moderator in Nachrichtensendungen spricht nicht frei, er schreibt seine Moderationstexte und liest sie während der Sendung vor. Hanns Joachim Friedrichs[1] sieht dafür drei wichtige Gründe: Die freie Rede kostet mindestens doppelt soviel Zeit, die Regie braucht z. B. für das Abfahren von Filmen und das Einblenden von Fotos und Grafiken ein genaues Stichwort und schließlich ist bei freier Rede die Gefahr eines falschen Zungenschlages zu groß. »Was in Nachrichtensendungen gesagt wird, muß durch den Filter der ruhigen Überlegung laufen«.
Friedrichs hält deshalb das Schreiben der Moderationstexte »für die wichtigste Tätigkeit des Moderators überhaupt, für den Kern der Moderationsarbeit«. Dafür gibt er folgende Ratschläge:

Eigene Spreche schreiben. Der Moderator soll ein Deutsch schreiben, das im Idealfall so klingen muß, als sei es ihm gerade eingefallen. Dafür müssen die Regeln des fürs Hören schreiben[2] beherzigt werden. Außerdem sollte der Moderator beim Schreiben seine Sätze laut sprechen. »Ich brabbele den ganzen Abend vor mich hin«, sagt Friedrichs. Und das tue er so lange, bis jeder Satz »die Kadenz gefunden hat«, die ihm und seiner Art gemäß sei. »Erst wenn es klingt, dann schreibe ich es auf«.
Friedrichs' Stilregel: *Umgangston treffen und Kunstsprache vermeiden*. »Ich versuche eine Sprache zu finden, von der ich glaube, daß der Zuschauer damit keine Mühe hat«. Gelegentlich kleine »stilistische Mätzchen« schließe das aber nicht aus.

Mut zum Weglassen und zur Vereinfachung. Für Friedrichs ist Verständlichkeit der Schlüssel zur Akzeptanz beim Zuschauer: »Wenn ein Zuschauer nicht versteht, was Sie sagen, dann brauchen Sie es gar nicht erst zu sagen«. Der Moderator müsse deshalb »mit dem breiten Pinsel malen, und nicht mit dem Haarpinselchen jedes Detail nachzeichnen, weil dies zur Unverständlichkeit führt.« Moderationen müßten *nicht vollständig* (»sich vom Vollständigkeitswahn lösen«), sehr wohl aber *im Kern richtig sein*. Jeden Moderationstext sollte der Moderator gegenlesen lassen, zur eigenen Sicherheit.

Lesen, lesen, lesen. Nur durch ständiges Lesen könne der Moderator genügend Hintergrundwissen erwerben und auf dem aktuellen Stand halten, ist Friedrichs' Überzeugung. Sehr häufig reichten Agenturmeldungen und Archivmaterial für die Moderationstexte nicht aus. »Auf den eigenen kleinen Computer im Kopf muß Verlaß sein«.

Kurze Anfangsmoderation. Die erste Moderation soll nicht zu lang sein. Fünf bis sechs Zeilen hält Friedrichs für angemessen. »Dann muß erst einmal ein Bild laufen in der Sendung, muß etwas passieren«.
Später in der Sendung könnten die Moderationen dann auch einmal etwas länger werden, abhängig von Typ und Stil eines Programms. Anderthalb Minuten (also knappe 20 Zeilen) seien aber die Höchstgrenze (»das Äußerste, was man dem Zuschauer zumuten kann«).

Filme vorher ansehen. Daß der Moderator die Filme, die er anmoderieren soll, vorher gesehen haben sollte (»am besten dreimal«) hält Friedrichs für eine Selbstverständlichkeit. Da dies aus Zeitgründen häufig nicht möglich ist, empfiehlt er die vorherige Abstimmung mit dem Autor. Warum wird der Film gemacht? Wie ist er aufgebaut? Ist diese und jene Information im Film enthalten? Wenn der Moderator diese Angaben über den Film hat, kann er seine Anmoderation schreiben, auch ohne den Film gesehen zu haben.
In der Regel sei die Arbeitsteilung: Der Moderator bringt den aktuellen Anlaß, der Beitrag dann Einzelheiten und Hintergrund. Manchmal sei es auch genau umgekehrt: Der Moderator liefert den Hintergrund, der Film das aktuelle Einzelereignis. »Der Moderator stellt die Kulisse auf, damit die Arie, die der Korrespondent singt, verständlich ist«.

Mit Teleprompter (Autocue) arbeiten. Da der Moderator eigene Texte in einer meist recht persönlichen Art vorzutragen habe,

brauche er den »Augenkontakt zum Zuschauer«. Deshalb sollte er nicht aufs Blatt schauen, sondern in die Führungskamera mit dem Teleprompter als Lesehilfe. Vom absichtlichen Wechsel zwischen Blatt und Teleprompter hält Friedrichs nichts: »Der Blick aufs Blatt läßt den Kontakt zum Zuschauer jedesmal wieder abreißen.« Dennoch braucht der Moderator ein Manuskript zur Sicherheit, für den Fall, daß beim Teleprompter oder bei der Führungskamera etwas kaputt geht.
Den gelegentlichen Blick auf das Manuskript läßt Friedrichs trotzdem gelten. Neben »etwas Koketterie«, die dabei im Spiel sei, habe er auch eine dramaturgische Funktion: »Wenn ich für einen Augenblick nicht mehr den Zuschauer ansehe und statt dessen nach unten auf das Blatt schaue, ergibt dies eine kleine Pause, eine Zäsur.« Das könne Nachdenklichkeit vermitteln oder einfach nur der Übergang zum nächsten Thema sein (»Allemal besser als der Text: Nun zum nächsten Thema«).

Richtig ablesen. Moderationsanfängern empfiehlt Friedrichs zwei lange Übungsnachmittage im Studio: »Aus dem Stand kann das überhaupt keiner«. Manch einer mache es schon nach einer halben Stunde recht gut, andere brauchten drei Tage und wieder andere würden den »angstvoll aufgerissenen Blick« überhaupt nicht los (»Das ist Veranlagungssache«). Da jeder Moderator seinen persönlichen Stil finden müsse und auch »etwas Schauspielerei« mit im Spiel sei, tut sich Friedrichs mit allgemeingültigen Ratschlägen schwer.

Teleprompter-Text vorher genau durchlesen. Beim Übertragen des Moderationstextes auf den Teleprompter können leicht Fehler entstehen. Statt `Polen` steht da plötzlich `Kohlen`. »Davon erholen Sie sich während der ganzen Sendung nicht mehr«, weiß Friedrichs aus eigener Erfahrung und hält es darum für »selbstmörderisch« mit Teleprompter-Texten auf Sendung zu gehen, die der Moderator vorher nicht genau durchgelesen hat. Ebenso ist Vorsicht geboten, wenn ein neuer Mitarbeiter, der das Sprachtempo des Moderators nicht kennt, die Geschwindigkeit des Teleprompters steuert. Der Moderator muß dann vielleicht zu schnell lesen, weil der Text zu schnell durchläuft oder schläft fast ein beim Moderieren, weil der neue Text nicht zügig genug erscheint.

Leise sprechen, langsam sprechen, akzentuiert sprechen. Zwei Gründe führt Friedrichs dafür an, daß der Moderator möglichst leise reden sollte: erstens bleibt dadurch die »Modulationsfähigkeit seiner Stimme nach oben« voll erhalten und zweitens entspricht dies der ganz normalen Gesprächssituation. Der Zuschauer wolle einen Ton haben, der dem Gespräch im Wohnzimmer angemessen sei: »Da brüllt normalerweise auch niemand«.

Mal ablesen, mal frei sprechen. Diese Kombination ist für Friedrichs schwierig, weil man sich entweder auf das Ablesen oder das Freisprechen einstelle. Wer vom Teleprompter abliest, sollte sich auch die Interviewfragen aufschreiben, selbst wenn er normalerweise bei Sendungen ohne Teleprompter für Interviews nur Stichworte braucht: »Obwohl es mich immer wieder ärgert, wenn ich mich beim Runtergucken auf das Blatt mit den Fragen erwische.«

Den Zuschauer ansprechen. Für den überflüssigsten Satz in jeder Sendung hält Friedrichs die Begrüßung: »Da ist kein Newswert drin.« Da der Zuschauer aber ein Recht darauf habe, begrüßt zu werden, müsse dies beiläufig, unauffällig und leise geschehen. Lange und deutlich herausgestellte Begrüßungen hält Friedrichs ebenso wie die Anrede der Zuschauer (mit `Meine Damen und Herren` zum Beispiel) für »spießig, konventionell und unelegant«. Statt dessen empfiehlt er einfach das Sie: `Sie werden jetzt` ... oder `Ich will Sie nicht erschrecken, aber` ... Der Zuschauer wisse dann schon, daß er gemeint sei (»Wer denn sonst?«)
Auch nonverbal könne man die Zuschauer ansprechen. Das Aufblicken vom Moderatorentisch in die Führungskamera nach einem Film z.B. wirke wie eine verbale Ansprache.

Rezepte für erfolgreiches Moderieren kann Friedrichs nicht geben: »Das entscheidet sich ein bißchen schon in der Stunde der Geburt«, meint er. Einer hinlänglich großen Zahl von Leuten müsse man sympathisch sein und möglichst kein Kalter-Kopf-Typ. »Schlaumeier-Posen« sollte man tunlichst vermeiden, was man wisse, also nicht zum Fenster heraushängen. »Den Experten mimen, kommt nicht an«. Ein Fehler sei es auch, komisch gemeintes vorher anzukündigen. »Wer sagt: Jetzt kommt was Ko-

misches, der kann sicher sein, daß er damit einen Großteil der Wirkung vorweg kaputt gemacht hat.«
Auch vor häufigem Lachen warnt Friedrichs: »Der Zuschauer soll lachen, nicht der Moderator«. Ein gelegentliches Lächeln oder verschmitztes Grinsen dagegen könne sehr wohl am Platz sein. Aufrecht und möglichst ruhig sollte der Moderator sitzen oder stehen. »Große Gesten« wirkten eher wie eine Klamotte, und zuviel Bewegung bringe störende Unruhe.
Wer nicht weiß, was er mit seinen Händen machen soll, dem empfiehlt Friedrichs: »Nehmen Sie einen Kugelschreiber in die Hand. Das hilft auch etwas gegen die Anfangsnervosität«. Und dann: »Wirklich nur an den Stoff denken. Jeder Gedanke weg vom Text und der Sendung (z. B. an die Mama zu Hause oder den Chef) führt Sie ins Unglück.« Gleich zu Beginn der Sendung solle man sich zwingen, möglichst ruhig und normal zu sprechen: »Nicht durch die ersten Sätze hetzen«. Wenn er dann doch passieren sollte, der peinliche Patzer: »Zähne zusammen und durch.« Auf keinen Fall dürfe man an den Fehler denken, weil das nur zu weiterem Konzentrationsverlust und damit neuen Versprechern führe. Aber Friedrichs weiß, das dies leichter gesagt als getan ist, denn der Gedanke komme ganz von allein: »Was hast Du da wieder gemacht, Du Idiot.«

[1] Hanns Joachim Friedrichs, geb. 1927 in Hamm/Westf., gest. 1995, Fernseh-Journalist, 1985 bis 1991 regelmäßiger Moderator der »Tagesthemen« (ARD), zuletzt als »moderierender Chefredakteur«. Einige Stationen seines beruflichen Werdegangs: NWDR/WDR in Köln, ZDF-Korrespondent in Washington, »heute« Moderator, Korrespondent in Vietnam, Leiter der Hauptredaktion Sport, Korrespondent für die UNO in New York.

[2] Walther von LaRoche, Fürs Hören schreiben, in: Radio-Journalismus (List Journalistische Praxis)

Vor der Kamera

Das Rotlicht über dem Objektiv zeigt an, ob eine Kamera »geschnitten« ist, d. h. ob ihre Bilder aufgezeichnet bzw. gesendet werden.
Als Regel gilt: Die Kamera sucht sich ihr Bild und nicht umgekehrt. Gesprächspartner und Gäste müssen und sollen also nicht ständig darauf achten, welche von mehreren Kameras sie aufnimmt.

Auf Journalisten vor der Kamera ist diese Regel nur bedingt anwendbar: Für Anfangs- und Schlußeinstellungen, für Gänge durchs Studio und wichtige Szenen sprechen sich Regisseur, Kameraleute und Journalisten vorher ab. Der Moderator oder Interviewer weiß dann vorher, wo »seine« Kamera in einer bestimmten Phase der Produktion stehen wird. Mit einem Blick direkt in die (richtige) Kamera kann er so den Zuschauer ansprechen.

Der Zuschauer ist das Objektiv der Kamera mit Rotlicht. Will man sich als Journalist also direkt an ihn wenden, dann schaut man mitten in dieses Objektiv. Geht der Blick am Objektiv vorbei oder ins Objektiv der falschen Kamera, dann schaut man auch den Zuschauer nicht (oder nicht richtig) an. Und das ist im Gespräch mit dem Zuschauer via Bildschirm ebenso falsch, wie es in einer direkten Unterhaltung zwischen zwei Partnern unsicher, uninteressiert und nicht überzeugend wirkt, wenn man seinem Gegenüber nicht in die Augen sieht. Dieses direkte Ansehen des Zuschauers bezieht ein, wirbt um Aufmerksamkeit und Interesse, signalisiert besondere Ansprache.

Der erste Blick in die Kamera sollte möglichst natürlich und ungezwungen sein. Das ist meist nicht der Fall, wenn man – in den letzten Sekunden vor Beginn der Sendung oder Aufzeichnung ohnehin innerlich angespannt – gebannt ins Objektiv der Kamera schaut. Zwangloser ist es, erst nach dem letzten Ton des Vorspanns oder Indikativs der Sendung in die Kamera zu blicken. Eine andere Möglichkeit besteht darin, so lange auf den Kontrollmonitor zu schauen, bis man dort selbst erscheint. Besser: Man blickt erst dann ins Objektiv und damit den Zuschauer an, wenn vom vorhergehenden Bild auf einen selbst umgeschnitten wird.

Der letzte Blick in die Kamera kann problematisch werden, wenn es bis zum nächstfolgenden Bild zu lange dauert. Der freundliche Gesichtsausdruck »friert ein«, beginnt starr wie eine Maske zu wirken. Man schaut dann besser wieder auf den Moderatorentisch oder auf seine Unterlagen. Auch im privaten Gespräch blickt man seinen Partner nicht mehr mit geschlossenem Mund unverwandt an, nachdem man ihm das Ende der Unterhaltung mitgeteilt hat.

Wie bewege ich mich vor der Kamera? Auf diese Frage gibt es nur eine unzureichende Antwort: »*Natürlich.*« Unzureichend deshalb, weil die Ratschläge hierfür an die Grenze dessen stoßen, was erlernbar oder durch Routine zu bewältigen ist. Die notwendige Konzentration führt allzu leicht zur Verkrampfung. Manche merken erst vor der Fernsehkamera, daß sie Hände haben (wohin damit?), daß das Gehen unter dem unbestechlichen elektronischen Auge zur Mühsal wird. Zu beachten ist in jedem Fall, daß *Freundlichkeit* auch beim Zuschauer Interesse, ja Sympathie weckt.

Sparsam mit Gesten. Wer vor der Kamera – als Reporter, beim Kommentar, im Interview – Worte, Begriffe oder seine persönliche Meinung betonen und hervorheben will, der mag getrost gestikulieren. Bitte nicht mit dem ganzen Körper – eher mit den Händen. Wer dabei nicht wild vor der Kamera herumfuchtelt, der kann durch solche dezente Begleitung durchaus die Eleganz seines Vortrages heben. Derartige Ratschläge müssen sich freilich auf allgemeine Hinweise beschränken. Immer wird die einzelne Persönlichkeit am Ende den Ausschlag dafür geben, welche Wirkung von dem gesprochenen Wort ausgeht.

Die richtige Kleidung für den Auftritt vor der Kamera ist wichtig. Nicht nur Spötter (auch Fachleute) behaupten nämlich, daß die optische Wirkung auf den Zuschauer viel intensiver ist als die des Gesagten. Und das kann selbst dann so sein, wenn die Kamera nur die sprechende Person zeigt und es eigentlich allein auf den Inhalt des Wortes ankäme.
Die Kleidung richtet sich nach:
- der Rolle in der Sendung (Moderator, Reporter in einem Rinderzuchtbetrieb oder auf einer Hauptversammlung, Kommentator oder Diskussionsteilnehmer).
- dem Gesamtprogramm (in Viva anders als im ZDF).
- der Sendung (im Sport anders als in einer Nachrichtensendung).
- der Jahreszeit (an einem heißen Tag im Sommer anders als im Winter).
- dem Tag selbst (Sind die Zuschauer eher festlich gestimmt – wie etwa an Heiligabend? Oder sind sie betroffen von einem schweren Unglück, einem Todesfall oder Attentat?).

Unabhängig von diesen Rahmenbedingungen sagt die Kleidung immer etwas Persönliches über den aus, der sie trägt: Der/die hat Geschmack, ist ein sachlich-distanzierter Typ, ist zopfig-altmodisch oder jugendlich-trendy – oder will unbedingt peppig wirken.
Stellen Sie sich vor, Sie geben eine Party. Ein neuer Gast kommt herein. Sie schauen ihn an. Noch bevor er ein einziges Wort an Sie richtet, hat bereits sein Äußeres (und die Kleidung ist ein wichtiger Teil davon) auf Sie gewirkt. Der Journalist vor der Kamera kommt ständig zu seinen Zuschauern nach Hause, und dabei geht es ihm nicht anders als dem Partygast.
Manche haben ein gutes Gefühl dafür, sich passend und geschmackvoll ihrem Typ entsprechend anzuziehen. Die werden auch im Fernsehen keine Probleme haben. Wer unsicher ist, sollte sich beraten lassen. Oft tut da ein Gespräch mit der Maskenbildnerin, mit Kameraleuten oder modisch geschulten Verkäufern schon gute Dienste.

Die Wirkung der Kleidung wird aber durch die Kamera beeinflußt. Deshalb sollten folgende Regeln zusätzlich beachtet werden. Knallige Farben, schwarz und weiß sind ungünstig. Zu empfehlen sind Pastellfarben. Feingestreifte Kleidungsstücke, Karo- und Pepitamuster kommen nicht gut. Sie überfordern die Fähigkeit der Kameras zur Farbauflösung und führen zu ungewünschten Flimmer- oder Verwischungseffekten.

Zehn weitere Ratschläge für die Arbeit vor der Kamera. Als Moderatorin beim früheren DDR-Fernsehen und jetzt beim MDR und bei anderen ARD-Sendern hat Carmen Nebel jahrelange Erfahrung vor der Kamera gesammelt. Sie hält es für wichtig, daß man auch wirklich vor die Kamera will und sich nicht nur mehr oder weniger drängen läßt.
Ihre Hinweise an junge Kollegen faßt sie in zehn Tips zusammen:

1. Nicht schauspielern. Seien Sie vor der Kamera immer Sie selbst, denn Schauspieler wollen Sie ja nicht werden.
2. Nicht »schön« sein wollen. Versuchen Sie nicht besonders schön zu wirken. Schönheit ist viel weniger wert als Ihre persönliche Ausstrahlung. Die hilft Ihnen dabei, daß die Zuschauer Ihnen auch zuhören und Sie nicht nur anschauen.

3. Nicht selbst schminken. Bestehen Sie nicht darauf, sich selbst zurecht zu machen. Vertrauen Sie auf das Können der Maskenbildner, sie wissen besser, was Kamera und Studiolicht erfordern.
4. Kleidung sorgfältig wählen. Ziehen Sie sich gut und zu Ihrem Typ passend an, aber »überladen« Sie nicht. Sie sind über den Fernsehschirm Gast in ganz normalen Wohnzimmern bei ganz normalen Leuten. Und die sollen auf das hören, was Sie *sagen*, aber nicht von Schmuck und Kleidung überwältigt werden.
5. Legen Sie Wert auf Ihr Äußeres. »Verkaufen« Sie ruhig Ihre Vorzüge, achten Sie auf Ihre »Schokoladenseite« vor der Kamera.
6. Ratschläge beherzigen. Nicht immer sieht man sich selber, wie man wirklich ist. Manchmal sieht man sich, wie man gerne sein möchte. Darum hören Sie auf das Urteil kompetenter und wohlmeinender Kolleginnen und Kollegen. Reagieren Sie nicht gekränkt, wenn ein Urteil mal weniger positiv ausfällt. Es könnte sonst sein, daß man in Zukunft davon zurückschreckt, Ihnen die Wahrheit zu sagen.
7. Passen Sie auf, daß Sie bequem sitzen. Probieren Sie ruhig verschiedene Stühle und Sessel aus. Und wenn es dann noch so schwer fällt: Versuchen Sie still zu sitzen. Auf dem kleinen Bildschirm wirken Bewegungen oft viel stärker und können den Zuschauer nervös machen.
8. Laufen will gelernt sein. Laufen vor der Kamera müssen Sie schon ein bißchen üben. Probieren Sie's vor dem Spiegel. Man kann es schon als »Schreiten« bezeichnen, was am Ende herauskommen soll.
9. Nicht zu schnell sprechen. Achten Sie auf das richtige Sprechtempo. Stellen Sie sich am besten vor, Sie sprechen mit einem Ihnen vertrauten Menschen. Dann wird es am natürlichsten. Wenn Sie Texte lesen sollen, schreiben Sie Ihre Texte selber. Sie gehen Ihnen dann besser über die Lippen.
10. Keine Angst vor Versprechern. Es ist kein Grund, die Fassung zu verlieren, wenn man sich mal verspricht. Nehmen Sie's locker, dann tut's der Zuschauer gewiß auch.

Talkshow

Talkshows sind ein wesentlicher Programmbestandteil aller Sender, der privaten jedoch mehr als der öffentlich-rechtlichen. Zwei Gründe gibt es für den Boom der Talkshows, deren Zahl sich in den neunziger Jahren verzehnfacht hat. Sie sind erstens beim Publikum beliebt, bringen also Quote. Zweitens sind solche Gesprächssendungen preiswert zu produzieren. Mehr als ein halbes Hundert gibt es davon im deutschen Fernsehen. Nicht wenige werden als »Daily Talks« täglich gesendet.

Sex- und Erotik-Themen, vor allem in nachmittäglichen Daily Talks, führten immer wieder zu erregten öffentlichen Debatten und Untersuchungen der Landesmedienanstalten. Mit »Freiwillige(n) Verhaltensgrundsätze(n) für Talkshows im Tagesprogramm« (1998) hat sich der »Verband Privater Rundfunk und Telekommunikation« bemüht, die schlimmsten (aber eher seltenen) Auswüchse zu verhindern. Etwa die Hälfte der Themen stammt aus dem Bereich Privates/Zwischenmenschliches. Talk-Themen decken aber die gesamte Palette ab, von Menschen/Zeitläufe über Politik und Kultur bis zum Sport.

Die Talkmaster geben den Talkshows oft den Namen, der dann auch für unterschiedliche Themen-Schwerpunkte und Ansprüche steht: »Boulevard Bio« und »Sabine Christiansen« (ARD), »Hans Meiser« (RTL), »Die Harald Schmidt Show« (SAT.1) und »Arabella« (Pro Sieben) sind Beispiele. Auch Aufzeichnungsorte (»Talk im Turm«, SAT.1, bis 1999), Sendezeiten (»III nach Neun«, Radio Bremen) und Konzepte (»Der heiße Stuhl«, früher RTL) sind Talkshow-Titel.

Thema oder Personen – die wohl wichtigste Unterscheidung.

Themensendungen: Genaugenommen handelt es sich bei dieser Form weniger um eine »Show« als um eine »Diskussion« oder eben um einen themenbezogenen »Round-table-talk«. Die Information steht hier im Vordergrund, wobei ein spannender Verlauf der Diskussion auch einen hohen Unterhaltungswert für die Zuschauer haben kann. Diese puristische Form der Gesprächssendung hat sich als sehr »strapazierfähig« erwiesen.

Personensendungen: Beim Personen-Konzept steht eher die Unterhaltung im Vordergrund; die Information wird beiläufig vermittelt. In der Regel werden mehrere Personen von einem oder mehreren Moderatoren befragt.
Vielleicht könnte man das ideale Vermittlungsergebnis einer *Themensendung als »unterhaltsame Information«*, das einer *Personen-Sendung als »informative Unterhaltung«* umschreiben. Eine etwas zweifelhafte neudeutsche Wortschöpfung versucht, die beiden Begriffe zu vereinen: »Infotainment«.

Mischformen bewähren sich oft in der Praxis; die zweitälteste deutsche Talkshow »III nach Neun« (seit 1974) enthält ebenso Elemente aus Personen- wie aus Themensendungen. Dahinter steht der Gedanke, daß Personen ein Thema transportieren, und so kommt es in diesen Sendungen erwünschtermaßen immer wieder auch zu Themendiskussionen zwischen den Beteiligten.

Art und Zusammenstellung der Gäste hängen eng mit dem Grundkonzept der Sendung zusammen. Eine Sendung mit thematischem Schwerpunkt braucht Gäste mit Sachkompetenz, oft sogar Experten zu einem Thema. Eine Personen-Show ist auf interessante und unterhaltsame Persönlichkeiten mit Spaß an der Selbstdarstellung angewiesen.
Um das Zuschauerinteresse für eine Personen-Sendung zu wecken, müssen vielversprechende und reizvolle Gäste angekündigt werden: Fast immer sind es deshalb Prominente. Bei der Themendiskussion können die Gäste ruhig weniger bekannt sein, wenn das Thema interessant ist.

Für die richtige Anzahl der Gäste gibt es keine Faustregel. Sie ist abhängig von der Sendelänge, zusätzlichen Elementen in der Sendung (Musik, Sketche, Filmzuspielungen etc.) und von der erwünschten Länge der einzelnen Gespräche.

Das richtige Timing einer Talkshow ist ebenso wichtig wie schwierig. Nichts ist frustrierender für Zuschauer, Gäste und Moderatoren, als wenn zuwenig Zeit für zu viele Gäste zur Verfügung steht. Das legt den Gedanken an ein »open end« nahe, das dieses Problem scheinbar löst. Dabei entsteht aber die Gefahr, daß sich im Bewußtsein der »unendlichen Zeit« keiner der Teilnehmer mehr irgendeine Disziplin auferlegt, und solche Runden sich gegen Ende oft verlabern. Ideal ist wahrscheinlich viel, aber nicht endlos viel Zeit. Jedem Gast sollte auch gesagt werden, wieviel Zeit er ungefähr hat, damit er sich anschließend nicht zukurz-gekommen fühlt.

Nur eine sorgfältige Gästeauswahl ermöglicht eine gute Sendung. Bei den meisten Talkshows sind die Bereiche Redaktion und Moderation weitgehend voneinander getrennt. Das Redaktionsteam überlegt gemeinsam, welche Gäste in eine Sendung passen würden. Die nötigen Vorgespräche führen die Redakteure/innen; anschließend werden die Moderatoren vom Ergebnis informiert. Mit diesen und zusätzlichen Informationen ausgestattet, bereiten sich die Moderatoren vor.
Idealerweise treffen Gastgeber und Gäste erst in der Sendung aufeinander. Das ermöglicht jene *Spontaneität, die den Reiz von Talkshows ausmacht* und die zerstört werden würde, wenn im Vorfeld schon ausführliche Gespräche zwischen Gast und Moderator stattfinden würden. Auf die Spitze getrieben wurde dieser Spontaneitäts-Gedanke mit der Sendung »Auf den ersten Blick« (1977-78), bei der Moderator Werner Höfer unvorbereitet einem Gast gegenübergestellt wurde, von dem er bis zum Beginn der Live-Sendung nicht wußte, wer es sein würde.

Die Mischung macht's – so lautet das Rezept für die Zusammenstellung einer Gästerunde. Gelegentlich spricht man auch von der sogenannten *»Kasperle-Theater-Dramaturgie«*, bei der jedem Gast eine bestimmte Rolle zugeordnet wird. Wenn dann Kasperl, Gretel, Teufel, Polizist und Krokodil miteinander die Talk-Bühne betreten, dann entsteht mit etwas Glück jene lebendig-unterhaltsame Mischung, die Talkshow-Fans so schätzen. Oft liegt auch schon darin ein Reiz, daß Leute zusammen am Tisch sitzen, die sich unter normalen Bedingungen nie treffen würden. Eine Garantie fürs Gelingen gibt es allerdings nie – *Talkshow ist immer eine Fahrt ins Ungewisse*.

Live oder aufgezeichnet ist deshalb eine wichtige Frage. Viele Talk-Sendungen sind glücklicherweise live, was zweifellos der Idee einer Gesprächsrunde entspricht. Denn für den Zuschauer stellt es einen nicht zu unterschätzenden Kitzel dar, daß theoretisch jederzeit etwas passieren kann, was den fernsehüblichen Rahmen sprengt. Legendär wurde so der spektakuläre Auftritt von Rocksängerin Nina Hagen im »Club 2« (ORF) oder auch die feucht-fröhliche Begegnung zwischen dem »alternativen« Fritz Teufel und dem SPD-Forschungs- und Finanzminister im Kabinett von Bundeskanzler Schmidt, Hans Matthöfer, in »III nach Neun«: Man bespritzt sich gegenseitig mit Wein bzw. Zaubertinte.

Bei den Fernsehmachern hält sich die Begeisterung für solche Ereignisse in Grenzen: Was den Zuschauer entzückt, nämlich die Möglichkeit technischer oder inhaltlicher Pannen, treibt dem durchschnittlichen Fernsehredakteur den Schweiß auf die Stirn. Aufzeichnungen hingegen bergen keine Überraschungen. Sie beginnen erst, wenn alle Gäste eingetroffen sind, Pannen können behoben, unliebsame Äußerungen herausgeschnitten werden. Der Zuschauer erhält bei der Ausstrahlung ein Surrogat der Realität, vom letzten Restrisiko befreit. Für Aufzeichnungen, und zwar gleich mehrerer Sendungen hintereinander, sprechen aber häufig Kostengründe. Sie sind billiger.

Der ideale Talkmaster bräuchte laut Reinhard Münchenhagen (Moderator der ersten deutschen Talkshow »Je später der Abend ...«, 1973-1978) »coole Herzlichkeit, aggressive Zurückhaltung, intellektuelle Biederkeit, neugierige Diskretion, jungenhafte Seriosität«. Kurz, er müßte alle nur denkbaren, einander widersprechenden Eigenschaften in sich verbinden, um den Erwartungen jener heterogenen Masse namens »Fernsehzuschauer« auch nur annähernd gerecht zu werden.

Ungefähr dasselbe gilt für die inzwischen häufiger in Erscheinung tretende Talkmasterin: Sie müßte gleichzeitig intellektuell und populär, sexy und dezent, dominant und servil sein. Was immer sie tut – es ist falsch: Stellt sie viele Fragen, sie ist »vorlaut«. Stellt sie wenige Fragen, sie ist »überfordert«. Ist sie gebildet, wird sie in Massenblättern als »arrogant und elitär« abqualifiziert. Ist sie engagiert, bescheinigen ihr Kritiker mit Vorliebe »verbiesterte Blaustrumpfigkeit«. Was sie von ihren männlichen Kollegen unterscheidet, ist, daß sie sich auch noch öffentliches Rumkritteln an ihrem Aussehen und ihrer Kleidung gefallen lassen muß.

Den/die ideale/n Talkmaster/in kann, soll und wird es also nie geben.

Einige Kriterien für eine gute Gesprächsführung gibt es allerdings dennoch:
- Die Fragen sollten nicht länger als die möglichen Antworten sein.
- Es sollten keine Suggestiv-Fragen gestellt werden, die vom Gast nur mit »Ja« oder »Nein« beantwortet werden können.
- Der Gast sollte nach Möglichkeit nicht unterbrochen werden; ist es unvermeidlich, dann sollte es höflich geschehen.
- Unzureichende oder ausweichende Antworten sollten »hinterfragt« werden; es sollte »nachgehakt« werden.
- Ein Gespräch sollte sich nicht nach den Notizen des Moderators, sondern nach den Antworten des Gastes richten. Es darf nie darum gehen, einfach nur vorher überlegte Fragen »abzuhaken«.
- Zwei Sätze sollten nach Möglichkeit aus dem Repertoire des Moderators gestrichen werden:
  `Leider haben wir nicht genug Zeit ...`
  `Lassen Sie uns darauf später kommen ...`
- Der Moderator sollte nie vergessen, daß es nicht um ihn geht, sondern um den Gast. Wer am liebsten von sich selbst erzählt, ist für diesen Job nicht geeignet.

Wie weit ein Talkshow-Moderator »moderat« sein soll, darüber wird gestritten. In einer Talkshow treffen Menschen aufeinander und selbst bei allergrößtem Bemühen wird es einem Talkmaster nicht gelingen, seine Person aus diesen Gesprächen völlig herauszuhalten. Die Frage ist auch, ob das überhaupt wünschenswert ist, denn die Persönlichkeit des Fragers und seine individuellen Eigenheiten prägen ja auch den Stil einer Sendung und schaffen Identifikationsmöglichkeiten für den Zuschauer. Deshalb werden die meisten Sendungen von zwei oder mehr Moderatoren geleitet: Die unterschiedlichen Moderatoren-Typen decken unterschiedliche Publikumsgeschmäcker oder Temperamente ab.

Gründlich vorbereitete Moderatoren sind – neben der geglückten Gästemischung – das A und O einer Talk-Sendung.
Gründliche Vorbereitung heißt:
- Lektüre aller wichtigen Presseberichte über die Gäste.
- Lektüre möglichst aller ihrer Veröffentlichungen; zumindest

aber der neuesten. Entsprechend: Kenntnis von Filmen, CDs oder anderen Werken.
- Einarbeitung in die Themenbereiche, die die Gäste möglicherweise transportieren.
- Anschauen früherer Sendungen, in denen die Gäste zu Wort kamen.
- Gespräche mit Leuten, die die Gäste persönlich kennen. Hierzu gehört auch das Gespräch mit dem Redakteur, der die Gäste »vorgecheckt« hat.

Diese Materialsammlung bildet die Grundlage für den Entwurf eines idealtypischen Gesprächsverlaufs. Selbstverständlich läuft es in der Sendung immer anders, aber bei Bedarf kann sich der Moderator an dieser Ideallinie orientieren.
Das Maß, in dem ein Moderator von seinem Konzept abzuweichen in der Lage ist, hängt von seinem persönlichen Temperament und seiner Erfahrung ab. Manche Moderatoren kleben stur an ihrem Notizblock, andere improvisieren eine ganze Sendung ohne Spickzettel – sozusagen freischwebend. Zwischen diesen beiden Extremen muß jeder Moderator seinen persönlichen Weg finden.

Die Zusammenarbeit mehrerer Moderatoren während der Sendung ist eine Sache vorheriger Absprachen. Die Moderatoren können z. B. die Gäste »aufteilen« und sich gegenseitig die Möglichkeit zu Zwischenfragen einräumen. Oder sie legen nur den jeweiligen Einstieg fest und gestalten den weiteren Gesprächsverlauf gemeinsam. Bei dieser Form kommt es besonders auf ein gutes Zusammenspiel an; jeder muß versuchen, dem anderen gegenüber fair und kollegial zu sein und zu erspüren, wann ein Gedankengang zu Ende gebracht ist und ein Wechsel sich anbietet.

Das Gesicht einer Talk-Sendung wird natürlich in erster Linie von den Präsentatoren und Gästen bestimmt. Aber eine Reihe anderer Faktoren spielt ebenfalls eine Rolle:
Der Ort des Geschehens. Findet die Talkshow in einem Studio statt oder an einem »realen« Ort wie z. B. einem Café? Trotz der höheren Kosten werden viele Talkshows außerhalb des Studios produziert. Die Atmosphäre eines »echten« Ambiente, meist mit Blick nach draußen, ist im Studio einfach nicht herzustellen.

Die Zuschauer im Raum: Bei vielen Talk-Sendungen sind Zuschauer dabei, die durch Beifall oder Mißfallens-Äußerungen erheblich zur Stimmung beitragen. Hie und da werden auch Zuschauerfragen in eine Sendung miteinbezogen; manchmal ist das Publikum gezielt zum Thema eingeladen, oder einzelne Personen sind speziell ausgewählt und im Publikum plaziert.
Zusätzliche Unterhaltungs-Elemente: Um den »Show«-Charakter zu unterstreichen und Beteiligten wie Zuschauern eine »Atempause« zu gönnen, sind bei vielen Talkshows Musik-Nummern oder andere künstlerische Auftritte Bestandteil der Sendung.
Oft sind die Künstler gleichzeitig Talk-Gäste; es gibt aber auch den in jeder Sendung wiederkehrenden Bar-Pianisten. Ist ein Kabarettist zu Gast, bietet sich ein Live-Sketch an, bei einem Schauspieler oder Regisseur zeigt man meist einen Filmausschnitt, in anderen Fällen dient eine eigens angefertigte Zuspielung als Ergänzung.
Alle diese Elemente sind flexibel einsetzbar und sollten sich der Gesamtdramaturgie einer Sendung unterordnen.
Denn was im einen Fall erholsamer »break« oder notwendige Erläuterung ist, kann im anderen Fall den Spannungsbogen zerstören und ein Abfallen des Zuschauer-Interesses verursachen.

Für Talkshows arbeiten – das kann auch Berufsanfängern und als Studentenjob gelingen, vor allem bei der redaktionellen Hintergrundarbeit, die oft von freien Produktionsfirmen geleistet wird. Gäste müssen gesucht und »eingekauft« werden. Mit ihnen werden häufig Vorgespräche geführt, sie werden »vorgecheckt«. Für die Moderatoren wird Material zusammengestellt, aus Archiven und aus Interviews mit Gästen oder Leuten, die über die Gäste etwas erzählen können. Vor oder nach der Sendung müssen Gäste betreut werden. In der Sendung brauchen Regisseure oder Aufnahmeleiter nicht selten Unterstützung, besonders wenn Publikum eingeladen ist und nicht im Studio aufgezeichnet wird.
Wenn Einspielfilme gebraucht werden, ist dies natürlich auch ein interessantes Betätigungsfeld für Reporter. Selbst für einen Auftritt »vor der Kamera« gibt es Chancen, wenn z. B. eine Publikumsbefragung vorgesehen ist, für die nicht die Moderatoren eingesetzt werden sollen.

Ganz auszuschließen ist übrigens nicht, daß diese Tätigkeiten Stufen auf einer Karriere-Leiter sein können – im Ausnahmefall sogar bis zur obersten, der Moderation.

Michael Steinbrecher/Martin Weiske, Die Talkshow, 20 Jahre zwischen Klatsch und News, Tips und Hintergründe (Verlag Ölschläger, München)

Fernseh-Diskussion

Diskussionsrunden im Fernsehen haben vorrangig das Ziel, unterschiedliche Auffassungen zu einer bestimmten Thematik herauszuarbeiten. Es kommt dabei nicht darauf an, sachliche Einigung unter den Diskussionspartnern zu erzielen, sondern dem Zuschauer die Möglichkeit zu geben, sich seine eigene Meinung zu bilden.
Dabei erlebt er die Diskutierenden »ganzheitlich«: Mit Mienenspiel und Körpersprache, mit Reaktionen auf Äußerungen anderer Teilnehmer (kopfnickende Zustimmung, Verärgerung, überlegen oder hilflos wirkend).
»Entscheidend für das Gelingen einer Fernseh-Diskussion sind: Die *Zusammensetzung der Gesprächsrunde*, meist ist die Zahl zu hoch; die *Gesprächsführung* durch den Moderator; ob das Publikum den Eindruck gewinnt, hier werden – durch welchen Teilnehmer auch immer – *seine Fragen behandelt*.«[1]

Nicht zu viele Teilnehmer. Im Bemühen, möglichst zahlreiche Standpunkte zu einer kontroversen Frage diskutieren zu lassen, werden Diskussionsrunden im Fernsehen fast immer zu breit angelegt. Meist geraten sie an das Ende ihrer Sendezeit, nachdem nur die Standpunkte dargelegt sind. Die eigentliche Auseinandersetzung kommt dabei häufig zu kurz.

Der Gesprächsleiter einer solchen Runde hat daher die Aufgabe, bremsend und anregend zugleich zu wirken: Er muß bemüht sein, große »Soloauftritte« zu vermeiden, und fähig sein, die streitenden Parteien auch tatsächlich im Streit zu zeigen. Auf das vielfach übliche Schlußwort des Diskussionsleiters, das oft versucht, eine künstliche Harmonie zu konstruieren, sollte grundsätzlich verzichtet werden. Dienlicher ist es, schon zu Beginn einer solchen Sendung darauf zu verweisen, daß nicht Einmütigkeit erzielt, sondern die Kontroverse verdeutlicht und verständlich gemacht werden soll.

Ein sympathisch wirkender Gesprächspartner erzielt beim Massenpublikum einen höheren Grad von Glaubwürdigkeit (auch wenn er in seinen Aussagen nichtssagend bleibt) als ein Teilnehmer, der trotz kluger Argumentation die Sympathieschwelle zum Zuschauer nicht zu überschreiten vermag. Das kann dazu führen, daß angesprochene Parteien, Verbände und Institutionen auf Einladungen zu Fernseh-Diskussionen mit einer eher »telekosmetisch« begründeten Auswahl von Gesprächspartnern reagieren. Einladende Redaktionen sollten daher nicht »einen Vertreter«, sondern *bestimmte* Persönlichkeiten zur Teilnahme auffordern.

Gesprächsleiter müssen gut vorbereitet sein. Die Gesprächsvorbereitung ist für den Diskussionsleiter mindestens ebenso wichtig wie die Gesprächsführung. Er muß sich in die zu behandelnde Materie mit größter Sorgfalt einarbeiten und die relevanten Ansichten zur Sache beherrschen. Nur so ist er halbwegs sicher, von diskussionsgewohnten Partnern nicht ins Aus manövriert zu werden. Es empfiehlt sich, eine Diskussion in der Vorbereitungsphase zu *strukturieren*, also bestimmte Themenkomplexe und ihre zeitliche Dimension innerhalb der Sendung festzulegen. Zugleich muß der Diskussionsleiter jedoch die Freiheit und Souveränität besitzen, dieses Ablaufgerüst zu vergessen, wenn die Diskussion an bestimmten Punkten eine aufregende und für das Publikum interessante Eigendynamik entwickelt. Buchhalterisches Beharren auf zuvor festgelegten Gesprächsstationen kann für die Sendung tödlich sein.

Nicht zuviel vorbesprechen. Selbstverständlich müssen die teilnehmenden Partner über den geplanten Verlauf und die zu behandelnden Diskussionspunkte vorab informiert werden. Eine ins Detail gehende Vorabsprache sollte auf jeden Fall vermieden werden. Zuschauer haben ein feines Empfinden dafür, wann eine Diskussion spontan und wann sie »inszeniert« verläuft.

Trotz aller Vorbereitungen und professionellen Handhabung bleibt jede Fernseh-Diskussion ein Unternehmen mit offenem

Ausgang. Partner, die sich vorgenommen haben, gegen alle Regeln der Fairneß und Vereinbarungen Diskussionen »umzufunktionieren«, können den Moderator total »überfahren« und geradezu lächerlich machen. Sie riskieren damit jedoch auch, den Beifall des Publikums zu verlieren, das ein höflicher und energischer Moderator in jedem Fall auf seiner Seite wissen kann. Das gilt vor allem dann, wenn er seine Souveränität behält und sich davor hütet, in noch so hitzigen Diskussionsphasen selbst in den Streit einbezogen zu werden.

[1] Harald Glahn/Heinz Hinse/Friedhelm Zöllner, Fernseh-Nachricht/Fernseh-Unterricht; Landeszentrale für politische Bildung Rheinland-Pfalz; Mainz, Seite 26 (Hervorhebungen durch die Herausgeber).

Werner Holly/Peter Kühn/Ulrich Püschel (Hrsg.), Redeshows. Fernsehdiskussionen in der Diskussion (Max Niemeyer Verlag, Tübingen)
Werner Holly/Peter Kühn/Ulrich Püschel (Hrsg.), Politische Fernsehdiskussionen. Zur medienspezifischen Inszenierung von Propaganda als Diskussion (Max Niemeyer Verlag, Tübingen)

Sendungen mit Zuschauer-innen-Beteiligung

Die Sendungen, an denen sich Zuschauer-innen (direkt oder per Telefon) beteiligen können, werden immer zahlreicher. Das gilt auch für den journalistischen Bereich des Fernsehprogramms. Diese Sendungskonzepte unterscheiden sich sehr in bezug auf das Ausmaß, in dem die Zuschauer-innen ihre Beteiligung selbst bestimmen können.

Zuschauer-innen als lebende Kulisse. Die älteste und gängigste Form der Beteiligung ist die Möglichkeit, die Zuschauer von zu Hause in den Veranstaltungsort »umzubetten«. Als »Qualität« entsteht dadurch der Effekt, daß spontanes Lachen, Klatschen, Buh-Rufen (selten) oder der Gesichtsausdruck einzelner in die Sendung einbezogen werden können. Des weiteren wird das Publikum systematisch als Geräusch- und optische Kulisse – und darüber hinaus – als Diskussionssplitter mit eingebaut: auf Verabredung Klatschen, »Spitze«-Rufen, Hände-Heben und Drehen, auf Fragen antworten wie »Finden Sie, daß Herr Prof. X recht hat?«
In manchen Sendungen machen Zuschauer-innen wie Tanzbären – ohne Zwang – etwas, was sich die wenigsten Beschäf-

tigten einer Rundfunkanstalt freiwillig selbst zumuten würden: z. B. in Papptiere kriechen, für ein möglichst bunt-bewegtes Fernsehbild agieren und als Individuum praktisch nicht existent sein. Und seit einigen Jahren mißbrauchen immer mehr Sendungen die arglos/narzistische Kooperationsbereitschaft für grenzüberschreitende Schlüssellocheffekte.

Was »beteiligte« Zuschauer-innen erleben. Interessierte müssen an eine Karte oder Einladung für den Aufnahmeort (Studio, Stadthalle, Theater etc.) kommen. Das bedeutet, sie müssen anrufen, schreiben, sich auf eine Anzeige melden oder jemanden vom Fernsehen kennen. Sie betreten einen Raum, der dank der Aufwendigkeit und Ansprüche der Technik die Gemütlichkeit einer unordentlichen Fabrikhalle hat.
Sie sehen eine Menge Leute herumstehen, deren Funktion ihnen unklar ist, und die häufig das Publikum wie Luft behandeln.
Sie können beobachten, wie Menschen, die sich nicht selten besonders wichtig gebärden, Anweisungen geben, Ton-, Kamera-, und Stellproben machen. Sie hören gelegentlich jovial klingende Begrüßungsworte und Anweisungen wie »kräftig klatschen«, »nicht in die Kamera sehen«, »nicht winken«, oder erleben mehr oder weniger aufgedrehte »Warm-uper-innen«. Wer im Publikum sitzt, stellt dann fest, daß man am Fernseher immer mehr mitbekommt als vor Ort, denn die Technik hat Vorrang. Sie versperrt dem Publikum die Sicht. Die Beschallung läßt so gut wie immer zu wünschen übrig (wegen der Koppelgrenze).
Sie sehen einen Moderator oder eine Moderatorin, der oder die oft besonders schick oder strange aufgemacht ist und der oder die eher die Tendenz hat, mit den fast immer geladenen »wichtigen« Gästen sehr viel geduldiger und zuwendungsvoller umzugehen. Manchmal bekommen die Zuschauer-innen noch mit, wieviel vorher durchprobiert wird. Oft lernen sie, daß Spontanes und Unkontrolliertes nur für Minuten statthaft erscheint und normalerweise nicht vorgesehen ist. Wenn die Sendung vorbei ist, stellt sich nicht selten heraus, daß der Eindruck von zwangloser Gemütlichkeit, den sie vom häuslichen Schirm mitgebracht hatten, sofort nach Sendeschluß zerfällt. Im ungünstigsten Fall wird das Publikum schleunigst aus dem Sendeort gedrängt, weil die Angestellten Dienstschluß haben, und man das technische Gerät nicht mit den Zuschauer-inne-n einfach stehenlassen darf.

Auch das freundliche Interesse des Moderators oder der Moderatorin scheint häufig mit dem Verglimmen der Monitore erloschen. Der Umzug in die Kantine, Kneipe – falls überhaupt vorgesehen – ist immer ein enttäuschendes Herausreißen.

Ja, und danach stehen diese Menschen auf der Straße und denken vielleicht: »Ach, so ist das also. Das habe ich mir immer ganz anders vorgestellt. An der einen Stelle hätte ich ja auch noch gerne was gesagt oder mitgemacht. Aber klar. Die Leute vom Fernsehen können ja nicht auf jede-n eingehen. Ich war auch nicht so mutig wie der Mann vor mir. Und meine Frage wäre wahrscheinlich auch nicht so wichtig gewesen. Ich hätte den Moderator wenigstens hinterher gern etwas gefragt. Oder den Kameramann. Aber man will sich ja nicht aufdrängen. Ob ich wohl im Bild war? Na, morgen werde ich denen daheim mal erzählen wie's da war. Mit dem Autogramm, das hätte ich mich vielleicht noch trauen sollen ...« – Ob einer der Effekte dieser Behandlung ist, daß es inzwischen Agenturen geben muß, um Publikum zu finden und Menschen, nur um das Studio zu füllen, Honorar erhalten?

Das Publikum sollte sich mit Würde einbringen können. Wenn Zuschauer-innen ihre Kompetenz, ihre Unmittelbarkeit, ihren unterschiedlichen Erfahrungs-, Bildungs- und Sozial-Hintergrund, ihre Emotionalität und Eckigkeit einbringen können, erscheint Publikumsbeteiligung als besonders sinnvoll. Das sind Sendungen, in denen Zuschauer-innen zum *gleichwertigen, partnerschaftlichen Mitmachen* eingeplant sind, aus der Erkenntnis heraus, daß sie uns etwas bringen können, was wir weder haben noch wirklich inszenieren können.

Was das Fernsehen mit Zuschauer-innen-Beteiligung erreichen kann:

- auch unorganisierten Bürger-inne-n ein Sprachrohr bieten
- TV-Zweiweg-Kommunikation begünstigen
- »Sachverhalte« durch auseinanderliegende Positionen relativieren
- Mündigkeit und/oder klare Interessenschau der verschiedenen Gesellschaftsgruppierungen zulassen
- im Vergleich unterschiedlicher Wahrheiten eigene Standorte ermöglichen

- von den Zuschauer-inne-n und aus ihren Bereichen, die nicht unsere sind, lernen
- das Vor-Ort-Publikum als Repräsentant-inn-en der zu Hause Zuschauenden mit ihrer Gruppenklugheit nutzen
- Dialekte, Sprachfehler und Versprecher nicht wegschneiden, sondern als Realität integrieren und so die oft funkspezifische Aalglätte als unwirklich entlarven
- Lernprozesse durch Identifikation und Gefühle erleichtern
- die Wünsche von Zuschauer-inne-n wahrnehmen lernen, um vom Termin-, Verlautbarungs- und Einladungs-Journalismus wegzukommen.

Die Erkenntnis, daß Zuschauer-innen nicht nur »blöd«, d. h. winkend oder wichtigtuerisch, nichtssagend oder schüchtern sind, greift um sich. Das Erlebnis, daß Sendungen, an denen das Publikum *unvorsortiert* beteiligt wird, andere Dimensionen eröffnen, unterhaltender und authentischer sein können, als abgehobene Expert-inn-enrunden, findet immer häufiger statt. Aber leider wird immer noch meist vorbesprochen oder gar vorgecastet ohne Neugier auf Fremde-s und ohne trainierte Professionalität im Umgang mit Überraschendem.

Das Publikum ernst nehmen. Es hilft, sich in die Lage der Besucher-innen zu versetzen (z. B. regelmäßig auf der anderen Seite mal selbst mitmachen). Es gilt zu erkennen, wieviel Unterstützung vom Publikum kommen kann, wenn ich es nur lasse und beachten lerne. Wer Qualität vom Publikum will, dem oder der helfen feste Rituale und geplante Zeiten fürs Mitmachen. Dazu gehört auch, daß der Moderator oder die Moderatorin sich möglichst Zeit nimmt, den Sendeablauf transparent zu machen und die Rolle, die das Publikum darin übernehmen kann, erläutert. Technische Notwendigkeiten sollten erklärt und auch Kolleg-inn-en von der Technik dazu Ansprechpartner-innen sein. Schließlich kommen viele Zuschauer-innen auch aus technischem Interesse. Die Macher-innen benötigen auch ein systematisches Feedback zu den Vor- und Nachgesprächen mit dem Publikum. Ebenfalls wichtig: Zuschauer-innen-Betreuer-innen für ihre Aufgabe auszubilden, um den einzelnen ihre Kompetenz und Authentizität in der einschüchternden Atmosphäre zurückzuvermitteln. Bei den meisten noch immer eine Marktlücke, die systematische *Nachbetreuung*. Damit ist u. a. gemeint, daß jemand da sein muß, der oder die den Mitmacher-inne-n, das unvermeidliche Gefühl, etwas Falsches und Unvollständiges gesagt und sich blamiert zu haben, lindert: zum Beispiel durch ein echtes positives Feed-back zum Gesagten und ein Gesprächsangebot zum Ungesagten, um den unvermeidlichen »Auftritts-Kater« zu kalmieren.

16 Vorschläge als Basis für gelungene Sendungen mit Publikumsbeteiligung. Auf die Realisierung vieler dieser Vorschläge werden die Leser-innen dieses Buches – jedenfalls in den ersten Fernsehjahren – kaum einen Einfluß haben. Andererseits bringen gerade Neulinge die nötige Offenheit, Unbelastetheit und (noch) die erforderliche Distanz mit.

1. Die Arbeit beim Fernsehen müßte sich mehr in Richtung auf *feste, partnerschaftliche Teams* hin entwickeln, die das Gefühl haben, *ihre* Sendung gemeinsam zu gestalten. In der Regel wissen zu viele in der riesigen Schar von Mitarbeiter-inne-n aller »Ränge« unterhalb Redakteur-in, Regisseur-in und Moderator-in heute nicht, für welche Sendung sie morgen eingesetzt werden, ganz zu schweigen davon, daß sie inhaltlich einbezogen würden.
2. Die *Technik* müßte viel stärker begreifen, daß die Akteur-inne-n nicht für sie, sondern sie umgekehrt für die Agierenden da ist (d. h. z. B. keine Aktions-Kreuze auf dem Boden, keine Kamera-Blick-Instruktionen).
3. Die *Veranstaltungsorte* sollten so aussehen, daß sie Ängste, Lampenfieber, Unsicherheiten ab- und nicht aufbauen.
4. Das *Setting* (Sitzordnung, Distanzen, Mikrofone etc.) sollte weniger ausschließlich aufs gute Bild als auf optimale Kommunikation und eine entspannte Atmosphäre hin angelegt sein. Das kann aber erst gelingen, wenn nicht mehr Farben und Symmetrien nach ästhetischen Kategorien vorrangiges Beurteilungskriterium sind. Vielmehr ist wichtiges Ziel, daß sich menschliche Beziehungen enwickeln können und das, was passiert, authentisch über die Rampe kommt.
5. Die *Regelmäßigkeit von Sendungen* mit möglichst geringem zeitlichen Abstand voneinander, die wiedererkennbare Struktur und ein konstanteres Verhältnis des Publikums zu Moderator-in können beidseitiges Lernen im Umgang miteinander ermöglichen. Ein Moderator oder eine Moderatorin mit einem

Vier-Wochen-Sendetakt wird seltener die – gerade im Umgang mit Publikum – notwendige Sicherheit erlangen. Umgekehrt hat auch das Publikum keine Möglichkeit, sich auf diese Person und die dazugehörigen Eigenarten einzustellen. (Die täglichen Talk-Shows sind schon der richtige Weg, die Aufzeichnung von bis zu vier Staffeln pro Tag jedoch ein qualitativer Schuß nach hinten.)

6. Die *Länge der Sendungen* und die *Anzahl der mitmachenden Zuschauer-innen* sollten in einem Verhältnis stehen, daß auch ein Mensch, der im öffentlichen Reden ungeübt ist, die Chance hat, sich sinnvoll zu äußern.
7. Die *Privatheit der Mitmacher-innen* sollte nicht für reißerische Schlüssellocheffekte mißbraucht werden. Ziel ist stets das Politische im Persönlichen. Besondere Beachtung verdient, daß die Beteiligten »heil« nach Hause kommen und auch dort unbeschädigt sind.
8. Es sollten mehr »Heimvorteile« geschaffen werden, indem *mehr Sendungen beim Publikum* stattfinden, bei denen wir uns den Zuschauer-inne-n mehr anpassen, anstatt sie sich uns. Auch über den *freien Zugang* zu Sendungen müßte verstärkt nachgedacht werden, um die z. T. ausschließenden und die Zuschauerauswahl sicher beschränkenden Bedingungen zur Teilnahme aufzuheben.
9. Die *Themen und inhaltliche Aufbereitung* von Sendungen sollten hautnah und auf die Interessen und die Kapazität der Mitmachenden hin überdacht sein. Dabei gibt das Publikum wertvolle und originelle Anregungen, wenn wir es ernsthaft danach fragen.
10. Moderator-inn-en, Regisseur-inn-e-n und das Team sollten etwas von *Gruppendynamik* verstehen, damit ihnen Abläufe und Entwicklungen im Publikum verständlicher werden und ihre Angst vor Überraschungen schmilzt.
11. *Publikums-Betreuer-innen* müßten geschult und für die Vor- und Nachbereitung mit Autorität ausgestattet sein. Wenn jemand glaubt, sich vor Millionen blamiert zu haben, reicht das »Auffangen« durch eine Sekretärin oder Studentin nicht, zumindest nicht, solange diese Mitarbeiter-innen ungeschult sind und vor aller Augen herumgeschickt werden.
12. Es wäre wichtig, daß jede und jeder im Team lernt – auch wenn's manchem-r auf die Dauer mühsam und langweilig

erscheint – als Ansprechpartner-in für das anwesende Publikum ohne joviale Herablassung zur Verfügung zu stehen. *Transparenz und Information* entzaubern, machen benutzbar und sicherer.

13. Häufige und feste Sendungen mit Zuschauer-innen-Beteiligung, zusätzlich Sendungen über das Fernsehen, Sendungen mit Kritik und Selbstkritik am Fernsehen können einen Beitrag leisten, das Medium emanzipierter nutzbar zu machen, um *Unmittelbarkeit und Lebensnähe* zu integrieren.
14. Der Perfektionswahn, die Panik und die oft beklommen machende Reaktion auf »Fehlleistungen« können wesentlich reduziert werden. Statt dessen wäre es fruchtbarer, wenn sich die *Haltung, menschliche Unzulänglichkeiten souverän zuzulassen*, durchsetzte, damit die Beteiligten aus solchen Erfahrungen lernen können und nicht den Druck, unter dem sie sich oft fühlen, an das Publikum vor Ort weitergeben.
15. Wenn *Emotionalität* – von Verschwisterung bis Streit – eingeplant wird, könnten »Köpfe«–Sendungen demonstrieren, daß sie die Möglichkeit bergen, ebenso spannend wie Action-Sendungen, dazu noch lebensnäher und sinnstiftender als manche Krimi-Serien zu sein – ohne an Unterhaltsamkeit einzubüßen. Der Achtsamkeit im Umgang, der Verantwortung für die Wirkung der Sendungen und der Auswirkungen auf die Betroffenen ist dabei besonderes Augenmerk zu schenken.
16. Es gilt Bedingungen zu schaffen, die stärker als bisher das Bewußtsein fördern, daß das Medium Fernsehen ein wichtiges, *demokratisches Dienstleistungsgewerbe* mit besonders vielen Möglichkeiten und besonders viel Verantwortung ist.

Verfremdung von Wirklichkeit ist ein wichtiges künstlerisches, aber auch didaktisches Mittel. Unser Fernsehen hat sich jedoch nicht ausreichend um die Wirklichkeit als solche, ohne künstliche und künstlerische Mittel, bemüht. Der Alltag und die Durchschnittsmenschen gelten meist als grau, stinknormal und uninteressant. Ein Grund, warum Mitmacher-innen fast grundsätzlich vorsortiert oder vorgekastet werden und die Themen oft reißerisch und absonderlich ausgewählt werden. Dabei gibt es keine langweiligen Themen und Menschen sondern nur langweilige Arten, auf Themen und Menschen zuzugehen. Eine der Ursa-

chen für die Berührungsangst mit der Realität ist sicher, daß der Flimmerkasten sich noch nicht genügend von seinen Vorfahren Ufa und Hollywood emanzipiert hat. Überall finden sich im Kleinen die Spuren dieser starbezogenen, künstlich bunten, irrealen und aufwendigen Vergangenheit.
Sendungen mit Zuschauer-innen-Beteiligung schaffen Wege, die Wirklichkeit mit ihrer anderen, lebendigen, politisch und menschlich bedeutsamen Qualität zu integrieren. Es lohnt sich, daran zu arbeiten.

Carmen Thomas, »Willi kannze mich hören«, vgs, 1994
Carmen Thomas, Hallo Ü-Wagen. Rundfunk zum Mitmachen – Erlebnisse und Erfahrungen, List, 1984
Carmen Thomas, Vistem – oder der klare schnelle Weg zur Sache, Beltz, 1996
Carmen Thomas, Angst macht dumm, in »Vox populi«, Bundeszentrale für politische Bildung, 1996

Videotext/Online

Teletext – in Deutschland »*Videotext*« oder »*Fernsehtext*« – war über Jahre ein stiller Star im Fernsehen. Inzwischen gehen die Textinformationen, mit Bild und Ton angereichert, nicht nur mit dem Fernsehsignal, sondern auch online übers Internet in alle Welt.

Mit der schrittweisen Einführung von Teletext als *Zusatzangebot zum bisherigen Fernsehprogramm* wurde 1980 in Deutschland und den Nachbarländern Österreich und der Schweiz zugleich ein neues Berufsfeld eröffnet. Zwischen 700 und 1000 Texttafeln werden heute täglich von der ARD im Ersten und vom Zweiten Deutschen Fernsehen verbreitet – terrestrisch, via Satellit und Kabel oder als Einspeisung in Online-Netze. Ähnlich umfangreich sind die Textangebote der privaten Fernsehveranstalter wie SAT.1, RTL, ProSieben oder n-tv. Wie Fernsehprogramme so sind auch die Textangebote heute in ganz Europa, mitunter weltweit, zu empfangen oder abzurufen. Die Textdienste haben – etwa mit Blick auf *Programmführer* im digitalen Fernsehzeitalter – eine solche Bedeutung erlangt, daß ARD und ZDF nach 20 Jahren erfolgreicher Zusammenarbeit beim Teletext ihre gemeinsame Videotext-Zentrale aufgelöst haben und im Ersten und Zweiten jeweils eigene Wege gehen.

Angesichts der technischen Entwicklung und der zunehmenden Zahl von Plattformen und Ausspielwegen, die heute und in Zukunft mit programmbegleitenden Angeboten zu bedienen sind, hat sich folgendes *Arbeitsprinzip* herausgebildet: *Eine Daten- und Informationsquelle für alle Dienste* (Plattformen) – das heißt, daß in den Textredaktionen sowohl die Inhalte für den Teletext als auch für *Online*- und *Internet-Angebote* und sogar für *Pager-Dienste*, die Handy-Benutzer mit Informationen versorgen, und für *digitales Radio* zusammengestellt und geschrieben werden. Die Schweizerische Teletext AG verfährt zum Beispiel nach dieser Methode, und auch bei den deutschen Teletext-Redaktionen setzt sie sich inzwischen nach und nach durch.

In einer Teletext- und Online-Redaktion werden Informationen und grafische Darstellungen (zunehmend auch Bild und Ton) elektronisch eingegeben. Die Internet-Nutzer erhalten diese Informationen am PC, die Fernsehzuschauer rufen sie mit der Fernbedienung am TV-Gerät ab. Es sind jedoch schon Geräte auf dem Markt, die beides bieten – den Fernsehempfang und die Internet-Nutzung. Es besteht auch kein Zweifel mehr daran, daß der Text im Fernsehen beim Digital-TV im »www-Gewand« – also im Internet-Outfit – daherkommen wird.

Die Charakteristika eines Teletext-Programms sind:

- Aktualität und Schnelligkeit. Jede Information kann jederzeit auf Sendung gehen, erneuert oder geändert werden – von der Wahlberichterstattung bis zu aktuellen Sportergebnissen. Bei der Übernahme ins Internet leidet die Schnelligkeit zumeist noch, was sich aber in den kommenden Jahren mit einer verbesserten Technik ändern wird.
- Ständige Verfügbarkeit. Ein Teletext-Programm hat – genau genommen – keinen Redaktionsschluß und keine »Deadline« für die Informations- und Nachrichtengebung. Es wird ständig fortgeschrieben. Die Zuschauer haben im Fernsehen freien Zugriff auf die Informationen ohne irgendein Zeit- oder Sendeschema.

Private Programmveranstalter haben die Bedeutung von Teletext- und Internet-Angeboten selbstverständlich ebenso erkannt. Sie nutzen Teletext auch als Werbeträger, der in der Schweiz und in Deutschland Millioneneinnahmen bringt.

Die Arbeit in einer Teletext-Redaktion verläuft unter Bedingungen, die am ehesten mit der Nachrichtenabteilung bei einer Tageszeitung oder im Hörfunk vergleichbar sind. Die Informationen kommen überwiegend von internationalen Nachrichtenagenturen. Bei der Fülle des Materials ist die Funktion eines »Gatekeepers« unerläßlich, also die Auswahl durch die Redaktion. Für den Teletext gilt wie für Online-News der Satz: »Ereignisse und Fakten kommen vor Stellungnahmen, Reaktionen und Forderungen.« Außerdem: verknappen ohne zu verfälschen. Selbst wenn eine Teletext-Meldung mit ihren durchschnittlich zwanzig Zeilen zu jeweils vierzig Anschlägen heute ausführlicher ist als die meisten Meldungen in den Nachrichtensendungen »schneller Radiowellen«, so bleiben *Kürze, Prägnanz und Zuverlässigkeit* eben auch hier beste journalistische Tugenden.

Die Teletext- und Online-Redakteure arbeiten an einem Arbeitsplatz mit PC-Tastatur. Der Monitor am Arbeitsplatz ist dabei mit der die Plattformen versorgenden Datenbank verbunden. Ein Großteil der Daten und Informationen in einem Teletext-Dienst wird zusätzlich online und direkt im Verbund mit anderen Datenträgern – von den Börsenplätzen bis zu Flughäfen – übernommen und gesendet.

Einen Fernseh-Beitrag planen

Themen finden

Themen liegen auf der Straße, heißt es. Tun sie nicht. Sie fallen auch nicht vom Himmel, wie die täglichen Redaktionskonferenzen beweisen. Themen zu finden, in denen gute Beiträge stecken, ist ein hartes Stück Arbeit. *Die Voraussetzungen:* ein lückenloser Überblick, was ansteht; eine genaue Kenntnis der Sendung, eine nüchterne Einschätzung, was man als Fernsehjournalist bereits leisten kann. Gerade am Anfang »überheben« sich viele.

An der Redaktionskonferenz teilzunehmen, gehört zu den Pflichtterminen. Hier werden die Sendungen und ihre Einzelbeiträge so offen wie möglich analysiert und kritisiert. Die Redaktionskonferenz ist aber auch eine *Ideenbörse*. Da werden die Themen diskutiert, verworfen, geändert; da wird geplant, werden Aufträge vergeben. *Auftragsthemen der Redaktion* gibt es immer. Niemand sollte sich aber allein auf sie verlassen. Auch der Anfänger in der Redaktion muß sich so schnell wie möglich auf eigene Beine stellen, neue Ideen auf bekannten Themenfeldern einbringen, gängigen Stoffen eine aktuelle Perspektive abgewinnen, die journalistische Relevanz einer Story selbst erkennen. Dabei handelt es sich nicht allein um Spektakuläres, um die berühmten »heißen Eisen«, sondern viel häufiger um Alltagsgeschichten, die nicht selten beim Zuschauer eine stärkere Betroffenheit auslösen als große Themen, die in den Medien bereits in aller Breite diskutiert werden.

Eigene Themen ausgraben und in der Redaktionskonferenz so überzeugend vertreten, daß es zu einem Produktionsauftrag kommt und vielleicht zu einem guten Beitrag – das ist von einigen Voraussetzungen abhängig.

Selbst rundum informiert sein – das ist die Grundlage dafür. Das heißt freilich: Schon jetzt, in diesem Vorstadium, unabhängig von der Redaktion, auf Verdacht recherchieren, Ansprechpartner finden, viel lesen und Materialien sammeln, mit anderen, Betroffenen wie Beteiligten diskutieren. Und das alles nicht im Blick auf ein einziges Thema, sondern auf alles, was in der nächsten Zeit aktuell, wichtig, und von allgemeinem Interesse sein könnte.

Die Redaktion und ihr Programm kennen. Welche Struktur hat das Programm, für das man arbeiten möchte? Welche Sendeformen werden bevorzugt? Wechseln Wortnachrichten und Nachrichtenfilme miteinander ab? Ist der Nachrichtenblock Teil einer magazinartigen Sendung? Welche Darstellungsformen finden sich am häufigsten – Berichte, Reportagen, Features, Kommentare, vielleicht auch Glossen? Welche Themenfelder bevorzugt die Redaktion, was vernachlässigt sie offenkundig? Wie aktuell sind die Sendungen?

Die Sendungen regelmäßig anschauen und alle Beiträge so genau wie möglich analysieren, vielleicht auch mit den Realisatoren, den Kollegen, diskutieren. Sicher gibt es auch Aufzeichnungen früherer Sendungen, lassen sich einzelne Beiträge aus dem Archiv anfordern. Auf diese Weise lernt man nicht nur die Linie der Sendung kennen (und durchschaut manchmal, daß sie keine Linie hat), sondern stellt auch die Defizite in der Berichterstattung fest, erfährt, welche Gegenden im Sendegebiet offenbar in einem Nachrichtenschatten liegen, welche Themen erneut aufgegriffen werden müßten.

Das eigene Medium als Ideen-Lieferant. Ideen für eine weiterführende Berichterstattung liefern zunächst einmal die aktuellen Sendungen des eigenen Mediums. Tagesschau-Ausgaben und Heute-Sendungen, bei den Privaten die Nachrichten, sind wie die täglichen Magazine eine Fundgrube, wenn es darum geht, überregionale Themen regional oder gar lokal aufzuarbeiten. Umgekehrt nehmen ja auch viele Anregungen aus den Regionen ihren Weg in die Gesamtprogramme.

Beim Drehen Augen und Ohren offen halten. Viele Fernsehjournalisten finden ihre besten Themen, wenn sie sich bei allen Eindrücken, die sie sammeln, konsequent fragen: Kann das ein Thema für mich werden, eignet es sich für die Sendungen, an denen ich mitarbeite?
»Draußen« wird der Reporter oft zum *Ansprechpartner der Zuschauer*, die ihm bei den Dreharbeiten ihre Sorgen und Nöte

schildern. Es sollte für ihn, auch wenn er unter Produktionsstreß steht, nicht nur eine Frage der Höflichkeit sein, diesen Menschen zuzuhören. Vielfach helfen sie ihm bei seiner Arbeit. Ihre Erfahrungen, ihre Beobachtungen sind manchmal viel genauer als seine eigenen, ihre Anregungen dem Zuschauerinteresse näher als vieles, was er offiziell erfährt.
Eine Frage wird sich speziell der Fernsehjournalist vor jedem Themenvorschlag beantworten müssen:

Ist das Thema fernsehgerecht? Beiträge sind dann fernsehgerecht, wenn sie zusätzliche optische Informationen bringen. *Ein Thema muß sich in Bildern erzählen lassen* – vor allem dann ist es ein Stoff für das Fernsehen. Allerdings: Beiträge, die dieses Kriterium ganz erfüllen, sind in den Programmen relativ selten. Und häufig genug und meist begründet lautet die Kritik spontan: »*Fotografierter Hörfunk*«, womit absolut nichts gegen den Hörfunk, aber alles gegen das Medium Fernsehen gesagt ist.

Recherchieren

Das Recherchieren ist eine der wichtigsten journalistischen Pflichten und das Indiz für die Berufsauffassung schlechthin. Es gibt dafür Arbeitsregeln, die für alle Journalisten gelten. Für den Fernseh-Journalisten kommen zusätzliche Anforderungen hinzu. Er ist dabei am erfolgreichsten, wenn er systematisch vorgeht und in drei Richtungen recherchiert:
- Thema
- Bild
- Organisation

Bei der thematischen Recherche geht es um die Fakten, die der Reporter so umfassend wie möglich erarbeiten muß.
Zeitungsarchiv und Bibliothek helfen weiter. Die Kolleginnen dort wissen meist, was der Journalist für seine Arbeit braucht und wo das dann auch schnell zu finden ist. Aber bitte nicht festlesen. Die Zeit drängt.
Nach der *Basisrecherche* ergänzt der Reporter bei *Nachrecherchen* Aussagen, Quellen und eigene Erkenntnisse – mißtrauisch gegenüber allem, was er bis dahin zum Thema gehört, gelesen

und gesehen hat. *Checken und Gegenchecken* bringen immer wieder die sachlichen Fehler ans Licht.

Eine Deadline beim Recherchieren gibt es nicht. Thematische Recherchen sind auch dann noch nicht abgeschlossen, wenn der Reporter bereits mit seinem Team unterwegs ist. Beim Drehen ergeben sich vielfach neue Aspekte. Bis unmittelbar vor der Sendung können Nachrecherchen erforderlich werden, wenn weitere Details zu überprüfen sind. Dabei erhält ein Thema manchmal auch neue Aspekte.

Bild-Recherche vor Ort. *Motivsuche* ist die fernsehtypische Recherche. Bei dieser *konzeptionellen Recherche* klärt der Reporter, wie er sein Thema in Bildern darstellen kann. Das geht bei größeren Beiträgen am besten mit einer *Vorbesichtigung*. Der Reporter muß lernen, mit den Augen des Kameramannes zu sehen – und das wiederum macht erforderlich, daß er sich im Laufe der Zeit mit der Arbeit des Kameramannes vertraut macht. (vgl. »Die Kamera kennenlernen« und »Die Bilder mit der Kamera einfangen«). Leichter ist es, den Kameramann beim Recherchieren mitzunehmen, sofern es dessen Terminkalender erlaubt. Bei aktuellen Beiträgen fehlt für eine Vorbesichtigung natürlich die Zeit, da muß »vor Ort« improvisiert werden; dem Kameramann helfen dabei seine oft langjährigen Berufserfahrungen, von denen auch der Reporter profitieren kann.

Einstieg und Ausstieg festlegen. Womit fange ich an, womit höre ich auf? Der Beitrag muß mit einer eindeutigen Bildaussage, mit einer *optischen Schlagzeile* beginnen, der die verbale Schlagzeile entspricht. Einstieg und Ausstieg sollte der Reporter »draußen«, also bei der Motivsuche, spätestens bei den Dreharbeiten finden. Wenig ratsam ist es, das erst beim Sichten des Materials vor dem Schnitt nachzuholen, denn für diese Entscheidungen stehen dem Journalisten am Schneidetisch ja nur begrenzte Ausschnitte aus der Realität zur Wahl.

Bild	Erklärung zum Bild	Text
 Optische Schlagzeile	Die erste Einstellung soll optisch animieren und Spannungen erzeugen: Viele Füße und Beine hinter- und nebeneinander. Die Fahrbahn unten noch zu einem Drittel im Bild, die Kamera sehr tief, knapp über dem Boden: es entsteht eine Art Spiegelung. Nach ca. 1“ Stand: mit dem ersten Schlag der Kirchturmuhr setzt sich der Pulk in Bewegung – ein Durcheinander an Füßen und Beinen.	Ein Tausendfüßler in Wanderstiefeln. Verbale Schlagzeile

Die Motive festhalten. Ist der Journalist bei der konzeptionellen Recherche auf sich allein gestellt, sollte er sich nicht nur auf sein Gedächtnis verlassen, sondern alle Eindrücke festhalten, die bei der nachfolgenden Arbeit, also beim Konzipieren seines Beitrags wichtig werden könnten. Eine *Sofortbildkamera* erleichtert ihm die optische Recherche. Die wichtigsten Motive *einfach* zu *skizzieren*, ist auch eine gute Methode. Dazu muß man nicht zeichnerisch begabt sein. Hier geht es nur um Gedächtnisstützen, die anschließend beim Zeichnen des *Storyboards* nützlich sind.

Bild-Recherche im Archiv. Allgemeine Bilder einer verstopften Innenstadt oder von der Produktion in einem Automobilwerk müssen, wenn sie keinen aktuellen Bezug brauchen, nicht immer wieder neu gedreht werden. Sie finden sich schnell und kostengünstig im Fernseharchiv (vgl. »Archive, Bibliotheken, Dokumentationsstellen«). Dort sind natürlich auch Einstellungen zu Themen vorhanden, die immer wieder einmal aufgegriffen werden. Sie eignen sich bestens, wenn eine Entwicklung optisch belegt werden soll. Ist z. B. der Werdegang eines Politikers vor oder nach einer entscheidenden Wahl wichtig, ein Nachruf zu produzieren oder ein Blick zurück in die Zeitgeschichte von Interesse, dann wird das Fernseharchiv zur Fundgrube. Dabei ist zu beachten, ob solche Bilder »frei« sind oder die Rechte daran gesondert erworben werden müssen.

Bei der organisatorischen Recherche muß der Fernsehjournalist alle Informationen sammeln, die *einen glatten Produktionsablauf sicherstellen*. Handelt es sich um einen Nachrichtenfilm oder um einen Kurzbericht, dann ist er in der Regel *sein eigener Produktions- und Aufnahmeleiter*, zuständig für behördliche und private Drehgenehmigungen und für Versicherungsfragen; er muß den Zeitaufwand für die Produktion festlegen, an die Einhaltung der Arbeitszeit denken; er verwaltet die Handkasse und vergißt auch die Quittungsformulare nicht, falls irgendwelche Ausgaben auf ihn zukommen. Er muß an tausend Dinge denken, die mit seiner eigentlichen journalistischen Tätigkeit offenbar nur am Rande zu tun haben, die allerdings geklärt sein müssen, bevor er den Produktionsauftrag schreibt. Daß Kamera, Licht (welches Licht?) und Ton gebraucht werden, ist klar. Aber auch eine spezielle Ausrüstung? Alle im Team müssen wissen: Wann ist Abfahrt? Wie lange brauchen wir für die Fahrt? Wo können wir am Drehort parken? Wann werden wir drehbereit sein? Wann müssen wir beim Sender zurück sein, damit der Beitrag noch in die Sendung kommt (vgl. »An alles denken – eine Checkliste für die Produktion«)?

Archive, Bibliotheken, Dokumentationsstellen

Archive, Bibliotheken, Dokumentationsstellen sind – nicht nur in den Rundfunkanstalten – das *Gedächtnis ihrer Benutzer* und damit für den Journalisten wichtige Partner. Ihre Dienstleistungen für Produktion und Programm reichen weit über die traditionellen Aufgaben der klassischen Archive hinaus. Ihre Bestände sind nach einheitlichen fachspezifischen Dokumentationsmethoden erschlossen – Voraussetzung für eine breit gestreute Nutzung und Wiederverwendung der aufbereiteten Daten, Produktionsmaterialien und des Programmvermögens.

Auf Bilder aus dem Fernseharchiv greift die BR-Fernsehreporterin Simone Schneppensiefen z. B. gerne in folgenden Fällen zurück:

- bei Nachrufen, Jubiläen, Geburtstagen, Preisverleihungen, um die Entwicklung einer Institution oder die Karriere einer Person darzustellen.

- bei Rückblicken aller Art, z. B. bei Prozessen oder sog. B-Stücken zu einem aktuellen Bericht (z. B. die schlimmsten Lawinenunglücke der letzten Jahre).
- bei Hintergrund- und Erklärstücken, z. B. über die Gesundheitsreform. Bilder von Arztpraxen und Krankenhäuser werden hier aus Zeit- und Geldgründen meist nicht neu gedreht.
- bei Berichten über Pressekonferenzen oder Parlamentsdebatten, um die Themen, die dort debattiert werden, auch im Bild darzustellen. Archivbilder gelten hier aber nur als »Notnagel«. Allerdings fehlt häufig die Zeit, neu zu drehen.
- immer dann, wenn es zu aufwendig oder teuer ist, selbst zu drehen, so z. B. bei Operationen oder Einstellungen aus anderen Ländern. Vorsicht vor Fremdmaterial, das Firmen in solchen Fällen gerne anbieten (vgl. »Bericht/Reporterbericht«).

ARD/ZDF. Die Archive und Dokumentationsstellen sind entsprechend der föderalistischen Struktur der öffentlich-rechtlichen Rundfunklandschaft unterschiedlich organisiert, zentral oder dezentral. In zentralen Einheiten zusammengefaßt sind sie im ZDF, WDR, SWR, NDR und HR.
In mancher Hinsicht erweist sich eine *dezentrale Archivorganisation* als problematisch, denn der Fernsehjournalist benötigt für seine Arbeit die zentralen Informationsstellen wie Bibliothek und Pressearchiv, aber unter Umständen auch Notenarchiv und Musik- bzw. Schallarchive ebenso wie die Hörfunkredakteure.
Die heutige Informationstechnologie läßt allerdings eine Vernetzung von Informationssystemen zu, auch wenn diese von archivischen Einrichtungen betrieben werden, die unterschiedlichen Geschäftsbereichen einer Rundfunkanstalt zugeordnet sind. Die elektronischen bzw. digitalen Möglichkeiten des Datentransfers und der Informationskommunikation ermöglichen inzwischen in vielen Rundfunkanstalten die Direktnutzung von zentralen ABD-Informationssystemen (ABD = Archive, Bibliotheken, Dokumentationsstellen), wie Presse-Datenbanken, Fernseh-Datenbanken, Musik-Datenbanken unmittelbar durch die journalistischen Nutzer; dies gilt auch für externe Studios oder Auslandskorrespondentenbüros.

Die Kölner Zentrale von RTL unterhält ein Nachrichten-, Sport- und Magazinarchiv, in dem die einschlägigen Sendungen eigen-

ständig dokumentiert und für Produktionszwecke bereitgestellt werden. Programmaustausch und Informationsbeschaffung wird mit anderen Archiven, so der Compagnie Luxembourgoise de Télédiffusion (CLT) und von Gruner&Jahr betrieben. Neben dem News- und Sportarchiv unterhält RTL ein sog. Unterhaltungsarchiv, in das die fiktionalen und gestalteten eigenproduzierten Sendungen übernommen werden.
Die großen Landesstudios von RTL, so in Berlin, Bonn, Frankfurt, Hamburg und München, besitzen eigene Archiveinheiten für dort entstehende Produktionsmaterialien; diese Bestände sind im Kölner Zentralrechner von RTL dokumentiert und über Datenbankanbindungen allen Nutzern zugänglich.

Die Situation bei SAT.1. In der Berliner SAT.1-Zentrale befindet sich das sog. *Informationsarchiv*. Dort wird die Programmüberlieferung der Aktualität, Magazinsendungen (auch die von Auftragsproduzenten erstellten) und die gesamte Sportüberlieferung vorgehalten. Der Bestand umfaßt ca. 50 000 Programmstunden. Ein zentrales Datenbanksystem enthält alle für die Verwertung erforderlichen Metadaten, also komplexe inhaltliche Informationen in Form von Abstracts, zu den Beiträgen und Sendungen. Der Zugriff auf das zentrale Datenbanksystem ist heute den Nutzern in der SAT.1-Zentrale in Berlin ebenso möglich, wie den Regionalstudios von SAT.1. Ein Lesezugriff ist auch über das SAT.1 Intranet möglich. SAT.1 ist der erste Fernsehveranstalter, der die gesamte Aktualität digital bearbeitet, sendet und archiviert.

Film- und Videoarchive stellen in erster Linie Materialien aus archivierten Programmen oder Programmteilen zur Wiederverwendung bei Produktionen und in Sendungen – in der Regel als Kopien – und für andere Zwecke der Wiederverwendung und Weiterverwertung bereit. Darüber hinaus sichern sie das Programmvermögen als zeitgeschichtliches Quellengut. Die Film- und Videoarchive erschließen die Materialien formal und inhaltlich differenziert.
Um die Nutzungsmöglichkeiten der Bestände zu verbessern, haben ARD und ZDF in den 70er Jahren ein gemeinsames Dokumentationsmodell – das *Regelwerk Fernsehen* – verabschiedet, das allen Rundfunkanstalten einen einheitlichen Dokumentationsstandard gewährleisten soll. Das Regelwerk Fernsehen bildet die dokumentationsfachliche Basis für die in allen öffentlich-rechtlichen

deutschen Rundfunkanstalten inzwischen eingerichteten Fernsehdatenbanken, die heute einen umfassenden und komfortablen Zugriff nach inhaltlichen, thematischen und bildmotivischen Aspekten des archivierten Programmvermögens ermöglichen.
Die elektronisch gespeicherten Informationen werden in einem sogenannten Online-Verbund zur Direktrecherche allen öffentlich-rechtlichen Rundfunkanstalten zur Verfügung gestellt. Mittels *Crossrecherchen* ist damit ein schneller Überblick auf das für Produktionszwecke verfügbare Programmvermögen möglich.

Die Einführung digitaler Produktions- und Bearbeitungsverfahren, die in vollem Gange ist, bringt für die Archivierung und Sicherung der Programmüberlieferung eine neue Herausforderung, dabei gleichzeitig völlig neuartige Nutzungsperspektiven. Digitale Video- und Audiofiles werden zukünftig in sogenannten *digitalen Archiv-Massenspeichern* als reine Datenüberlieferung vorgehalten; erste Prototypen digitaler Programmspeicher sind bereits bei privaten und öffentlich-rechtlichen Rundfunkanstalten im Aufbau. Der immense *Vorteil für Nutzer* – also die Redaktionen und die Produktion – besteht darin, daß diese Bestände nicht nur in Form textlicher Referenzen, sondern kombiniert mit den laufenden Bild- und Tonsequenzen *unmittelbar an den Arbeitsplatz transferiert* werden können; damit wird die Bewertung und Selektion von Ausschnitten ohne umständliche Bereitstellung von MAZ-Bändern und deren Ansicht möglich.

Die Wiederverwendung und Weiterverwertung von Produktionen oder Programmteilen ist allerdings unterschiedlich kompliziert und aufwendig. Bei den aktuellen Beständen, einschließlich der von der UER und den internationalen Agenturen übernommenen Beiträge, sind meist nur in geringem Maße *rechtliche Einschränkungen* zu beachten, die im wesentlichen den Persönlichkeitsschutz betreffen. Bei der *Zweitnutzung von fiktionalen* und *künstlerischen Produktionen* bestehen dagegen oft erhebliche *urheberrechtliche Hindernisse* und Auflagen.
Generell werden die Film- und Videoarchive bei der Auswahl der Programme und Klammerteile die Benutzer auf die rechtliche Seite der Verwendung hinweisen, die immer in Zusammenarbeit mit den Honorar- und Lizenzabteilungen und den verantwortlichen Redaktionen geklärt werden muß.

Bildarchive halten Fotos und andere Bildmaterialien greifbar. Der Schwerpunkt des Bildeinsatzes sind aktuelle Sendungen. Die Bildmaterialien sind in der Regel *nach geografischen, biografischen und sachthematischen Gesichtspunkten erschlossen* und weisen auch das *Copyright* nach.
In den Bildarchiven sind heute elektronische Informations- und Speichersysteme für die *Vorhaltung, Dokumentation und Verwaltung von Bildbeständen* weitgehend realisiert. Derartige *Bilddatenbanken* ermöglichen eine Direktversorgung der Produktions- und technischen Bereiche (Grafik, elektronischer Standbildspeicher etc.) ebenso wie die elektronische Belieferung – heute oft schon via Internet bzw. Intranet – von In- und Auslandstudios mit dort benötigten Bildmaterialien.

Pressearchive und Informationsbüros sind in allen deutschen Rundfunkanstalten als zentrale Informationsaufbereitungs- und -vermittlungsstellen für die journalistischen/redaktionellen Nutzer eingerichtet. So erwarten den Benutzer z. B. im ZDF-Pressearchiv rund 2,8 Mio Presseausschnitte. Journalisten erhalten auf gezielte Fragestellungen die geforderten Unterlagen, aber auch Fakteninformationen, die aus den Materialien ermittelt worden sind.

Ein äußerst aktueller Benutzerservice gehört zum Angebot der Pressearchive; im ZDF z. B. sind bereits am späten Vormittag Tageszeitungen, Agenturdienste und Wochenzeitungen ausgewertet. Zur aktiven und vorausschauenden Informationsbereitstellung erscheinen beim ZDF seit 1976 und inzwischen auch bei einigen Anstalten der ARD periodische *Vorschaudaten* für Programmplaner und Redaktionen.

Über Datenbankanschlüsse an *externe Fachinformationssysteme* und *fachspezifische Datenbanken* verfügen heute alle Pressearchive. Die *Nutzung des Internetangebots* ist inzwischen eine Selbstverständlichkeit.
In den Pressearchiven stehen für die journalistischen Nutzer *geschulte Dokumentare* bereit. Zunehmend werden die Fernsehjournalisten selbst im Umgang mit elektronischen Informationssystemen vertraut, so daß sie diese unmittelbar für die eigene Informationsgewinnung nutzen können.

Rundfunkbibliotheken haben fast alle *Rechercheteams* eingerichtet, die Daten liefern und Materialien zu größeren Themenkomplexen zusammenstellen. Bei mittel- und langfristiger Programmplanung können die Recherchegruppen häufig lange vor Beginn der eigentlichen Arbeit an einem Projekt – sozusagen in der *Vorrecherchephase* – Literatur und Informationen bereitstellen.

Den Umgang mit Archiven regeln Benutzerordnungen, die fast alle Rundfunkanstalten entwickelt haben – eine *Pflichtlektüre für den Fernsehjournalisten*. Sie enthalten Hinweise zur Ausleihe ebenso wie Bestimmungen über Ansicht und Abklammerung, Kopieren und Reproduzieren von Bild-, Film- und Videomaterial; sie informieren darüber, wie das Genehmigungsverfahren (z. B. bei der Benutzung von Film- und Videokopien) geregelt ist.
Mit der *Kenntnis der Spielregeln* allein ist es jedoch noch nicht getan. Im persönlichen Kontakt mit Mitarbeitern der Archive gewinnt man meist die beste Einsicht in Arbeitsweise und Leistungsfähigkeit; *Teamarbeit* ermöglicht optimale Ergebnisse und gute Versorgung.

Heiner Schmitt, Zu Aufgaben und Organisation von Rundfunkarchiven; in: Ein kulturelles Erbe bewahren und nutzen ..... Vorträge und Diskussionsbeiträge; Symposium zur Film- und Videoarchivierung in Nordrhein-Westfalen, Seite 97 ff.(Düsseldorf 1996)

Exposé/Ideenskizze

Für die Umsetzung der Recherche-Ergebnisse in einen Fernsehbeitrag gibt es mehrere konzeptionelle Zwischenschritte:
- Exposé/Ideenskizze
- Treatment
- Filmplan/Drehbuch
- Produktionsplan (Drehablaufplan)

Für kleine aktuelle Beiträge entstehen unter Zeitdruck weder Treatment noch Film- und Drehablaufplan und natürlich auch kein Drehbuch. Die Konzeption muß sich vor Ort ergeben, jeder im Team improvisieren können. Außerdem wird erfahrungsgemäß manches Planungsraster von den Ereignissen vor Ort überrollt.

Filmplan, Storyboard und Drehablaufplan haben im aktuellen Bereich eher didaktische Funktion. Bei großen journalistischen Fernsehbeiträgen (vgl. »Feature und Dokumentation«) sind sie erforderlich.
Wann immer sich Gelegenheit dazu ergibt, sollte man sich aber gerade am Anfang dazu zwingen, die Arbeit vorher Schritt für Schritt zu fixieren, nichts dem Zufall zu überlassen, Präzision in die Gedankenführung und damit in die bildliche Umsetzung eines Themas zu bringen. Wer sich auf diese Weise Klarheit verschafft, wird sie um so leichter auch seinem Team vermitteln, das dann nicht mehr mit vagen Vorstellungen an einen Drehort fahren muß.
Der Fernseh-Journalist sollte jedenfalls alle Konzeptionsphasen kennen. Wenn eine Redaktion nicht einmal ein schriftliches Exposé (oder ein Treatment) verlangt, werden sie doch – zumindest zu Beginn – eine wichtige Hilfe beim Vorschlagen und Realisieren der ersten Beiträge sein.

Das Exposé – auch Ideenskizze genannt – fixiert das Thema zum erstenmal schriftlich. In wenigen Zeilen entwirft der Reporter einen *Orientierungsrahmen*, formuliert Anliegen und Aussage, umreißt den Inhalt und nennt die voraussichtliche Länge des Beitrags.

Das Exposé ist eine *Entscheidungshilfe*. Die Redaktion soll daraus erkennen können, ob der geplante Beitrag in das Konzept der Sendung paßt, aktuell und von allgemeinem Interesse ist, wie der Autor sein Thema darstellen möchte, ob und mit welchem Aufwand seine Programmidee realisierbar ist. Bereits in dieser Phase müssen auch *wirtschaftliche Gesichtspunkte* der Produktion bedacht werden.
Je fundierter und präziser ein Exposé ist, um so leichter hat es der Reporter, sich mit seinem Thema durchzusetzen. Mit dem Exposé schafft er aber auch zwischen sich und dem Thema eine *klärende Distanz*. Ist seine Idee wirklich so gut, wie er bisher angenommen hat; ist er überhaupt kompetent, das Thema aufzugreifen?

So könnte zum Beispiel ein Expose zum Film über die Volkswanderung (vgl. »In Bildern erzählen«) formuliert sein:

Thema: Volkswanderung
Länge: ca. 2 Minuten
Für Sendung: (Titel)
Für Sende-Termin: (Datum)
Ausführlicher Nachrichtenfilm über den sechsten Volkswandertag der baden-württembergischen Landesregierung am Sonntag, dem (Datum). Wahrscheinlich 1600 Teilnehmer. Start und Ziel der 30 Kilometer langen Wanderschleife: Schonach im Schwarzwald.
Der Beitrag zeigt, wie die Wanderer einander in ungezwungener Atmosphäre näherkommen und ihre Freizeit in einer der schönsten Gegenden des Sendegebiets gemeinsam verbringen. Kritische Haltung der Wandervereine zu solchen »Massenveranstaltungen« wird ebenfalls thematisiert.
Ab 8 Uhr wird die erste Wandergruppe (ca. 300 Teilnehmer) über die Rast auf halber Strecke bis zur Medaille am Ziel begleitet. Sendung abends zeitlich kein Problem.
Standard-Team, kein Licht, keine Interviews, nur Atmo.

Treatment

Das Treatment entwickelt die Ideenskizze weiter, schildert das Thema ausführlicher und präzisiert die Aussage. Welchen Spannungsbogen hat die Story? Mit welchen optischen und verbalen Mitteln wird sie erzählt? Zunächst eher beiläufige und unverbindliche Angaben werden jetzt konkretisiert: Wo wird der Beitrag gedreht? Wer gibt ein Statement? Welche Interviewpartner sind vorgesehen?
Ein gutes *Treatment verhindert Pannen in der Disposition*. Genaue Angaben im Treatment sorgen dafür, daß das Team richtig zusammengesetzt und richtig ausgerüstet ist – das geht bis zu *Hinweisen auf angemessene Kleidung* bei bestimmten Anlässen.

Für Kommunikation und Kooperation im Team ist das Treatment wichtig. Jeder im Team muß erkennen, was die Dreharbeiten von ihm verlangen. Der Kameramann wird sich Gedanken darüber machen, welche Ideen er zur Umsetzung der Story in Bilder beitragen kann und welche Ausrüstung er braucht. Der Tonmann will Art und Umfang seines Einsatzes erfahren; auch der Beleuchter muß sich vorbereiten können. Das Treatment trägt dazu bei, daß alle im Team frühzeitig miteinander über die gemeinsame Aufgabe sprechen können. Auf der Fahrt zu den Dreharbeiten kann der Reporter seine Angaben im Treatment im Gespräch ergänzen, um das Team noch stärker für das Thema zu interessieren (vgl. »Feature und Dokumentation, Treatment-Entwicklung«).

Als Beispiel ein Treatment zum Film über die Volkswanderung (vgl. »In Bildern erzählen«).

Zum 6. Volkswandertag der baden-württembergischen Landesregierung werden am Sonntag im Schwarzwalddorf Schonach etwa 1600 Menschen erwartet. Von 8 bis 12 Uhr gehen sie in unterschiedlich großen Pulks auf die dreißig Kilometer lange Strecke. Auf halber Strecke finden die erschöpften und vielleicht auch verletzten Teilnehmerinnen und Teilnehmer einen Rastplatz. Als Belohnung winkt am Ende eine Medaille der Landesregierung.
Infoziel: Im Mittelpunkt des Beitrags – Länge etwa 2 Minuten – steht das »Atmosphärische« dieser Großveranstaltung, die Menschen bei einem aktiven Freizeiterlebnis einander näherbringen soll. Es geht um die sportliche und kommunikative Seite der Volkswanderung, aber auch um kritische Anmerkungen, wie sie von Wanderorganisationen, zum Beispiel vom Alb- und Schwarzwaldverein geäußert werden: Das Wandererlebnis sei »mit zuviel Masse, mit zuviel Wettkampf verbunden. Der eigentliche Sinn, nämlich wandern ohne zu hetzen, in Ruhe die Natur zu erleben, das gehe verloren«.
Realisierung: Das FS-Team kann die Wanderer nicht auf der gesamten Strecke begleiten, son-

dern muß die Eindrücke im wesentlichen an Start und Ziel sowie bei der Rast sammeln. Die Kamera-Einstellungen ergeben sich aus den Beobachtungen vor Ort. Der Beitrag hat demnach drei knappe Abschnitte: Start, Rast und Ziel liefern den roten Faden. Aus Zeitgründen konzentriert sich das Team auf den ersten Pulk von etwa 300 Wanderern.
Abfahrt: 6.30 Uhr
Drehbeginn: 7.45 Uhr, Pause: Rastplatz
Drehschluß und Rückkehr zum Sender: 14 Uhr.
Wanderkleidung, festes Schuhwerk, für den Notfall Regenschutz.
Kamera: Viele Füße und Beine hinter- und nebeneinander als Einstieg: ein Tausendfüßler in Wanderstiefeln. Die Kamera verfolgt die Gruppe mit dem Ziel, daß der Zuschauer bei der Rast und am Ziel einzelne typische Teilnehmerinnen und Teilnehmer wiedererkennt. Daneben werden in variierten Einstellungen das Schwarzwalddorf (mit touristischen Aspekten) und die Schwarzwaldlandschaft (eine der schönsten) vermittelt.
Rastplatz: Pflege und Verpflegung der Wanderer; der wartende Bus, der Fußkranke zurückbringt.
Ziel: Details der Medaillen und ihrer Verleihung.
Ton: Originalatmo der Wanderer einzeln und in Kleingruppen (Start, Rast und Ziel), Stimmengewirr, Gesprächsfetzen, anfeuernde Zurufe, Beifall. Das Schlagen der Kirchturmuhr orientiert über den zeitlichen Rahmen.
Licht: nicht erforderlich.

Filmplan, Storyboard, Drehbuch, Produktionsplan

Der Filmplan, die Filmkonzeption, legt den Aufbau des Beitrags fest. Für den Filmplan stellt der Reporter die Story *chronologisch in kurzen Bildblöcken* dar und skizziert ihre Längen, seine Informationsabsichten und seine bildorientierten Aussagewünsche. Für jeden Bildblock gibt er außerdem an, ob O-Ton (im On oder

im Off) oder Atmo eingesetzt und wann sein Text (Kommentar) unterlegt wird.
Leicht kann die klare Linie eines Themas hinter der Fülle von Informationen zurücktreten, die der Reporter berücksichtigen möchte, weil sie ihm attraktiv zu sein scheinen. Hilfreich ist es deshalb, bei allen konzeptionellen Überlegungen (aber auch bei der Realisierung) die ursprüngliche Ideenskizze wie einen Leitsatz im Kopf zu behalten, damit man sich bei den optischen wie bei den verbalen Informationen nicht verzettelt.

Der Filmplan wird grundsätzlich vom Bild her entwickelt. Der Kameramann erfährt aus den in dieser Rubrik notierten Eindrücken Einzelheiten des geplanten Beitrags, aus denen sich für ihn die gestalterischen Möglichkeiten ergeben. Je detaillierter der Filmplan ist, um so besser kann der Kameramann den Drehtermin vorbereiten und seine Bildideen für den Beitrag entwickeln. Aber nicht vergessen: Es handelt sich um einen Plan. Bei der Umsetzung kann sich manches ändern.
Optische Informationen, also Fotos und Zeichnungen, können dem Kameramann allerdings eindeutiger als Worte die Absichten des Autors vermitteln. Speziell in dieser Planungs- und Vorbereitungsphase ist das Storyboard ein wichtiges Hilfsmittel.

Das Storyboard. Mit einer mehr oder weniger umfassenden Sammlung von Skizzen kann der Autor den Spannungsbogen seines Beitrags wiedergeben, aber auch einzelne, ihm besonders wichtig oder schwierig erscheinende Bildblöcke oder Sequenzen. In größtmöglicher Vereinfachung verdeutlicht man dabei die gewünschte Bildaussage. Das Storyboard ist vor allem für die Kommunikation mit dem Kameramann, aber auch mit den anderen Teammitgliedern eine Unterstützung. Dem jungen Fernsehjournalisten verhilft das Storyboard dazu, seine manchmal noch konfusen Bildvorstellungen zu ordnen.

Filmplan und/oder Storyboard? Jedem Autor muß es überlassen bleiben, für welches Hilfsmittel er sich entscheidet. Eine gute, für den jungen Fernsehjournalisten auch didaktische Methode ist es, die Konzeption in einem Filmplan umfassend zu beschreiben und darüber hinaus einzelne, wesentliche Abschnitte des Beitrags ergänzend im Storyboard darzustellen.

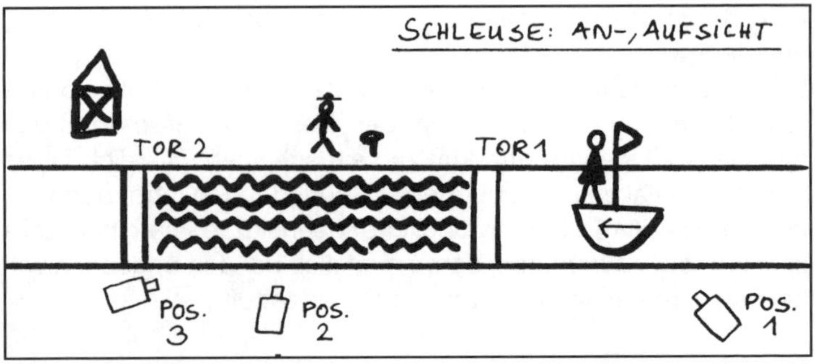
SCHLEUSE: AN-, AUFSICHT
TOR 2
TOR 1
POS. 3
POS. 2
POS. 1

GROß
SIGNAL SPRINGT AUF GRÜN
4
3
N
! SPÄTER WIEDERHOLEN „STEIGEN"
HT
... GGF. WEITERE „IDYLLE"
TOT.
TOR 1 POS. 1
HT
POS. 2
HT
POS. 2
HN
POS. 2
HN
TOR 1 POS. 3
SUPER-TOTALE
MIT UMGEBUNG

Als Beispiel Storyboards, gezeichnet von der Filmemacherin und früheren Kamerafrau Beate Erdmann. Sie zeigen wesentliche Kameraeinstellungen an einer Schleuse.
Das erste Bild stellt die Gesamtsituation und Möglichkeiten für Kamerapositionen dar. Position 1 eignet sich eher für Totalen, die Positionen 2 und 3 für Details.
Alle Kamerapositionen müssen sich an einem Ufer befinden, um einen »Achssprung« zu vermeiden.
Die Storyboards sind so aneinandergereiht, wie sie auch gedreht werden könnten, zunächst »ablauf-unabhängige« Bilder (Signal springt von rot auf grün oder Idylle), anschließend folgt das Schleusen.
Sie können diese Storyboards für eine kleine Übung verwenden: Bilder genau ansehen, kopieren und ausschneiden.
Die Aufgabe lautet: Reihen Sie die Storyboards so aneinander, daß sie zeigen, wie das Schiff geschleust wird.
Lesen Sie erst weiter, wenn Sie ihre Bildfolge erarbeitet haben. Sie können sie mit dem Vorschlag von Sandro Viroli, Redakteur beim Mitteldeutschen Rundfunk, vergleichen.

Totale, Kameraposition 1,
Ortsbeschreibung: Schiff fährt zur Schleuse, Schleusenwärter begibt sich zur Kaimauer.

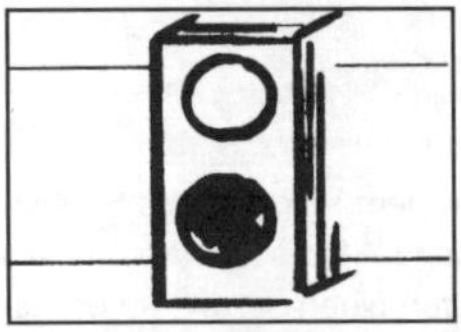

Groß, könnte auch halbnah sein, Kameraposition 1,
Zwischenschnitt, Signal springt von rot auf grün. Gang des Schleusenwärters und die Einfahrt des Schiffs in die Schleusenkammer wird dadurch gekürzt.

Halbtotale, Kameraposition 2,
Schleusenwärter steht jetzt an der Kaimauer und wartet auf das Tau.

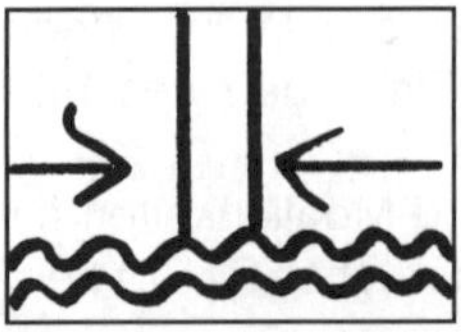

Halbnah, Kameraposition 2 (Umdrehen zum hinteren Schleusentor), Schließen des Schleusentors (nicht ganze Aktion).

Halbtotale: Kameraposition 2,
Matrose wirft das Tau zum Schleusenwärter hoch.

Halbnah, Kameraposition 2,
Schleusenwärter macht das Schiff am Poller fest.

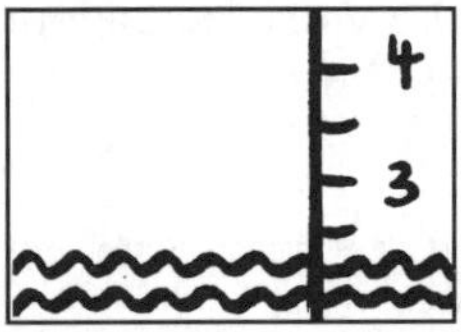

Nah, Kameraposition 2 oder 3,
Detail, Veränderung des Wasserstands an Markierung, um den gesamten zeitaufwendigen Vorgang »bildlich« zu verkürzen.

Supertotale, Kameraposition 1,
Abschluß des Schleusens, Schiff fährt aus der Schleusenkammer.

Halbtotale, »Idylle«, steht mit dem Vorgang des Schleusens in keinem Zusammenhang. Man sollte ihn deshalb »bildlich« herstellen; z. B. durch einen Schwenk von der Schleuse zur »Idylle«.

Das Drehbuch wird von Fernsehjournalisten selten eingesetzt. Es erfaßt sukzessiv alle Einstellungen einer Produktion, kombiniert dabei die gestalterischen und organisatorischen Anweisungen und bringt synoptisch Dialog und/oder Kommentar. Das

Drehbuch wird von links (optische Umsetzung) nach rechts (Textvorlage) gelesen.
Unerläßlich ist das Drehbuch, sobald es sich um größere Aufgaben handelt und für den Einsatz von Mitarbeitern und Ausrüstung umfassende Informationen erforderlich sind, vor allem aber, wenn der Text und seine Visualisierung festliegen, wie es bei Spiel und Unterhaltung der Fall ist.
Beim Vergleich von Exposé, Treatment, Filmplan, Drehablaufplan und Drehbuch für einen Beitrag ist leicht festzustellen, wie sich eine Idee bei fortschreitender Arbeit verändern kann. Nicht alle anfänglichen Überlegungen lassen sich weiterführen, manches kommt neu hinzu, einzelne Bildblöcke erhalten Längen, die vorher nicht kalkuliert waren und nun das Thema anders akzentuieren. Solche Veränderungen vom Exposé bis zum Filmplan/Drehbuch sind ein Stück Berufspraxis.

Der Produktionsplan (Drehablaufplan) hilft Zeit und Geld sparen. Er setzt die Angaben des Filmplans so um, daß das Team ökonomisch arbeiten kann. Die Bildblöcke erscheinen hier – anders als in der Numerierung des Filmplans – nicht chronologisch, sondern so, wie es für den Ablauf der Dreharbeiten am sinnvollsten ist. Für jeden Bildblock werden der genaue Drehtermin angegeben, außerdem *Drehort* und *Motive*; damit sind die Drehzeiten für alle Filmkomplexe abzulesen. Die Rubrik »Bemerkungen« bringt *zusätzliche dispositionelle Hinweise,* die den glatten Arbeitsablauf gewährleisten. Dazu gehören für den Kameramann Hinweise auf zusätzliche Zeiten, die sich aus dem Wechsel der Drehorte ergeben, aber auch Anweisungen an Tonmann oder Beleuchter, bereits an anderem Drehort eine spätere Aufnahme vorzubereiten (vgl. »Wirtschaftlich produzieren«).

Syd Field, Peter Märthesheimer, Wolfgang Längsfeld u. a., Drehbuchschreiben für Fernsehen und Film. Ein Handbuch für Ausbildung und Praxis (List Journalistische Praxis)
Avril Rowland, Film Script. Ein Handbuch für Regisseure, Kameramänner und Produktionsassistenten (Verlag Reil & Gottschalk, Köln)
Eugene Vale, Die Technik des Drehbuchschreibens für Film und Fernsehen (TR-Verlagsunion, München)

An alles denken – eine Checkliste für die Produktion

Diese Checkliste enthält vieles, was Autoren möglicherweise nicht jeden Tag benötigen, was aber insgesamt immer wichtig ist, damit ein Film auch organisatorisch und technisch erfolgreich zustande kommen kann.
In manchen Redaktionen ist ein Großteil der Checkfragen schon durch die tägliche Routine, auch durch die Routine der Disposition und die Erfahrung der Kamerateams mit möglichen Drehorten, beantwortet. Dann muß man sie nicht eigens stellen. Aber es kommen auch in den aktuell arbeitenden Redaktionen immer wieder Aufträge vor, bei denen es lohnt, jede einzelne Frage ausdrücklich zu prüfen.
Es nützt, sich die Checkfragen routinemäßig zu stellen. Anfangs kann man sich die Checkliste dafür aus dem Buch kopieren – am besten auf die Teile reduziert, die für die eigene Arbeit wichtig sind.

Rechte
(?) Wer hat das Hausrecht am Drehort?
Folge: Das Hausrecht klären oder durch die Produktionsleitung (im Ernstfall das Justitiariat) klären lassen.

(?) Müssen wir an jemanden Honorar zahlen: Mitwirkungshonorar; Rechtehonorar; Informationshonorar?
Folge: Bei der Recherche klären, ob und in welcher Höhe etwa solche Honorare fällig werden. Den Produktionsleiter veranlassen, das alles vertraglich zu vereinbaren, wenn irgend möglich vor Drehbeginn.

(?) Brauchen wir Geld für Kleindarsteller, Familien, Gruppen usw.?
Folge: Handkasse und Quittungsformulare besorgen.

(?) Liegen Fremdrechte auf dem Archivmaterial?
Folge: Fremdrechte erwerben.

Ort
(?) Zu welcher Uhrzeit wird gedreht?[1)]
(?) Wie groß ist der Raum, wie groß die möglichen Szenen: z. B. Flure, die wir mit offenen Türen drehen?

Mögliche Folgerung des Kameramanns:
Lichtanforderung, Beleuchter, Fragen, ob die Szene sich ändern läßt.

(?) Reichen die elektrischen Anschlüsse?
Folge für die Disposition: Wenn unklar, Vorbesichtigung, Anschluß bauen lassen. *Ein* Beleuchter muß E-Berechtigung haben.

(?) Liegt der Raum ruhig oder z. B. an einer lauten Straße oder in einer Einflugschneise?
Folge für die Disposition: Drehzeit verlängern, wegen eventueller Unterbrechungen; Drehzeit ändern; Räume suchen, die ruhiger liegen, nicht in Fensterrichtung drehen.

Zeit
(?) Wie lange fahren wir zum Drehort, wie lange von Drehort zu Drehort (Tageszeit, Berufsverkehr, Staus)?

Grundregel zum Treff mit dem Team: 5 Minuten vor der vereinbarten Zeit, und genau am vereinbarten Ort. Es lohnt, den Treff präzise zu vereinbaren, sonst muß man sich suchen. Und es tut gut, beim Fahren zum Treff oder Drehort 15 Minuten Verzug einzurechnen.
Man muß unterscheiden:
Treff
Abfahrt meist einige Minuten später
Ankunft am Drehort
Drehbeginn meist 30 bis 40 Minuten nach Ankunft
Es ist also wichtig, sich genau abzusprechen und nicht die Ankunft am Drehort mit dem Drehbeginn zu verwechseln. Wenn man unmittelbar nach der Ankunft drehen möchte oder muß, z. B. mit geschulterter Kamera aus dem Auto in die Demo, muß man bereits zwischen Treff und Abfahrt die Kamera vorbereiten. Nur dann kann man drehbereit aus dem Auto steigen.

Folge für die Disposition: Produktionszeit anpassen, evtl. Übernachtung einplanen.

Kamera
(?) Welche Kamerabewegungen benötigen wir?
Folgerungen des Kameramanns: Rollstuhl, Dolly, Elemack, Schienen, Bohlen.
Solche Geräte sind fast immer verfügbar, aber das Team muß sie besorgen; manchmal braucht man auch noch einen Fahrer. Schienen sind heute nicht mehr nur aus Metall, es gibt sie auch aus Plastik.

(?) Aus welcher Höhe agiert die Kamera?
Folgerung des Kameramanns: Baby, Frosch, Praktikabel, Turm; Mannschaft vergrößern.

(?) Fotos, Karten, Bilder?
Folge: Bilder aus dem Archiv und andere Quellen vor dem Dreh besorgen; Quellen nach der Dramaturgie fürs Drehen ordnen; die Rechte an Quellen sichern, schriftlich.
Folgerung der Disposition: Ort vorsehen, an dem die Bilder gedreht werden können.
»Insertraum«, Staffelei; alles evtl. in der Grafikabteilung aufnehmen lassen.

(?) Welche Computergrafik, Texte, Zeichnungen, Schriften, Namen?
Folgerung der Disposition: Produktionsanforderungen, Vorlagen für Computergrafiken vor dem Dreh erstellen lassen oder sofort nachher schriftliche Vorlage redaktionell abnehmen. Storyboard zeichnen. Text ist endgültig.

(?) Sind Tricks nötig, die auf den üblichen Schnittplätzen nicht möglich sind (Masken, Bildteilung etc.)?
Folgerung des Kameramanns: Bilder für die entsprechenden Masken, Ausschnitte, Positionierungen getrennt drehen und schneiden; klugerweise ein Storyboard zeichnen.
Folgerung der Disposition: Produktionsanforderung für Schnittplatz; evtl. Alternative vorschlagen.

Ton

(?) Wieviel Tonquellen müssen wir zugleich berücksichtigen?
Folgerungen der Disposition: Teamzusammensetzung anpassen.
Folgerungen des Tontechnikers: entsprechende Mikros, Mischpult; Angel; Tonassistent; Zeit für den Tonaufbau vorsehen.
Bei Veranstaltungen kann der Ton oft nicht gleichzeitig mit dem Kamerateam aufbauen, weil der Tonaufbau vom Bildaufbau und Kameraposition abhängt. Tonaufbau braucht immer zusätzliche Zeit. Drahtlose Mikros funktionieren nicht unter allen Umständen, z. B. nicht in Räumen mit hohem Metallgehalt, z. B. Werkshallen.

(?) Welche Geräusche müssen zusätzlich aufgenommen werden?
Folgerungen des Team: Produktionszeit anpassen fürs gesamte Team.

(?) Welche Musik brauchen wir?
Folge: Zeit im Archiv vor dem Dreh; Überspielzeit auf Schnittnorm vor dem Schnitt, spätestens zu Beginn; Angaben für die GEMA sichern.

Archiv

(?) Brauchen wir Material aus Archiven anderer Rundfunkhäuser oder auch den Archiven eigener Studios?
Folge: Überspielungen bestellen. Alle Angaben besorgen, die man fürs eigene Archiv auch benötigt, Sperrvermerke berücksichtigen.

(?) Welche Szenen aus alten Filmen benötige ich aus dem eigenen Archiv?
Folge: Welche Redaktion hat den Film gemacht; Sendedatum Sendelänge; Produktionsnummer; Archivnummer; technisches Format des Ausgangsmaterials (Film: 16mm oder 35mm; 1 Zoll: C oder B; U-matic; Beta; BetaSP, usw.); technisches Format der jetzigen Sendung; Sperrvermerke berücksichtigen; Film bestellen.

(?) Gibt es einen freien Sichtplatz für das Ausgangsmaterial?
Folgerungen der Disposition: Sichtplatz buchen; wieviel Material davon soll überspielt werden? Überspielzeit ordern.

Montage
(?) Welche Möglichkeiten hat mein Schnittplatz *nicht*?
Folgerungen der Disposition: Anderen Schnittplatz nehmen oder Bearbeitung in Stufen: Rohschnitt, Feinschnitt oder sich nach dem Vorhandenen richten.

(?) Sind Schnittzeit und Gerät beim Aufwand entsprechend disponiert?

(?) Was wird das technische Ergebnis des Schnitts sein?
Wenn Original mit allen Titeln, Einblendungen usw.:
Folgerungen der Disposition: Schnittzeit verlängern; Schriftgenerator einplanen.
Wenn Weiterbearbeitung im Bild:
Folgerungen der Cutter: die Bänder entsprechend getrennt schneiden; evtl. Zeitcode ins Bild einblenden.
Wenn man nicht am Schnittplatz textet:
Folge: Sichtplatz buchen; VHS-Kopie mit Zeitcode im Bild ziehen oder eine BetaSP-Kopie (richtet sich nach der technischen Norm des Sichtplatzes). Wichtig: betont langsam lesen, damit der Text paßt. Bei der Sprachaufnahme liest man immer langsamer als bei der Probe.

Sprecher
(?) Wieviel Sprecher brauchen wir; Mann, Frau?
Folgerungen der Disposition: Sprecher auswählen, disponieren lassen. Manuskript ist dann endgültig.

(?) Ist das Manuskript so geschrieben, daß ein Sprecher und der Toningenieur daraus die genauen Einsatzzeiten und Bildinformationen bekommt und sich auch noch Notizen machen kann?
Folge: Das Manuskript braucht auf der linken Spalte die Timecodezeiten und die Bildinformation.
Zweizeilig den eigentlichen Text schreiben, damit Korrekturen nicht den Text unleserlich machen.

Wenn der Journalist selbst spricht, gilt dasselbe mit dem einen Unterschied, daß er den Text in der Sprachaufnahme noch verändern kann.

(?) Wer begleitet redaktionell die Sprachaufnahme?
Folgerungen in der Redaktion: Wenn ein Sprecher spricht, selbst in der Regie sitzen. Wenn man selbst spricht, jemanden aus der Redaktion in die Regie setzen. Wer vor dem Mikro sitzt, hat die schlechteste Kontrolle über seine Spreche und Sprache.

Tonmischung
(?) Ist das Studio dem Aufwand entsprechend disponiert? Wieviel Quellen (Bänder, Spuren, Schleifen, Computerquellen) benötigen wir?
Folgerungen der Disposition: Das Entsprechende disponieren lassen. Evtl. Mischzeit verlängern.

(?) Sind im Manuskript die ersten und letzten Wörter der O-Töne angegeben?
Folge für den Journalisten: Manuskript entsprechend ergänzen. Das erleichtert dem Toningenieur die Arbeit.

Sendung
(?) Ist die Liste der Namensinserts in der richtigen Form und Reihenfolge abgeliefert; sind die Inserts im Manuskript oder auf der Insertliste in entsprechender Länge angegeben und exakt plaziert?
Folge: Die Namensinserts mit all diesen Angaben ins Manuskript einarbeiten. Daraus können sich alle Beteiligten dann die nötigen Informationen holen. Besonders die Plazierung im Film sollte man selbst angeben, sonst stiften die Inserts (Unterblender) an den merkwürdigsten Stellen Verwirrung.
Folgerungen der Ablaufredakteure: Die Liste auf Rechtschreibung, Klarheit und Einblendelänge prüfen.

(?) Wenn das Textmanuskript Teil des Sendemanuskripts ist: Wer hat die nach der Sprachaufnahme endgültige Fassung?

Abwicklung

(?) Sind die Angaben der Musik für die GEMA vollständig im richtigen Formular und bei der zuständigen Person? In manchen Häusern macht das die Cutterin, in anderen ist dafür der Autor verantwortlich, in anderen die Redaktionssekretärin.

(?) Hat die Redaktion alle Angaben über Archivmaterial oder anderes Material, bei dem Rechte abzugelten sind?
Folge: Das Vorgehen mit den Sekretärinnen abstimmen.

(?) Wo sind die Materialien (Fotos, Akten, Videos, Dokumente), die zurückgegeben werden müssen?
Folge: Sich selbst darum kümmern, denn in den meisten Fällen hat man sie ja auch selbst entliehen.

1) Es macht für das Team etwas aus, ob der Dreh um 10 Uhr morgens oder am Nachmittag um 17 Uhr stattfindet. Im Sommer ist um 17 Uhr noch Licht, im Winter ist es schon dunkel. Das Licht ist, je nach Himmelsrichtung der Fenster, ganz unterschiedlich, der Beleuchtungsaufwand eventuell viel höher.

Einen Fernsehbeitrag realisieren

Im Team arbeiten

Informieren, interessieren, motivieren – so einfach ist es, im Team erfolgreich zusammenzuarbeiten. Der Fernsehjournalist, also der Reporter/Realisator gibt dabei den Ton an, denn in seinem Kopf existiert bereits die Story.
Den Typ sollte es nicht mehr geben, der seine Kenntnis und sein Konzept als Geheimnis hütet und sich frühestens »vor Ort« seine Überlegungen und Absichten aus der Nase ziehen läßt. Was der Fernseh-Journalist braucht, sind nämlich Mitdenker, vom Kameramann bis zum Beleuchter, und das zum frühestmöglichen Zeitpunkt. Sie wollen in der Regel auch gern mitreden, wenn man sie einweiht, das Thema mit ihnen diskutiert, gemeinsam überlegt, wie man es am besten auf den Bildschirm bringt – und dabei ehrlich einräumt, daß andere, selbst die jüngsten Kameraassistenten ziemlich häufig gute Ideen haben. Rechthaberei bringt da wenig; auf den Dialog im Team kommt es an. Ein alter, hinderlicher Streit, wer im Team letztlich das Sagen hat.

Reporter oder Kameramann. Unbestreitbar bleibt, daß der Kameramann zuständig ist, wenn es darum geht, journalistische Aussagewünsche in Bilder umzusetzen. Der Kameramann arbeitet, auch unter künstlerischen und ästhetischen Gesichtspunkten in hohem Maße eigenverantwortlich. Er hat seinen Job von der Pike auf gelernt – was man von manchem Fernsehjournalisten nicht gerade behaupten kann. *Der angestellte Kameramann gilt dann als Teamchef, wenn der Reporter freier Mitarbeiter ist.*
Der Reporter freilich hat viel früher bereits an dem geplanten Beitrag zu arbeiten begonnen. Mit dem *Produktionsauftrag* hat seine Redaktion das von ihm recherchierte Projekt angemeldet (vgl. »An alles denken – eine Checkliste für die Produktion«).

Das Team bildet sich bei der gemeinsamen Abfahrt. Pünktlichkeit sollte für alle oberstes Gebot sein. Auf der Fahrt zum Drehort berichtet der Reporter über das Vorhaben. Meist erfahren die anderen im Team jetzt zum erstenmal Einzelheiten. We-

nig sinnvoll ist es, ihnen ein paar Blätter mit Konzeption und Drehablaufplan in die Hand zu drücken. Der Autor muß erzählen, wie er sich seinen Beitrag vorstellt und welche Probleme »vor Ort« zu erwarten sind. Für die Zusammenarbeit ist es ausschlaggebend, daß er *informiert und motiviert,* daß er den *Dialog im Team* zustandebringt. Das gelingt ihm besser, wenn er über das Handwerkszeug seiner Kollegen bzw. Kolleginnen Bescheid weiß (vgl. z. B. »Ausrüstung«).
In der Regel besteht ein EB-Team aus dem *Kameramann* oder der *Kamerafrau* und einem *Assistenten* oder eine *Assistentin.* Der Kamerassistent bereitet die Aufnahmen vor, stellt die Ausrüstung in Absprache mit dem Kameramann zusammen, hilft draußen bei Veränderungen der Kamerastandpunkte, wechselt und beschriftet die Kassetten (im Filmteam: die Filmrollen), nimmt auch Zwischenschnitte und den Ton auf. Zum Team gehören bei schwierigen Aufgaben Toningenieur/Tontechniker und bei Innenaufnahmen ein Beleuchter.
Bei der aktuellen Berichterstattung sind die Teams allerdings vielfach kleiner: Der Kameramann muß dann ohne Assistenten auskommen. »Licht« und »Ton« sind selten besetzt. Da springt dann der Reporter ein, der ohnehin multifunktional arbeitet – als Journalist, Regisseur, Produktions- und Aufnahmeleiter.

Das Team verfügt über eine ständige Ausrüstung, die im Normalfall für die aktuelle Tagesberichterstattung ausreicht. Sie umfaßt: *Kamera* und *Recorder* oder *Camcorder,* einen *Wiedergabemonitor* und das entsprechende Zubehör. Zur Standardausrüstung gehört auch das Material für kleinere Tonaufnahmen wie *Mikrofone* und *Mischpult.* Ein kleiner *Lichtkoffer* (Handlicht) ist ebenfalls vorhanden.
Da diese Standardausrüstung der EB-Teams von Sender zu Sender (oder von Produktionsfirma zu Produktionsfirma) leicht unterschiedlich ist, sollte man sich darüber informieren. Bestellt die Redaktion nämlich bei der Produktion oder Disposition ein Team, dann steht nur diese Standardausrüstung zur Verfügung. Und damit sind die Möglichkeiten z. B. bei schlechten Lichtverhältnissen oder komplizierten Tonaufnahmen begrenzt.

Sonderwünsche müssen deshalb mit Produktion und/oder Disposition rechtzeitig besprochen und angemeldet werden.

Einem Team kann dann ein *Tontechniker* oder ein *Beleuchter* beigestellt werden. Für die Erteilung der Aufträge gibt es in jedem Sender genau *festgelegte Verfahren* und entsprechende *Formulare.*

Eine Vorbesprechung der Produktion kann auch bei kleineren Einsätzen sinnvoll sein, wenn der Kameramann erreichbar ist. Bei größeren ist manchmal darüberhinaus eine *Vorbesichtigung* am Drehort mit dem Kameramann und dem Produktions- und/oder Aufnahmeleiter erforderlich. Beim Drehen müssen *diverse Vorschriften* (Sicherheit, Arbeitszeit, Fahrzeiten) beachtet werden. In den meisten Sendern sind sie in *Produktionshandbüchern* oder sonstwie schriftlich festgehalten. Der Journalist, der mit einem Team unterwegs ist, muß sie kennen, denn Fernsehen ist Teamarbeit.

Ein-Mann/Frau-Team. Wer für das arbeitsteilige Team nicht allzuviel übrig hat, kann als Videoreporter vor allem bei aktuellen Einsätzen aktiv werden, als kamera- und schnittversierter Fernsehjournalist, nach Möglichkeit mit eigener Ausrüstung, also auch darin unabhängig von den Zwängen der Disposition. Die Ausbildung zum Video-Reporter gibt es, vielversprechend, in München (vgl. »Aus- und Fortbildung, Fernsehkurse«).

Elektronische Bild- und Ton-Aufzeichnung

Im Gegensatz zu Filmmaterial müssen elektronisch auf Magnetband aufzeichnete Bilder nicht entwickelt werden. Nach dem *Dreh* (einem Ausdruck der aus der Produktion mit Film stammt, aber auch bei der *E*lektronischen *B*erichterstattung (EB) weiter verwendet wird) sind die einzelnen Einstellungen (Bild und synchron der dazugehörige Ton) in der Reihenfolge der Aufzeichnung auf einem Band hintereinander gespeichert. Sie können sofort bearbeitet werden. Durch Hin- und Herfahren des Bandes sucht man sich die Einstellungen zusammen, die man für den Beitrag verwenden will. Hat man nun vom Drehen ein wildes Durcheinander mit ins Studio gebracht, dann geht der Zeitvorteil der EB-Technik beim Materialsichten wieder verloren. Deshalb gilt auch bei der Arbeit mit der EB: *erst denken, dann drehen.* Im

Idealfall zeichnet der Kameramann die Einstellungen schon in der Reihenfolge auf, wie sie später im Beitrag verwendet werden sollen. Je mehr sich der Reporter diesem Ideal annähert, desto mehr nutzt er die Möglichkeiten der EB.

Sparen Sie an der Anzahl der Einstellungen. Angenommen, der Bericht soll in der Sendung eine Länge von 90 Sekunden haben. Die Einstellungen sind im Schnitt sechs Sekunden lang, d. h. Sie können 15 Einstellungen unterbringen. Kommen Sie mit 50 Einstellungen vom Drehort zurück, so haben Sie im Schneideraum die zeitraubende Qual der Wahl. Also vorher überlegen, *wie viele Einstellungen Sie brauchen,* aber immer eine *Sicherheitsreserve* miteinberechnen.

Die Einstellungen müssen lang genug »stehen«. Besonders wenn sich ein Motiv bewegt, sollte ein längerer Ablauf gedreht werden als nachher im Bericht erforderlich. Dann kann der Cutter besser die Stellung des Motivs finden, die zum nächsten Bild paßt.

Die Kontrolle der Aufnahme am Drehort ist ein großes Plus. Kameramann und Reporter können an Ort und Stelle überprüfen, ob die Einstellungen etwas geworden sind. Die Ausrede des Reporters, er habe einen schlechten Kameramann gehabt, der ihm diese oder jene Einstellung »versaut« habe, zählt bei der EB nicht. Wenn eine Einstellung danebengegangen ist, *sofort wiederholen!* Ist dies nicht mehr möglich (z. B. der Staatsgast ist abgeflogen), muß sich der Reporter wohl oder übel ein neues Konzept einfallen lassen.
Einige Recorder haben einen eingebauten kleinen *Bildschirm.* Bei anderen Systemen ist die Kontrolle nur durch einen Blick durchs *Kamera-Okular* möglich. Das Sucherbild ist dort gleichzeitig als *Wiedergabemonitor* ausgelegt. Es gibt auch noch EB-Systeme, die über keine optische Kontrollmöglichkeit verfügen, so daß gegebenenfalls bei der Kamerateam-Disposition darauf geachtet werden muß, einen zusätzlichen Wiedergaberecorder (Fieldplayer) und einen externen Monitor mitzubestellen.
Manche Kameraleute halten aus Spaß noch an einer alten Spielfilmregel fest. Danach durfte nur der Kameramann, allenfalls noch der Regisseur durch die Kamera schauen, weil die Schau-

spieler das Okular mit ihrer Schminke verschmiert hätten. Wer sich nicht daran hielt, bezahlte eine Studiorunde. Die EB-Technik hat diesen Brauch allerdings zum Scherz werden lassen. Die Überprüfung abgedrehter Einstellungen durch den Reporter gehört zum Arbeitsalltag.

Zeitgewinn durch gezielte Vorarbeit ist dann am einfachsten zu erreichen, wenn der Reporter nach einem vorher erstellten Film- oder Drehablaufplan arbeitet (vgl. »Filmplan« und »Produktionsplan/Drehablaufplan«). Im aktuellen Betrieb reicht häufig allerdings die Zeit nicht aus, einen genauen Drehablaufplan zu schreiben. Dann müssen es auch einige schnelle Stichworte tun, mit denen der Reporter auf dem Weg zum Drehort oder kurz vor Beginn des Drehens seine Vorstellungen festhält – notfalls auf einer Papierserviette.
Dieser *Notdrehplan mit Angaben über Text und Bilder* dient zum einen dazu, dem Kameramann die eigenen Vorstellungen über die benötigten Bilder zu erläutern, zum andern als Gedächtnisstütze. Der Satz des alten Konfuzius »Selbst blasse Tusche ist besser als das beste Gedächtnis« bewahrheitet sich, wenn der Reporter merkt, daß er wichtige Einstellungen vergessen hat.

Folgende Dinge braucht der Fernsehreporter also beim Dreh: *Bleistift* (möglichst *mit Radiergummi*), *Papier* (möglichst DIN A 4, kariert, weil man sich dadurch zwingt, in jedes Kästchen einen Druckbuchstaben zu schreiben, den auch ein Sprecher entziffern kann, wenn die Zeit davonläuft) auf einem *Klemmbrett* (weil man dann auch auf dem Schoß im Auto oder am Drehort schreiben kann), *Stoppuhr* (um den Text an die Länge der Bildsequenzen anzupassen, zu »timen«).

Ein Protokoll des Drehablaufs schreibt der Fernsehreporter, wenn er überhaupt keinen oder nur einen Notdrehplan zur Verfügung hat. Das Protokoll muß *vier Informationen* enthalten: *Bildmotiv, Einstellungsart,* ungefähre *Länge* der Einstellung und Zeit des *Einstellungsbeginns* auf der jeweiligen Kassette. Die Zeitangabe für Kassette 1, 11. Minute, 5. Sekunde kann man so notieren: 1/11 05
Für eine Pressekonferenz könnte ein Drehablaufprotokoll z. B. so aussehen:

1/11	05	Sprecher am Rednerpult zum Thema ...	groß
1/11	50	Zuschauer Dreier-Gruppe	halbnah
1/12	02	Zwischenschnitt Fotografen	nah
1/12	10	Saalübersicht	Totale

Solch ein Protokoll kann außerdem noch Informationen darüber festhalten, ob eine Einstellung *stumm oder mit Ton* aufgezeichnet wurde, und *welche Version* einer vielleicht mehrfach gedrehten Einstellung beim Schnitt verwendet werden soll.

Der Timecode – ein Hilfsmittel zum Wiederfinden. Der Timecode ist ein *elektronisches Zeitsignal,* das (parallel zur Bild- und Tonaufzeichnung auf einer gesonderten Spur) aufgezeichnet wird. Es wird unterteilt in Stunden, Minuten, Sekunden und »frames« (gleich Bilder, 25 in der Sekunde). Beim Schnitt kann man mit Hilfe dieser Angaben eine bestimmte Einstellung wiederfinden. Voraussetzung dafür ist allerdings, daß sich der Reporter die Zeit wenigstens auf die Minute genau aufgeschrieben hat.
Besonders bei Veranstaltungen mit langen Reden oder Diskussionen ist dieses Verfahren sehr nützlich. Im Schneideraum gibt dann der Cutter die Zeitangaben in den Schnittcomputer, und der Recorder findet die entsprechende Stelle automatisch wieder.
Wenn die EB-Einrichtung nicht mit einem solchen Timecode ausgerüstet ist, erfüllt ein Blick auf das *Bandzählwerk* am Recorder fast denselben Zweck. Wer nach einem Film- oder Drehablaufplan arbeitet, trägt die aufgezeichneten Einstellungen mit den Zeitangaben (vom »Timecode« oder Bandzählwerk) dort ein.

Beim Timecode gibt es zwei Möglichkeiten, die je nach EB-Einsatz unterschiedlich angewendet werden können. Entweder wird am Anfang der Aufzeichnung das Zeitsignal auf Null gestellt und dann eine *fortlaufende Timecode-Zeit* aufgezeichnet. Bei jedem Anhalten des Recorders hält auch die Timecode-Zeit an. Die Länge der Aufzeichnungen entspricht am Ende der Timecode-Zeit. Oder die *tatsächliche Uhrzeit* wird als Timecode-Zeit (Real-time) aufgezeichnet. Zweckmäßig: Die Zeit des Recorders wird nach der Uhr des Reporters gestellt. Ist z. B. der Reporter während einer langen Rede irgendwo im Saal unterwegs, dann notiert er einfach die Uhrzeit, wenn er einen wichtigen Satz hört. Er findet ihn später nach der Realtime am Schnittrecorder sofort wieder.

Kassetten richtig beschriften und fortlaufend numerieren – das erleichtert das Wiederfinden und verhindert Verwechslungen. *Auf die Kassetten gehört: Titel, Datum,* der ungefähre *Inhalt* und die *Sendung* und/oder die *Redaktion,* für die der Beitrag vorgesehen ist, *Kostenstelle und Produktionsnummer.*

Vor Ort sendefertig aufzeichnen – das kann zweckmäßig sein, wenn die Zeit besonders knapp ist. Während die Sendung bereits läuft, kann der Reporter dann noch mit seinem Beitrag im Funkhaus eintreffen, weil eine Nachbearbeitung nicht mehr erforderlich ist. Eine andere Möglichkeit besteht darin, ein so vor Ort produziertes Stück mit einer Window-unit in eine Live-Sendung einzuspielen. Auf die Möglichkeit der Nachbearbeitung im Funkhaus oder vor Ort wird der Reporter aber nur verzichten, wenn die Nähe des wahrzunehmenden Ereignisses zum Sendetermin ihn dazu zwingt oder er, beispielsweise in Fällen der Auslandsberichterstattung, keine Studiotechnik zur Verfügung hat.

Zwei verschiedene Arbeitstechniken kann man anwenden: Die eine besteht darin, zuerst die *Bilder* Einstellung für Einstellung in der gewünschten Reihenfolge *nacheinander aufzuzeichnen* (vgl. Assemble-Schnitt). Die Bilder müssen also zusammenpassen, die Bildanschlüsse stimmen. *Texten* und *Sprachaufnahme* erfolgen *danach* ebenfalls am Drehort.
Umgekehrt geht man bei der anderen Methode vor: *zuerst der Text* (den man vielleicht schon auf der Fahrt zum Drehort vorstrukturiert), dann die *Sprachaufnahme,* die man anschließend Einstellung für Einstellung *bebildert* (vgl. Insert-Schnitt).

Auch eine Kombination ist möglich: Dabei werden in einem nach der Assemble-Technik erstellten Beitrag nachträglich einzelne Einstellungen ganz oder teilweise durch andere Bilder ersetzt (Insert-Technik). Die *Minimalausstattung* dafür besteht aus dem Recorder, der sowieso bereits zur aktuellen Ausrüstung gehört und als Ergänzung einem zweiten Recorder, dem sogenannten Feedplayer. Zwischen die beiden Maschinen wird ein kleiner tragbarer Farbmonitor geschaltet, der die Kontrolle der Schnittfolge vor Ort erlaubt. Diese Anlage läßt sich auch netzunabhängig über Akkus mit Strom versorgen oder kann von einem kleinen tragbaren Benzingenerator gespeist werden. Bei diesem Verfahren, das der Reporter allerdings nur unter besonderen Ausnahmeumständen anwenden wird, muß er bewußt Qualitätsmängel in Kauf nehmen. Deshalb gehen die Fernsehanstalten mehr und mehr dazu über, bei Großveranstaltungen und bei der Auslandsberichterstattung, insbesondere in Dritte-Welt-Ländern, ihre eigenen, in Container verpackten Schneideeinrichtungen mitzunehmen.

Eine Window-Unit kann in vielen Fällen von Direkt-Übertragungen den großen Aufwand mit teuren Übertragungswagen ersetzen. An der Kamera wird ein Sender mit Signalverstärker angeschlossen. Mit Hilfe einer Parabolspiegelantenne wird von einem hochgelegenen Dach oder Fenster (daher der Name) eine Antenne auf dem Dach eines Funkhauses oder auf einem Umsetzer (Fernsehturm) angepeilt. Auf dieser »Strecke« (Richtfunk) wird der Bericht übermittelt. Der Einsatz der Window-Unit ist aber nur dort möglich, wo sich ein Umsetzer oder das Funkhaus in näherer Umgebung befindet, da die Senderleistung der Anlage begrenzt ist.
Auch als Außenstelle für einen Übertragungswagen kann die Window-Unit eingesetzt werden.
Die Window-Unit der EB wird auf zwei verschiedene Arten genutzt: Der Reporter kann sich vom Ort des Geschehens *in eine laufende Sendung einschalten* oder seinen Beitrag überspielen und im Funkhaus für eine spätere Sendung *aufzeichnen* lassen. Oft geht es dabei um Interviews oder Statements.

Fly-away-Einheiten haben völlig neue Wege in der Fernsehberichterstattung eröffnet. Hierbei handelt es sich um mobile Erdfunkstationen, die mittels einer faltbaren Parabolspiegelantenne von fast jedem beliebigen Punkt der Welt einen *Fernsehsatelliten* im Orbit anpeilen können. Ausgerüstet mit einem Satellitentelefon und einem Generator zur Stromversorgung hat der Reporter quasi seine Sendestation für Live-Berichte im Handgepäck. Im Normalfall aber wird das mit der EB vor Ort gesammelte Material im Funkhaus bearbeitet.

Der Ton ist bei der Aufzeichnung immer dabei – sogar synchron. »Asynchron!« – Dieser Wutschrei vieler Filmcutter und Reporter, wenn sie im Filmschneideraum bemerken, daß der Politiker im Bild schon längst den Mund zu hat, während er im Ton immer noch munter weiterplaudert, ist beim EB-Schnitt nicht mehr zu hören. Der Grund: Auf dem Magnetband werden Bild und Ton zusammen aufgezeichnet, während bei der Filmaufnahme die Tonaufzeichnung getrennt erfolgt. Dadurch ist die EB-Aufzeichnung mit synchronen Tönen einfacher.

Der Ton hat seine Tücken auch bei der EB. Diese Erfahrung wird der Reporter wahrscheinlich erst machen, wenn ihm eine Reihe von kurzen aktuellen Beiträgen ohne Schwierigkeiten gelungen ist, und er sich etwas Größeres mit der EB vornimmt.
Der EB-Recorder hat *nur zwei Toneingänge.* Meist sind die Anzeigegeräte für die Tonaussteuerung sehr klein und ungenau, so daß sich die Techniker lieber auf die Aussteuerungsautomatik verlassen. Anspruchsvolle Tonaufnahmen sind damit nicht möglich. Außerdem steuern die beiden Mikroeingänge je eine der beiden Tonspuren getrennt an. Will man beim Drehen also den Ton *mit mehreren Mikros* und in einer *Vormischung* aufzeichnen, braucht man ein *Zusatzmischpult*, das mit dem Recorder verbunden ist. Dieses Mischpult sollte man auch immer dann dabeihaben, wenn der Ton mit zwei oder mehr Mikrofonen aufgezeichnet wird. Eine typische Situation dieser Art ist ein Interview, bei dem sowohl der Reporter als auch der Gesprächspartner ein Ansteckmikrofon erhält.
Es hat sich die Regelung durchgesetzt, daß die *Spur 1 als IT-Spur* (= international sound track, d. h. die Spur, auf der Atmosphären- und Originaltöne abgemischt aufgezeichnet werden) und die *Spur 2 als Kommentarspur* (Text), als komplett gemischte *Sendespur* (Sendeton = ST) oder für *Übersetzungen* genutzt wird. Diese einheitliche Regelung hat die EBU (European Broadcasting Union) festgelegt.

Mit elektronischen Tricks informieren

Elektronische Tricks helfen dem Fernsehjournalisten beim Transport von Informationen. Es gibt phantastisch viele »Effekte«. In Showsendungen können sie eine Art Eigenleben führen – niemand wird ernsthaft etwas dagegen einwenden können, denn trickreiche Bildkompositionen passen in dieses Geschäft, und über Geschmack läßt sich nicht streiten. Zum Geschäft des Fernsehjournalisten aber gehören reine Bild-Experimente in der Regel nicht. Eine bildliche Information wird im Zuschauer nur dann etwas bewirken, wenn sie weder inhaltlich noch äußerlich zu einer durch nichts motivierten, erdrückenden Bilderflut entartet.
Hinzu kommt: Elektronische Tricks können einiges kosten, nämlich Vorbereitungszeit, Geld, Nerven, und dann das Klima im Team ungünstig beeinflussen. Eher das Gegenteil war aber der Grund für die Entwicklung so mancher Tricks: Sie sollten Zeit und Geld sparen helfen.
Ein ökonomisches Arbeiten ist nur möglich, wenn alle, die direkt oder indirekt am Produktionsprozeß beteiligt sind, sich in der dort gebräuchlichen technischen Terminologie grundsätzlich auskennen. Der Redakteur muß seine Bildidee ebenso verständlich machen können, wie er umgekehrt Regisseur, Bildmischerin und Bildingenieur verstehen und akzeptieren muß, wenn sie seine Idee für undurchführbar erklären und wegen der beschränkten Mittel nur annähernd gleichwertige Alternativen vorschlagen.
Elektronische Tricks werden an den Mischpulten in der Bildregie der Fernsehstudios und Ü-Wagen oder an separaten Geräten realisiert. Bei den Mischpulttechniken unterscheidet man zwischen PAL- oder (engl.) »Composite«-Mischern, Komponenten-Mischern und digitalen Mischern. Dem Benutzer präsentieren sie sich aber immer als sogenannte »AB«Mischer.

Den AB-Mischer erkennt man äußerlich an mehreren untereinanderliegenden, waagrechten Leuchttastenreihen. Je zwei Tastenreihen sind (z. B. durch gleiche Farbgebung) als zusammengehörend zu erkennen.
An allen Tasten einer Tastenspalte (von oben nach unten) liegt jeweils eine einzige Bildquelle an. Von links nach rechts kann man

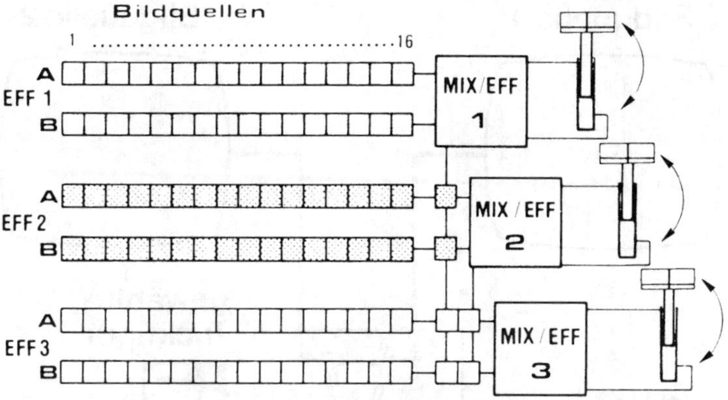

AB-Mischer

durch Tastendruck immer andere Bildquellen anwählen. Es beginnt bei den Studiokameras und geht über die Videomaschinen (MAZ), Farbfilmabtaster (FAT) und Diaabtaster (DAT) bis zu den externen Bildquellen.
Hat man in zwei zusammengehörenden Tastenreihen je ein Bild A und B angewählt, so lassen sich diese beiden Bilder in dem Bild- und Trickmischer (Mix/Effekt-Stufe) rechts davon miteinander kombinieren. Dazu bedient man einen umlegbaren Hebel, mit dem der zeitliche Ablauf des Mischvorgangs gesteuert oder ein Trickeffekt gestartet wird.
Das Misch- oder Trickbild des oberen, ersten Mischers kann nun als neue Bildquelle A oder B der zweiten AB-Ebene angewählt und dort mit einem weiteren Bild B oder A kombiniert werden, bis das gewünschte Ausgangsbild erzeugt ist.
Das Fernsehbild wird Zeile für Zeile von links nach rechts und von oben nach unten geschrieben. Mit einem elektronischen Schalter (veränderbare Umschaltzeiten) kann man in den zeitlichen Ablauf jeder Zeile eingreifen. Auf dieser Möglichkeit beruhen sehr viele elektronische Tricks. Wird ein Bild 1 z. B. immer nur bis Zeilenmitte geschrieben und danach immer wieder auf ein Bild 2 umgeschaltet, so hat man den »Standardtrick« der senkrechten Bildteilung realisiert.

Standardtricks oder Wipe nennt man die Trennung zweier elektronischer Bilder durch waagrecht, senkrecht, diagonal, bal-

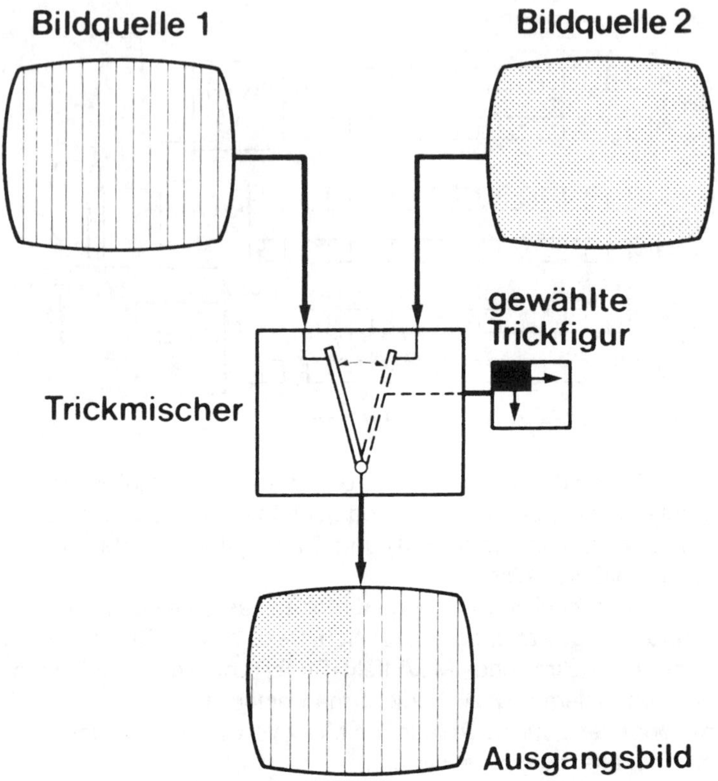

Standardtrick

ken- oder zickzackförmig verlaufende Linien und durch geometrische Figuren wie Kreise usw. Die Möglichkeiten dafür zeigt ein Leuchttastenfeld auf dem Mischpult (vgl. Abb. rechts).
Die Kanten der Schablonentricks lassen sich mit den erwähnten Hebeln von Hand und automatisch über den Bildschirm verfahren, wobei von Bild 1 auf Bild 2 gewechselt oder in einer geeigneten Zwischenstellung angehalten wird.
Trickkanten sind normalerweise »hart«. Mit anderen Tricks, z. B. »soft edge«, lassen sich durch Mischung in einem Bereich wählbarer Breite weiche Übergänge zwischen Bild 1 und 2 schaffen.

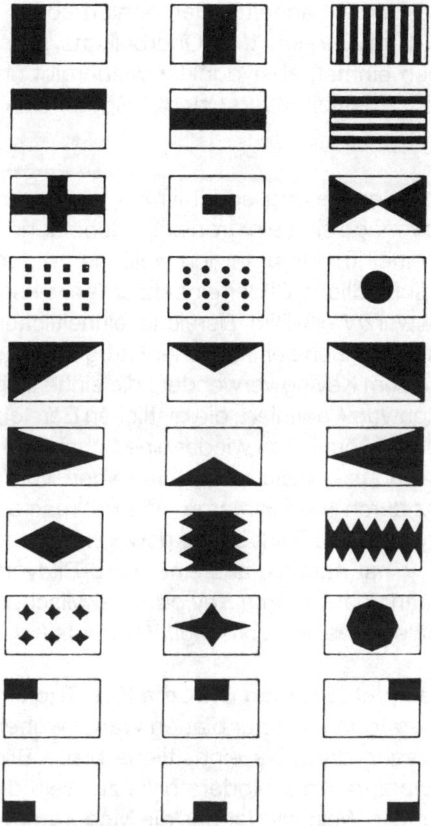

Leuchttastenfeld mit Trickfiguren

Ein Wipe ist als »elektronische Schablone« anzusehen: In den »schwarzen« Bereich der Trickfigur wird ein Bild 1 eingesetzt, in den »weißen« Bereich ein Bild 2 – beides wie bereits erwähnt durch einfache Umschaltvorgänge in den einzelnen Zeilen. Digitale Schablonen in DVEs (siehe später) steigern die Effektmöglichkeiten für Bildübergänge (»Transitions«) um ein Vielfaches.

Mit einem Positioner z. B., der ähnlich wie der Joystick bei funkferngesteuerten Modellflugzeugen aussieht, läßt sich eine Trickfigur auf dem Bildschirm beliebig positionieren. Ist diese Trickfigur z. B. ein Querbalken, so kann man die einzelnen Zeilen eines Schriftstückes nacheinander hervorheben, indem man das Schriftbild im Bereich des Querbalkens normal hell und außerhalb noch einmal, aber dunkler wiedergibt und dann den Balken mit dem Positioner verschiebt (»Spoteffekt«). Vgl. später unter DVE.

Von Stanzen oder Keying spricht man, wenn man aus einer normalen Bildvorlage eine elektronische Schablone herstellt und dann wie bei einer Trickfigur in den weißen und den schwarzen Bereich unterschiedliche Bilder einsetzt oder »einstanzt«.
Weist ein Schwarz/Weiß-Bild Bereiche einheitlichen Graus auf oder ein Farbbild Bereiche einheitlicher Farbgebung, so kann man diese Bereiche zum Keying verwenden: die einheitlichen Bereiche werden als »Schwarz« definiert, die restlichen Bereiche als »Weiß« (oder umgekehrt), womit man wieder eine Schablone hat, die man zum Stanzen benutzt: Weiß wird durch »den Vordergrund« ersetzt, Schwarz durch »den Hintergrund«. Hat man die Schablone aus einer Schwarz/Weiß-Bildvorlage gewonnen, spricht man vom *Luminance Key,* hat man sie aus einer Farb-Bildvorlage gewonnen, spricht man vom *Chroma Key* oder bei Mischpulten, die mit digitalen Signalen arbeiten, vom *Digital Chroma Key.*

Typisches Beispiel für einen Chroma Key-Trick ist der Moderator/die Moderatorin vor einer blauen Wand, wobei er/sie diese Farbe nicht tragen darf. Die einheitliche blaue Bildfläche wird dann zu Schwarz, der/die Moderator/in zu Weiß definiert (oder umgekehrt), und in Weiß wieder der/die Moderator/in als Vordergrund (»Key Fill«), in Schwarz ein beliebiges Hintergrundbild (Film, Dia, Kamera) eingestanzt. Im Bereich der *Kanten,* d. h. der Grenzen zwischen Vorder- und Hintergrund läßt sich ein mehr oder weniger weicher Mischübergang einstellen (mit dem Steller »Gain« oder »Softness«).
Der Chroma-Key-Trick bietet in Spielszenen beim Einstanzen geeigneter Filmbilder die Illusion von Originalschauplätzen. Zusammen mit Studiodekorationen kann man fließende Übergänge zum Hintergrundbild schaffen. Um die Illusion räumlich vollkommen zu machen, kann man Dekorationsteile in der Stanzfarbe in geeignetem Abstand vor der Wand plazieren. Bringt man nun z. B. bei einem Torbogen Kanten der Dekoration mit Kanten im Hintergrundfoto zur Deckung, so scheint eine Per-

son, die im Bild der Studiokamera nach hinten weg hinter das Dekorationsteil geht, wirklich im Torbogen zu verschwinden (vgl. am Schluß das »virtuelle Studio«).
Bei solchen Tricks ist aber Vorsicht geboten: meist würde der Zuschauer (unbewußt) den Schatten der Person vermissen. In den Mischpulten kann man jedoch den realen Schatten, den eine Person auf die Stanzfarben-Dekoration wirft, als weitere Trickschablone ausnutzen und dort das Hintergrundbild ähnlich wie beim Spoteffekt in der Helligkeit absenken.

Die Nachteile des Chroma-Key-Verfahrens sind auch vom Zuschauer mehr oder weniger deutlich zu erkennen. Reflexionen von der Stanzfarbe auf der Vordergrundperson erscheinen unnatürlich, weil sie nicht in Einklang mit dem Hintergrundbild stehen. Besonders ein Gesicht wirkt bei Drehungen in der Halbtotalen oft seltsam unvollständig, weil aus technischen Gründen die Konturen der Vordergrundperson ein wenig vom Hintergrundbild überlappt werden, der Person also tatsächlich rundum etwas fehlt (»Clippen« mit dem Steller «Clip«). Feine Haarbüschel (in Großaufnahmen) werden weggestanzt oder die Stanzfarbe erscheint fleckenartig in ihnen – außer bei hochentwickelten Chroma-Key-Geräten, z. B. »Ultimatte«.
Weitere Schwierigkeiten stammen nicht vom Chroma-Key-Trick selber. Nur 2 Einstellungen derselben Person vor einem eingestanzten Foto erfordern schon 4 Farbkameras: je eine für die Halbtotale und Nahaufnahme der Person und je eine für die Halbtotale und die (evtl. unscharf gezogene) Aufnahme des Foto-Ausschnitts. Hat die Person noch einen Gesprächspartner, der auch im Gegenschnitt gezeigt werden soll, kann der Bedarf an Farbkameras aufs Doppelte steigen.

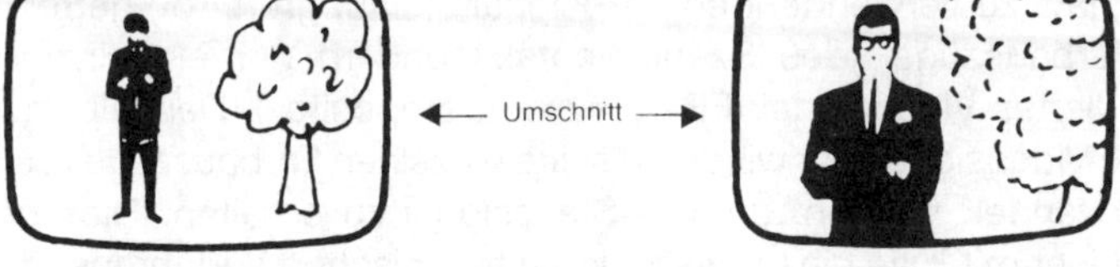

Chroma-Key 1
wird erzeugt mit Vordergrund -Kamera 1 und Hintergrund-Kamera 2.

Chroma-Key 2
wird erzeugt mit Vordergrund -Kamera 3 und Hintergrund-Kamera 4.

»Projektionsfläche« im Vordergrundbild. Dafür ein Beispiel: Seitlich hinter dem Moderator ist eine kleine »Leinwand« in einer Stanzfarbe aufgehängt, in die ein Bild, z. B. auch ein Monitorbild formatfüllend eingestanzt werden soll. Das gelingt nur mit einer Kamera, die das Bild in der richtigen Größe im richtigen Bildbereich aufnimmt. Vom Bild einer MAZ oder eines FAT wäre dagegen nur ein kleiner Ausschnitt in der »Leinwand« zu sehen, es sei denn, man nimmt das Bild mit einer Kamera vom Monitor in der richtigen Größe ab.
Soll nun nach der Anmoderation auf die Leinwand zugefahren werden, bis das Hintergrundbild den Bildschirmrahmen voll ausfüllt, so müssen die Vorder- und die Hintergrundkamera absolut synchron fahren: die Vordergrundkamera (1) auf die Leinwand und die Hintergrundkamera (2) genauso auf ihr Bild. Wenn diese Synchronisation nicht automatisiert ist, wird es vergebliche Fahrversuche geben, oder man wird bei einer Livesendung ein großes Risiko eingehen. Eleganter und bequemer läßt sich ein solches Problem aber heute mithilfe eines DVE lösen (s. später).

Der Übergang auf das reine Hintergrundbild kann auch durch das (plötzliche) »Herausschneiden« des Moderators oder sein (geisterhaftes) »Herausblenden« oder das »Heraustricken« mit einem Standardtrick vorgenommen werden. Besonders elegant ist keine dieser Lösungen, besser ist wohl ein Hartschnitt oder eine Überblendung auf eine andere Einstellung des Hintergrundbildes oder das Herausgehen des Moderators aus dem Bild.
Manchmal steht bei einer Vorproduktion das gewünschte Hintergrundbild noch nicht zur Verfügung. Dann kann man den Moderator vor der Stanzfarbe auf MAZ aufzeichnen und das Hintergrundbild zu einem späteren Zeitpunkt einstanzen. Sofern keine Komponentenaufzeichnung zur Verfügung steht, liefert eine MAZ aber nicht – wie die elektronische Kamera – die als Stanzsignale zu verwendenden Farbsignale (blau, grün, rot) getrennt (»Farbauszüge« des Szenenlichts), sondern nur ein einziges codiertes Videosignal (FBAS bzw. »Composite«). Deshalb muß das Videosignal erst wieder in seine einzelnen Farbauszüge rückverwandelt werden, um ein Stanzsignal zu erhalten. Dies geschieht mit Hilfe eines besonderen technischen Verfahrens, das »FBAS-Chroma-Key« genannt, aber wegen der schlechteren Qualität nur im Notfall eingesetzt wird (heute außer Mode).

Schriften. Falls erforderlich, wird in das ansonsten fertige Sendebild als letztes die Schrift unmittelbar durch Hartschnitt oder allmählich durch weiches Einblenden eingestanzt. Dies geschieht zum einen mit einem Downstream Keyer (Schriftzusetzer), der die Schwarz/weiß-Schriftbildvorlage einer Kamera als Schablone zum Stanzen in das Ausgangsbild nutzt, wobei man die Schrift mit Farbe oder mit einem ganz anderen Inhalt füllen kann. Zum anderen kann man Schriften mit einem separaten Schriftgenerator (»character generator«) erstellen und in vielfältigster Form ins Ausgangsbild stanzen.
Ein einseitiger *Schlagschatten* (shadow) an der Schrift, eine schmale bis breite *Schriftumrandung* (border), nur der *Schriftumriß* (outline) oder sogar »Prägeeffekte« (Relief-Buchstaben) können bei entsprechender Ausstattung der Geräte bzw. des Mischpultes realisiert werden. Solche Tricks lassen sich auch bei beliebigen anderen Schablonenvorlagen effektvoll nutzen. Weitere Effekte vgl. später unter DVE.

Die »elektronische Zeitwandlung« ist besonders aus der Sportberichterstattung nicht mehr wegzudenken, vor allem weil sie im Gegensatz zur Filmzeitwandlung sofort verfügbar ist. Sie wird mit Videocassetten-Geräten, z. B. einer Betacam SP realisiert, von der die auf Magnetband gespeicherten Bilder auf verschiedene Weise abgerufen werden können: jedes Bild mehrfach (Zeitlupe), ein Bild immer wieder (Standbild), Bilder überspringen (Zeitraffer). Einige solcher Maschinen können auch mit mehrfacher Normalgeschwindigkeit (25 Bilder/sec) aufzeichnen, also z. B. 75 Bilder/sec, so daß bei anschließender Wiedergabe mit 25 Bildern/sec eine sehr »weiche« Zeitdehnung um das Dreifache erscheint. Auch moderne *digitale Recorder (»DVTRs«),* ob sie nun mit oder ohne Datenkompression arbeiten, gestatten Zeitwandlungen, auch das Rückwärtsabspielen.

Digitale Videoeffekte (»DVEs«) werden mit digitaltechnischen, rechnergesteuerten Geräten erzielt, in denen feste Programme

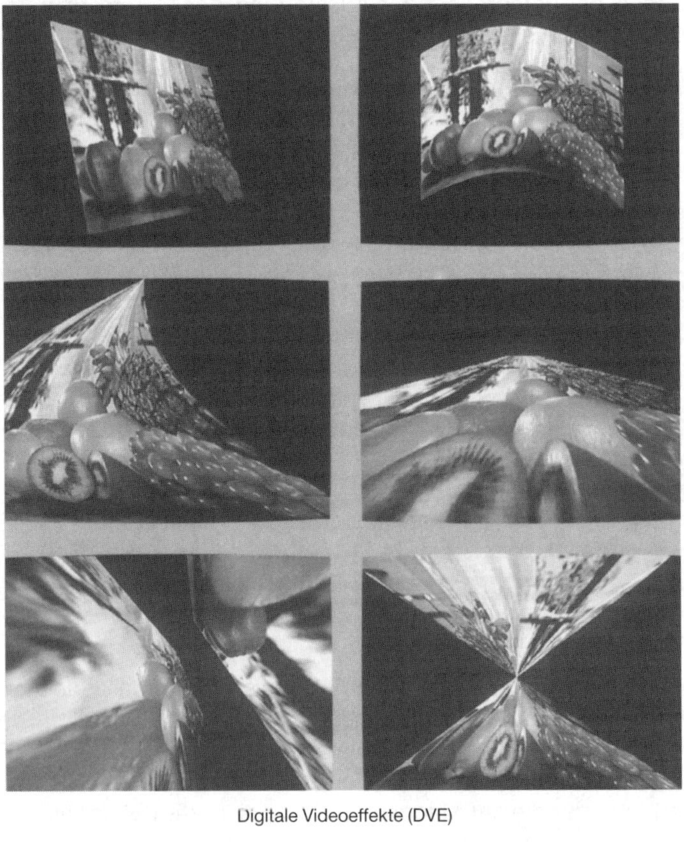

Digitale Videoeffekte (DVE)

für die einzelnen Effekte gespeichert sind. Bei diesen Effekten handelt es sich um von Hand verfahrbare oder automatisch ablaufende Bildgrößenänderungen, Bildverzerrungen und -verformungen, die sich auf Tastendruck abrufen lassen.
Zum Verständnis der Bildformatänderungen denke man an ein normales Fernsehbild, das zu schrumpfen beginnt, zusammengedrückt oder gestaucht wird, während im frei werdenden Bildbereich ein neues Bild auftaucht. Oder man denke an ein Bild, das sich kaleidoskopartig vervielfacht, wobei dann in einzelnen Segmenten wieder neue Bilder erscheinen, oder das sich zu einem Zylinder zusammenrollt u. v. a. m.
Heute gibt es sehr leistungsfähige Generatoren für digitale Videoeffekte, z. B. das *Charisma* von QuesTech oder ADO von Ampex, die ein ganzes Feuerwerk von Möglichkeiten bieten. Dabei ist aber die Gefahr nicht zu übersehen, daß die Effekte abseits von Showsendungen nur zur reinen Spielerei gebraucht werden oder ein Eigenleben führen und für den eigentlichen Zweck der Sendung kaum mehr eine unterstützende (z. B. journalistische, erläuternde, dramaturgische o. ä.) Funktion haben.

Das Prinzip der Erzeugung digitaler Videoeffekte ist immer dasselbe: Ein »normales« Fernsehbild wird Bildpunkt für Bildpunkt in Form von digitalen Zahlenfolgen, die Helligkeit und Farbe des jeweiligen Bildpunktes (Pixels) repräsentieren, in einen digitalen »Zwischenspeicher« eingelesen. Die so adressierbaren Bildpunkte oder nur eine Auswahl davon können nun in völlig anderer, z. B. umgedrehter, gespiegelter u. ä. Reihenfolge, generell also nach ganz anderen zeitlichen und mathematischen (z. B. 3D-)Gesetzen wieder ausgelesen und so zu einem »verzerrten« Bild neu zusammengefügt werden, eben zum digitalen Effekt. Kleine Veränderungen einer solchen Verzerrung von Bild zu Bild ergeben ebenso wie beim Trickfilm die Animation, d. h. die Bewegung eines digitalen Effektes innerhalb der Bildschirmfläche.

Computergrafik. Generell ist zu unterscheiden zwischen der grafischen Bearbeitung von fremden oder selbstentworfenen zweidimensionalen Bildschirm-Bildern und der Schaffung von dreidimensionalen Objekten auf dem Bildschirm, die dann oft noch bewegt (animiert) werden sollen. Inzwischen lassen sich aber 3D-Programme auch in »Mal-«Programme integrieren und umgekehrt. Damit sind dann beim Benutzer einerseits die Fähigkeiten eines Bildhauers/Trickfilmers, andererseits eines Malers/Grafikers gefordert.

Die Paintbox von Quantel war das erste »klassische« Beispiel eines in vielen Fernsehanstalten eingesetzten Grafik-Generators für 2D-Bilder. Ausgangspunkt der Grafik-Erzeugung sind auch hier die digitalisierten Bildpunkte eines Fernsehbildes, die dann am Bildschirm mit Hilfe des Benutzer-Menüs, des Grafiktabletts, des druckempfindlichen Stiftes und einer Tastatur auf verschiedenste Weisen beeinflußt werden können. Andere Paint-Systeme, z. B. die *Venice*, *Matador* u. a. m., basieren auf ganz ähnlicher Hard- und Software, sie unterscheiden sich meist nur in der Bedienoberfläche. Die vereinfachte Funktionsweise am Beispiel:
Nach dem Einschalten der Paintbox dient eine mit einer vertikalen Wischbewegung des Stiftes aufrufbare »Palette« zur Auswahl von Farben oder zum Vormischen von zusätzlichen Farbtönen. Mit einer horizontalen Wischbewegung des Stiftes ruft man das Menü auf, das folgende *Hauptfunktionen* enthält:
Painting gestattet u. a. folgende Maltechniken: Strich- und Kreidezeichnung, Sprühpistole (Airbrush), (transparente) Wasserfarbe und Schattierung. Mit *Graphics* lassen sich exakte »technische« Zeichnungen erstellen. Mit *Effects* kann man Kamerabilder (z. B. von Logos) zu Schablonen umfunktionieren, Farben in bestimmte Helligkeitswerte des Bildes einfließen lassen, das Bild in ein »Mosaikbild« verwandeln u. a. m. *Paste Up* dient zum »Ausschneiden« oder »Freistellen« und zum »Einpassen« oder – auch perspektivisch verzerrten – »Aufkleben« von Bildausschnitten oder Schablonen(teilen) sowie u. a. auch zum quasi dreidimensionalen »Prägen« (von Texten). *Animation* ist die Möglichkeit, bewegte 2D-Grafiken oder Trickfiguren als einen »Stapel« von Bildern zu erzeugen, zu überarbeiten, zu speichern und wiederzugeben, z. B. als Overlay über Live-Videobildern. Zusatzspeicher wie »Harry« von Quantel können die Animationsmöglichkeiten noch um vieles erweitern. Aus den bisher genannten fünf Hauptfunktionen heraus ist die wichtige Funktion *Stencil* aufrufbar, mit der sich Bildteile maskieren, Schablonen und mattierte Flächen anlegen oder Bilder in Vorder- und Hintergrundbereiche aufteilen lassen. Als sechste Hauptfunktion gibt es noch die *Library* (Bilder-Bibliothek) als Speicher- und Verwaltungssystem.

3D-Computergrafiken mit Animation in Profiqualität gewinnen immer mehr an Bedeutung (vgl. z. B. später unter »virtuelles Studio«). Sie werden in der Regel als Auftragsproduktionen von darauf spezialisierten Studios realisiert, die über »workstations« mit leistungsfähigen, superschnellen Rechnern oder mehreren parallel arbeitenden Rechnern verfügen. Beispiele sind die »Indigo« von Silicon Graphics und die »SPARC« von SUN. Unter den Software-Herstellern sind Alias/Wavefront, Pixar und Softimage zu nennen.

Wireframe (Drahtmodell)

Der Operator (Grafiker/Choreograph/Programmierer) konstruiert im ersten Schritt, beim *modeling,* »Drahtmodelle« der im Raum anzuordnenden dreidimensionalen, evtl. «lebenden« Objekte. Die 3D-Modelle können auch mit Hilfe von Scannern gewonnen werden, die z. B. maßstabsgetreue 2D-Lichtpausen oder sogar eigens gebaute 3D-Modelle abtasten (scannen), oder manuell mit Hilfe von »Digitalisier«-Vorrichtungen. In jedem Fall werden dabei die 3D-Koordinaten (die Drahtgitter-Kreuzungspunkte) automatisch im Rechner gespeichert.
Als nächstes kann der Operator dann durch Eingabe mathematischer Funktionen oder »interaktiv«, d. h. im Dialog mit dem Rechner, Bewegungsabläufe (»animation«) in Echtzeit ausprobieren und entscheiden, ob sich die Objekte oder nur ein gedachter Kamerastandort, -schwenk, -zoom oder beide bewegen sollen. Meist liegt vor dieser bilddramaturgischen Entscheidung

noch eine bereits relativ aufwendige Rechnerroutine, mit der sich die verdeckten, also hinten liegenden Kanten der Objekte entfernen lassen (»hidden line removal«). Vgl. Abb. unten.

Hidden Line Removal

Für einen plastisch-realistischen Bildeindruck werden die einzelnen »von Draht« umschlossenen Teilflächen der Objekte (die Polygone) evtl. zunächst nur mit einer (spezifischen Objekt-) Farbe, später aber mit dem gewünschten Objekt-»Stoff« oder -Material ausgekleidet (»texture mapping«). Dabei entsteht auch der Helligkeitseindruck (die Schattierung) jedes Polygons in Abhängigkeit von seiner Orientierung zu – vorerst – einer gedachten Lichtquelle im Raum (»shading«). Vor diesem Stadium müssen bereits hinten liegende Oberflächen rechnerisch entfernt worden sein (»hidden surface removal«). Solchermaßen geschaffene Objekte sehen noch unfertig, unrealistisch aus: die Schattierungsgrade wechseln abrupt von einem Polygon zum anderen, und schräge Objektkanten oder -rundungen verlaufen nicht stetig, sondern wie winzige Treppenstufen (»aliasing«). Außerdem fehlen für den Realitätseindruck entscheidende Dinge wie Lichtbrechungen in Glas oder Wasser, Reflexionen, Transparenz, besondere Glanz-, Glüh- oder Glitzereffekte, schließlich der Schattenwurf der Objekte aufgrund von mehreren gedachten oder als Objekte selbst vorhandenen Lichtquellen verschiedenster Art.
Diese Aufgaben werden in komplizierten, meist sehr zeitaufwendigen (und damit sehr teuren) Rechenprozessen gelöst. Jedes Bild,

Smooth Shading

also je 1/25 Sekunde der späteren Computeranimation, muß dabei extra berechnet werden (»rendering«): Intensitätssprünge werden sanft gemacht (»smoothing« durch besondere »shading«-Verfahren), Treppchen durch »anti-aliasing« vermieden, die Wege bzw. die Wirkung von Lichtstrahlen auf und zwischen den Objekten durch »ray-tracing« und »reflection mapping« sichtbar gemacht.

Texture und Reflection Mapping

Landschaftsdarstellungen sind ein besonderes Kapitel der Computergrafik: Im Prinzip definiert der Grafiker Bildbereiche, die eine bestimmte Landschaftsgestalt annehmen sollen, und überläßt es weitgehend dem Rechner, diese Flächen mit den für die jeweiligen Landschaften typischen unregelmäßigen Strukturen (»fractals«) zu füllen, z. B. Gebirge, Wiesen, Wälder, Felder, Straßen, Gewässer. Solche Strukturen bestehen aus nichts anderem als kleinen, »aneinandergeklebten« Polygonen, z. B. senkrechten Strichen für Wiesen, Dreiecken für Gebirge usw., die vom Rechner wie zufällig in Größe und Schattierung geändert werden und dadurch den Eindruck von Unregelmäßigkeiten erwecken.

Die »Hohe Schule« der Computerkunst besteht in der Animation von Wasserwellen, von Niederschlägen wie Regen, Schnee, Nebel, von Windeffekten und von Faltenwurf bei Textilien in Bewegung. Für die perfekte Animation von Lebewesen ist das »Scannen« der Bewegung am lebenden Objekt (z. B. des Mienenspiels) oft noch die praktikabelste Lösung. Zwei weitere Techniken sind das »solid modeling«, d. h. das volumen- statt oberflächenorientierte Modellieren von Objekten, mit dem z. B. aus einem Körper ein anderer »herausgefräst« oder in einen Körper »hineingebohrt« wird, sowie das »morphing« oder »warping«, d. h. die Umwandlung eines 3D-Objektes über errechnete Zwischenphasen in ein anderes 3D-Objekt.

Das »rendering« eines aufwendigen Bildes dauert heute noch zwischen einigen Minuten und sehr vielen Stunden. Eine sehr realistische Simulation in Echtzeit (mit 25 Bildern pro Sekunde) ist noch nicht wirklich möglich. Die zwischengespeicherten Einzelbilder können nacheinander auf eine digitale MAZ überspielt werden und so als Computerfilm ins Fernsehprogramm kommen.

Es gibt hervorragende Beispiele von »ernsthaften« Computerfilmen mit wissenschaftlichem Charakter, z. B. über den Flug einer Weltraumsonde dicht am Kern des Halleyschen Kometen vorbei, wie man ihn in der Realität niemals zu sehen bekäme, oder von Computerfilmen mit wertvoller künstlerischer Aussage. Dagegen sind die im Raum torkelnden Buchstaben oder Logos zu den »billigen« Computergrafiken zu rechnen. Episode wird eines Tages auch das Bestreben sein, »vollkommen natürliche« Bilder aus dem Computer zu schaffen, denn das leistet eine gute Kamera viel besser. Computerfilme werden nur dort einen wirklichen Sinn ergeben und finanziell gerechtfertigt sein, wo sie völlig neue Erkenntnisse/Erlebnisse vermitteln.

Das virtuelle Studio ist hierfür aktuellstes Stichwort, wo sich die Moderatoren und Kameras vor bzw. in einer blauen (stanzfarbenen) Dekoration bewegen und absolut synchron zu den Kamerabewegungen 3D-Computerbilder in Echtzeit errechnet und als jeweils passende räumliche Ansichten Bild für Bild, d. h. 25mal pro Sekunde, in die stanzfarbenen Bildteile eingesetzt werden. Wegen der ungeheuer großen Ansprüche an die Rechenleistung kann man aber die o. a. »Hohe Schule« der Computeranimation momentan noch nicht im virtuellen Studio realisieren.

Die Digitalisierung im Produktionsbetrieb schreitet immer schneller voran und wirkt sich auch vehement auf die Arbeitsweise des Fernsehjournalisten/der -journalistin aus. Besonders ein Aspekt rückt dabei in den Vordergrund: die *Datenreduktion* oder, wie man meist sagt, *Datenkompression* (vor allem mit den Verfahren MPEG-2 und dem DV-Standard). Mit der Datenkompression wird man in jedem digitalen (»nonlinearen«) Schnittplatz im aktuellen (News-)Bereich konfrontiert (z. B. AVID etc.). Sie folgt aus dem Zwang, riesige Mengen von digitalen (Bild)Daten – das sind digitalisierte Videosequenzen, die wiederum aus einzelnen Videoclips an »Desktop Video«-Computerarbeitsplätzen entstehen – möglichst schnell verarbeiten, d. h. berechnen zu müssen, und das gelingt nur, wenn man angesichts der begrenzten Kapazität digitaler Massenspeicher die Menge der Daten reduziert.
Wenn die Daten in einem ersten Schritt ohne allzugroße (d. h. ohne subjektiv bemerkbare) Reduktion auf die Festplatte (Hard Disk) des nonlinearen Schnittplatzes gespeichert wurden, kann man damit zwar ohne (weitere) Qualitätsverluste arbeiten. Wenn man aber die (vor-)bearbeiteten, reduzierten Bilddaten in weiteren Nachbearbeitungsschritten, z. B. für mehrfaches Kopieren auf digitalen Videorecordern etc. verwendet, verschlechtert sich die Qualität der Bilder schon nach wenigen Schritten drastisch. Erkennbar wird das an Bildstörungen (»Artefakten«) wie zuneh-

mender Unschärfe, mosaikartigen (Block-)Strukturen und Verschleifen von Kanten.
Damit ist auch die Verantwortlichkeit des Fernsehjournalisten / der -journalistin gefragt: Er/sie muß genau wissen, was oder »wieviel« er/sie – gerade auch im Hinblick auf Tricks bzw. Effekte – verlangen darf, ohne daß die Bildqualität massiv leidet, d. h. er/sie muß sich letzten Endes eine »ökonomische« Arbeitsweise aneignen.

Hinweis: In diesem Zusammenhang sei auf das von der Fernseh- und Kinotechnischen Gesellschaft (FKTG) gemeinsam mit der Schule für Rundfunktechnik (SRT) herausgegebene Buch »Noch analog – schon digital, Professionelles Video und Audio im Multimedia-Zeitalter, Ein Leitfaden in lexikalischer Form« verwiesen; Autor: Gernot Meyer-Schwarzenberger, ISBN 3-9804176-0-3). Vom selben Autor stammt die CD-ROM »MPEG, JPEG & Co.«, die die Datenkompression auf drei wählbaren Niveaus anschaulich behandelt (ISBN 3-7785-2632-4, Huthig).

Elektronischer Schnitt

Erst texten, dann schneiden – das ist für die *aktuelle Arbeit* mit der EB die beste Methode. Mit dem Aufzeichnungsprotokoll als Unterlage kann der Reporter schon auf der Rückfahrt in den Sender seinen Text schreiben. Er hat das Ereignis und die Dreharbeiten noch vor Augen. Er kommt *mit genauen Vorstellungen zum Schnitt* und kann *während des Schnitts* durch *Mitlesen* schon die *exakte Länge der Einstellungen* festlegen. Während der Cutter die Einstellung vorführt, liest der Reporter die entsprechende Textstelle laut dazu vor. Bei Textende markiert der Cutter die Schnittstelle.

Erst sichten, dann schneiden, dann texten – das ist die Arbeitsmethode, die sich vor allem bei *längeren Beiträgen* bewährt hat, wenn der Text ohne Zeitdruck entstehen kann. Hier wird der Autor die Bilder und gegebenenfalls die Originaltöne sowie die Musik auf sich wirken lassen, um seinen Text zu schreiben. Vor allem kommt es hierbei auf ein gutes Timing an, um ein vernünftiges Verhältnis von Text zu freistehenden Passagen zu finden (vgl. »Der Beitrag des Textes zur Information«, »Texten«).

Vor dem Drehen texten wird der Reporter, wenn er Informationen besitzt, die er nur noch bebildern muß. Bei *Erklär-Stücken,* die mit Hilfe von grafischen Elementen Zahlen erläutern, hat sich diese Arbeitsweise bewährt.

Materialsichten vor dem Schnitt kostet *bei aktuellen Beiträgen* in der Regel zu viel Zeit. Der Reporter verzichtet deshalb darauf, sich alle aufgezeichneten Einstellungen noch einmal anzusehen. Seinen *Schnittplan* stellt er nach dem *Dreh-Protokoll* zusammen und sieht sich am Schneidetisch gleich in der richtigen Reihenfolge möglichst *nur die ausgewählten Einstellungen* an, um sie auch sofort zu *schneiden.*
Bei längeren Produktionen dagegen liegt ein wesentlicher Vorteil der EB darin, daß man während der Aufzeichnung kostengünstig *viele Einstellungen zur Auswahl* sammeln kann. Sie müssen dann *gesichtet* und *chronologisch mit genauer Zeitangabe (am besten: Timecode, sonst Bandzählwerk) notiert* werden; *mißlungene Einstellungen* sollte man gleich weglassen.
Eine Zeitersparnis kann es sein, nicht unbedingt den Anfang jeder Einstellung aufzuschreiben, sondern *gleich die Stelle,* von der an man sie im Beitrag verwenden will. Korrekturen sind immer noch möglich, aber die überschlägige Berechnung der Länge einzelner Sequenzen oder Komplexe wird so genauer.

Der Schnittplan. Nach dem Sichten sind die ausgewählten Einstellungen in der Reihenfolge notiert, wie sie aufgezeichnet wurden. Im nächsten Arbeitsgang werden sie in die für den Beitrag gewünschte Abfolge gebracht. Man erstellt den Schnittplan, *macht den Schnitt sozusagen auf dem Papier.*
Ein Schnittplan kann so aussehen wie das gezeigte Protokoll des Drehablaufs. Gebhard Plangger, SWR, empfiehlt zur Vereinfachung die dargestellten Abkürzungen und Symbole.

Totale	t
Halbtotale	ht
Halbnah	hn
Nah	n
Groß	g
Ganzgroß	gg
Hochschwenk	↑
Runterschwenk	↓
Rechtsschwenk	→
Linksschwenk	←
Ranfahrt	∧
Rückfahrt	∨

Hochschwenk mit Ranfahrt	↑∧
Runterschwenk mit Ranfahrt	∧↓
Rechtsschwenk mit Ranfahrt	→∧
Linksschwenk mit Ranfahrt	←∧
Hochschwenk mit Rückfahrt	↑∨
Runterschwenk mit Rückfahrt	∨↓
Rechtsschwenk mit Rückfahrt	→∨
Linksschwenk mit Rückfahrt	←∨

Gute Einstellung	x
Sehr gute Einstellung	xx
Überragende Einstellung	xxx

Schneiden heißt Kopieren. Früher wurden die Bänder der 2-Zoll-MAZ tatsächlich mechanisch geschnitten und wieder zusammengefügt. Heute werden Videobänder mit dem *elektronischen Schnitt* bearbeitet. Darunter versteht man einen Kopiervorgang, d. h. das Umkopieren von einem Band auf ein anderes.

Die Einstellungen werden dadurch geordnet *und zusammengefügt, daß man sie in der gewünschten Reihenfolge nahtlos und störungsfrei auf ein neues Band aufzeichnet.* Auf der (den) Zuspielmaschine(n) liegen die Bänder mit dem ungeordneten Material. Vom Player *(Zuspielmaschine)* werden die einzelnen Einstellungen in der gewünschten Reihenfolge auf den *Recorder (Aufzeichnungsmaschine)* überspielt. Dieses Umkopieren wird vom *Schnittsteuergerät* gesteuert, dem die entsprechenden Befehle eingegeben werden. Der EB-Schnitt geht schneller, wenn man mehrere Zuspielmaschinen verwendet (gestrichelte Linien). Die Schemazeichnung verdeutlicht dieses Arbeitsprinzip:

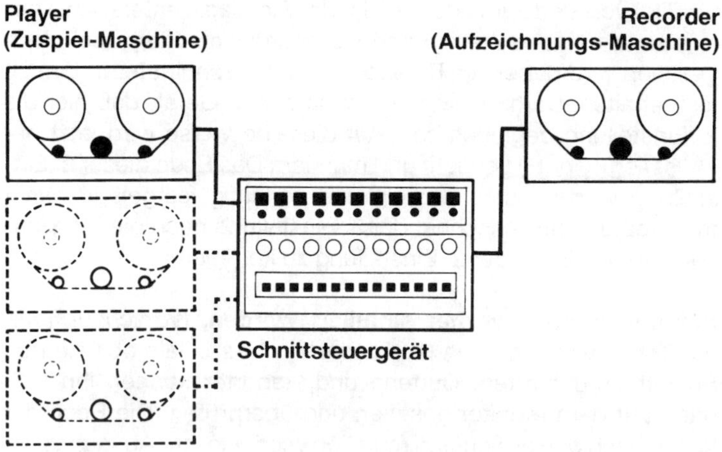

EB-Schnitt: Von der Zuspielmaschine werden die einzelnen Einstellungen in der gewünschten Reihenfolge auf die Aufzeichnungsmaschine überspielt.

Unterschiedliche Ausdrücke sind für die Bänder auf dem Player (Zuspielmaschine) und dem Aufzeichnungsrecorder gebräuchlich:

Für das vor Ort aufgenommene Band auf der Zuspielmaschine:	Für das Band auf der Aufzeichnungsmaschine, das gesendet werden soll:
Zuspielband, Zuspielung, Slave (Sklave, gleichzeitig Bezeichnung für Zuspielmaschine)	*Aufzeichnung*
Mutterband, Source (Quelle)	*Master* (gleichzeitig Bezeichnung für Aufzeichnungsmaschine) *Kopierband, Sendeband,* (S-Band)

Der Schnittvorgang ist im Prinzip derselbe – unabhängig davon, wie unterschiedlich die verwendeten Schnittsteuer-Geräte und Recorder sein mögen: Auf dem Aufzeichnungsband ist die 1. Einstellung kopiert. Jetzt wird auf dem Zuspielband der genaue Anfang der bereits ausgewählten 2. Einstellung gesucht. Dazu kann man das Band sehr langsam (wenn gewünscht: Bild für Bild) vor- und zurückfahren. Ist der Einstieg (»enter«, »in«) gefunden, wird diese Stelle durch Tastendruck markiert. Technisch gesehen wird dabei der Timecode von der Schnittsteuer-Einheit festgehalten. Damit weiß das Schnittsteuer-Gerät, daß hier die 2. Einstellung beginnen soll. Auf dieselbe Weise wird jetzt der »Ausstieg« (»out«) gesucht und markiert. Das Ende dieser 2. Einstellung wird meist großzügig und vorläufig festgelegt, damit man später beim Anschnitt der 3. Einstellung noch die Möglichkeit hat, das Ende der 2. Einstellung zu korrigieren.

Schnitte können vorher simuliert werden. (*Vorschau-Funktion*/Preview). Dabei tun die Recorder nur so, »als ob« sie den Schnitt durchführten. Cutterin und Reporter können ihn sich dann auf dem Monitor ansehen und überprüfen. Die Recorder laufen nach dieser Schnittsimulation wieder in ihre Ausgangsposition zurück, die kurz vor der gewünschten Anschnittstelle liegt, da sie eine *Vorlaufzeit* benötigen (Preroll-Time). War die Schnittstelle richtig markiert, kann jetzt geschnitten (kopiert) werden

EB-Schnittplatz

(»edit«, »record«). Auf dem Aufzeichnungsband ist damit die 2. Einstellung an die 1. angefügt worden. Nun beginnt der Vorgang von neuem, wobei noch das genaue Ende der 2. Einstellung auf dem Aufzeichnungsband festgelegt werden muß.

Schnitte können wiederholt werden. »Weg ist weg« – dieser Grundsatz aus dem Filmschneideraum gilt nicht für den EB-Schnitt. Die EB erlaubt es, einen Schnitt ohne Verluste zu wiederholen, bis er sitzt. Diesen Vorteil sollten Sie nutzen. Probieren Sie aus, ob die Bilder aneinanderpassen. Auf den *Kontrollmonitoren* können *beide Bilder* auf ein Feld genau als *Standbild* (»still«) wiedergegeben werden. Vergleichen Sie die Monitore, und achten Sie darauf, ob die Anschlüsse der Bewegung des Motivs stimmen (vgl. »Bildschnitt«).
Beim elektronischen Schnitt unterscheidet man zwei Methoden:

Der Assemble-Schnitt hat seinen Namen von dem englischen Wort to assemble = etwas zusammenfügen, zusammensetzen. Dabei werden die Einstellungen nacheinander vom Zuspielband auf das Aufzeichnungsband umkopiert (Bild und Ton gleichzeitig): Eine Einstellung wird an die andere gefügt. Die Skizze macht es deutlich.

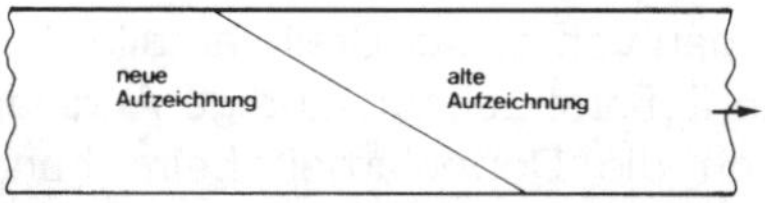

Der Insert-Schnitt hat seinen Namen von dem englischen Wort to insert = etwas einsetzen. Mit seiner Hilfe können bereits kopierte Bildpassagen *nachträglich durch andere Bilder ersetzt* werden.
Beispiel: Ein Reporter ist mit einem »Aufsager« im Bild zu sehen. Er steht auf der Frankfurter Buchmesse vor dem Stand des List-Verlages und spricht auch über die Reihe »List Journalistische Praxis«. In dem Augenblick, in dem er die Reihe »anspricht«, soll die Neuauflage »Fernsehjournalismus« groß gezeigt werden. Mit einem Insert-Schnitt wird an der betreffenden Stelle in die Einstellung »Reporter« die Einstellung »Buch« eingesetzt. Dabei wird die bereits vorhandene Länge des Aufsagers nicht verändert. Der Ton bleibt durchgehend erhalten, nur die Bilder werden also ausgetauscht.

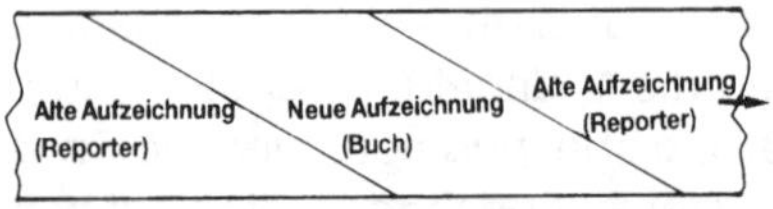

Programmierter Schnitt. Bei größeren Produktionen werden zunehmend *Schnittcomputer* verwendet. Bei dieser Methode muß mit Timecode gearbeitet werden.
Die gewünschten Schnittstellen (Ein- und Ausstieg) werden dann nicht, wie beschrieben, markiert, sondern es werden in den Computer die bis auf das einzelne Bild genauen Zeitangaben für den gewünschten Schnitt eingegeben. Danach steuert der Computer dann die Recorder – zur Schnittsimulation oder zum Kopieren.
Die Angaben aller Schnitte kann sich der Computer merken und auch auf einem Bildschirm zeigen oder auf einem Magnetspeicher, einer Floppy-Disc, speichern. Auf diese Weise erhält man einen *genauen Schnittplan,* den man *nachträglich auch ändern* kann. Tut man das (weil man z. B. kürzen muß), dann gibt man dem Schnittcomputer den korrigierten Plan ein, und er wiederholt automatisch den gesamten Schneidevorgang.
Der programmierte Schnitt ist eine große Arbeitserleichterung im Vergleich zum handgesteuerten Schnitt. Will man dabei nämlich *mitten in einem Beitrag* etwas ändern (Insert-Schnitt ausgenommen), dann muß man von dieser Stelle an alle Schnitte einzeln wiederholen. Eine äußerst zeitaufwendige Angelegenheit. Vermeiden kann man die Doppelarbeit beim handgesteuerten Schnitt nur, wenn man die Passagen, die unverändert bleiben können, vom Sendeband noch einmal auf ein neues Band kopiert und nur die zu ändernden Schnitte neu macht. Das neue Sendeband ist dann aber schon die 2. Kopie (»3. Generation«) – unproblematisch beim 1-Zoll-Verfahren, mit Qualitätseinbußen verbunden beim Halb- bzw. 3/4-Zoll-Verfahren. Bei den digitalen Recordern spielt das Thema »Qualitätsverlust« keine Rolle mehr (vgl. »Digitaler Schnitt«).

Eine MAZ-Regie ermöglicht ein besonders rationelles Arbeiten. Durch diese kleine »Kommandozentrale« kann z. B. eine Aufzeichnungsmaschine über ein Schnittsteuergerät mit beliebig vielen Zuspielmaschinen verkoppelt werden. Dies können auch Filmgeber und Zeitlupenmaschinen sein.

In der Regel sind auch ein Mischer für elektronische Trickmöglichkeiten und ein ausreichendes Tonmischpult vorhanden. Schriften vom Videographen können weich ein- und ausgeblendet werden, sie können eingefärbt und mit Schatten oder Border versehen werden. Eine Reihe einfacher Tricks ermöglichen allerdings auch die Maschinen an den normalen Schnittplätzen. Häufig kann auch eine elektronische Kamera, z. B. aus einem Ansagestudio dazugeschaltet werden, eventuell auch eine Paintbox oder, z. B. für Sportveranstaltungen, ein Zeitcomputer. Mehrere Zuspielmaschinen machen, bei mehreren aufgezeichneten Bändern, den Bandwechsel überflüssig, zumindest jedoch seltener – das spart Zeit.

Off-Line-Editing nennt man ein Verfahren, bei dem *nur eine Arbeitskopie* geschnitten wird, in die auch die Zeitangaben des Timecode sichtbar einkopiert werden können. Die Arbeitskopie kommt mit einem weniger aufwendigen Band und billigeren Recordern aus. Der mit der Arbeitskopie erstellte *Schnittplan* wird dann dem *Schnittcomputer* eingegeben, der damit *automatisch vom Mutterband das Sendeband* schneidet. So werden die teuren und hochwertigen Recorder und das Mutterband geschont. Man gibt dem Redakteur/Realisator die Arbeitskopie mit in die Redaktion oder nach Hause. Dort kann er dann auf einem normalen *Heimrecorder* den *vorläufigen Schnittplan* erstellen. Im Schneideraum werden die vorgesehenen Schnitte nur noch überprüft.
Die Digitaltechnik erlaubt inzwischen auch die datenreduzierte Speicherung der Mutterbände auf Festplatte, die dann als »Arbeitskopie« dient.
Ist der Schnittplan erstellt, ruft der Schnittcomputer die Einstellungen in der gewünschten Reihenfolge ohne jede Zugriffszeit nacheinander ab. Nach diesem »Testlauf« des Films sind Änderungen an jeder beliebigen Stelle kein Problem. Nach dem korrigierten (und natürlich gespeicherten) Schnittplan werden dann die Mutterbänder automatisch zusammengefahren.
Im gesamten aktuellen Bereich spielt dieses Arbeitsverfahren jedoch keine Rolle, da wegen des Zeitdrucks nur mit »on-line-editing« gearbeitet werden kann.

Bei der Verwendung von Archivmaterial, das erst nach und nach auf Magnetbandträger überspielt werden kann, wird gelegentlich mit Film und Videoband in einer Produktion gearbeitet. Film und angelegter Ton werden dazu auf MAZ überspielt.

Ton-Bearbeitung

Bild und Ton auf einem Band bedeutet, daß Bild und Ton *immer synchron* sind und im Prinzip *auch zusammen* (durch gleichzeitiges Umkopieren) *geschnitten* werden. Allenfalls kann im Lauf des Schnitts ein Ton ganz selten einmal (und nur äußerst minimal) asynchron werden, wenn nicht nach Time-code geschnitten wird. Das liegt am »Schlupf«, einer gelegentlich auftretenden Toleranz in der Funktion der Recorder. Der Schnitt muß dann wiederholt werden.
Der gleichzeitige Schnitt von Bild und Ton auf einem Band führt oft zu sehr harten Tonsprüngen. Deshalb werden *Bild und Ton lieber versetzt geschnitten*. Dabei »merkt« sich ein Mikroprozessor die entsprechenden Signale, die vom Player hereinkommen, und gibt sie an der gewünschten Stelle wieder. Der ursprünglich aufgezeichnete Ton wird dabei durch einen neuen, von einer anderen Stelle des Zuspielbandes stammenden Ton ersetzt.

Bild und Ton getrennt schneiden. Das beim »Insert-Schnitt« beschriebene Beispiel zeigt, wie oft es erforderlich wird, so zu arbeiten. Der Kommentar des Reporters soll durch den Insert-Schnitt ja nicht gelöscht oder ausgetauscht werden. Der Schnitt muß deshalb ein »Nur-Bildschnitt« (»video only«) sein. Ebenfalls ist es möglich, nur den Ton (»audio only«) zu schneiden. Sind mehrere Töne auf mehreren Spuren aufgezeichnet, können sie auch gesondert mit Nur-Tonschnitten (»audio only, channel 1 oder 2«) geschnitten werden.

Mischung. Bleibt mehr Zeit für die Tonbearbeitung, werden die Töne *abwechselnd auf die beiden Tonspuren kopiert* (für Blenden etwas überlappen lassen) *und dann im Synchronstudio gemischt.*
Ein weiteres, inzwischen sehr verbreitetes Verfahren, die Möglichkeiten der Tonnachbearbeitung voll auszunutzen, besteht darin, *die beiden Spuren* des Aufzeichnungsbandes im Synchronstudio

auf normale Tonbandmaschinen zu *kopieren.* Dann werden diese Tonbandmaschinen oder *Perfoläufer* mit anderen Bandmaschinen über ein Synchronsignal verkoppelt, um noch andere Töne, beispielsweise Musik oder Archivgeräusche, sowie ein Kommentarband dazuzumischen. Dieses Verfahren ist allerdings sehr zeitaufwendig und eignet sich daher kaum für aktuelle Produktionen.

Schon bei der Aufnahme wird bei *großen Produktionen* mit der EB häufig ein *gesondertes Tonbandgerät* verwendet. Dadurch ist die Qualität der Tonaufnahme (Musikproduktionen) besser. Die Bearbeitung des Tons erfolgt dann wie beim Filmton mit mehreren Bändern, die synchron zum geschnittenen Bild angelegt (verkoppelt) werden.

Digitaler Schnitt

Im Gegensatz zu Schnittsteuergeräten für die elektronische Bild- und Tonbearbeitung mit Magnetband, die lediglich Bild- und Tonadressen (Timecode/TC) verwalten und angeschlossene Geräte steuern, wird auch das Bild- und Tonmaterial selbst innerhalb des Computersystems gespeichert und bearbeitet. Das bedeutet, daß Bilder und Töne in Form digitaler Daten auf Plattenspeichern (Harddisk / HD, Magneto Optische Disk / MOD) innerhalb des Computers zur Bearbeitung vorliegen.

Datenreduktion. Die Speicherung und Bearbeitung digitaler Bild- und Tondaten stellt beachtliche Anforderungen an die Leistungsfähigkeit von Computersystemen. So entspricht die Datenmenge eines einzigen Fernsehbildes etwa dem Umfang von 600 Schriftseiten (1,3 Millionen Zeichen = 1,3 MByte). Die Wiedergabe bewegter Szenen mit 25 Einzelbildern je Sekunde erfordert die Bereitstellung der Datenmenge von 15.000 Schriftseiten in jeder Sekunde (33 Millionen Zeichen je Sekunde = 33 MByte/sec).
Mit geeigneten technischen Verfahren (z. B. Datenreduktion, Datenkompression) ist es möglich, die Menge der digitalen Bilddaten auf das Leistungsvermögen der wirtschaftlich verfügbaren Computer zu begrenzen bzw. die Kapazität von Speichern und Übertragungsstrecken wirtschaftlich zu nutzen (vgl. »Mit elek-

tronischen Tricks informieren«). Diese Datenreduktion hat je nach Rechenverfahren (Algorithmus) und Größenordnung (Reduktionsfaktor) einen Einfluß auf die technische Bildqualität. Außerdem spielt der Bildinhalt (z. B. Detailreichtum, schnelle Bewegung), je nach Verfahren sind es unterschiedliche Kriterien, eine entscheidende Rolle. Untersuchungen auf der Grundlage subjektiver Qualitätsvergleiche zeigen, daß maßvoll reduzierte Bilddaten durchaus zu akzeptablen Ergebnissen führen. Problematisch wird es, wenn Bildsignale mehrfach gleiche oder unterschiedliche Reduktionsverfahren durchlaufen.

Direkter, kurzfristiger Materialzugriff. Die Speicherung von Bild- und Tondaten in digitaler Form auf Plattenspeichern bietet für die Bearbeitung des Materials erhebliche Vorteile. So ist es möglich, auf jedes beliebige Bild- und Tonereignis direkt und kurzfristig, also in Bruchteilen von Sekunden, zuzugreifen. Das zeitaufwendige Umspulen von Videobändern entfällt. Darüber hinaus sind die gespeicherten Szenen – quasi parallel – in Form szenenspezifischer Standbilder (»elektronischer Galgen«) am Computermonitor darzustellen.
Der Vergleich, einen bestimmten Musiktitel auf Compact Disk (CD) oder auf einer Tonkassette zu suchen, macht die Vorteile der »nichtlinearen« Speicherung auf bandlosen Speichermedien im Gegensatz zur »linearen« Bandspeicherung deutlich.

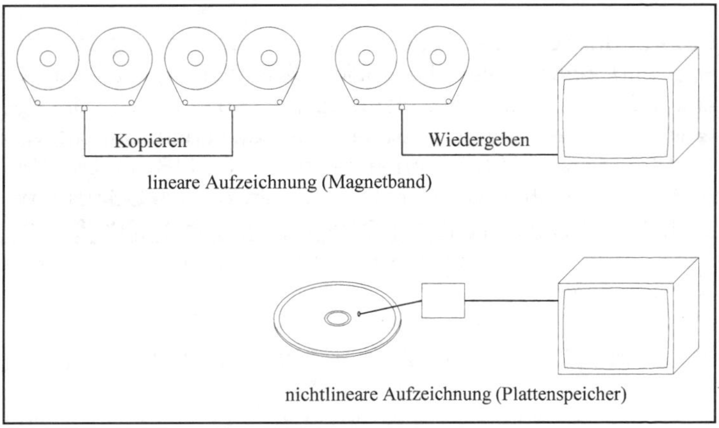

Nichtlineare Funktionen

Nichtlineare Speicherung. Die kontinuierliche Wiedergabe bestimmter Bild- und Tonfolgen von Videoband setzt voraus, daß Bilder und Töne in der entsprechenden Folge aufgezeichnet sind. Die konventionelle Schnittbearbeitung erfordert deshalb das physikalisch/physische Zusammenfügen des Bild- und Tonmaterials in der gewünschten Szenenfolge (Kopieren vom Zuspiel- auf das Recorderband, Kleben von Filmstreifen). Bandlose digitale Systeme sind in der Lage, einmal gespeicherte Bilder und Töne in beliebiger Folge kontinuierlich und unterbrechungsfrei wiederzugeben.

Der Vergleich von Tonkassette und CD macht auch hier die Vorteile der nichtlinearen Speicherung und Bearbeitung deutlich. Für die kontinuierliche Wiedergabe bestimmter Musiktitelfolgen muß von der Tonkassette jeweils eine Kopie mit der gewünschten Titelfolge angefertigt werden, im Falle einer CD-Wiedergabe ist lediglich der CD-Player für die gewünschte Titelfolge zu programmieren.

Das heißt, die Schnittbearbeitung reduziert sich auf die Festlegung der Szenenfolge, der Vorgang der Schnittausführung, das Kopieren vom Zuspiel- auf das Recorderband, entfällt. Das Produkt der Schnittbearbeitung ist eine Adressenliste der gewünschten Szenenfolge und Bearbeitungsschritte, die in beliebiger Form jederzeit korrigiert werden kann. Ohne zusätzliche Kopier- oder Umspielprozesse sind parallele Schnittversionen (Adressenlisten) mit gleichem Bild- und Tonmaterial zu erstellen und innerhalb fertiger Beiträge sind Längenkorrekturen durch Hinzufügen oder Herausnehmen von Szenen bzw. Bild- und Tonfolgen möglich. Diese Arbeitsweise, unabhängig vom linearen Charakter der Bandspeicherung, hat den Begriff der nichtlinearen Bearbeitung (nonlinear Editing) geprägt.

Benutzerschnittstellen, Bedienoberflächen. Die wesentlichen Elemente der neuen Benutzerschnittstelle sind der Datenmonitor, die Computertastatur und die Maus, eventuell ergänzt um Bedienteile, die konventionellen Arbeitsplätzen nachempfunden sind (z. B. Jog/Shuttle-Rad). Einzelne Arbeitsschritte sind nicht mehr konkreten Geräten zuzuordnen (Bildmischer, Tonmischer, Schnittsteuergerät usw.), sondern vollziehen sich vielmehr in abstrakter Form hinter einer grafischen Bedienoberfläche. Der »elektronische Galgen« zeigt das Quellenmaterial in Form szenenspezifischer Standbilder. Eine »Timeline« repräsentiert die

Bedienoberfläche eines nichtlinearen On-Line-Systems mit »elektronischem Galgen« und »Timeline« (AVID NewsCutter)

Schnittfolge und damit das Recorderband. Für die Erstellung von Bild-/Tonblenden, Schriften oder für andere Bearbeitungsfunktionen öffnen sich zusätzliche Bedienfenster. Die klassischen Bedienteile der Bearbeitungspulte finden sich allesamt in der grafischen Bedienoberfläche des Computermonitors integriert.

NewsCutter ist der Produktname eines digitalen, nonlinearen Schnittsystems der Firma Avid. Das System ist in seiner Funktionalität auf die Anforderungen der aktuellen Berichterstattung abgestimmt. Der Funktionsumfang ist auf wesentliche Bearbeitungsfunktionen beschränkt, einfache und schnelle Bedienung hat Vorrang vor komplexen Bearbeitungsvorgängen.
Der NewsCutter im ZDF – Landesstudio Sachsen ist Bestandteil einer multifunktionalen Anlage für die Bild- und Tonbearbeitung von Nachrichtenbeiträgen und deren Überspielung zur Sendezentrale nach Mainz. Darüber hinaus werden hier Liveschaltungen von Bild- und Tonsignalen aus dem Aufnahmeraum

Digitales On-Line-System im ZDF-Landesstudio Sachsen (AVID NewsCutter)

zur Sendezentrale, als Zuspielung zu Schaltgesprächen, abgewickelt.
Oberhalb der Bedienebene finden sich die Bildmonitoren zur Vorschau von Schnitt- und Kamerabildern und für die Darstellung des Ausgangsbildes. Darunter dominiert der Datenmonitor des NewsCutters mit Computertastatur und Maus das Bild des Arbeitsplatzes. Neben den NewsCutter-Bedienelementen sind links das Tonmischpult mit zugeordnetem Tonsteckfeld und rechts ein Testsignalgenerator, die Sendekreuzschiene sowie ein Steuergerät für die Beschaltung der Sendeleitung angeordnet.

Der Arbeitsablauf am NewsCutter wird von grundlegenden Arbeitsschritten bestimmt, die, an diesem Beispiel beschrieben, den Umgang mit digitalen, nonlinearen Systemen charakterisieren.

Digitalisieren. Das Quellenmaterial, Videobänder oder Bild- und Tonsignale über Leitungen zugespielt, wird auf die digitalen Plattenspeicher des Bearbeitungssystems aufgezeichnet.

Arbeitsbildschirm beim Digitalisieren

Mit dem Record Tool, oben rechts im Arbeitsbildschirm, wird die Einspielung, das Digitalisieren des Bild- und Tonmaterials gesteuert. Im Bin-Fenster, oben links zu sehen, werden die digitalisierten Clips gesammelt. *Die Timeline,* in der unteren Bildhälfte, *repräsentiert in Form einer grafischen Darstellung die Schnittfolge.* Zwischen Record Tool und Timeline ist ein zusätzliches Bin-Fenster geöffnet, das statistische Daten (Bandnummer, Timecode, Signalspuren, Titel usw.) zu den einzelnen Clips zeigt.

Die wesentlichen Fenster des Arbeitsbildschirms sind in den nachfolgenden Abbildungen vergrößert dargestellt.
Im Aufzeichnungsfeld, links oben im Record Tool, wird das Digitalisieren gestartet (REC) und gestoppt (STOP) bzw. abgebrochen (ABBORT). Rechts daneben finden sich u. a. zwei Tasten (Options) für den *unmittelbaren »Timeline-Schnitt«.* Damit besteht die Möglichkeit, durch Überschreiben oder Einfügen, *Quellenmaterial direkt in die Timeline zu Digitalisieren.* Die Arbeitsvorgänge Digitalisieren und Schneiden werden unmittelbar verkoppelt.

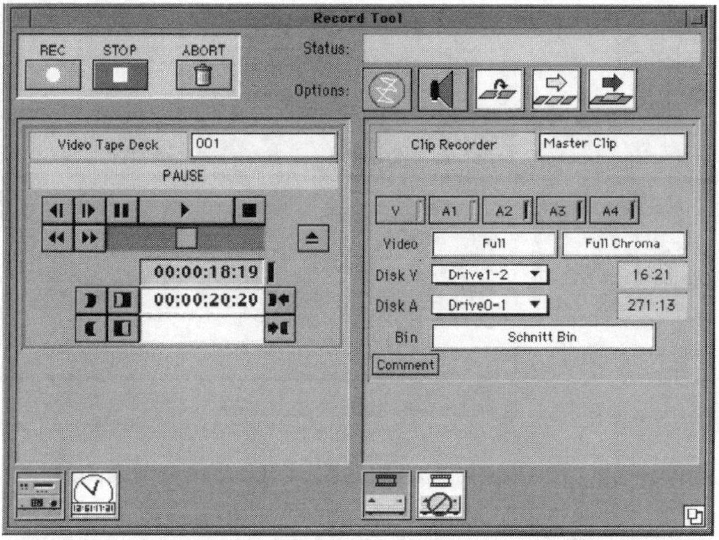

Das Record Tool

Im Fenster »Video Tape Deck«, links in der Bildmitte, wird der zuspielende Videorecorder gesteuert und die Einstellungen auf dem Band für die Aufzeichnung markiert. Es enthält ein Eingabefeld für den Bandnamen, eine Statusanzeige, Funktionstasten für die Maschinensteuerung (mit Jog/Shuttle-Schlitten), Timecode-Anzeigen für Bandpositionen, In- und Out-Marke sowie Tasten zum Setzen, Löschen und Anfahren der Marken.
Rechts daneben findet sich das Fenster »Clip Recorder«. Es enthält ein Eingabefeld für den Clipnamen, eine Statusanzeige, die Spurwahl für den Videokanal und vier Audiokanäle, Fenster für die Wahl der Digitalisierungsparameter, der aufzeichnenden Speicherplatten, der Bin, in der ein Clip abgelegt werden soll, und ein Fenster für die Eingabe zusätzlicher Kommentare zum Clip.

In der »Bin« (elektronischer Galgen) finden sich die digitalisierten Clips in Form repräsentativer Standbilder wieder.
In der Bilddarstellung repräsentiert jeweils ein Bild der entsprechenden Einstellung einen Clip. Unter dem Bild sind das Symbol der Clipart und der Clipname dargestellt. Die Clipart wird zu-

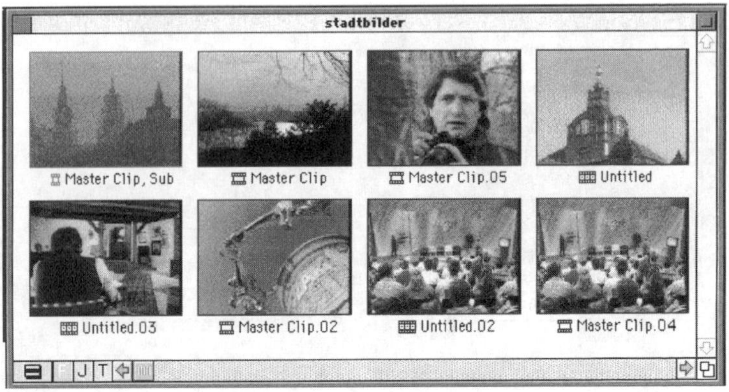

Die Bin, »der elektronische Galgen«

sätzlich durch einen farbigen Rahmen gekennzeichnet. Werden beim Digitalisieren bzw. beim Schneiden keine Clipnamen durch den Bediener festgelegt, so erfolgt die Benennung und Numerierung der Clips automatisch durch das System. *Master Clips* (Master Clip) repräsentieren die digitalisierten Einstellungen, *Subclips* (Master Clip, Sub) die Ausschnitte eines Master Clip und *Storyclips* (Untitled) sind geschnittene Sequenzen.

Elektronischer Galgen mit Zusatzfunktion. Eine andere (alternativ zu wählende) Darstellungsform der Bin erlaubt die Eingabe von Texten (Journalistenmode).

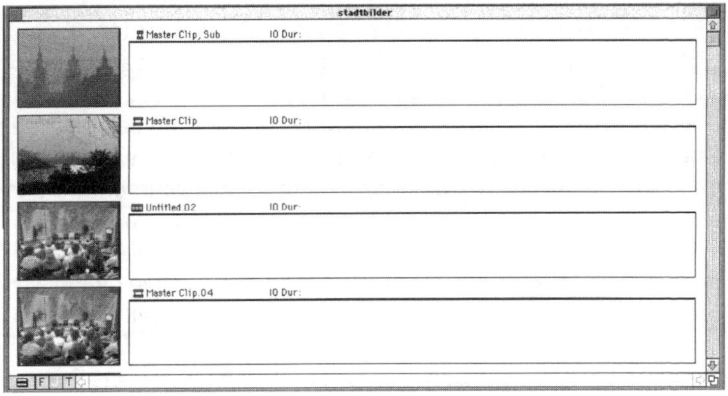

Die Bin im »Journalistenmode«

Im Journalistenmode ist jedem Clipbild ein Textrahmen zugeordnet. Er zeigt den Kommentar, der beispielsweise beim Digitalisieren oder Loggen zu einem Clip eingetragen wurde. Auch Storyclips können beim Schneiden mit beliebigem Text kommentiert werden.

Schnitt. Die Bildschirmdarstellung unterscheidet sich nur geringfügig von der Bedienoberfläche beim Digitalisieren (vgl. oben).

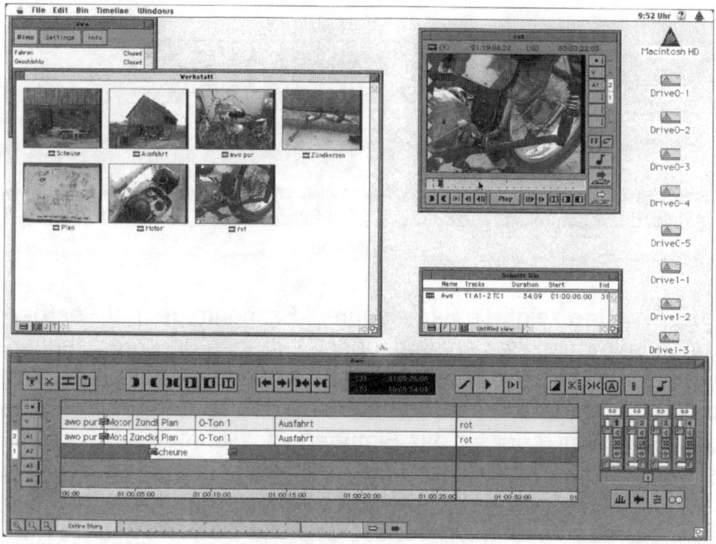

Der Arbeitsbildschirm beim Schnitt

Neben den Fenstern der Bin und der Timeline findet sich jetzt, anstelle des Record Tools, der *Pop-Up-Monitor* (rechts oben im Bild).
Die Master Clips werden in der »Timeline« zu einer Story zusammengesetzt. Im einfachsten Falle werden sie hierzu aus der Bin unmittelbar mit dem Mauszeiger in die Timeline gezogen und beliebig plaziert. Damit ist das einfache Aneinanderreihen von Clips ebenso möglich wie das Einfügen in bestehende Szenenfolgen.
In der Bin vorsortierte Clips (*Storyboard-Schnitt*) lassen sich auch als Gruppe in die Timeline ziehen und erscheinen dort als

Schnittfolge entsprechend ihrer vorherigen Plazierung in der Bin.
Eine alternative Vorgehensweise für die Schnittausführung bietet der Pop-Up-Monitor. Einzelne Clips können hier hineingezogen, vorbereitet (Mark-In und Mark-Out werden gesetzt) und dann auf »Tastendruck« in die Timeline geschnitten werden.
Mit dem ersten Schnittbefehl entsteht ein Storyclip, der den Beitrag innerhalb der Bin repräsentiert.

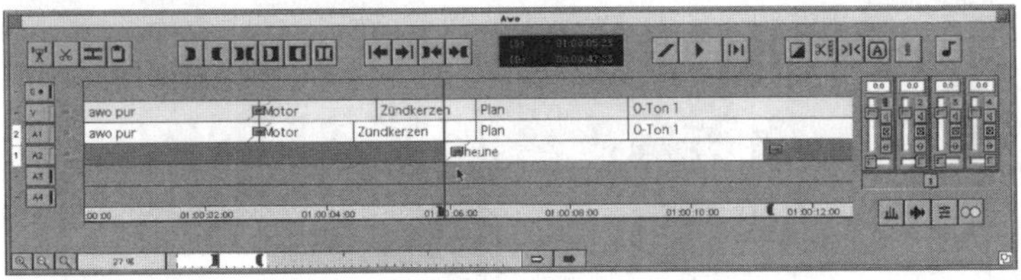

Die Timeline

Die Timeline zeigt die Signalspuren, Szenenfolge und Bearbeitungsfunktionen des entstehenden Beitrages und repräsentiert das »Recorderband« des nichtlinearen Schnitts. So findet sich eine Videospur für das Bildmaterial, Audiospuren für die Töne und eine Grafikspur für das Einfügen von Schriften und graphischen Elementen. Eine spurübergreifende Cursorlinie markiert die jeweils aktuelle Wiedergabeposition und kann für den schnellen Suchlauf mit der Maus über die Timeline geführt werden. Der bildweise Suchlauf wird über die Jog-Tasten der Tastatur ausgeführt. Nach einem Schnitt erscheint der jeweilige Clip an der markierten Position in der Timeline. Jede Spur des Clips wird als Segment, versehen mit dem Clipnamen, dargestellt und kann separat bearbeitet werden. Die Trennlinien zwischen den Clips sind die Schnittpunkte.

Mit »Lupentasten« (links unten im Timelinefenster) kann der zeitliche Maßstab der Timeline-Darstellung verändert werden. Tasten zur Anwahl der jeweils aktiven Spuren sind links im Bild zu sehen. In der Mitte über dem Spurbild sind weitere Funktionstasten für die Cursorsteuerung, zum Setzen, Löschen und Anfahren von Bearbeitungsmarken sowie für die Play-, Jog- und

Stopfunktion vorhanden. Links davon erlauben vier Funktionstasten das Löschen, Kopieren und Ausschneiden von markierten Segmenten sowie das Setzen imaginärer Schnittpunkte innerhalb der Clips. Rechts vom Spurbild ist das Audio Panel mit Tonpegel- und Panoramaregler sowie Tasten für spezielle Audiofunktionen zu sehen. Darüber finden sich weitere Funktionstasten für das Einfügen von Blenden, das Aufrufen des Trim Tools (siehe unten), das Ziehen von Schnittpunkten, das Aufrufen des Title Tools und zur Nachvertonung (Voice Over-Funktion) eines geschnittenen Beitrags.

Um die Clips einzeln zu bearbeiten öffnet sich bei Bedarf das Fenster »Pop-UP-Monitor« mit einem Doppelklick auf das zugehörige Bild in der Bin. Man kann Schnittmarken setzen und *Subclips bilden*, das heißt, Teile einer Szene als separaten Clip in der Bin ablegen. Insbesondere bei längeren Leitungsaufzeich-

Der Pop-Up-Monitor

nungen, die zunächst in Form eines zusammenhängenden Clips in der Bin erscheinen, ist es wichtig, vor dem Schnittbeginn das Material in Subclips zu organisieren.

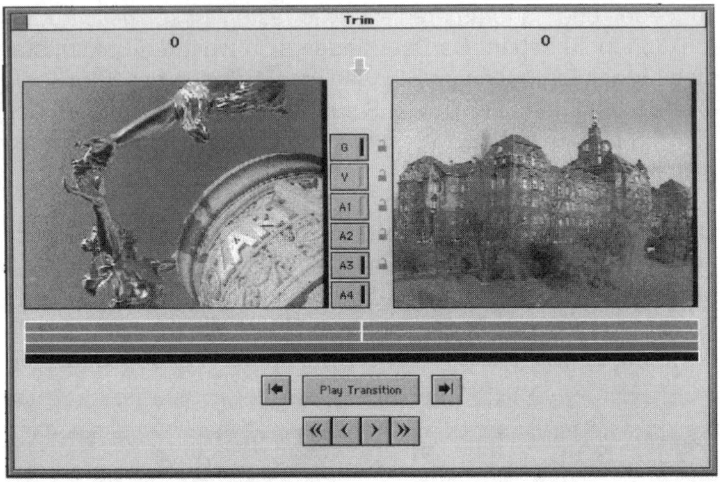

Das Trim Tool für die bildgenaue Korrektur von Schnittpunkten

Die Korrektur von Schnittpunkten (Trimmen), das Setzen von Blenden und Trickeffekten sowie die Tonbearbeitung erfolgen jeweils nach dem Schnitt in der Timeline. Je nach Funktion öffnen sich weitere spezifische Bedienfenster.

Das Trim Tool erlaubt die bildgenaue Einstellung von Schnittpunkten. In den beiden Bildfenstern erscheint das jeweils letzte bzw. erste Bild der Szenen am Schnittpunkt. Das zu korrigierende Bild wird mit der Maus angeklickt, der Schnittpunkt mit den vier Trimtasten, unten im Trim Tool-Fenster, um jeweils ein oder zehn Bilder verschoben.

Zur Endfertigung wird eine Sprachaufnahme in eine Audiospur der Timeline aufgezeichnet (Voice Over-Funktion). Schrift- und Grafikelemente entstehen im Title Tool, einem integrierten Grafikprogramm und werden in die Grafikspur der Timeline eingefügt. Abschließend erfolgt das Ausspielen des geschnittenen Beitrags auf Videoband oder eine direkte Zuspielung zur Sendung.

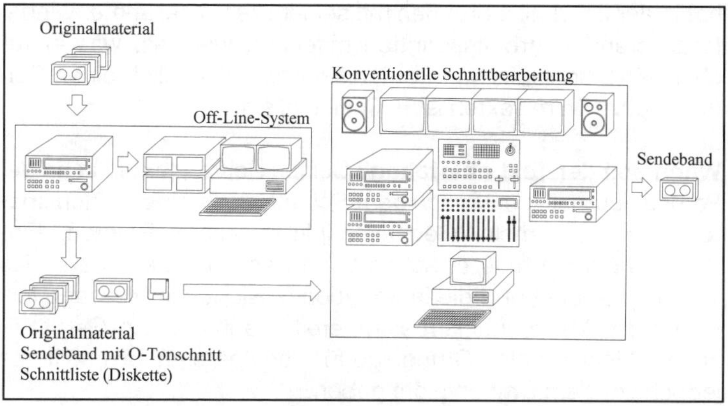

Off-Line-Bearbeitung

Digitale Off-Line-Bearbeitung. Die hohen Kosten der digitalen Bearbeitungsgeräte bringen es mit sich, daß heute (noch) vielfach Systemkombinationen in Gebrauch sind: Die preisgünstige Bandaufzeichnung von Bildern wird mit den technischen Vorteilen ihrer digitalen Bearbeitung verknüpft.
Dabei wird das Originalmaterial (Videoband) digitalisiert und auf die Plattenspeicher des Systems eingespielt. Anhand dieser »digitalen Arbeitskopie« wird die nichtlineare Arbeitsweise zur Erstellung einer Schnittliste genutzt. Die Bearbeitung des Originalmaterials findet, weitgehend automatisiert, nach Übertragung der Schnittliste (in der Regel per Diskette) am konventionellen Schnittbearbeitungsplatz statt. Für die Aktuelle Produktion spielt diese Verfahrensweise eine untergeordnete Rolle. Zeitraubende Umspielvorgänge sind dort nicht akzeptabel.

Texten

Texten – das ist *die Stunde des Reporters.* Wenn es der Redaktionsschluß zuläßt, kann es eine sehr lange Stunde werden. Viele Reporter tun sich schwer, wenn es ans Texten geht. Sicher hängt das auch damit zusammen, daß das Texten in krassem Gegensatz zu allen vorangegangenen Arbeitsphasen steht. Bis dahin hat ja der Journalist draußen mit seinem Team bei immer wieder faszinierenden Arbeitsschritten miterlebt, wie das, was er recherchiert, konzipiert und organisiert hat, allmählich einen Beitrag ergibt. Beim Texten ist er (meist) allein.

Wann soll der Text entstehen? Seinen Beitrag texten kann der Fernsehjournalist erst *nach dem Schnitt.* Bausteine für den späteren Text sammeln, Gedankensplitter, Zitate, Pointen, Eindrücke notieren muß er schon beim Recherchieren, wenn das Thema präzisiert und die Informationsabsicht, die Message formuliert ist. Manchmal läßt sich bereits dann ein Text-Gerüst fixieren. Mehr als eine Grundlage für den späteren Text sollte es jedoch vor dem Drehen nicht geben.

Nicht vor dem Dreh texten. Ein Text, der bei Abfahrt des Teams fertig vorliegt, vielleicht sogar stilistisch ausgefeilt ist, engt nicht nur den gestalterischen Spielraum des Kameramannes ein, sondern kann auch die journalistische Information reduzieren: Der Autor klammert sich an seinen Text, den er »bebildern« will, er ist für neue Eindrücke nicht mehr ansprechbar; er will sich vor Ort nicht überraschen lassen und etwa prüfen, ob er sein Thema zutreffend gewichtet hat; er will das Wissen, das er beim Recherchieren gewonnen hat, nicht erweitern, keine zusätzlichen Fragen stellen – er will ausschließlich sein ursprüngliches Konzept realisieren. Als Fernsehjournalist sollte er den umgekehrten Weg gehen: Eine Story in Bildern erzählen, die der Text stützt. Der Autor muß beim Drehen alles registrieren, was mit seinem Thema zusammenhängt, muß sich von neuen Wahrnehmungen dazu verführen lassen, auf die Inszenierung eines Textes zu verzichten. Die Wirklichkeit am Drehort gibt seinem Thema oft andere Perspektiven. Darauf muß er sich einstellen. Mit dem Text in der Hand verbaut er sich diese Chance.

Das Texten auf der Rückfahrt beginnen. Das ist bei brandaktuellen Beiträgen oft erforderlich. Der Autor hat jetzt Zeit und auch den besten Überblick. Er weiß, was gedreht worden ist, kennt die Statements, die Interviews. Er kann die Eindrücke ordnen, die er am Drehort gewonnen hat. Was ist wichtig geblieben, was weniger wichtig geworden, was kann überhaupt wegfallen? Hat er Antwort auf seine Fragen erhalten, haben sich seine Vermutungen bestätigt, hat er Klarheit gewonnen? Weiß er genug, um sein Thema darzustellen, oder sind weitere Recherchen erforderlich? Wenn er jetzt den Text entwirft, wird er gleichzeitig seine Konzeption überprüfen und, falls nötig, revidieren. Das kommt der nächsten Arbeitsphase, dem Schnitt zugute.

Mit dem Textentwurf zum Schneidetermin. Mit der *Textskizze* entsteht ein detaillierter *Schnittplan.* Konkrete Vorstellungen über die endgültige Form seines Beitrags muß der Autor spätestens bei Schnittbeginn haben und sie dann auch der Cutterin vermitteln können. Wenn er das Material zum ersten Mal am Schneidetisch sieht, erwartet die Cutterin von ihm eindeutige Anweisungen für die spätere Reihenfolge der Sequenzen. Jede Unsicherheit des Autors muß zum Durcheinander führen. Viel Zeit geht dann beim Suchen und Austauschen der Einstellungen verloren (vgl. »Elektronische Bild- und Ton-Aufzeichnung«, »Elektronischer Schnitt«, »Mit der Filmkamera drehen« und »Film-Schnitt und Filmton-Bearbeitung«).
Nach seinem Textentwurf wird der Autor beim Schnitt genau angeben, wie lang jede Einstellung sein soll. Läßt er die Cutterin im Stich, gibt sie einzelnen Einstellungen und Komplexen unter schnittästhetischen Gesichtspunkten ein Gewicht, das mit ihrem Informationswert nicht übereinstimmt. Der Autor muß dann einerseits lange Sequenzen texten, für die er keine Fakten hat, während er an anderer Stelle vielleicht längere Einstellungen und Komplexe braucht, um seinen Text unterzubringen.

Texten während des Schnitts. Der endgültige Text kann beim Filmschnitt entstehen. Die Synthese von optischer Aussage und verbaler Information wird dann am ehesten möglich. Für den Berufsanfänger ist es nicht ganz leicht, gleichzeitig einer Cutterin Hinweise zu geben und den Text auszuarbeiten. Ist unmittelbar nach dem Schnitt auch das Manuskript fertig, kann es der Autor sofort auf den Film lesen und zusammen mit der Cutterin erkennen, wo noch etwas zu tun ist.

Texten nach dem Schnitt. Mit dem Texten nach dem Schnitt beginnen, dabei am Schneidetisch das Wort allen Einstellungen, Sequenzen und Komplexen anpassen und dies permanent kontrollieren, das ist sicher der ratsamste Weg.

Hofft aber der Autor, er könne die Cutterin im Notfall hinzuziehen, weil ihm vielleicht die eine Einstellung zu lang oder jener Komplex falsch plaziert erscheint, wird er es oft schwer haben: Die Cutterin hat den Mischplan für seinen Beitrag geschrieben und arbeitet schon an einem anderen Film.
Wer kurz vor der Synchronisation *Bildänderungen* wünscht, verhindert nicht selten, daß sein Beitrag rechtzeitig fertig wird und gefährdet den geplanten Sendeablauf. Die Zeit fehlt bei der Vorbereitung des Sprechers, bei der Sprachaufnahme selbst, bei der Synchronisation; vielleicht kann der Film nicht rechtzeitig gestartet werden.

Nicht am Schreibtisch texten. Zieht sich der Autor zum Texten am liebsten in eine stille Klause zurück, muß er zuvor für alle Einstellungen, Sequenzen und Bildkomplexe seines Beitrags die exakten Längen feststellen – und im übrigen seinem Gedächtnis für Bilder und Bildfolgen vertrauen. Selbst wenn er mit der Stoppuhr arbeitet, wird er den Film übertexten. Am Schreibtisch wird er nämlich häufig nicht merken, daß er entschieden zu schnell liest und sich keine Atempause gönnt, um »in der Zeit« zu bleiben. Erst bei der Probe am Schneidetisch stellt sich dann heraus, daß der Text auf den Bildern nicht unterzubringen ist, daß der Rhythmus der Bilder dem Text-Rhythmus zuwiderläuft. Rigorose Kürzungen unmittelbar vor der Sprachaufnahme sind dann nötig. Sie mißglücken meist.

Ein sauber geschriebenes Manuskript liefern – Grundvoraussetzung für die Leistung des Sprechers; an kleine Arbeitserleichterungen denken – Zahlen und Uhrzeiten schreiben, wie sie gesprochen werden; Wort-Ungeheuer durch Bindestriche lesbarer machen; nicht zuviel auf einer Seite unterbringen, Rückseite freilassen. Der Sprecher braucht Platz für eigene Notizen, für Betonungen, für die Aussprache von Eigennamen; er wird einzeichnen, wo er beschleunigen und wo er langsamer werden muß. Er wird vor allem seinen Einsatz vor einer bestimmten Textstelle wesentlich genauer markieren, als es der Autor am linken Manuskriptrand getan hat. Natürlich braucht er im Text Hinweise auf die O-Töne; sie nützen ihm aber nur, wenn sie auch die exakte Länge und die »letzten Worte« angeben.

Den Text noch einmal überprüfen. Mit aller Selbstkritik, über die er verfügt, wird der Autor seinen Text überarbeiten, wird die Schwachstellen ausbessern, sinnlose Wortwiederholungen beseitigen, vor allem wird er sachliche Aussagen auf ihre Richtigkeit hin überprüfen. Unter Umständen wird er sogar das eine oder andere nachrecherchieren, noch einmal telefonieren müssen. Er wird auf Flüchtigkeitsfehler achten und besonders Zahlenangaben unter die Lupe nehmen, Namen und Titel kontrollieren.

Wie lange brauche ich für das Texten? Es ist nicht möglich, feste Richtzeiten anzusetzen. Texten hat unterschiedliche Schwierigkeitsgrade. Nachrecherchieren kostet manchmal viel Zeit. Ein Autor hat auch gelegentlich einen schlechten Tag …

Richtzeit Redaktionsschluß. Nach Möglichkeit wird der Autor nicht bis auf die letzte Minute oder gar darüber hinaus am Text arbeiten. Er sollte alle Pannenmöglichkeiten vor Augen haben, die es in anderen Bereichen gibt, und Zeit einkalkulieren, damit Schwierigkeiten, die bis zur Sendung auftreten, behoben werden können. Was nützt ein ausgefeilter Text, wenn ein schlecht vorbereiteter Sprecher live vor dem Studio-Monitor seine Einsätze verpaßt, wenn Versprecher hingenommen werden müssen, wenn der ohnehin reichliche Text über das Bild hinaus ins Schwarze geht.

Text vor der Sprachaufnahme laut lesen wie anschließend der Sprecher. Hat der Autor bis dahin vielleicht seinen Text auf einzelne Sequenzen nur leise gelesen, entdeckt er jetzt, daß er an einigen Stellen immer noch zu viele Worte gemacht hat. Erst beim lauten Lesen erkennt er das Zusammenwirken von optischer und verbaler Information und die richtigen Proportionen. Dabei steht ihm meist nur ein kleiner *Vorführtisch* für das stumme Bild zur Verfügung. Vorziehen sollte er allerdings einen *Schneidetisch,* damit er auch die O-Töne im Kontext kennenlernt. Stimmen die textlichen Anschlüsse? Stimmen alle Übergänge von Text auf O-Ton?

Kritische Sprecher, die nicht nur Manuskripte verlesen, sondern sich auch Gedanken darüber machen, was sie sprechen, können bei der Probe dem Autor manchen wertvollen Rat geben. Oft sind sie für den Autor wichtiger als ein abgehetzter Redakteur. Sie werden ihn nicht nur auf sprachliche Schnitzer aufmerksam machen, die bis dahin jedem anderen entgangen sind, sondern müssen vor allem versuchen, mit dem Autor gemeinsam den Text so zu verbessern, daß er sprechbar und beim Hören verstehbar wird. Aus den Erfahrungen eines Sprechers kann der Autor immer lernen. Er sollte sich gut mit ihm stellen.

Texten trainieren. Wer die Beiträge »Text« und »Texten« und den »Nachrichtenfilm als Beispiel« durchgearbeitet hat, der wird davon profitieren, »echte« Filme zu analysieren:
Zeichnen Sie dazu Fernsehbeiträge mit dem Videorecorder auf – zuerst kleine Nachrichtenfilme, dann längere Beiträge.
Sehen Sie sich die Beiträge »stumm« (also ohne Ton) an. Lassen Sie allein die Bilder auf sich wirken.
Danach hören Sie auch den Ton zusammen mit dem Anschauen der Bilder – erst ohne Unterbrechung, dann Sequenz für Sequenz. Versuchen Sie dabei, sich die »Erklärung des Autors zum Text« selbst zu geben, also sich zu überlegen, welche Gedanken sich der Autor zum Zusammenwirken von Text und Bild wohl (oder vielleicht auch nicht) gemacht hat.
Sollten Sie mit einer Textpassage nicht einverstanden sein – niemand hindert Sie daran, einen eigenen Text zu formulieren und ihn zum (stummen) Bild selbst probeweise zu lesen.

Martin Ordolff/Stefan Wachtel, Texten für TV. Ein Leitfaden zu verständlichen Fernsehbeiträgen (TR-Verlagsunion, München 1997)

Für das Fernsehen sprechen

Als Sprecher kann der Autor seinem Beitrag zusätzliche Akzente geben. Beim Reporterbericht, der den Journalisten als »Aufsager« zeigt, ergibt sich ein einheitliches »Klangbild« ebenso wie bei größeren Beiträgen, in denen er als Interviewer vor der Kamera steht. Moderiert der Autor seinen Beitrag im Studio selbst an, so sollte er auch der Sprecher des Textes sein, damit dem Zuschauer die journalistische Gesamtleistung deutlicher wird.

Mundartliche Färbungen können einen speziellen Reiz haben, vor allem in Sendungen, die auf der regionalen und lokalen

Ebene Zuschauer ansprechen wollen. Wenn Reporter und Interviewer ihre Sprache sprechen, werden sie es bei Aufnahmen und bei Live-Einsätzen leichter haben. In solchen Sendungen hat selbst der Nachrichtensprecher mit Anklängen an den heimischen Dialekt seine Aufgabe: Auch er macht das Medium menschlicher.

Der Autor als Sprecher – manchmal besser nicht. Dann nämlich, wenn in einem im übrigen professionell gemachten Beitrag einer der letzten und wichtigsten Arbeitsschritte unprofessionell zustande kommt. Als Sprecher sind die meisten Autoren, aber auch Interviewer, Korrespondenten, Moderatoren, Diskussionsleiter und Kommentatoren nach wie vor Autodidakten. Das äußert sich in mancherlei nicht immer liebenswerten Eigentümlichkeiten, die der Zuschauer von Profis nicht gewöhnt ist.
Die sprecherischen Aufgaben sind so vielfältig geworden, daß der Fernsehjournalist seine *Sprech- und Stimmausbildung* so frühzeitig wie möglich in Angriff nehmen muß. Hat er dazu bei seinem Sender keine Gelegenheit, so sollte er bei einem freien Sprecherzieher in die Schule gehen. Auch Universitäten und Volkshochschulen bieten Kurse an. Die Ausgaben machen sich bezahlt. Fernsehjournalisten, die sich auch vor dem Mikrofon bewähren wollen, brauchen das systematische Training ihrer Stimme.

Seine gröbsten Unarten kann jeder selbst entdecken – und vielfach beheben, wenn er seine »Spreche« in eigenen Tonbandaufnahmen regelmäßig kontrolliert. Ebenso ratsam ist es, Profi-Sprecher aus allen Programmsparten aufzuzeichnen und ihre Vortragsweise zu analysieren.

Abnahme

Zur Sendung freigegeben wird der Beitrag nach der redaktionellen Abnahme. Sie ist die Aufgabe des Redaktionsleiters, der sie (abhängig vom Ressort und der Größe der Redaktion und der Zahl der zu betreuenden Sendungen) oft auch überträgt, z. B. dem Chef vom Dienst.

Bei tagesaktuellen Programmen erfolgt die Abnahme in der Regel erst ganz kurz vor der Sendung. Für lange Diskussionen und Änderungen am Beitrag ist da keine Zeit mehr. Im wesentlichen geht es nur noch um die letzte Vergewisserung, daß der Beitrag keine groben Schnitzer enthält – etwa wichtige Standpunkte gar nicht oder falsch wiedergibt oder gar juristisch angreifbar ist. Sind Änderungen erforderlich, zeitlich aber nicht mehr möglich, kann manchmal über die Moderation noch etwas gerettet werden. Schlimmstenfalls muß der Beitrag abgesetzt werden, was bei wichtigen Themen einer »kleinen Katastrophe« nahekommt. Deshalb wird häufig bereits vor der Synchronisation der Text abgenommen, weil da Änderungen noch einfacher möglich sind.

Bei kritischen Themen insbesondere sollte der Reporter *den Abnahmeredakteur nicht »vor vollendete Tatsachen stellen«.* Richtig ist, wenn er so früh wie möglich über seinen Beitrag diskutiert, zunächst mit seinen Kollegen, dann mit dem Abnahmeredakteur. Der Reporter muß in jedem Fall mit Fragen zu Thema, Text und Realisierung rechnen. Er muß »sattelfest« sein – oder aber *nachrecherchieren,* und das ist *im Vorfeld der Abnahme* sinnvoller als danach.
Gelegentlich wird zur Abnahme auch ein Vertreter der *Rechtsabteilung hinzugebeten,* um sicher zu sein, daß alles juristisch »wasserdicht« ist. Gut, wenn der Jurist dann schon im Vorfeld mit der Sache befaßt war und seine Ratschläge auch beachtet wurden.

Bei Abnahmen von längeren Beiträgen, die nicht tagesaktuell sind, wird auf weit mehr als auf diese Mindestanforderungen geachtet. Hat der Reporter inhaltlich und formal die Ansprüche des Themas und der Redaktion erfüllt? Was ist zwar nicht falsch oder schlecht, aber anders vielleicht noch besser? Was muß zwar nicht unbedingt geändert werden, könnte aber dem Beitrag noch den letzten Schliff geben?
Ein glattes »Ja« ist bei solchen Abnahmen nicht immer drin, die Diskussion oft unerläßlich, manchmal gar unerfreulich. Als »Zensur« sind Änderungswünsche dennoch nicht zu disqualifizieren, weil die Redaktion letztlich senderintern, bei Aufsichtsgremien und schlimmstenfalls auch vor Gericht verantwortlich gemacht

wird. Kommt es hart auf hart, kann ein Reporter seinen Beitrag auch zurückziehen, wenn er seine Autorenrechte so entscheidend durch gewünschte Änderungen beeinträchtigt sieht. Solche Konflikte sind gelegentlich auch Gegenstand von Beratungen in *»Redakteursausschüssen«.* Unvorstellbar aber ist, daß ein Beitrag »hinter dem Rücken« des Autors entscheidend redigiert oder geändert wird.

Abnahmen in Stufen sind ein häufig geübtes Verfahren, um bei längeren Beiträgen immer wieder zu überprüfen, ob Redaktion und Autor mit ihren Vorstellungen noch im Einklang sind. So gibt es *Roh-, Feinschnitt- und Text-Abnahmen* mit einer Schlußabnahme am Ende der Produktion. Nachträgliche kostspielige und zeitraubende Änderungen und manche Kontroverse können so vermieden werden.

»Gestorben« heißt es im Jargon am Ende einer Produktion. Die Redaktion muß sich allerdings noch um einige organisatorische Dinge kümmern. Das wird von Sender zu Sender unterschiedlich gehandhabt. Vielfach gibt es noch den Sendepaß, der neben Titel, Autor und Abnahmevermerk die Sendedaten enthält, also »Länge des Beitrags«, »Letzte Worte«, »Letzte Einstellung«, außerdem Angaben darüber, auf welchem Material gedreht wurde und welches zur Sendung kommt. Für den glatten Ablauf sind oft auch die genauen Zeiten für die Insert-Einblendungen und die Telefon-Nummern derjenigen notwendig, die über den Sendetermin informiert werden sollen, für die Abrechnung schließlich auch Hinweise auf evtl. verwendetes Fremdmaterial, die Zahl der Arbeitstage beim Recherchieren, Drehen und beim Schnitt. Vielfach genügen heute diese Angaben auch auf der MAZ-Karte oder lediglich auf der Kassette. In jedem Fall sind sie die Grundlage für den Ablaufplan und für alle Beteiligten verbindlich. Auch wenn es schwer fällt: Gefragt ist in dieser Arbeitsphase noch einmal pedantische Genauigkeit.

Auch technische Abnahmen kann es geben. Dabei werden dann Hinweise für die Abspielung in der Sendung in einem technischen Abnahme-Protokoll festgehalten.

Mit der Filmkamera drehen

Der Film hat seine Bedeutung für die aktuelle Berichterstattung nach der Einführung der EB-Technik verloren. Das Privatfernsehen produziert daher im allgemeinen ausschließlich elektronisch. Beim öffentlich-rechtlichen Rundfunk entschließen sich Redaktion und Produktion für den Film und gegen die »elektronische Konkurrenz« (immer seltener) dann, wenn ein Thema die *besondere ästhetische Qualität* des Films verlangt, wenn die (immer noch) *robustere Technik* vorteilhaft und eine *komplizierte Nachbearbeitung* abzusehen ist.

»Ton ab!« – »Ton läuft!« – »Kamera ab!« – »Kamera läuft!« So lautet die notwendige Startfolge für jede Filmaufnahme. Die Kommandos kommen, wenn für aktuelle Beiträge in kleiner Besetzung, ohne Aufnahmeleiter also, gearbeitet wird, vom Redakteur oder Reporter; Toningenieur und Kameramann bestätigen sie. *Bild und Ton müssen bei der Aufnahme synchron starten und synchron bleiben,* Kamera und Tonaufnahme-Gerät also synchron laufen. Erreicht wird dies durch das *Pilotton-Verfahren.* Dabei wird ein Steuersignal, der Pilotton, der von der Kamera (mit Kabelverbindung) oder einem bei Kamera und Tongerät identischen hochstabilen Quarzgenerator (ohne Kabelverbindung) kommt, auf einer separaten Spur des Tongeräts aufgezeichnet. Dieses Steuersignal enthält die Information über das Laufverhalten beider Geräte während der Aufnahme. Für die nachfolgende Arbeit am Schneidetisch wird das 1/4"-Original-Tonband (»Schnürsenkel«) auf 16 mm-Magnetfilm (Perfoband) überspielt. Dabei wird gleichzeitig der Pilotton als Steuersignal so ausgewertet, daß zu jedem Stück Bildfilm ein genau gleichlanges (»synchrones») Stück Magnettonfilm entsteht. Nun müssen sich nur noch die jeweiligen Startmarken von Bild und Ton decken – dieser Arbeitsschritt am Schneidetisch heißt *Anlegen.*

Für die Startmarkierung gibt es mehrere Verfahren, – und wenigstens eines beteiligt manchmal den Fernsehjournalisten unmittelbar: Vor (oder auch nach) einer Aufnahme schlägt er die hölzerne Synchronklappe. Akustisch und optisch werden damit auf den Materialien die Synchronzeichen gesetzt, die am Schneidetisch leicht wiederzufinden sind. Bei aktuellen Einsätzen wird allerdings häufig improvisiert: Der Reporter schlägt dann einfach die Hände zusammen. Naheliegend, daß auch Schläge auf das Mikrofon saubere Synchronpunkte liefern – aber da wird der Toningenieur Einspruch erheben.

Die Synchronklappe hat, abgesehen vom zusätzlichen Materialverbrauch, einige Nachteile. Die Nervosität in der letzten Phase vor einer Aufnahme wird durch das Klappe-Schlagen noch vergrößert; in Interviews und bei Statements stellen sich leicht Verkrampfungen ein. Manchmal fehlt auch die Zeit für das Klappe-Schlagen. In solchen Fällen wird dann am *Ende* der Einstellung eine *Schlußklappe* deutlich angesagt und bildlich gekennzeichnet.

Pilotton-Verfahren. Bei der *automatischen Startmarkierung* treten solche Probleme nicht auf. Beim Pilotton-Verfahren wird der Start auf der Nutzspur markiert. Eine Lampe hinter dem Bildfenster belichtet einige Bildfelder oder die unbenutzte Perforationsspur, bis die Kamera ihre genormte Bildaufnahmefrequenz erreicht hat. Auf dem Film entstehen sogenannte »Blitzer« (Weißfelder). Über das Pilotton-Kabel wird gleichzeitig ein kurzer markanter »Piepser« ausgelöst und auf der Nutztonspur aufgezeichnet. Die Synchronpunkte werden durch Weißfeld und Piepser dargestellt. Der Nachteil dieses Verfahrens: Bei mehrfachem Ab- und Wiedereinschalten der Kamera kann die O-Ton-Aufnahme durch die Piepser verdorben werden. Außerdem fehlen zur eindeutigen Identifizierung des Synchronpunktes Ansage und bildliche Kennzeichnung.

Keine Kontrollmöglichkeit. Ob die Aufnahmen in Ordnung sind, ist vor Ort bei der Arbeit mit *Film* nicht festzustellen. Der Toningenieur kann jedoch zur Kontrolle von Länge und Inhalt das Band abspielen – wichtig bei Interview und Statement, damit sofort Kürzungen besprochen oder die Aufnahmen wiederholt werden können.

Das Drehverhältnis spielt beim Drehen mit der Filmkamera eine wesentlich größere Rolle als bei der Elektronischen Berichterstattung (EB). Filme können anders als Video-Bänder nur einmal verwendet werden. Ein hoher Filmverbrauch belastet also den

Produktionsetat. Besonders deshalb (und nicht nur aus arbeitsökonomischen Gründen wie bei der EB-Produktion) müssen Reporter und Kameramann also genau überlegen, welche Einstellungen und ggf. wie viele Wiederholungen sie wirklich brauchen, damit das Verhältnis von belichtetem Film-Material zur Länge des späteren Beitrags (Drehverhältnis) nicht zu ungünstig wird. Für den Fernseh-Journalisten bedeutet dies, daß die Vorarbeiten vor dem Dreh noch gründlicher sein müssen (vgl. »Einen Fernseh-Beitrag planen«).

Mit welchem Filmmaterial wird gedreht? Bei dieser Frage sind für den Kameramann einige Angaben des Autors über das Thema wichtig. In einer Vorbesprechung sollte der Kameramann zum Beispiel erfahren, ob es sich im wesentlichen um *Außen-* oder *Innen*aufnahmen handelt, ob weitgehend oder ausschließlich mit *Kunstlicht* gearbeitet werden muß, oder ob in den Räumen *Tageslicht* vorherrscht. Der Kameramann muß sich bei der Wahl des Farbfilmmaterials nach der Aufnahmelichtart richten.

Wenn dem Kameramann draußen »das Licht ausgeht«, wird er in aller Regel die Dreharbeiten beenden. Das kann dann auf einen Fehler im Drehablaufplan des Autors zurückzuführen sein, der für einzelne Bildblöcke zu knappe Drehzeiten angegeben hat; das kann, bei Innenaufnahmen, auch an mangelnden Recherchen über den Lichtbedarf liegen. Bevor der Kameramann seine Ausrüstung einpackt, wird er alle Möglichkeiten ausnutzen, um ein vorzeitiges Drehende zu vermeiden, also lichtempfindliche Objektive und hochempfindliches Filmmaterial einsetzen und die Blende öffnen.
Orientiert sich die *Filmempfindlichkeit* an der Deutschen Industrie-Norm (DIN), so kommt er bei einem 24 DIN-Film gegenüber einem 21 DIN-Film mit der halben Lichtmenge aus.
Auch wenn er die *Blende* um eine Stufe öffnet, ist sein Lichtbedarf nur noch halb so groß. Solange der Kameramann die Blende öffnen kann, wird er nicht unterbelichten. Mit der rechnerisch richtigen Formel »eine Blendestufe auf = halber Lichtbedarf« könnte jedoch die Bildgestaltung zu einem »Hauptsache, man sieht überhaupt was« verkommen.

Das Licht, außen oder innen, Sonne oder Lampe, ist für den Kameramann ein Mittel der Bildgestaltung. Unterbelichtungen kann das Filmkopierwerk durch forcierte Entwicklung um bis zu zwei Blenden (das entspricht einem Plus von 6 DIN) ausgleichen. Der Entwicklungsprozeß wird dadurch entsprechend verändert. Auf eine Unterbelichtungs-Forcierung wird sich der Kameramann nur einlassen, wenn alle anderen Möglichkeiten ausgereizt sind und eine aktuelle Notwendigkeit besteht, zum Beispiel bei Aufnahmen von Unglücksfällen oder Polizeiaktionen bei Nacht. Auch bei einer Totalen vom Innenraum eines Domes könnte der Kameramann gezwungen sein, selbst hochempfindliches Material unterzubelichten und forcieren zu lassen.

Kamera- und Tonbericht. Kameramann und Toningenieur stellen bereits beim Drehen die Informationen zusammen, die für die *Weiterverarbeitung im Kopierwerk,* bei der *Ton-Überspielung* und beim *Bildschnitt* gebraucht werden. In der aktuellen Berichterstattung fehlt dem Kameramann allerdings oft die Zeit für den Kamerabericht. Der Tonmann bringt deshalb in seinem Tonbericht neben ton-spezifischen Angaben möglichst viele andere Details unter, zum Beispiel Namen von Interview-Partnern, die Nummern der Filmrollen, Aufnahmeorte, Angaben über die Brauchbarkeit von Aufnahmen – auch unter journalistischen Gesichtspunkten. Anhand des Tonberichtes werden die Tonaufnahmen ausgewählt, die im Beitrag verwendet werden sollen, zum Beispiel »Interview, dritte Fassung« oder bestimmte, entsprechend gekennzeichnete Redeausschnitte.

Mit Filmtricks arbeiten

Filmtricks entstehen mit der Kamera oder im Trickstudio. Im journalistischen Bereich dienen sie zur *Erklärung* komplizierter Sachverhalte, als *Ersatz für Aufnahmen* der Realität (wenn dies zu teuer oder zu gefährlich wäre) und zu *Überraschungseffekten.* Der Filmtrick hat aber in der praktischen Arbeit sehr an Bedeutung verloren, weil die Gestaltungsmöglichkeiten mit *elektronischen* Tricks vielfältiger, preiswerter und auch schneller zu realisieren sind.
Von den zahlreichen Filmtrickverfahren hier die wichtigsten:

Kameratricks heißen Filmtricks, die nur mit der Kamera ausgeführt werden, wie beispielsweise Zeitdehnung (Zeitlupe), Zeitraffung, Zeitfolgeumkehr und Stopptrick. Bei der *Zeitdehnung* arbeitet man mit einer Bildaufnahmefrequenz, die über 25 B/s liegt. Nimmt die Bildaufnahmefrequenz Werte unter 25 B/s an, ergibt sich eine *Zeitraffung.* Eine rückwärtslaufende Kamera zeigt bei der Wiedergabe die *zeitliche Umkehr* des Bewegungsvorganges. Beim *Stopptrick* wird die Kamera während einer Aufnahme angehalten und nach einer Veränderung von Personen oder Requisiten im Szenenbild weitergedreht.
Spult man den Film nach der Aufnahme zurück und belichtet ihn ein zweites Mal, erhält man Doppelbelichtungen. Dabei durchdringen sich die Motive der beiden Aufnahmen und werden ganz oder nur teilweise sichtbar. In Verbindung mit Ab- und Aufblendvorgängen führen derartige Doppelbelichtungen zu Überblendungen.

Tricks mit mechanischen Vorsatzteilen (Kaschs), die im Kamerakompendium befestigt werden, ermöglichen Doppelgänger-, Schlüsselloch- oder Fernrohraufnahmen. Bei den beiden letzteren wird der Anschein des Hindurchblickens durch ein Schlüsselloch oder Fernrohr erweckt.

Tricks mit optischen Vorsatzgliedern in Form von Linsenrasterplatten, Prismenplatten und Zerrprismen erlauben originelle Bildverzerrungen und Bildvervielfachungsspielereien. Zahlreiche Farbfiltersysteme ergeben zusätzliche Verfremdungseffekte, bei denen beispielsweise das Bildzentrum in naturgetreuen Farben erscheint, während die Ränder farbig verfälscht sind.

Modelltricks sind Aufnahmen von verkleinerten oder vergrößerten Objektnachbildungen. Spezielle Anwendungsgebiete des Modellbaus findet man im Perspektiv- und Modellvorsatzbau. Beim *Perspektivbau* wird das Größenverhältnis der Vorder- und Hintergrundobjekte stärker betont und somit auf einem begrenzten Raum eine ausgedehnte Raumtiefe dargestellt. Damit können Landschaften, die real eine große Tiefe aufweisen, auf kleine Flächen zusammengedrückt werden. Der *Modellvorsatzbau* kombiniert ein kleines Modell im Nahbereich der Kamera mit einer Realszene. Beispielsweise wird ein kleineres Modelldach dem unteren Teil eines Realhauses aufgesetzt und als Ganzes aufgenommen.

Kombinationstrickverfahren arbeiten mit einer speziellen Hintergrundgestaltung und vereinigen eine reale Vordergrundszene mit einem projizierten Hintergrundbild. Am häufigsten kommen diese Verfahren bei schnellen Autofahrten oder riskanten Kletterversuchen zum Einsatz. Das Verfahren mit einer Projektion von hinten auf eine Bildwand heißt *Rückprojektion.*
Mit Hilfe halbdurchlässiger Spiegel und spezieller Projektionswände, die das Licht nur in einem begrenzten Winkelbereich reflektieren, ist auch eine Projektion von vorn möglich. Sie wird *Front- oder Aufprojektion* genannt. Obwohl dieses Verfahren vorwiegend im Fernsehen zur Anwendung kommt, benutzt man es als *Dual-Screen-Front-Projektion* auch für Filmaufnahmen.

Spiegeltrickverfahren verbinden zwei räumlich getrennte Aufnahmeobjekte mit Hilfe von Einspiegelungen zu einem Gesamtbild. Mit diesem Verfahren kann man eine Person in den Torbogen der Eingangstür eines Hauses einspiegeln, welches nur als Modell existiert.

Beim Maskenverfahren werden Teilbilder zu einem Gesamtbild vereinigt, die man an verschiedenen Orten zu unterschiedlichen Zeiten aufgenommen hat. Bewegen sich die Motive in den Teilbildern, wie beim Sprung eines Autos über eine zerstörte Brücke, verwendet man das *Wandermaskenverfahren,* auch Travelling Matte genannt.

Film-Schnitt und Filmton-Bearbeitung

Bild- und Tonschnitt werden von der Cutterin oder Cutter-Assistentin vorbereitet. Welche Tonaufnahmen für welche Bilder vorgesehen sind, entnimmt sie dem Tonbericht. Bild und Ton lassen sich in jeder Einstellung dank der Start-Markierung bei der Aufnahme lippensynchron anlegen.

Wenn die Start-Markierung fehlt, sucht die Cutterin oder der Cutter einen neuen Synchronpunkt. Oft erst mit erheblichem Zeitaufwand entdeckt sie im Bildmaterial eine *markante Stelle,* zu der sich auch ein markanter Ton findet – wenn, zum Beispiel, ein Redner mit einigem Nachdruck auf das Vortragspult trommelt oder wenn jemand nach einem Statement/Interview ins Auto steigt und die Tür zugeschlagen wird. Manchmal muß die Cutter-Assistentin den Synchronpunkt auch ohne solche Hilfen, allein durch genaue Beobachtung der *Lippenstellung* finden. Wenn auch das nicht gelingt, müssen *Zwischenschnitte* eingesetzt werden. Eine lange Sequenz von Zwischenschnitten zur Überbrückung einer asynchronen Stelle kann jedoch die Qualität des Beitrags erheblich beeinträchtigen.

Die Schnittvorbereitung ist abgeschlossen, wenn die Cutter-Assistentin alle fehlerhaften Teile des Materials aussortiert und für jede Einstellung Bild und Ton synchron angelegt hat. Damit in allen Einstellungen Bild und Ton in der Länge übereinstimmen, ergänzt sie die fehlenden *Bilder* durch *Schwarzfilm* und die fehlenden *Töne* durch unbespieltes *Perfoband* (Magnetfilm).

Cutterin hinter einem Galgen, an dem die einzelnen Einstellungen aufgehängt werden, bevor sie in der gewünschten Reihenfolge aneinandergeklebt werden.

Nachdem die Einstellungen mit Fettstift beschriftet sind, kommen sie an den *»Galgen«* – so die Bezeichnung für die rollbare Aufhängevorrichtung, an deren Nägel oder Klammern das Filmmaterial aufgehängt wird. Der untere Teil des Galgens ist ein mit Samt ausgeschlagener Holzkasten, der herabhängendes Material vor Beschädigungen schützt.

Übrig geblieben ist nur das, was für den Filmschnitt verwendet werden kann. Die Cutterin *ordnet* die Einstellungen in der Reihenfolge, wie sie im Beitrag erscheinen sollen. Für aktuelle Berichte wird sie das Bildangebot wegen der kurzen Bearbeitungszeit auf die *wichtigsten Einstellungen und Sequenzen* reduzieren und das *Material für Zwischenschnitte* davon getrennt halten. *O-Ton-Takes* rollt die Cutter-Assistentin bis zum Schnittbeginn auf Bobbys oder Spulen. In zwei Arbeitsphasen, beim Roh- und beim Feinschnitt, erhält der Beitrag seine endgültige Fassung.

Beim Filmschnitt wird an Vier-, Sechs- und Acht-Teller-Tischen gearbeitet. Die getrennt aufgenommenen Bild- und Ton-Mate-

6-Teller-Tisch mit 1 Bild- und 2 Magnettonfilmen (im unteren Teil die Rollensysteme mit den Tonköpfen für Magnettonfilme, im oberen Teil die Führung des Bildfilms)

rialien werden dabei zu einem Beitrag zusammengefaßt. *Filmschnitt ist also nicht nur Bildschnitt, sondern auch Tonschnitt.* Für welchen Schneidetisch sich die Cutterin entscheidet, hängt in erster Linie von der Schwierigkeit des Tonschnitts ab. Der *Sechs-Teller-Tisch* ist zum Beispiel erforderlich, wenn ein Bildfilm und zwei Tonbänder (Perfobänder/Magnetfilme) vorliegen. Arbeitet die Cutterin mit einem dritten Tonband, braucht sie den *Acht-Teller-Tisch.* Wenn die O-Töne, Geräusche, Musik und Sprache sowie die Atmo auf getrennten Bändern gespeichert sind, ist es bei der späteren Mischung im Synchronstudio leichter möglich, sie in Charakteristik und Lautstärke aufeinander abzustimmen.

Tonschnitt beim Interview. Vorhanden ist in der Regel nur das synchron zum Bild laufende Sprachband mit den Fragen und Antworten. Beim Kürzen sind oft harte Schnitte erforderlich. Die Tonsprünge lassen sich ausgleichen, wenn die Cutterin das Interview auf zwei Tonbänder legt, also an einem Sechs-Teller-Tisch arbeitet. Bei der Mischung kann der Tonmeister dann von einem Band auf das andere überblenden und durchgehend Hintergrund-Atmo zuspielen, die vor oder nach dem Interview separat aufgenommen worden ist.

Mischung. Der Feinschnitt ist beendet. Die Mischung wird vorbereitet. Ihre Aufgabe: die einzelnen, vom Schneidetisch angelieferten Bänder untereinander und mit dem/den Kommentarsprecher/n so zu kombinieren, daß ein durchgehendes Sendeband entsteht. Die Mischung enthält also alle *akustischen* Informationen und ordnet sie nach journalistischen und dramaturgischen Gesichtspunkten dem Bildablauf zu.

Der Mischplan ist der Fahrplan für diese Arbeitsphase im Synchronstudio. Genaue Angaben der Cutterin erleichtern es dem Tonmeister, am Mischpult O-Töne, Musik, Geräusche und Sprache (Kommentar) aufeinander abzustimmen. Die wichtigsten Zeichen und Abkürzungen im Mischplan sind:

IT-Band	Internationales Ton-Band
S-Ton	Sendeton (Mischung von IT-Band und Text-Band)
O-Ton	Original-Ton
Off-Ton	Gesprächspartner ist nicht im Bild

BA	Bildanfang
BE	Bildende
gestrichelte Linie	Ton läuft mit (Bereitstellung für Ein- und Ausblendungen)
durchgezogene Linie	Harte Ein- oder Ausblendung
schräge Linie	Ein- oder Ausblendzeit

Eine Vormischung wird gemacht, wenn ausreichend Zeit zur Verfügung steht. Sie faßt O-Töne, Musik und Geräusche von unterschiedlichen Tonträgern auf einem *Vormischband* zusammen. Zugespielt werden auch *»Schleifen«*, die jeweils mit einem bestimmten Geräusch (z.B. Verkehrslärm, Wassergeplätscher, Stimmengewirr, Waldstimmung) »endlos« laufen und vom Tonmeister hochgezogen werden, wenn die entsprechenden Bilder auf der Leinwand im Vorführraum erscheinen.
Bei schwierigen und längeren Produktionen hört sich der Autor die Vormischung an, um seinen Text zu überprüfen und anzupassen. Auf diese Weise läßt sich verhindern, daß der Text wichtige akustische Ereignisse im Beitrag überlagert.

Die Vormischung heißt auch IT-Mischung. Für den internationalen Programmaustausch enthält das *IT-Band* (Internationales Ton-Band) Musik, Geräusche, Atmosphäre. Der *Text* des Beitrags wird in der jeweiligen Landessprache aufgenommen, bevor die *Endmischung* Sprachaufnahme und IT-Band verbindet. Aktuelle Beiträge, zumal aus den regionalen Programmen, dürften in der Regel nicht für den internationalen Programmaustausch in Frage kommen. Ihre IT-Bänder werden häufig dennoch archiviert. Wenn ein Beitrag nach Jahren wiederholt werden soll, kann er ohne größeren Arbeitsaufwand einen aktualisierten Text erhalten.

Eine Sprachaufnahme vor der Endmischung ist bei langen Filmtexten angebracht. Der Sprecher hat seine Einsätze bei einigen Proben am Schneidetisch notiert. Während der Sprachaufnahme geben ihm Redakteur und Regisseur, die das Manuskript mitlesen, sicherheitshalber Licht- und Handzeichen. Über Kopfhörer kann der Sprecher das Vormischband mit O-Tönen, Musik und Geräuschen hören.

Mischplan

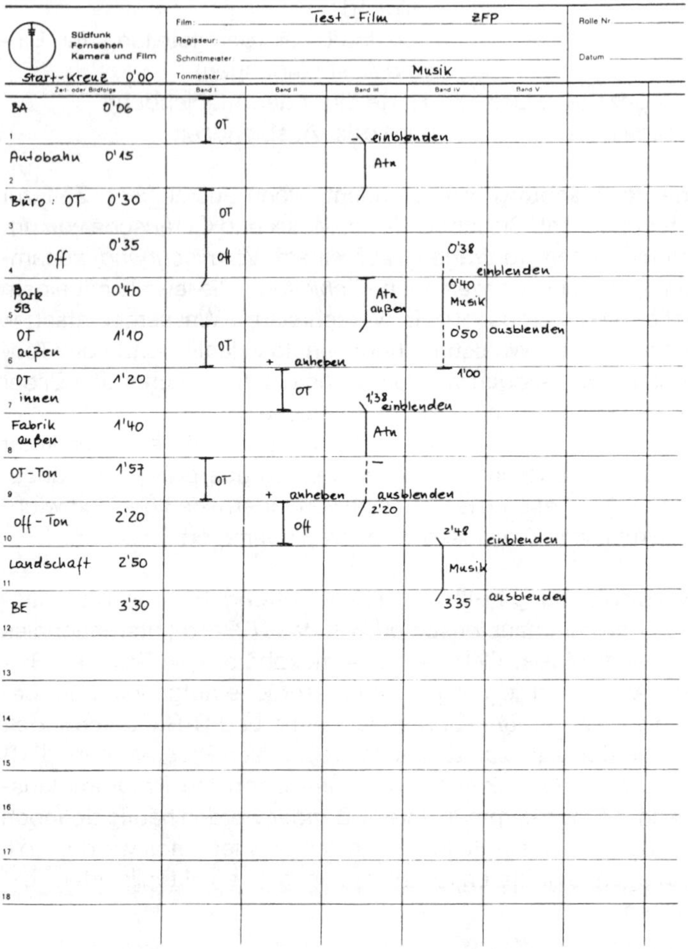

Korrekturen der Sprachaufnahme sind relativ einfach. Bei Versprechern wird der Beitrag vor die verpatzte Stelle zurückgefahren und dieser Teil der Aufnahme wiederholt.

Bei der Endmischung, die Vormischung und Sprachaufnahme zusammenfügt, stimmt der Tonmeister Tonstärke und Klangfarbe auch unter dramaturgischen und ästhetischen Gesichtspunkten aufeinander ab. Am Ende der Mischung liegen *Bild und Ton auf zwei getrennten Trägern* für die Abspielung in der Sendung vor. Für große, weniger aktuelle Produktionen können Bild und Ton *auf einem Band* kombiniert werden. Dazu erhält der Film auf dem Rand eine *Magnettonspur* (Randspur).

John Burder, 16 mm Filmschnitt (Verlag Reil & Gottschalk, Köln)

Wirtschaftlich produzieren

Über das Geld zu wachen, ist in den Sendern vorrangig nicht Aufgabe der Journalisten, sondern der *Produktionsleiter.* Sie haben bei größeren Produktionen eine Vorkalkulation zu erstellen, in der alle absehbaren Kosten aufgeführt sind. Und sie haben während der Produktion darauf zu achten, daß die finanziellen Vorgaben eingehalten werden. Für die Reporter und Redakteure sind sie die wichtigsten Ansprechpartner, wenn es um eine *möglichst kostengünstige Planung* und *optimale Vorbereitung* geht.

Eine zuverlässige Kalkulation ist eine wichtige Entscheidungsgrundlage, wenn es darum geht, ob ein Vorhaben in Angriff genommen werden soll oder nicht. Bei Eigenproduktionen von Sendern sollten in die Kalkulation alle direkten, indirekten und Gemeinkosten einfließen, um eine realistische Vorstellung von den effektiven Kosten einer Produktion zu erhalten. Voraussetzung dafür ist natürlich eine präzise Produktions-Planung, die alle Produktionsschritte umfaßt und genau ermittelt, welcher Aufwand erforderlich ist, um ein bestimmtes Produkt herzustellen. Da Fernsehproduktionen immer anders verlaufen, als am Schreibtisch beschlossen, sind solche Kalkulationen natürlich mit Unwägbarkeiten behaftet. Erfahrene Produktionsleiter können jedoch die Unsicherheiten in ihren Kalkulationen auf ein Mindestmaß reduzieren.
Wenn bei einer gewissenhaften Kalkulation Produktionskosten herauskommen, die den Verantwortlichen zu hoch erscheinen, macht es wenig Sinn, einfach nur Einzelposten zusammenzukürzen und z.B. Dreh- oder Schnitt-Tage zu streichen. Die Produktion wird dadurch sicher nicht billiger, allenfalls die Etat-

überziehung höher. Billiger kann eine – seriös kalkulierte – Produktion nur werden, wenn die Planung geändert wird, also Drehorte komplett entfallen, Szenen umgeschrieben oder gekürzt oder visuelle Konzepte modifiziert werden.

Bei größeren Produktionen stellt der Produktionsleiter einen oft umfangreichen *Produktionsplan* auf, in dem detailliert Drehorte, Dreh-, Schnitt- und Synchron-Tage, Vorbereitungs- und Fahrzeiten, technischer Bedarf bis hin zu Hotels, Ansprechpartnern und Telefonnummern aufgeführt sind. Grundlage einer solchen Planung ist natürlich ein enger *Dialog mit Redaktion und Autoren, dem Kameramann und anderen Mitgliedern der Produktionscrew.*

Information ist ein zentraler Begriff bei jeder wirtschaftlichen Produktionsplanung, denn nur wer umfassend informiert ist, kann sein Know How auch optimal einbringen. Deshalb sollte *frühzeitig mit dem Produktionsteam überlegt* werden, wie die konkrete Aufgabe möglichst effizient gelöst werden kann. Eigentlich eine Binsenweisheit – und doch: Als häufigste Klage ist aus den Produktionsbereichen eigentlich aller Sender zu hören, daß man von diesem oder jenem Sonderwunsch nichts gewußt habe und die Realisierung nunmehr schwierig, zumindest aber teuer sei.

Bei kleineren Produktionen, vor allem im aktuellen Bereich, ist die Vorbereitung zwangsläufig wesentlich summarischer. Die Aufgabe des Produktionsleiters fällt in der Regel dem Reporter zu, der neben seiner journalistischen Arbeit auch eine Menge Organisationstalent entfalten darf. Bei aller Eile und allem Streß sollte jedoch auch bei kurzen aktuellen Beiträgen eine Art Produktionsplanung vorliegen und mit dem Team besprochen werden. Zusammen mit der Produktionscrew kann dann sehr schnell ein Drehplan mit Drehorten, Fahrstrecken und -zeiten, Arbeits- und Pausenzeiten aufgestellt werden, der allen Beteiligten eine halbwegs verläßliche Zeitdisposition ermöglicht, wobei natürlich im Aktuellen kurzfristige Änderungen an der Tagesordnung sind (vgl. »Produktionsplan/ Drehablaufplan«).

Die Arbeitszeit der Beteiligten ist wichtigster Kostenfaktor in jeder Produktionsplanung. Längere Drehzeiten belasten die

Etats in der Regel stärker als teures Spezialequipment. Deshalb geht es bei der Produktionsplanung immer in erster Linie darum, die Produktionszeiten zu minimieren.

Die Dreharbeiten auf möglichst wenige Orte konzentrieren: Denn bei Produktionen mit verschiedenen Drehorten können die Reisezeiten sowie die Auf- und Abbauzeiten erhebliche Kosten verursachen. An den Drehorten selbst sollte die Zeit jedoch nicht zu knapp disponiert werden. Denn wenn wegen einer unrealistisch engen Zeitplanung das Produkt qualitativ zu wünschen übrig läßt und sogar ein *Nachdrehen* fällig wird, war die Sparsamkeit in finanzieller Hinsicht ein Eigentor.
Wer nur wenige Produktionstage zur Verfügung hat, sollte sich also genau überlegen, ob er wirklich jeden zunächst eingeplanten Drehort ansteuern muß. Oft sind Interviewpartner bereit, eine kleinere Reise auf sich zu nehmen, um ihr Interview an einem Ort zu geben, an dem das Team ohnehin arbeitet. Eventuelle zusätzliche Reisekosten für den Gesprächspartner rechnen sich da allemal.

Sequenzen für andere Beiträge an einem Ort gleich mitzudrehen ist unter ökonomischen Gesichtspunkten sinnvoll. Wenn wegen einiger weniger Einstellungen ein anderes Kamerateam einige Tage später nochmals mehrere Stunden auf der Autobahn zubringt, dann ist das sicher viel teurer, als wenn man diese Bilder gleich mitgedreht hätte.

Die Größe des Produktionsteams ist neben der Produktionsdauer natürlich unter Kostengesichtspunkten auch entscheidend. Bei allen Sendern gibt es die Tendenz, hier den Rotstift anzusetzen und die Kosten durch eine weitgehende Verkleinerung der Teams zu senken.

Das 2-er-Team (Kamera, Videotechnik/Ton) ist bei aktuellen Produktionen Standard geworden. Oft ist der Reporter mit einem Kameramann oder einer Kamerafrau allein unterwegs. Und nicht wenige aktuelle Beiträge werden mittlerweile von *Kamera-Reportern* produziert, die als 1-Mann-Team komplette Beiträge abliefern. Zudem wurden die durchschnittlichen Produktionszeiten deutlich gesenkt.

Out-Sourcing – das ist die Tendenz bei den Produktionsabteilungen der meisten Sender – ob öffentlich-rechtlich oder kommerziell. Der Stamm an festangestellten Mitarbeitern soll verringert und dafür ein Höchstmaß an Leistungen von außen eingekauft werden. In der Fernsehproduktion hat die Inanspruchnahme von Fremdleistungen eine lange Tradition: Für Spezialaufgaben – etwa bei der Beleuchtung oder Beschallung – werden regelmäßig externe Firmen hinzugezogen, da die Anstellung eigener Fachkräfte unwirtschaftlich wäre. Inzwischen ist es aber üblich geworden, auch im Alltagsgeschäft regelmäßig externe Kräfte etwa als Kameraleute einzukaufen.

Komplette Produktionen bei freien Produzenten in Auftrag geben – dazu gehen mehr und mehr auch die öffentlich-rechtlichen Sender über. Bei solchen Auftragsproduktionen liefert der Produzent zu einem Festpreis ein sendefertiges Band. Teilweise werden dabei auch Beistellungen des Senders, z. B. die Bereitstellung eines Tonstudios, vereinbart. Viele (meist) kleine Produktionsfirmen mit Arbeitsplätzen auch für Journalisten sind deshalb entstanden.
Immer wieder vorgebracht wird das Argument, daß eine extreme Rationalisierung oder der Ankauf von Produktionen zu Dumping-Preisen zwangsläufig Auswirkungen auf die Qualität haben müsse. Das Beispiel zahlloser *»quick-and-dirty«-Produktionen* im täglichen Fernsehprogramm scheint diesen Verdacht zu bestätigen. Doch der Zusammenhang zwischen Aufwand und Qualität ist keineswegs so zwingend, wie es auf den ersten Blick scheint.

Die Schnelligkeit einer Produktion wird angesichts einer immer schärferen Konkurrenz mehr und mehr zum Qualitätsmaßstab. Zu lange Produktionszeiten stellen einen Konkurrenznachteil dar. Ein aktueller Beitrag mag handwerklich noch so perfekt gedreht und geschnitten sein – er wird vom Publikum als zweitklassig empfunden, wenn er einen Tag zu spät läuft.

Die Vorstellungen von »handwerklicher« Qualität haben sich auch gewandelt. Waren früher die perfekte Ausleuchtung von Szenen und eine spielfilmartige Kameraführung vom Stativ Qualitätskriterien an sich, so wird heute oft *mehr Wert auf Authen-*

tizität gelegt. Vielen Redaktionen und Autoren geht es heute darum, bei der Berichterstattung möglichst wenig einzugreifen in das Ereignis, über das berichtet wird. Was oft nur mit einem Minimum an Personal zu erreichen ist. Beim »großen« Dokumentarfilm und ganz speziell im relativ neuen Genre der »Doku-Fiktion« fordern allerdings herausragende Produkte nach wie vor ihren Preis.

Welcher zeitliche, personelle und technische Aufwand für eine Produktion erforderlich ist, läßt sich also niemals schematisch beantworten. Von Fall zu Fall muß letztlich die Redaktion entscheiden, wieviel ihr ein bestimmtes Produkt wert ist.

Ausrüstung

EB-Kamera

Auf nahezu allen Gebieten der Bild- und Tonverarbeitung wird inzwischen die digitale Technik eingesetzt, denn sie übertrifft die Qualität und Funktionalität analoger Systeme bei weitem. Ihre Vorzüge: Das *digitale Videosignal* zeichnet sich durch geringeres Rauschen aus und verhindert Drop-outs, also Bild- und/oder Tonstörungen durch Fehler des Magnetbandes. Nicht zuletzt lassen sich mehr Kopien als im analogen Bereich herstellen.

Digital Video (DV) heißt ein Sammelbegriff für diese neuen Videoformate, besonders für aktuelle EB-Einsätze. Das Entwicklungsziel ist es, alle Produktionsphasen von der Aufnahme bis zur Archivierung zu integrieren. Doch werden die neuen technischen Lösungen wegen der relativ hohen Investitionskosten auch in vorhandene analoge Systeme und Arbeitsabläufe eingefügt und zwingen nicht dazu, die Produktionssysteme sofort und vollständig umzustellen. Mit kompatiblen Bausteinen lassen sich die einzelnen Produktionsphasen vielmehr schrittweise modernisieren.
Der Fernsehjournalist und sein Kameramann werden sich zunächst damit abfinden müssen, daß mehrere Generationen von EB-Kameras und die ihnen entsprechenden Komponenten für die Bearbeitung nebeneinander existieren. Sie werden dabei über Kameras verfügen können, die analoge und digitale Signalausgänge haben. Jedoch werden Neuentwicklungen in immer schnellerer Folge den Markt erobern.
Die Abbildungen in diesem Kapitel geben mit kurzen Steckbriefen Hinweise auf den gegenwärtigen Stand, von dem auch der Fernsehjournalist profitiert. Wer als Kamera-Reporter arbeiten will, muß sich auch für die technischen Details interessieren.

BETACAM SX. Sony spricht mit diesem Format die aktuelle Nachrichtenproduktion an. Zu den wesentlichen Merkmalen gehört die Reduktion der digitalen Bilddaten im Rahmen des MPEG II-Formats. MPEG steht für »Motion Picture Experts Group«, eine international aktive Gruppe von Ingenieuren und

Wissenschaftlern, die Methoden zur Datenreduktion für die Übertragung von Bewegtbildern entwickelt und Standardisierungen festlegt.

Panasonic AJ-D800: DVCPRO 2/3-Zoll-Camcorder. Insbesondere für den anspruchsvollen EFP-Einsatz (Electronic Field Produktion) ist der DVCPRO-Camcorder AJ-D800 mit drei 2/3-Zoll-IT-Chips konzipiert. Bei Abmessungen, Gewicht und Stromverbrauch setzt er neue Maßstäbe für digitale Camcorder:

Bei der Datenkomprimierung geht es darum, die enormen Datenmengen, die gespeichert, bearbeitet und übertragen werden sollen, zu reduzieren, ohne daß der Zuschauer Qualitätseinbußen hinnehmen muß.
Die zahlreichen schnell aufeinanderfolgenden Einzelbilder zeigen vielfach unveränderte Bildinhalte. Deshalb werden beim MPEG-Verfahren nicht die gesamten Daten jedes Bildes jeweils neu übertragen. Die Bilder zwischen den vollständig übertragenen Schlüsselbildern werden vielmehr aus Informationen neu berechnet, die lediglich inhaltliche Änderungen in Bezug auf die Schlüsselbilder beschreiben. Die Techniker sprechen daher von Redundanz-Reduktion (vgl. »Digitaler Schnitt«).

DVCPRO. Panasonic stellte für News Gathering, Editing und On-Air-Einsätze 1995 dieses Format vor, das bei der digitalen Aufzeichnung der Signale eine Datenreduktion im Faktor 5:1 anwendet. In diesem Verhältnis werden nur die relevanten Bilddaten aufgezeichnet, die irrelevanten dagegen weggelassen. Die Abtastung erfolgt im 4:1:1 Modus. Das DVCPRO-Format ist eine modifizierte Variante des DV-Standards, der sich derzeit im Konsumerbereich etabliert. Die Geräte sind jedoch in der Lage, Videobänder des DV-Standards abzuspielen und damit hierzu abwärtskompatibel. Durch die Datenreduktion lassen sich die Signale auf besonders kleinen 1/4 Zoll-Kassetten abspeichern. Das Band ist nur noch 6,35 mm breit. Die kleinste Kassette im DV-Standard ist kaum größer als eine Streichholzschachtel und kann bis zu 66 Minuten Video-Information speichern.

DVCAM. Ein weiteres Videoformat aus der DV-Familie ist das Videoformat DVCAM der Firma SONY. Dieses System ist ebenfalls für den News-Bereich gedacht und arbeitet mit digitaler 8 Bit-Komponenten-Signalaufzeichnung, mit 5:1 Kompression und 4:2:0 Abtastung.
Für die DVCAM Camcorder DSR300P und DSR-500 WSP hat SONY eine *Fernbedienung für den Einmann-Betrieb* (Kamera-Reporter) entwickelt. Bei dieser Fernbedienung sind ein Mikrofon und ein LCD-Monitor in Handformat zusammengefasst und ermöglichen es, die Brennweiten und den Schärfebereich sowie den Auslöseknopf vom Mikrofon aus zu steuern.

Mehr Möglichkeiten vor Ort. Bei der elektronischen Berichterstattung über aktuelle Ereignisse bewährt sich die Digitaltechnik durch kleine Geräte-Abmessungen, vor allem wenn der Fernsehjournalist allein unterwegs ist und seine *Beiträge selbst produziert*. Auch für Schnitt und Ton muß er kein aufwendiges Equipment mehr transportieren. Der *Editor* mit zwei integrierten Bandlaufwerken in seinem Reisegepäck ist *kaum größer als ein Laptop-Computer.*
Diese kleinen Editoren werden von verschiedenen Firmen und für unterschiedliche Digital-Systeme angeboten. Bei SONY sind auf diesen mobilen Schnittplätzen BETACAM SX und DVCAM bearbeitbar. Die Stromversorgung kann über das Netz, Akkus oder Autobatterien erfolgen.
Auch sonst haben sich die *Arbeitsabläufe mit* dem Einzug der Digitalisierung stark verändert. Mit *Laptop-Editoren* ist es möglich, *Beiträge* mit vertretbarem Geräteaufwand *unmittelbar »vor*

Ort« nachzubearbeiten und per Satellit an den Heimatsender zu übertragen. Mit 4x-Speed Fast-Transfer-Playern lassen sich mit vierfacher Geschwindigkeit *Bandmaterialien auf einen Videoserver übertragen* und nonlinear nachbearbeiten. Wenn also der Fernsehjournalist (oder Hobbyfilmer) mit einer kleinen digitalen DV-Consumer-Kamera unterwegs ist und zufällig Zeuge eines besonderen Ereignisses wird, dann läßt sich sein Bildmaterial im Profi-Recorder verwenden. Das ist auch der Fall, wenn in engen Räumen oder aus Gründen der Unauffälligkeit mit der handlichen Consumer-Kamera gearbeitet werden muß.

Camcorder. In ihrer Bildqualität entsprechen die mobilen Handkameras durchaus den Kameras im Studio. Für Außenaufnahmen werden heute im EB-Bereich fast ausschließlich Camcorder verwendet; bei ihnen ist *der Recorder direkt in der Kamera integriert oder mit der Kamera zu einer Einheit verbunden.* Diese Kompaktkameras wiegen zwischen fünf und acht Kilogramm. Die noch am meisten verbreiteten Videoformate, die in Camcordern eingesetzt werden, sind Analog-Formate. Sie arbeiten mit 1/2 Zoll-Magnetband. Nach und nach werden sie von digitalen Camcordern ersetzt.

Der Camcorder BVW-D600P von SONY ist ein Camcorder im BETACAM SP Format mit Lens on Chip-Technik. Der Kamerakopf arbeitet mit 10 Bit 36 MHz Digital Signal Processing. Kamera und Recorder bilden eine Einheit. Gesamtgewicht: 7 kg einschließlich Kassette. Betacam SP ist eine Weiterentwicklung des 1982 eingeführten Betacam Formats (1/2 Zoll Kassette).

Diese analogen Aufzeichnungsverfahren heißen Betacam SP von Sony und MII von Panasonic. Beide Formate arbeiten nach sehr ähnlichen technischen Verfahren. Daher sind sie von der Qualität her ebenbürtig. Beide Formate können für den selben Einsatzzweck verwendet werden. Sie arbeiten mit Metallpartikelband und erzielen so auf den zwei Audio-Längsspuren eine hervorragende Qualität, die über der Hifi-Norm liegt. Außerdem sind die Geräte beider Formate mit zwei FM-Ton-Kanälen ausgestattet, deren Qualität fast an die CD heranreicht. Die maximale Spielzeit bei einem Betacam Camcorder liegt bei 36 Minuten und bei einem MII Camcorder bei 24 Minuten. Für die Nachbearbeitung benutzt man Schnittrecorder mit größeren Kassetten von bis zu 110 Minuten bei Betacam und 95 Minuten bei MII.

CamCutter, Editcam. Von Ikegami und Avid wird ein digitaler Camcorder angeboten, der digitale Bilddaten in reduzierter Form auf *Wechselfestplatten* schreibt. Damit ist es möglich, die Wechselfestplatten nach der Aufnahme an ein nonlineares System anzudocken und das aufgezeichnete Material unmittelbar nonlinear zu bearbeiten.

IVC-Camcorder. CCD High End Camcorder im D9 Format. Durch die Kombination von 50 Mbit 4:2:2 Technologie und einem Gesamtgewicht von 6,9 kg (inkl. Optik und Akku) ist der Camcorder für höchstwertige Produktionen und für ENG einsetzbar.

Im High-End Bereich sind nun drei digitale Camcordersysteme auf dem Vormarsch. Diese sind die Digital BETACAM von SONY, das System D-9 von JVC und DVCPRO50 von Panasonic.

	Digital BETACAM von SONY	**D-9 von JVC**	**DVCPRO50 von Panasonic**
Bandformat:	1/2 Zoll Kassette (Betaformat)	1/2 Zoll Kassette (Digital-S Format)	1/4 Zoll Kassette (DVCPRO Format)
Sampling:	4:2:2	4:2:2	4:2:2
Kompression:	2:1 Intrafield	3,3:1 Intraframe	3,3:1 Intraframe
Videodatenstrom:	88 Mbps	50 Mbps	50 Mbps
Quantisierung:	10 Bit	8 Bit	8 Bit

Digital BETCAM und DVCPRO50 ermöglichen in ihrer Familie ein hohes Maß an Kompatibilität. Auf einigen Sony-Recordern können so analoge Formate (Betacam und Betacam SP) und

SONY. Digital BETACAM Format Camcorder DVW-790 WSP von Sony, basierend auf Wide Screen 2/3 Zoll Power HADFIT CCD Sensoren. Die Kamera arbeitet intern mit digitalem 12 Bit- ADSP (Advanced Digital Signal Processing), hat einen weiten Dynamikbereich (600 %) und eine optimierte Farbreproduktion.

das digitale Format Digital BETACAM abgespielt werden. Auf einem neuen Recorder werden alle Beta-Formate (also zusätzlich noch das digitale Betacam SX) abspielbar sein.

Panasonic bietet bei dem System DVCPRO**50** Videorecorder an, die eine Bearbeitung der kompletten DV Videoformate erlauben. Das bedeutet, daß dort Kassetten in den Formaten DV, DVCAM, DVCPRO und DVCPRO**50** abspielbar sind und bei der Produktion am Schnittplatz verwendet werden können.
Die zukunftweisende Technik der digitalen EB-Camcorder setzt sich in immer schnellerem Tempo durch. Für den Produzenten und den Fernsehjournalisten wird es zunehmend wichtiger, aus der Systemvielfalt das für den jeweiligen Einsatz richtige System zu wählen.
Sämtliche Videoformate und EB-Kamerasysteme hier zu behandeln, würde den Rahmen dieses Buches sprengen. Deshalb sollte an dieser Stelle nur ein Einblick ermöglicht werden.

Die Lichtempfindlichkeit der Kamera wird im wesentlichen durch die CCD-Bildaufnehmer (Charge Coupled Device) bestimmt. In den meisten professionellen EB-Kameras arbeitet man heutzutage mit drei CCD-Bildaufnehmern, die für die drei Farbauszüge rot, grün, blau notwendig sind. Die Lichtempfindlichkeit kann elektronisch so gesteigert werden, daß in schwierigen Lichtsituationen noch Aufnahmen bei ungefähr 60 Lux (Kerzenlicht) möglich sind.
Moderne CCD-Kameras arbeiten außerdem mit der *»Lens on chip«-Technik*, bei der auf jedem einzelnen Photosensor (CCD-Bildaufnehmer bestehen aus einer Vielzahl von Photosensoren) eine Miniatur-Sammellinse aufgebracht ist. Diese Sammellinse macht die Kameras um etwa eine Blendenstufe empfindlicher. Bei einigen Kameras ist heute eine *Steigerung der Lichtempfindlichkeit* möglich, die Aufnahmen bis 1 Lux mit vertretbarem Rauschen im Bild erlaubt.

Weißabgleich. Nicht selten wird der Fernseh-Journalist von seinem Kameramann oder seiner Kamerafrau herangezogen, um irgendeine rein weiße Unterlage (und sei es die Rückseite seines Produktionsplanes) vor die Kamera zu halten und auf diese

Panasonic Camcorder AJ-D900W. Der 2/3-Zoll-Camcorder zeichnet mit der Datenrate von 50 Mbps auf, ist aber auf 25 Mbps umschaltbar. Außerdem kann zwischen den Bildformaten 4:3 oder 16:9 gewählt werden.
Der Camcorder ist mit drei M-FIT-CCDs »Multiple Interline Transfer Chip« ausgestattet. Sie zeichnen sich durch eine erhöhte Lichtempfindlichkeit, einen großen Dynamikumfang und geringste Smear-Effekte aus.

Weise seinem Kameramann beim Weißabgleich zu assistieren. Beim Weißabgleich wird die Kamera an die vorhandenen Lichtverhältnisse (Farbtemperaturen) angepaßt, weil es der Kamera nicht (wie dem menschlichen Auge) möglich ist, bei unterschiedlichen Lichtverhältnissen weiße Flächen immer als weiß zu erkennen.
Diesen Vorgang führt die Kamera automatisch durch, der Kameramann muß dazu jedoch die Kamera auf eine weiße Fläche in der Szene, die von dem vorhandenen Licht beleuchtet wird, halten und den automatischen Weißabgleich auslösen. Bei falscher Einstellung kann die Farbbalance gestört werden; weiße Flächen, wie z. B. Schnee oder Wolken, erscheinen plötzlich rötlich oder bläulich. Mit einem zusätzlichen Schwarzabgleich reguliert man den Schwarzanteil des Bildes so, daß ein schwarzes Objekt nicht bunt, sondern schwarz erscheint.
Die neuen analogen und digitalen Kameras haben die Möglichkeit, einen *kontinuierlichen Weißabgleich* zu machen: Die Ka-

mera ermittelt automatisch jede Änderung der Farbtemperatur und stellt sich sofort selbständig darauf ein. Das ist zum Beispiel der Fall, wenn der Kameramann einen Schwenk in einem Raum beginnt, d.h. sich auf der Kunstlichtebene befindet und im Freien auf der Tageslichtebene endet.

Magnetband

Sowohl bei der digitalen wie auch bei der analogen Bildaufzeichnung werden Bild und Ton auf Bändern gespeichert: Die Bänder werden *MAZ-Bänder* (= Magnetbildaufzeichnung) oder *Videobänder* genannt. Sie sind unterschiedlich breit – von 1/4 Zoll bis zu 1 Zoll (1 Zoll = 2,54 cm). Die Bänder sind auf Spulen gewickelt und beschädigungssicher sowie staubgeschützt in Kassetten.

Analoge Aufzeichnung. Hier hat sich im EB-Bereich die 1/2 Zoll-Technik mit Betacam SP von Sony und MII von Panasonic durchgesetzt. VHS und S-VHS sind ebenfalls 1/2 Zoll-Formate, die ursprünglich für den Heimmarkt entwickelt wurden. Die moderne Elektronik macht den Einsatz dieser Formate auch im EB-Bereich teilweise schon möglich.

Bild-Aufzeichnung in schrägen Spuren. Dieses Verfahren wird (Ausnahme: 2-Zoll-Bänder) angewendet, weil es die *Speicherung einer extrem hohen Zahl von Einzelinformationen* durch

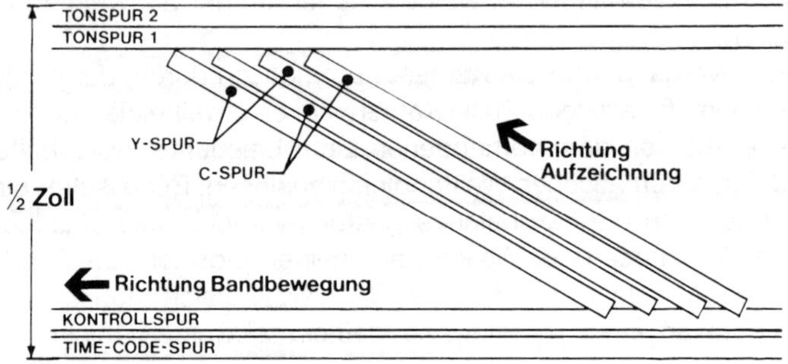

Lage der Spuren beim Betacam SP-System. Luminanz (Helligkeit, Y-Spur) und Chrominanz (Farbsignale, C-Spur) werden gesondert aufgezeichnet. Zusätzlich stehen zwei Tonspuren in Schrägrichtung innerhalb des Chrominanzsignals in UKW-Qualität zur Verfügung.

schnell rotierende Bildköpfe gestattet. Auf gesonderten *Längsspuren* an den Rändern des Bandes werden *Ton und weitere Informationen* wie *Timecode* und *Steuersignale* aufgezeichnet. Die Grafik zeigt die Spuranordnung der Bänder für das Betacam SP-System.

Träger-Material und Beschichtung. Grundlage eines Videobandes ist ein Träger aus Polyester-Kunststoff, auf den eine Beschichtung aufgebracht ist.

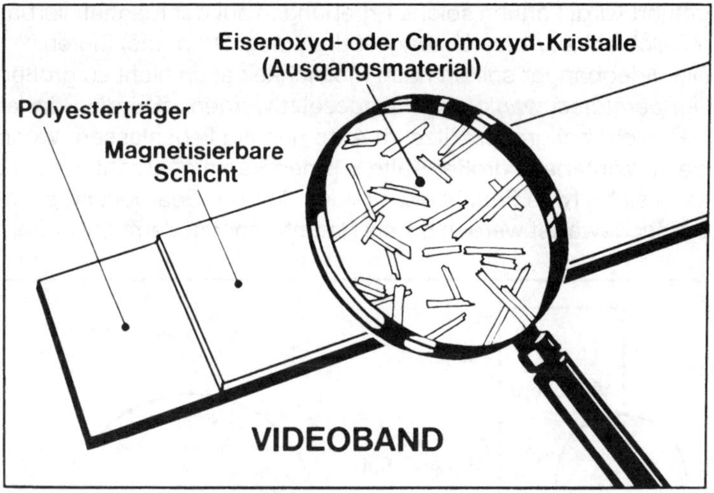

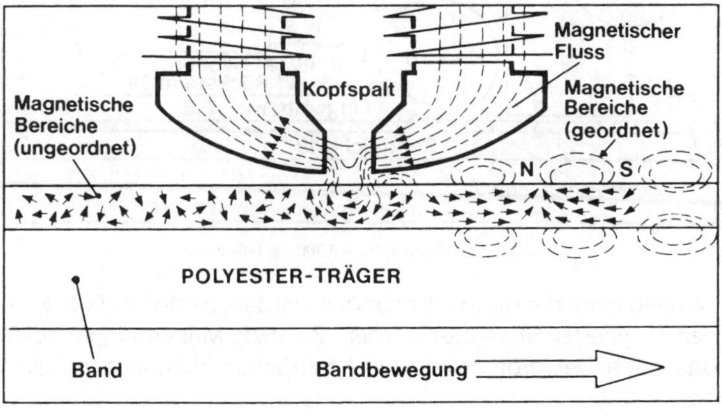

Sie ist magnetisierbar und besteht beim Beta SP-System aus fein strukturierten Eisen-Partikeln, die beim Vorbeilaufen des Bandes am Bildkopf »ausgerichtet« werden und so die elektronische Bild-Information speichern.

Sorgfältige Behandlung der MAZ-Bänder ist unbedingt erforderlich. Sie sind vor allem vor Verunreinigungen durch Staub, Zigarettenasche oder gar Brotkrümel und sonstige Speisereste zu schützen. Da das Band z. B. beim Betacam-System in einem Abstand von vier zehntausendstel Millimetern am Kopf vorbeigeführt wird, können solche Erhebungen auf der magnetisierbaren Schicht zu Aufzeichnungsfehlern (sog. Dropouts) führen.
Die Videobänder sollten nach Möglichkeit auch nicht zu großen *Temperaturschwankungen* ausgesetzt werden, also die Bänder z. B. nicht bei großer Hitze im Auto unnötig liegenlassen. Wenn sie im Winter aus großer Kälte in einen Raum gebracht werden, kann sich etwas Feuchtigkeit bilden. Mit der Bearbeitung sollte besser gewartet werden bis sie Raumtemperatur erreicht haben.

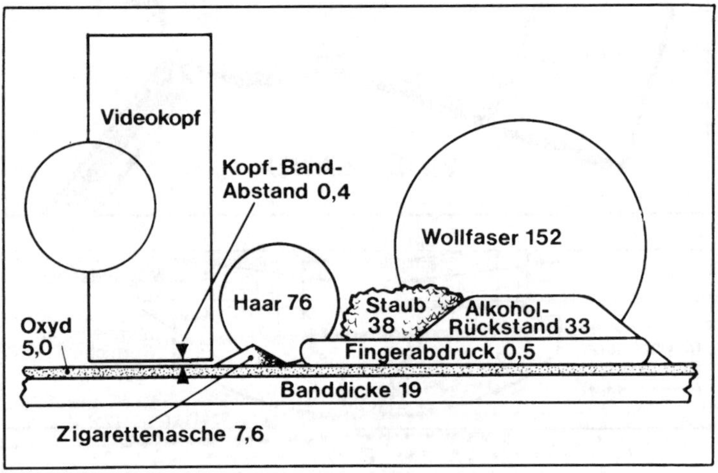

Zahlanangaben in my – 1000stel Millimeter

Je pfleglicher die Bänder behandelt werden, desto häufiger können sie wiederverwendet werden. Zwanzig Mal und mehr sollte das auch bei professionellen Ansprüchen durchaus möglich sein.

Digitale Aufzeichnung. Die Aufzeichnung digitaler Bild- und Tondaten auf Magnetband oder -platte (Festplatte) erfolgt grundsätzlich nach den gleichen Mechanismen, wie die Aufzeichnung analoger Signale. Lediglich die inhaltliche Beschreibungsform ändert sich hierbei: Während bei der analogen Aufzeichnung die Größe der Magnetisierung direkt proportional der darzustellenden Signalgröße ist, werden bei einer digitalen Aufzeichnung ausschließlich zwei Zustände unterschieden, ja und nein bzw. 0 und 1. Ein sogenanntes bit (kleinste Einheit eines Datenwortes) wird damit nach zwei Zuständen unterschieden und eine definierte Folge von Bits beschreibt als Datenwort (1 Byte = 8 Bits) die darzustellende Signalgröße. Die Leistungsfähigkeit der digitalen Magnetaufzeichnung wird damit im wesentlichen von der Größe des aufzuzeichnenden Datenstromes bestimmt, das heißt der Anzahl von Bits, die in jeder Sekunde auf der Magnetschicht abzubilden sind (z. B. SX: 18 Mbit/Sec, DVCPRO: 25 Mbit/Sec).

Digitale Bildbeschreibung. Die Aufzeichnung von Daten auf Magnetband oder -platte ist nicht grundsätzlich neu und hat sich im Bereich der elektronischen Datenverarbeitung längst etabliert (Festplatte, Datenstreamer). Neu ist vielmehr, daß die technischen Komponenten jetzt auch die enormen Datenmengen der digitalen Bildverarbeitung bewältigen können.
In diesem Zusammenhang wird deutlich, daß die Normierung digitaler Videosysteme, neben der Beschreibung eines Aufzeichnungsformates für Magnetband, auch eine Standardisierung der digitalen Bildbeschreibung (Reduktionsverfahren und Datenformat) beinhaltet. Insbesondere für den Einsatz digitaler Bearbeitungssysteme ist es daher von Bedeutung, daß Videodaten, die beispielsweise nach dem SX- oder DVCPRO-Verfahren digitalisiert wurden, auch unabhängig vom SX- oder DVCPRO-Band auf anderen digitalen Speichermedien abzulegen sind (z. B. Festplatten zur nonlinearen Bearbeitung, Datenstreamer zur Archivierung).

Die Bandformate SX und DVCPRO. Die Grafiken zeigen die Spuranordnung für die Aufzeichnung der digitalen Bild- und Tondaten auf SX- und DVCPRO-Band. Es wird deutlich, daß, im Gegensatz zur analogen Magnetbandaufzeichnung, die Bild- und Tonsignale nicht mehr an eine kontinuierliche Magnetspur ge-

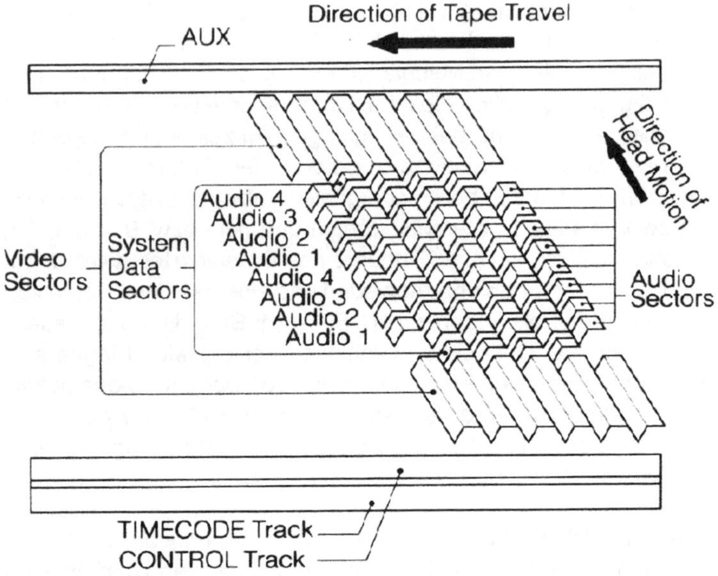

Die Spuranordnung des SX-Bandformates. Das Magnetband bewegt sich mit einer Geschwindigkeit von 59,575 mm/sec, der Bilddatenstrom erreicht eine Größenordnung von 18 Mbit/sec, die Datenkompression erfolgt im Rahmen des MPEG II-Standards.

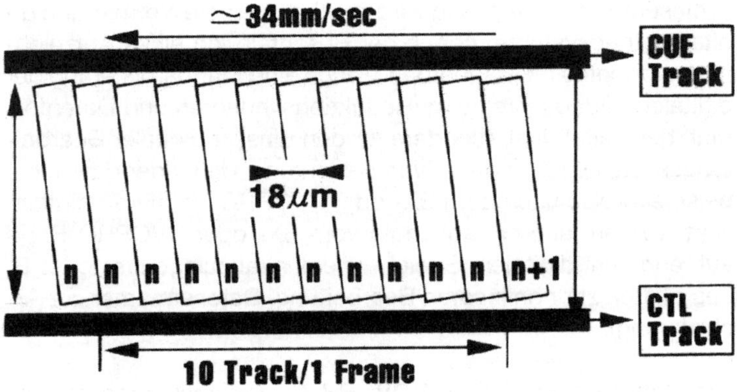

Die Spuranordnung des DVCPRO-Bandformates. Das Magnetband bewegt sich mit einer Geschwindigkeit von 33,813 mm/sec, der Bilddatenstrom erreicht eine Größenordnung von 25 Mbit/sec, das Format ist eine modifizierte Variante des DV-Standards.

bunden sind. Vielmehr können die digitalen Bild- und Tondaten innerhalb einer Magnetspur ineinander verschachtelt werden.

Mikrofone

Kleinere Tonaufnahmen macht im Normalfall der *Kameraassistent.* Bei schwierigen Tonaufnahmen gehört ein *Tontechniker* zum Team. Dennoch kann es passieren, daß der Journalist gelegentlich bei Tonaufnahmen helfen muß. Schon deshalb sollte er auch etwas über die Mikrofone wissen. Sie bestimmen entscheidend die klangliche Qualität einer Tonaufnahme. Um das richtige Mikrofon einzusetzen, braucht man vor Produktionsbeginn genaue Informationen über Drehort und Aufnahmebedingungen.

Kondensatormikrofone und dynamische Mikrofone: *Elektrostatische Mikrofone* sind Kondensatormikrofone mit einer Membran als Elektrode, deren Abstand zur Gegenelektrode sich durch die Schallwellen verringert oder vergrößert. Dadurch ändert sich die Kapazität des Kondensators und man erhält eine elektrische Wechselspannung.
Elektrodynamische Mikrofone haben einen Dauermagneten; in seinem Magnetfeld befindet sich eine Spule, an der die Membran befestigt ist. Bei Bewegung der Membran wird in der Spule eine Wechselspannung induziert.
Die Vorteile des dynamischen Mikrofons liegen in seiner Robustheit, größeren Stoßfestigkeit und Stabilität bei Überbelastungen. Kondensatormikrofone sind dafür akustisch empfindlicher und zeigen besonders in den höheren Frequenzen ein besseres Frequenzverhalten.

Die Richtcharakteristik beschreibt die Richtwirkung von Mikrofonen. Sie gibt an, welcher maximale *Abstand* zwischen Mikrofon und Schallquelle möglich ist, und aus welchen *Richtungen* der Schall auf die Mikrofonmembran einfallen muß, um eine möglichst naturgetreue Tonwiedergabe zu erhalten.
Ein Mikrofon mit einer *Kugelcharakteristik* nimmt den Schall von allen Seiten gleichmäßig auf. Die Richtungsabhängigkeit der Mikrofone dem Schall gegenüber vergrößert sich bei folgenden Richtcharakteristiken: *Niere, Super-Niere, Keule.*

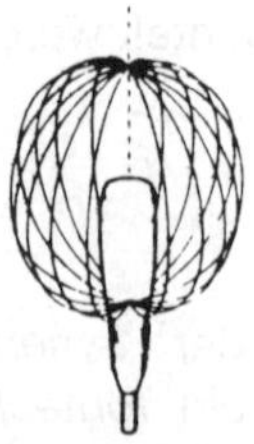

Mikrofon
mit Nierencharakteristik

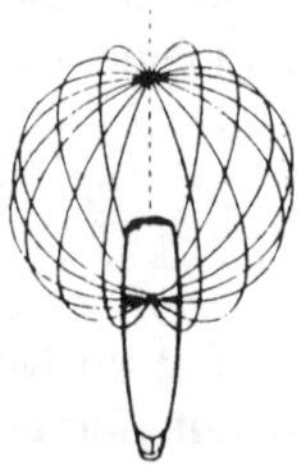

Mikrofon mit
Kugelcharakteristik

Mikrofon mit
Keulencharakteristik

Will man ein Interview in der Nähe einer Blaskapelle aufnehmen, so übertönt die laute Musik bei einem Mikrofon mit Kugelcharakteristik das Gespräch. Durch ein Richtmikrofon mit Keulencharakteristik kann erreicht werden, daß die Kapelle außerhalb der Richtcharakteristik liegt und das Interview deutlich zu hören ist. Allgemein lassen sich störende Geräusche durch Richtmikrofone abschwächen, wenn sie richtig benutzt werden.
Spezielle Mikrofone sind auf unterschiedliche Richtcharakteristiken *umschaltbar,* andere haben *auswechselbare* Mikrofonkapseln mit verschiedenen Richtcharakteristiken.
Neben Festmikrofonen verwendet man für Sprachaufnahmen *Lavaliermikrofone* als Umhänge- oder Ansteckmikrofone.

Die Art der Schallquelle, d. h. ob Musik, Sprache oder Geräusche aufgenommen werden sollen, bestimmt, für welche Mikrofone man sich entscheidet. Hat der Kameramann den Bildausschnitt festgelegt, muß der Tonmeister überlegen, wo er welche Mikrofone wie anordnet. Kondensatormikrofone haben die beste Klangqualität. Infolge ihrer hohen Empfindlichkeit sind sie auch für leise Schallereignisse geeignet. Nachteile zeigen sich bei Überbelastungen durch zu große Lautstärken. Dynamische Mikrofone besitzen ein anderes Klangbild als Kondensatormikrofone. Das Aneinanderschneiden von Tonaufnahmen mit Kondensator- und dynamischen Mikrofonen kann deshalb zu Tonsprüngen führen und sollte vermieden werden, falls die Übergänge innerhalb einer Szene vorkommen.
Die Aufnahme von *mehreren Personen,* z. B. einer Tischrunde, ist mit einem Mikrofon nur zu bewältigen, wenn der gesamte

Handlungsraum von der Richtcharakteristik des Mikrofons abgedeckt wird. Einsetzbar sind dafür Mikrofone mit Kugel- oder Nierencharakteristik. Für die Nahbesprechung, wie beispielsweise bei *Interviews,* eignen sich am besten Mikrofone mit Nierencharakteristik, die mit einem Windschutz (Nahbesprechungsschutz) ausgerüstet sind. Dabei muß das Mikrofon auf die sprechende Person ausgerichtet werden.
Bei großen Mikrofonabständen verwendet man Kondensatormikrofone mit Keulencharakteristik, sogenannte Richtmikrofone. Kommt ein Sprecher aus der »Richtkeule« heraus, verändert sich das Klangbild der Stimme bis zur Unverständlichkeit.

Störschallquellen im Aufnahmefeld. Dazu gehören Kamerageräusche, Windgeräusche, Fußbodenknarren, Straßenlärm, Vogelgezwitscher, Umweltgeräusche.
Zur Isolierung störender Schallquellen können Mikrofone mit begrenzter Richtcharakteristik wie Richtmikrofone eingesetzt werden. Gleichermaßen verbessert sich die Tonqualität, wenn man mit dem Mikrofon möglichst nah an die Nutzschallquelle, z. B. eine sprechende Person, herankommt und damit den Einfluß der störenden Schallquelle verringert. Bei lauten Umgebungsgeräuschen bevorzugt man deshalb Lavaliermikrofone. Sie haben immer eine Kugelcharakteristik und sind möglichst nicht verdeckt an den Kleidungsstücken anzubringen, weil Reibungsgeräusche zwischen Mikrofon und Kleidung störend wirken.
Starke Windgeräusche verursachen oft ein Knacken. Sie können durch verschiedene Windschutzeinrichtungen verringert werden.

Im Freien oder in geschlossenen Räumen, das ist für die Tonaufnahme wichtig. Wände reflektieren die Schallwellen, so daß neben den direkten noch die reflektierten Schallwellen das Mikrofon treffen. Die zeitliche Differenz beider Wellen ergibt den *Nachhall,* der durch Richtmikrofone gedämpft wird. Er kann auch durch schallschluckende Materialien herabgesetzt werden.

Lampen und Leuchten

Lampen und Leuchten sind die beiden wesentlichen Bestandteile der Beleuchtung. Dabei nennt man Lichtquellen, die das Licht erzeugen, Lampen. Eine freihängende Lampe strahlt das Licht nach allen Seiten aus. Für Beleuchtungszwecke wird jedoch angestrebt, daß bestimmte Teile des Raumes stärker bestrahlt werden als andere. Um das Licht in bestimmte Richtungen ablenken zu können, benötigt man Reflektoren (Schirme) oder Linsen (Scheinwerfer) in unterschiedlichen Formen und Größen. Man nennt die Einrichtungen, mit denen das Licht der Lampen gerichtet wird, Leuchten.
Die Glühlampe ist die am weitesten verbreitete Lichtquelle. Für Film- und Fernsehaufnahmen gibt es sie mit unterschiedlichen Leistungen zwischen 100 W bis zu 10000 W beim Einsatz in Scheinwerfern.

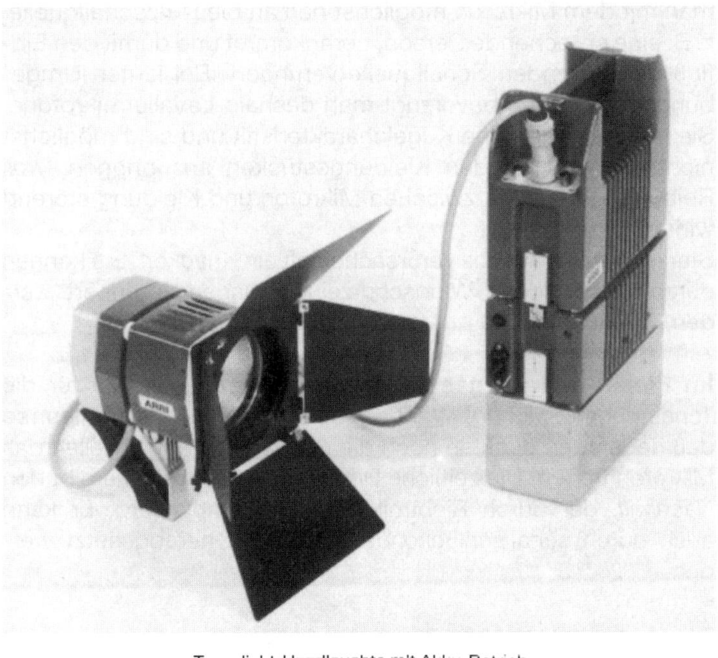

Tageslicht-Handleuchte mit Akku-Betrieb

Fotolampen findet man mit mattem Kolben oder verspiegeltem Innenreflektor, wodurch kein zusätzlicher Leuchtenreflektor notwendig ist. In vielen Fällen reicht ein Austausch der Glühlampen durch Fotolampen aus, welche in die vorhandenen Leuchten eingeschraubt werden, um ein ausreichendes Führungslicht zu erhalten. Sie haben Leistungen von 100 W bis 1000 W. In jedem elektrischen Leitungsnetz ist zu überprüfen, ob die zulässige Belastung der Stromkreise nicht überschritten wird und die Sicherungen durchschlagen.
Halogenglühlampen verwendet die Film- und Fernsehindustrie bei Innenaufnahmen. Sie sind kleiner, leichter, leistungsfähiger und haben eine größere Lebensdauer. Durch eine Halogengasfüllung wird verhindert, daß der Kolben wie bei Glühlampen nachdunkelt und damit die spektrale Zusammensetzung des Lichtes verändert. Die Leistungen liegen zwischen 200 W und 10 000 W.
Halogenmetalldampflampen – HMI-Lampen – entsprechen meist dem Tageslicht, so daß sie als zusätzliche Tageslichtquellen verwendet werden. Es gibt auch HMI-Lampen mit Glühlichtverhalten. Durch ihren günstigen Wirkungsgrad erzeugen sie bei einer geringeren Wärmeentwicklung größere Lichtströme, benötigen allerdings zusätzliche Vorschaltgeräte für höhere Zündspannungen.
In den einzelnen Leuchten können unterschiedliche Lampen eingesetzt werden.
Reflektorleuchten: Sie arbeiten mit einfachen parabolisch geformten Reflektoren; oft läßt sich die Lampe zum Reflektor verstellen; immer wird ein direktes Licht abgestrahlt. Reflektorleuchten kommen als Lanebeams, Pinzas (Klemmleuchten) und Handleuchten vor.
Flächenleuchten: Benötigt man Breitstrahler oder eine großflächige Ausleuchtung, so verwendet man Flächenleuchten und erhält mit ihnen ein gleichmäßiges direktes Licht.
Scheinwerfer: Mit Hilfe von Stufenlinsen, bei denen die Vorderlinse abgestuft ist (Fresnellinse) und zusätzlichen Reflektoren erzeugt der Scheinwerfer ein paralleles Lichtbündel mit einem harten Licht. Ein Drehknopf ermöglicht eine mehr oder weniger starke Fokussierung, wodurch der Durchmesser des Lichtbündels verändert und das Licht weicher oder härter wird.

Indirektstrahler: Beim Indirektstrahler ist die Lampe nach vorn abgeschirmt, so daß kein direktes Licht abgestrahlt werden kann. Sie liefert ein sehr weiches, schattenarmes Licht.

Gerald Millerson, Beleuchtungstechnik für Film & Video (Verlag Reil & Gottschalk, Köln)
Schule für Rundfunktechnik (Hrsg.), Handbuch der Fernseh-Lichttechnik (SRT, Nürnberg)

Film-Kamera und Film-Ausrüstung

Als die ZFP, die zentrale Fortbildungseinrichtung für Programm-Mitarbeiter von ARD und ZDF, früher in Fernseh-Grundkursen Filmkameras einsetzte, baten die Trainer die Seminarteilnehmer darum, Kameras und Kassetten, Stative und Handlichtkoffer aus dem Kombi zu holen und, ein Stockwerk hoch, in den Seminarraum zu tragen: ein Grunderlebnis für angehende Fernsehjournalisten. Von nun an wußten sie, daß das Team auch körperliche Schwerarbeit leistet. Noch ein paar eher nostalgische Anmerkungen:

Zur Standardausrüstung des Film-Teams gehören in der Regel eine quarzgesteuerte, geräuscharme Reportagekamera mit Zoom-Objektiv 10-150 bzw. 12-120 mm Brennweite, eine »stumme« Kamera mit verschiedenen Objektiven (sie ist übrigens nicht »stumm«, sondern erzeugt ein beachtliches Geräusch, wird jedoch für »stumme« Aufnahmen ohne Ton verwendet), ein Stativ, ein Handlichtkoffer und eine Tonausrüstung, bestehend aus einem tragbaren Tongerät mit quarzgesteuertem Pilotton, zwei Ansteckmikrofonen, einem Richtmikrofon und zwei Tischmikrofonen nebst Zubehör; außerdem gehören Kopfhörer, Kabel, Stative und Handangel dazu.

Als geräuscharme Reportagekameras seit vielen Jahren bewährt sind die Arriflex 16 SR II (aktuelles Modell: 16 SR III) und die Mini Eclair 16 ACL. Hier die Steckbriefe:

Arriflex 16 SR II
Schwenkbare Sucherlupe für rechts- oder linksäugiges Arbeiten; Schnellwechsel-Kassette mit koaxialer Filmrollen-Anordnung für 120 Meter Filmbahnlänge. Gewichte: Kamera, drehbe-

reit mit Kassette (120 Meter Film), Zoom-Objektiv, Akku: 7,3 Kilogramm. Kamerakoffer komplett: 13 Kilogramm. Kassette mit 120 Meter Film: 2,5 Kilogramm. Kassettenkoffer komplett: 10 Kilogramm.

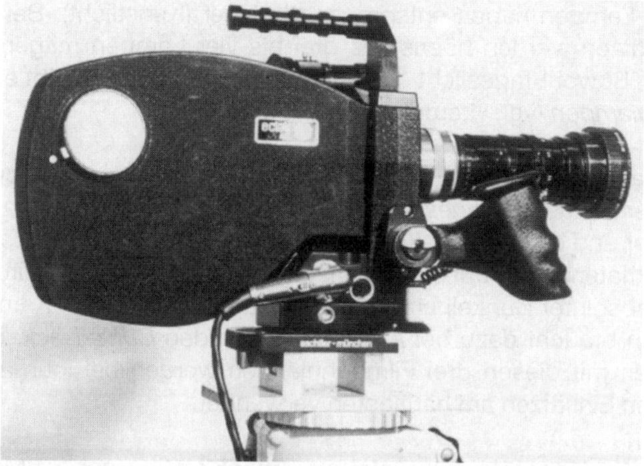

Mini Eclair 16 ACL

Schnellwechsel-Kassetten für 60 und 120 Meter Filmbahnlänge; koaxiale Filmrollen-Anordnung. Gewichte: Kamera drehbereit mit Kassette (120 Meter Film), Zoom-Objektiv, Akku: 8,2 Kilogramm. Kassette mit 120 Meter Film: 3,2 Kilogramm. Kassette mit 60 Meter Film: 2 Kilogramm.

Stative. Mit beiden Kameras läßt sich *aus der Hand* drehen. *Schulterstativ* und *Bruststativ* können dem Kameramann jedoch die Arbeit erleichtern. Bei ruhigen Motiven und längeren Einstellungen verwendet er ein dreibeiniges Stativ, das in der Höhe bis etwa 1.80 Meter verstellbar ist, für Kamerapositionen in Bodenhöhe das *Bodenstativ*. Gewicht des *Normalstativs* (einschließlich Hülle): 12,5 Kilogramm. Die Metallstative sind inzwischen durch Kohlefiber-Stative überholt; sie sind verwindungsfester und im Winter für die Hände des Kameramannes angenehmer. Letzteres ist auch ein Grund dafür, daß einige Kameramänner immer noch die alten Holzstative bevorzugen; sie sind außerdem schwerer und haben einen besseren Stand für schwierige Schwenks; die Höhenverstellung ist leichter. Fahrbar werden die Stative mit Hilfe der sogenannten *»Rollspinne«*.

Licht-Ausrüstung. Bei Filmarbeiten werden heute normalerweise *Tageslicht-Lampen* eingesetzt, die wegen ihrer geringen Größe und wegen ihrer großen Lichtausbeute für ein kleines Team besser geeignet sind als Kunstlicht-Lampen. Diese Tageslicht-Lampen haben entsprechende Filter (Kunstlicht). Bei den Einsätzen werden höchstens drei bis vier Lampen mitgenommen. Sowohl Tageslicht- als auch Kunstlicht-Lampen gibt es als *Akkulampen* (vgl. »Lampen und Leuchten«).

In Kassetten ist das Film-Material mit Filmbahnen von 30 bis 60 Meter Länge auf *Tageslichtspulen,* bei Filmbahnlängen von 120 Meter und darüber auf *Kunststoffkernen* (Bobbys) aufgewickelt. Filmmaterial, das auf einen Kunststoffkern gewickelt ist, wird nur bei absoluter Dunkelheit in die Kassette eingelegt. Der Kameramann braucht dazu bei Außeneinsätzen den *Dunkelsack.* Kassetten mit diesen drei Filmbahnlängen werden bei journalistischen Einsätzen am häufigsten verwendet.

Welche Kassette für welchen Zweck? Mit einer 30-Meter-Kassette können zweieinhalb Minuten, mit einer 60-Meter-Kassette fünf Minuten, mit einer 120-Meter-Kassette 10,5 Minuten aufgenommen werden. Vor der Wahl der Kassette muß der Kameramann – nicht zuletzt aus ökonomischen Gründen – vom Reporter erfahren, wieviel Material voraussichtlich für den jeweiligen Bildblock verbraucht wird.

Bei kleinen Takes und unter Aufnahmebedingungen, die eine besonders handliche Kamera verlangen, wird der Kameramann mit 30-Meter-Kassetten arbeiten. Die 30-Meter-Filmrolle ist auf einer Tageslichtspule; sie kann ohne Dunkelsack und ohne Dunkelkammer ein- und ausgelegt werden.

Film-Material. Für die aktuelle Berichterstattung mit Film wird nahezu ausschließlich der *16mm-Farbumkehrfilm* verwendet. Auf dem Produktionsauftrag kreuzt deshalb die Redaktion »16mm«, »Farbe«, »Umkehr« an.

Der Umkehrfilm hilft Zeit sparen. Im Kopierwerk entstehen durch die chemische Behandlung des belichteten Filmmaterials in einem Arbeitsgang, der bei 120 Meter etwa eine Stunde dauert, *positive* Bilder. Für den *Negativ*film sind dagegen drei Arbeitsgänge – Entwickeln des Negativs, Kopieren des Positivs und Entwickeln des Positivs – notwendig.

Der entwickelte Umkehrfilm ist ein einmaliges Positiv, ein Unikat, das in allen weiteren Arbeitsphasen, vor allem beim Schnitt, behutsam behandelt werden muß, damit keine Kratzer und Schrammen entstehen. Für größere Beiträge mit längeren Bearbeitungszeiten wird ein »Umkehr-Dup«, eine Kopie für Bearbeitungszwecke angefertigt oder der Negativ-Film verwendet. In beiden Fällen findet die Schnitt- und Tonbearbeitung mit dem unkritischen Arbeitsmaterial statt. Das jeweilige Original (Umkehr-Original oder Negativ) wird anschließend unter besonderen Sauberkeitsbedingungen nach dieser Arbeitskopie nachgeschnitten.

Studioproduktion und Außenübertragung

Journalistischer Arbeitsplatz Studio

Ein Fernseh-Journalist muß sich im Studio auskennen, weil es für viele journalistische Tätigkeiten sein Arbeitsplatz ist. Im Studio entstehen Live-Sendungen und Vorproduktionen, ganze Sendungen oder auch nur einzelne Teile von Programmen.

Wenn der Fernseh-Journalist vor der Kamera tätig wird, dann kann das der Fall sein als

Moderator	– der einzelne Bestandteile einer Sendung durch seine Moderation miteinander verbindet.
Redakteur im Studio	– (auch Studio-Redakteur) der selbst verfaßte oder mitverfaßte Nachrichten verliest.
Reporter	– der einen oder mehrere Interview-Partner befragt oder einen eigenen Beitrag selbst anmoderiert.
Kommentator	– der seinen Kommentar vorträgt oder vorliest.
Off-Kommentator	– der live, d. h. während der Ausstrahlung, den Text zu einem Film spricht oder einen »Kommentar« (die erforderliche Zusatzinformation) zu Bildern spricht, die Kameras von einem Reportage-Ort, z. B. aus einem Sportstadion, liefern.
Diskussions-leiter	– der eine Gesprächsrunde leitet.

Häufig arbeitet der Fernseh-Journalist aber auch im Studio, *ohne selbst vor der Kamera zu erscheinen.* Er hat dann zumeist die journalistische Leitung von Sendungen als verantwortlicher Redakteur für Inhalt und/oder Ablauf des Programms.

Immer ist es der zuständige Redakteur, der journalistische Produktionen im Studio veranlaßt.

Rechtzeitiges Planen und Bestellen ist Voraussetzung für reibungsloses und kostengünstiges Produzieren auch im Studio. Der Journalist bespricht dazu möglichst lange vor dem vorgesehenen Produktionstermin seine Pläne mit dem Regisseur, dem Produktions- und/oder Aufnahmeleiter. Im Bedarfsfall wird die Technik hinzugezogen. Danach wird in Arbeitsteilung das Erforderliche veranlaßt. Dafür sind bei allen Sendern bestimmte Verfahrensweisen mit entsprechenden Formularen verbindlich.
Improvisation und kurzfristige Änderungen stoßen auf Grenzen, wenn zusätzliches Personal oder Gerät nicht mehr (oder nur mit erheblichen Mehrkosten) bereitgestellt werden können.
Für die aktuellen Standardsendungen sind Studiozeiten fest eingeplant. Dafür müssen nur »Sonderwünsche« angemeldet werden, wenn sie mit den ohnehin vorgesehenen technischen und personellen Kapazitäten nicht zu realisieren sind.
Die »Darstellungs- und Sendeformen« sind in dem entsprechenden Buchkapitel beschrieben. An dieser Stelle werden die organisatorischen, personellen und technischen Bedingungen erläutert, unter denen sie im Studio realisiert werden.

Den Ablauf auch journalistischer Sendungen steuert zumeist kein Journalist. Verantwortlich dafür ist in der Regel ein/e Sende- oder Ablaufregisseur/in. Trotzdem hat auch der Journalist als Chef vom Dienst oder Ablaufredakteur während einer Aufzeichnung (Vorproduktion) oder einer Live-Sendung eine wichtige Funktion in der Bildregie. Er entscheidet, wenn der geplante Ablauf aus organisatorischen Gründen geändert werden muß, ob aktuelle Ergänzungen, die Veränderung der Reihenfolge von Beiträgen oder inhaltliche Korrekturen erforderlich sind.
Trotz aller Hektik gerade vor Beginn aktueller Sendungen sollte der Journalist darauf achten, daß er nicht in allerletzter Sekunde ins Studio oder in die Senderegie kommt. Es sollte noch Zeit bleiben für ein freundliches Wort mit dem Team, um noch offene Fragen zu klären oder einfach nur, um etwas Ruhe einkehren zu lassen.

Der Ablaufplan für eine Sendung entsteht, sobald die Redaktion festgelegt hat, was sie senden wird. Als *minutiöser »Fahrplan«* geht beispielsweise der Ablaufplan für eine abendliche Magazin-Sendung in Kopien am Nachmittag in alle Betriebs-

teile, die im Studio und in der Technik bei der Realisierung der Sendung mit- und zusammenwirken.
Aber oft gibt es Änderungen: Ein Beitrag fällt aus, ein anderer kommt so spät, daß er live kommentiert werden muß; neu eingeplant wird ein Studiogespräch, eine Außenredaktion meldet in letzter Minute eine Zuspielung an ...
Jede Änderung wird sofort in den im PC gespeicherten Ablaufplan eingetragen. Damit steht – trotz vieler und oft sehr kurzfristiger Korrekturen – immer ein sauberes und übersichtliches Arbeitspapier zur Verfügung, das stets auf dem letzten Stand ist.
Um unnötige Schreibarbeiten zu vermeiden, ist im PC ein »Formular« für den Ablaufplan gespeichert, das bereits alle Routine-Angaben enthält und nur noch »ausgefüllt« werden muß. Es kann von der ersten Planungssitzung am Vormittag an ständig aktualisiert werden.

Als Beispiel soll ein Ablaufplan der »Hessenschau« des HR dienen, Stand: 16:56 Uhr. Bis zur Sendung um 19.30 Uhr wird er noch vervollständigt. So fehlt im Kopfteil bei den Mitwirkenden noch der Name des Off-Sprechers, der Filmtexte liest ohne selbst im Bild zu sein (»off«).

Alle im folgenden *kursiv* gesetzten Begriffe sind später noch ausführlich erklärt. Hier sollen nur die Abkürzungen verständlich gemacht werden. In der linken Spalte sind die Bildquellen aufgeführt. »Beta« steht für Beiträge, die von Zuspielmaschinen des *Beta SP-Formats* kommen. Die Zusätze »FFM« und »KS« informieren darüber, ob sie von Maschinen im Frankfurter oder im Kasseler Funkhaus zugespielt werden. Die *Cassetten* (»Cass«) mit den einzelnen Beiträgen bekommen in der Reihenfolge der Sendung einen Buchstaben als Zusatz.
»Studio BB« bedeutet, daß das Bild mit der *Blue-Box-Technik* aus einem Vordergrund- und einem Hintergrundbild zusammengesetzt wird. Wenn in der zweiten Spalte »Stabi« vermerkt ist, dann stammt das Hintergrundbild aus dem *Standbild-Speicher.* Das Vordergrundbild dazu ist der Moderator (s. letzte Spalte).
Nach dem Titelfilm ist als Bildquelle nur »Studio BB« angegeben. In diesem Fall zeigt eine Kamera aus einer besonders inter-

HESSENSCHAU **Mi.** **Stand: 16:56**

PLANUNG: Bauer	PL-ASSISTENZ: Kafitz Tel. 3370, 3371
SENDETEAM: Borufka, Pütter	REGIE: Gerhard (Regie: 2850)
MODERATION: Weber	GRAFIK: Malutzki Tel. 3301, 3253
Beginn: 19.30'00"	OFF-STR:

BETA FFM	**Cass A**		**TITELFILM mit Musik und Trailer:** - Flugsicherheit/Spielbank/Präparatoren s y n c h r o n i s i e r t > 27.3.96 Länge: L.W.
Studio BB			Opening > Weber
Studio BB	Stabi		Moderation
BETA FFM	**Cass B**		**Flugsicherheit:Ein Kontrolleur packt aus** >.'..: Fröhder/Hans Zimmermann/Thomas >.'..: Länge: ca. 4' L.W.
Studio BB	Stabi Stabi voll		Abmoderation "Angst im Flugpreis inbegriffen" 21.45 Uhr ARD
Studio BB	Stabi		Moderation
BETA KS	**Kassel**		**Rinderwahnsinn: Hessen will verdächtige Tiere notschlachten** >.'..: Braun/Schindler/Rienäcker >.'..: Klaus Günter Rückel > Hess. Sozialministerium >.'..: Karl Hohmann > Highland-Züchter Länge: ca. 2'30" L.W.

essanten Perspektive die Studio-*Deko.* Dieses Bild dient dann als Hintergrundbild für den Moderator, der mit einer anderen Kamera allein vor der Blauwand aufgenommen wird. Natürlich könnte der Moderator auch gleich in der Deko gezeigt werden. Dann würde in der linken Spalte »real« stehen. Für diese spezielle Einstellung müßte aber das *Licht* geändert werden. Weil dafür in einer aktuellen Sendung keine Zeit ist, wird die reale Deko als Blue-Box-Hintergrundbild verwendet.
»Stabi voll« heißt, daß ein Bild aus dem Standbildspeicher bildschirmfüllend allein gezeigt wird.
In der rechten Spalte sind die Filme aufgeführt. Unter dem jeweiligen Titel stehen die Namen und Funktionen, die in den *Schriftgenerator* geschrieben und in den Beitrag eingeblendet werden sollen. »L.W.« ist die Abkürzung für »letzte Worte« des

Filmtextes. Sie müssen noch im Ablaufplan ergänzt werden und signalisieren der Regie das Beitragsende.

Im Nachrichtenteil der Hessenschau dient das *Manuskript zugleich als Ablaufplan.* Das Manuskript wird handschriftlich durch Vermerke über die Bebilderung ergänzt.
Manchmal geschieht dies bereits in der Redaktion; in aller Regel aber stammen diese Vermerke vom Regisseur der Sendung.

Stabi BB 246	Bei zwei Brandanschlägen auf ein Baulager und eine Buchhandlung ist in Frankfurt in der vergangenen Nacht erheblicher Sachschaden entstanden.
Stabi voll 313	Auf mindestens 100 tausend Mark wird der Schaden geschätzt, der bei dem Anschlag auf die Karl-Marx-Buchhandlung in Frankfurt-Bockenheim entstand.
	Ein erheblicher Teil der Buchbestände wurde beschädigt.
Stabi voll 317	Wenige Stunden nach der Entscheidung des Bundesverwaltungsgerichts in Berlin zugunsten des Weiterbaus der umstrittenen Frankfurter Ostumgehung brannten Unbekannte eine Lagerhalle nieder.

In unserem Beispiel werden 3 STABIS eingesetzt – eins über BB (Blue Box) als Hintergrund, die beiden anderen »voll«, als Vollbilder.

Die automatische Sendeablaufsteuerung wird im Zusammenhang mit der Digitalisierung der Fernsehtechnik in immer mehr Sendern eingeführt. Für den Ablauf einzelner Sendungen oder längerer Sendeflächen gibt es Computerprogramme, mit denen Beiträge, Trailer und Werbespots automatisch direkt aus dem Zentral- oder Sendespeicher abgerufen werden. Dies kann in Verbindung mit der Steuerung »von Hand« geschehen. Die

Reihenfolge der Programm-Elemente wird dafür in die standardisierte Ablaufliste im PC eingegeben, wobei auch Live-Teile und Außenübertragungen (AÜs) mitgeplant werden. Änderungen des Ablaufplans und Veränderungen von Ein- und Ausstiegspunkten in Beiträgen lassen sich noch während der laufenden Sendung vornehmen. Der Ablaufplan steht in der jeweils aktuellsten Fassung zeitgleich über die vernetzten PCs allen in Redaktion, Produktion und Technik zur Verfügung. Wenn der Moderatorentisch entsprechend eingerichtet ist, kann sich der Moderator den Ablaufplan während der Sendung auf einen eingebauten Bildschirm holen.

Die Gestaltung der Ablaufpläne und Sendungsmanuskripte ist von Sender zu Sender sehr unterschiedlich, ja sie kann sich sogar von Redaktion zu Redaktion unterscheiden. Als Neuling in einer Redaktion läßt man sich Methode und Abkürzungen deshalb am besten möglichst bald in Ruhe erklären. Man vermeidet so vielleicht ärgerliche Pannen, auf jeden Fall aber, daß man immer wieder nach einzelnen Punkten fragen muß.
Ebenso empfiehlt es sich, gleich zu Beginn einer Hospitanz, eines Praktikums oder eines Volontariats, eine »Studioführung« zu erbitten. Das eigentliche Studio ist dabei nur einer von mehreren Räumen, die zusammen eine funktionale Einheit bilden.

Der Studiokomplex besteht aus:
- Bild- und Tonregie(n) als technische und journalistische (auch künstlerische) Steuerungszentrale(n),
- mindestens einem Studio (meist aber mehreren) mit Kameras und Mikrofonen als unmittelbare Bild- und Tonquellen,
- einem Abspielzentrum (oder mehreren Abspielräumen) mit Recordern zur magnetischen Bildaufzeichnung und -wiedergabe sowie Filmabtastern als mittelbare Bild- und Tonquellen,
- bei digitaler Produktion im wesentlichen einem zentralen Datenspeicher, einem »Server«. Er speichert das gesamte Bild-Material – unbearbeitet oder zusammen mit den »Schnitt-Listen«. Wenn es noch unbearbeitet ist, kann es daraus auf angeschlossene Schnitt-Computer zur Bearbeitung abgerufen werden. Handelt es sich um bereits geschnittene Beiträge, warten sie im Server bis sie für Aufzeichnungen oder von einer

automatischen Sendeablaufsteuerung für die Ausstrahlung angefordert werden,

- zugeordneten Räumen für Kamerakontrolle, Licht, Maske, Dekoration (Bühne), Garderobe und evtl. diverse Werkstätten.

Das Team in der Bildregie ist – je nach Schwierigkeit der Produktion, Größe des Senders, Fortschritt der Digitalisierung und Automatisierung des Sendeablaufs – unterschiedlich besetzt. Manchmal werden mehrere Aufgaben nur einem Mitarbeiter übertragen. Partner des Fernsehjournalisten in der Funktion eines Ablauf-Redakteurs sind dabei in der Bildregie vor allem:

Der/die Ablaufregisseur/in. Er/sie sorgt dafür, daß Live-Teile (z. B. Moderation oder Interviews), vorproduzierte Beiträge, Zuspielungen aus Studios oder von Reportage-Orten und Bild-Konferenzschaltungen mit Reportern oder Interviewpartnern von außerhalb sich nahtlos zu einer Sendung zusammenfügen.
Der Ablaufregisseur bestimmt auch die Größe der Einstellungen, die die Studio-Kameras zeigen sollen und wählt zwischen mehreren möglichen Bildern aus: Wird noch der fragende Moderator gezeigt? Oder wird schon auf den zuhörenden Interviewpartner umgeschnitten? Sollen die nervös knetenden Hände des Studio-Gastes groß im Bild sein? Wann sein Gesicht bildschirmfüllend, wann er zusammen mit dem Moderator?
Ergänzende Grafiken, Fotos und Schrifteinblendungen müssen zum richtigen Zeitpunkt in der gewünschten Länge zu sehen sein. Sollen die Bilder als Voll-, Teil- oder als Hintergrund gezeigt werden? Der Ablaufregisseur veranlaßt dies aufgrund des Ablaufplans ebenso wie er darüber entscheidet, ob Bilder direkt aufeinander folgen (harter Umschnitt) oder ob die Übergänge mit verschiedenen Blenden (Tricks) gestaltet werden sollen.

Der/die Bildmischer/in unterstützt den Ablaufregisseur technisch und organisatorisch: »zieht« die Blenden, schneidet um, gibt Vorwarnungen und »Kommandos« z. B. an Kameraleute, Zuspieltechniker und die Journalisten im Studio weiter.

Die Bildregie ist also die optische Steuerungszentrale für Vorproduktionen und Live-Sendungen. Ablaufregisseur/in und Bildmischer/in haben darin ihren Arbeitsplatz an einem großen

Mischpult, das vor einer großen Monitorwand steht. Auf den ersten Blick ist die Vielzahl dieser Kontrollbildschirme verwirrend. Sie sind aber nach einem bestimmten Prinzip angeordnet. In einer Reihe sind meist die mit den verschiedenen Bildquellen gekennzeichneten oder numerierten Vorschau-Monitore angebracht. Sie zeigen die »Bildangebote«, aus denen der Regisseur sein »Endbild« auswählen kann: also z. B. die unterschiedlichen Einstellungen, die die Studio-Kameras anbieten. Eine oder zwei weitere Reihen sind dann den Monitoren für die Tricks und Effekte vorbehalten. Sie dienen dazu, die Produkte der Bildbearbeitung mit Hilfe von Tricks und Effekten sichtbar zu machen (vgl. »Mit elektronischen Tricks informieren«). Oft sind sie mit »Mix/Effects« beschriftet und ebenfalls numeriert.

Blick in eine Bildregie des SWR-Fernsehens

Der mit »Endbild« bezeichnete Monitor zeigt das ausgehende Bild, das gesendet bzw. aufgezeichnet wird.
Das Mischpult steht vor dieser Monitorwand. Es enthält die Regler, Tasten und Bedienungsknöpfe, mit denen in der Hauptsache die folgenden Vorgänge vom Regisseur selbst oder der *Bildmischerin* auf Anweisung gesteuert werden:

– Schneiden = harter übergangsloser Wechsel von einer Bildquelle zur anderen;

- Blenden = weicher Übergang, bei dem ein Bild langsam unsichtbar wird, während ein anderes gleichzeitig erscheint. Mit Trick-Blenden ist dieser Vorgang in zahllosen Varianten möglich;
- Stanzen = Übereinanderlegen mehrerer Bilder zur Herstellung eines Gesamtbildes (vgl. z. B. Chroma-Key und Schriftgenerator).

Außerdem enthält der Regie-Tisch alle Kommunikationseinrichtungen, die Regisseur und Bildmischerin brauchen, um während der Sendung ständig mit Kamera-Leuten, Aufnahmeleiter und Journalisten im Studio, mit den Technikern im Abspielzentrum und mit der Ton-Regie in Verbindung zu stehen.

Der Ablauf-Redakteur hat ebenfalls in der Bildregie seinen Arbeitsplatz. Er hat das Sagen, wenn es um inhaltliche Korrekturen, um Änderungen oder Ergänzungen geht, wenn gestreckt oder gekürzt werden muß. Er muß die Beiträge, Moderationstexte und Inserts kennen, um auf Rückfragen des Regisseurs antworten zu können. Die erforderliche Konzentration in der Senderegie stört der Ablauf-Redakteur nur mit wirklich notwendigen Bemerkungen.
Gelegenheit für Hinweise und Vorschläge ist vor Beginn eines aktuellen Programms, wenn sich Regisseur und Bildmischerin in einem Probedurchlauf die Beiträge ansehen und dabei genaue Angaben über Zeiten, Tricks und Effekte in das Manuskript oder den Ablaufplan eintragen.

Der/die Tontechniker/in stellt sicher (in der Tonregie und im Studio), daß zu jedem Bild auch der Ton in der richtigen Aussteuerung über den Sender geht oder aufgezeichnet wird. Der Ton liefert dem Zuschauer Informationen, die dem Informationswert der Bilder nicht nachstehen. Oft wäre gerade eine Studioproduktion zwar ohne Bild, nicht aber ohne Ton noch verständlich. Dennoch scheint es, als ob sich die Ton-Leute im Studio gelegentlich unterbewertet fühlten. Zwischen ihnen und dem Regisseur wird besprochen, welche Mikrofone wo plaziert werden, ob sie im Bild zu sehen sein dürfen oder nicht. Dabei müssen die Erfordernise einer guten Tonqualität stets mit den Wünschen nach Bewegungsfreiheit für Kameras und Darsteller in Einklang ge-

bracht werden. Die Beleuchter erheben Einspruch, wenn Mikrofone Schatten werfen.
Bei aktuellen Standardsendungen spielen solche Fragen aber kaum eine Rolle. Da haben die Mikrofone ihren festen Platz und selbst der »gute Ton« bei Interviews ist Routine.

Das Lavalier-Mikrofon wird häufig dem Anspruch nach Bewegungsfreiheit am besten gerecht. Es kann als Kleinst-Mikrofon am Jacket-Revers oder an der Krawatte getragen werden. Es hat die Richtcharakteristik einer Kugel. Wird ein solches Mikrofon mit einem tragbaren Mikroport-Sender verbunden, dann entfallen auch die Verbindungskabel, da der Ton vom Sender (z. B. in der Jackentasche des Moderators) drahtlos in die Tonregie übertragen wird.

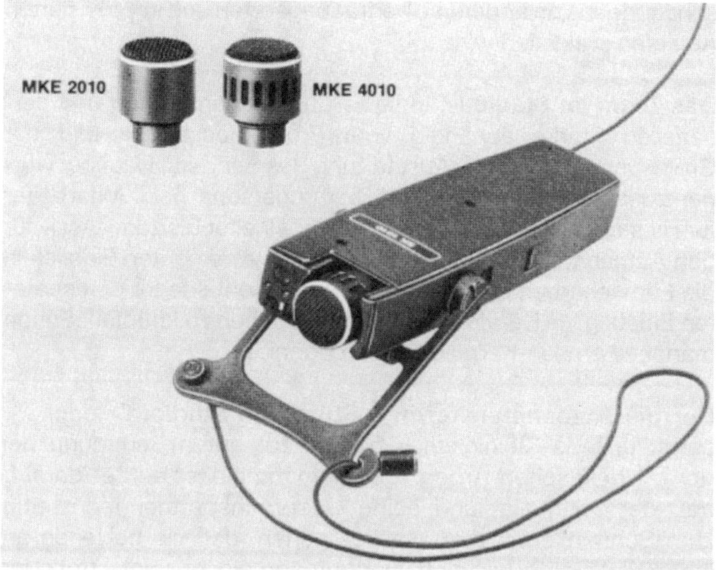

Mikroport-Kleinsender mit zwei drahtlosen (Lavalier-)Mikrofonen

Tisch- oder Ständermikrofone sind für Kommentatoren, Nachrichtensprecher, Moderatoren, bei Interviews und in Diskussionen üblich, wenn Bewegungsfreiheit nicht erforderlich ist.

Galgen und Angel werden bei journalistischen Produktionen im Fernsehstudio (selten) verwendet, wenn die Mikrofone nicht sichtbar sein sollen, Bewegungsfreiheit aber erforderlich ist und Lavalier-Mikrofone mit Mikroport-Sendern nicht gebraucht werden sollen. Bei diesem Verfahren wird ein Mikrofon von einem Ton-Techniker an einer Stange (Angel) oder mit Hilfe einer fahrbaren galgenähnlichen Konstruktion meist von oben und außerhalb des Schuß-Winkels der Kameras möglichst dicht an die jeweiligen Sprecher herangeführt.

Knopf im Ohr sagt man zu dem *Mini-Kopfhörer,* den sich der Moderator in ein Ohr stecken kann. Auf diese Weise kann er während der laufenden Sendung von der Regie drahtlos kurze Hinweise über den weiteren Ablauf bekommen. Dies ist eine Methode, die z. B. in Wahlsendungen mit vielen kurzfristigen Zuschaltungen von anderen Übertragungsorten und improvisierten Abläufen praktiziert wird.

Das Team im Studio ist in seiner Zusammensetzung und personellen Stärke abhängig vom Produktionszweck und der Größe und technischen Ausstattung des Senders. Häufiger werden zusätzlich zum Fach- und Stammpersonal noch Mitarbeiter für Hilfstätigkeiten benötigt – vom Kabelhelfer bis zum »Assi« für den Aufnahmeleiter. Solche Jobs geben einen guten Einblick in die Fernseharbeit und helfen, wertvolle Kontakte für den späteren Einstieg ins Berufsleben beim Fernsehen zu knüpfen. Schon manche Fernseh-Karriere hat so begonnen.

Der/die Aufnahmeleiter/in – Stütze im Studio. Er oder sie sorgt für jede Kleinigkeit – bis hin zur guten Stimmung bei der oft hektischen Arbeit. Der Aufnahmeleiter achtet darauf, daß der Journalist und seine Gesprächspartner rechtzeitig zum Schminken in die »Maske« gehen, daß sie beizeiten an ihrem Platz im Studio sind. Der Aufnahmeleiter zeigt – trotz der überall vorhandenen Studiouhr – an, welche Stunde oder Sekunde es geschlagen hat, wie mit dem verbleibenden Zeitbudget umzugehen ist, ob Straffung oder Dehnung angebracht ist. Schließlich leistet der Aufnahmeleiter dem Studioredakteur oder Moderator, der während einer Live-Sendung das Studio nicht verlassen kann, Handreichungen – vom vergessenen Kugelschreiber über das Glas Wasser bis zur »letzten Meldung«.

Die Kommandosprache im Fernsehstudio hat zahlreiche Eigenheiten, die von Region zu Region wechseln. »Achtung!« signalisiert allemal, daß eine Sendung oder ein Live-Take (ein Part in einer Direktsendung) in Kürze beginnt – meist verbunden mit einem lautstarken »Ruhe bitte!«.
Die für einen Moderator oder Diskussionsleiter noch verbleibende Zeit wird vom Aufnahmeleiter (wenn es keinen gibt, machen dies auch die Kameraleute) auf Tafeln oder schlicht mit den Fingern angezeigt. Entweder: «Noch drei, zwei, eine Minute(n).« Oder »eine, zwei, drei Minute(n) sind vorüber.« Das ist allein eine Frage der Absprache – je nachdem, was den Beteiligten klarer und einprägsamer erscheint.

Der Kameramann/die Kamerafrau hilft mit Tips. Er/sie hat neben seiner/ihrer eigentlichen Berufsaufgabe für den Journalisten im Studio eine weitere wertvolle Funktion: Er (oder sie) kann ihm sagen, wie eine Einstellung »kommt« – kann zu- oder abraten; denn erst der Blick des geschulten Auges durch den Sucher gibt Aufschluß darüber, wie eine Idee, eine Pose, eine Raumanordnung und selbst die Kleidung auf den Bildschirmen der Zuschauer erscheinen und wirken. Der Fernsehjournalist tut immer gut daran, auf die fachlichen Ratschläge der Kameraleute zu hören.
In immer mehr aktuellen Studios gibt es allerdings gar keine Kameraleute. Auf die wenigen, sich stets wiederholenden Standard-Einstellungen sind die Kameras fest eingerichtet. Aus der Regie sind über Fernsteuerung Korrekturen möglich. Auch ein Mischsystem von besetzten und unbesetzten Kameras wird praktiziert.

Das Licht ist in aktuellen Studios ständig gesetzt. Der Sprecher-/Moderatorentisch und die Interviewecke sind so automatisch richtig ausgeleuchtet, wenn die Licht-Technik die Scheinwerfer im Studio einschaltet. In der Regel müssen dann nur noch Korrekturen angebracht werden. Für zusätzliche Szenen oder besondere Gestaltungswünsche muß das Licht neu gesetzt werden. Zuständig für die Ausleuchtung ist der verantwortliche Kameramann. Er ermittelt aus den Anforderungen des Regisseurs den Bedarf an Licht. Die Beleuchter setzen dann das Licht, d. h. sie richten die Scheinwerfer entsprechend ein. Der Journalist im Studio nimmt mit seiner Kleidung Rücksicht auf die Erfordernisse der Beleuchtung. Weiter hat er mit dem Lichtsetzen nichts zu tun. Dennoch sollte er die wichtigsten Fachbegriffe kennen, die dabei immer wieder auftauchen.

Fachbegriffe Licht: Das »Grundlicht« ersetzt (oder ergänzt) das natürliche Licht. Es ist das Hauptlicht, das »Führungslicht« in einer Szene. Damit wird die generelle Licht-Richtung angegeben. Entstehende Schatten können eine »Aufhellung« durch »Füll-Licht« erforderlich machen. Dies geschieht zumeist durch »Seitenlicht«. Schatten sind aber in gewissem Umfang erwünscht, um einer Szene Plastizität zu geben. »Gegenlicht«, als »Gegenstreiflicht« (von hinten oben) und als »Kicker« (hinten unten), hebt den Vordergrund aus dem Hintergrund hervor, bringt räumliche Tiefe. Aus diesen drei Hauptkomponenten setzt sich die sog. »Drei-Punkt-Ausleuchtung« zusammen. Mit dem »Deko-Licht« wird der Hintergrund gesondert ausgeleuchtet (vgl. »Licht und Bildgestaltung« und »Lampen und Leuchten«).

Die Studio-Kameras sind numeriert und haben bei aktuellen Sendungen häufig ihren »Stammplatz«. Trotzdem können sie natürlich jederzeit leicht (ohne Rucken) auf eine andere Position gerollt und auch in der Höhe verändert werden. Über Kopfhörer und Mikrofon sind die Kameraleute direkt mit der Senderegie verbunden. Sie bieten in der Regel von sich aus die Bilder an. Werden von der Regie bestimmte Perspektiven oder Einstellungen gewünscht, erfahren sie das über die Kopfhörer. So wird auch eine kurze Vorwarnung (»Achtung, die Drei«) gegeben, bevor sie »geschnitten« werden, also ihr Bild gesendet oder aufgezeichnet wird. Dies zeigt dann zwar ein kleines rotes Licht dem Kameramann oder der Kamerafrau an, durch die Vorwarnung soll aber erreicht werden, daß das Bild in jedem Fall »steht«, bevor auf die Kamera umgeschnitten wird.
Über die Sprechverbindung zur Senderegie können Kameraleuten auch Hinweise für den Moderator übermittelt werden, die dann in Zeichensprache weitergegeben werden.
Wegen eines besonderen »Vorbaus« fällt die Studio-Kamera direkt vor dem Moderatorentisch besonders auf.

Der Teleprompter (Autocue) ist ein Hilfsgerät, von dem Moderatoren oder Kommentatoren ihren Text ablesen können. Der Text wird dazu fortlaufend auf einen halbdurchlässigen Spiegel vor dem Kameraobjektiv projiziert. Der Journalist blickt auf die langsam abrollende Schrift und damit gleichzeitig in die Kamera (vgl. »Moderation« und »Moderationstips von Hanns Joachim Friedrichs«).

Vor dem Moderatorentisch (aus der Sicht des Moderators) der Kontrollmonitor für den Moderator. Darüber (kleiner rechteckiger Kasten) steht eine Digitaluhr, die anzeigt, wie lange ein eingespielter Film bereits läuft. Rechts unten eine normale Uhr. Im Hintergrund oberhalb des Kontrollmonitors der Teleprompter, eine Lesehilfe für den Moderator. Hinter dem Teleprompter (verdeckt) die Kamera 5.

Der Kommentatorenplatz gestattet es, auch noch während der Sendung oder Aufzeichnung im Studio live den Text (den »Kommentar«) zu einem Film zu sprechen. Auf diese Weise wird die Zeit für die vorherige Synchronisation gespart. Sprecher oder Journalisten setzen sich dazu an einen besonderen Arbeitsplatz meist in einer Studioecke. Er besteht aus einem Monitor, auf den die zu kommentierenden Bilder eingespielt werden, einem Tisch mit Kommandoanlage (z. B. Rotlicht), einem Mikrofon und Kopfhörern.
Auf den Kopfhörer wird der IT-Ton (International sound track) mit der fertigen Vormischung von Atmo, O-Tönen (Geräuschen, In-

terviews, Statements) und evtl. Musik eingespielt. Der Journalist spricht seinen Text live dazu, ohne selbst im Bild zu sein. Die Ton-Endmischung erfolgt also während der Sendung oder Aufzeichnung.

Der Monitor, ein Kontrollbildschirm, ist ein wichtiges Arbeitsgerät im Studio auch für den Fernsehjournalisten. Der Monitor zeigt in der Regel das »Endbild«, also das Bild, das live gesendet oder aufgezeichnet wird. Auf ihm kann der Moderator z. B. kontrollieren, ob ein angesagter Film tatsächlich auch kommt oder ob ein »angesprochenes« Insert (eine Grafik, ein Foto) auch wirklich im Bild erscheint. Seine Sprechgeschwindigkeit oder den Inhalt der Moderation kann er so auf den Bildinhalt abstellen. Bei einer Fernsehkonferenz zeigt der Monitor die im Studio nicht anwesenden und nur über Bildleitung eingespielten Partner eines Interviews oder einer Diskussion. Monitore werden so aufgestellt, daß sie die Blickrichtung des Journalisten nicht von »seiner« (der ihn hauptsächlich aufnehmenden) Kamera ablenken. Sie stehen deshalb meist unterhalb dieser Kamera oder sind in den Moderatoren- oder Sprechertisch eingebaut.
Bei *fernsehunerfahrenen Partnern* im Studio ist Vorsicht geboten. Sie lassen sich leicht von ihrem eigenen Bild im Monitor ablenken. Deshalb ganz darauf verzichten oder ihn außerhalb ihrer Blickrichtung postieren.
Als Hintergrund für den Journalisten vor der Kamera, zusammen mit ihm oder auch allein, sollen häufig stehende oder bewegte Bilder, Grafiken oder Symbole als zusätzliche Information oder als Sendungskennzeichen gezeigt werden.

Deko(ration) ist in aktuellen Studios in der Regel für verschiedene wiederkehrende Programme vorhanden. Meist handelt es sich dabei um verschiebbare Stellwände mit Grafiken, Fotos oder einer Kombination von beiden. Mehrere dieser Wände können entlang der Studiowand auf Schienen montiert sein, damit der Hintergrund ohne viel Mühe von Sendung zu Sendung schnell verändert werden kann. Wünscht man einen neutralen Hintergrund, wird ein Vorhang davorgezogen.

Illustrationen vom Moderator zeigen lassen. Das hat den Vorteil, daß er den Zeitpunkt selbst bestimmen und seinem Text genau anpassen kann. Der Nachteil ist, daß sich bei der erforderlichen Großeinstellung oft das Zittern der Hand unangenehm überträgt. Hand, oder besser: das zu zeigende Objekt deshalb aufstützen. Ein weiterer Nachteil dieser Methode ist die nicht genau berechenbare Ausleuchtung. *Ein Insertständer* vermeidet diese Nachteile. Auf ihm werden Fotos und Grafiken angebracht, richtig ausgeleuchtet und in jedem gewünschten Ausschnitt aufgenommen oder abgeschwenkt. Bei diesem Verfahren wird eine zusätzliche Kamera benötigt. Das ist ebenso ein Nachteil wie die Tatsache, daß Fotos dafür als Papierabzüge zur Verfügung stehen müssen. Der Insertständer ist deshalb heute nur noch ein Notbehelf.

Moderator vor einer Studio-Dekoration

In diesen Fällen wird der Journalist also einfach zusammen mit einem »körperlich« vorhandenen Hintergrund von den Kameras aufgenommen. Meist gibt es diese bildliche Zusatzinformation aber überhaupt nicht real oder jedenfalls nicht dauernd im Studio. Die »Deko« wird dann sozusagen elektronisch in der Senderegie »erzeugt«.

Standbildspeicher, heute allgemein üblich, sind »elektronische Magazine«, in denen Bilder und Grafiken abrufbereit warten. Sie werden vor der Sendung in den Speicher aufgenommen. In der Regel sind es Fotos und Grafiken, Computer-Grafiken aus der Paintbox und Standbilder aus Beiträgen. In den »Stabis« sind auch regelmäßig eingesetzte Sendungs- oder Programmlogos und meist auch häufig benötigte Fotos oder Rubriken-Grafiken ständig gespeichert.
Vor einer Sendung oder Produktion werden sie in der benötigten Reihenfolge numeriert. Mit einem Antippen der Funktionstaste »next« auf dem Mischpult stehen sie dann nacheinander ohne jede Vorbereitungszeit zur Sendung bereit.

Grafikerin des SWR bei der Arbeit mit einer Paintbox. Auf Monitoren sieht sie das Ergebnis ihrer Arbeit, das sie ständig verändern und ergänzen und schließlich in den Stabi eingeben kann.

Chroma-Key (= Farbstanzen, auch Blue box genannt) ist ein rein elektronisches Mischverfahren, bei dem das Hintergrundbild, das der Studio-Szene hinzugefügt werden soll, im Studio selbst gar nicht zu sehen ist. Nur in der Bildregie sind die beiden Bilder sichtbar, die zu einem Gesamtbild zusammengesetzt werden sollen. In das stehende oder bewegte Hintergrundbild wird die Studioszene als Vordergrundmotiv hineingestanzt. Die Studioszene wird dazu vor einer (meist tiefblau) eingefärbten und

voll ausgeleuchteten Fläche aufgenommen (vgl. »Mit elektronischen Tricks informieren/Chroma-Key-Tricks«).
Beispiel: Vor der Blauwand im Studio wird stehend ein Moderator aufgenommen. Die blauen Bild-Anteile werden durch das Hintergrundbild eines Rathauses ersetzt. Das Gesamtbild zeigt dann den Moderator vor dem Rathaus. Bewegt sich der Moderator vor der Blauwand, überdeckt er bestimmte Teile des Hintergrundbildes. Gleichzeitig werden durch seine Bewegung freiwerdende Bildteile automatisch mit den entsprechenden Partien des Hintergrundbildes ergänzt.
Wie vor einer tatsächlich vorhandenen Kulisse kann er vor dieser elektronisch erzeugten agieren. Das Hintergrundbild kann dabei stehen (Foto, Grafik) oder auch bewegt sein (vor-produzierte Bildsequenz, Live-Bilder einer Außenübertragung).
Eine Blauwand gehört zur Standardausrüstung der aktuellen Studios. Fotos, Standbilder aus bewegten Szenen oder kleine Bildsequenzen sind entweder im Archiv zu beschaffen oder können schnell produziert und zugemischt werden.

Aufpro und Rückpro (Auf- und Rückprojektion) sind Techniken, die im Hintergrund des Moderators bildfüllend oder neben dem Moderator in einem Teilbereich des Gesamtbildes stehende oder bewegte Bilder sichtbar machen.
Das Prinzip kann man sich klarmachen, wenn man zu Hause Dias vorführt und sich als Vorführer selbst vor die Leinwand stellt, auf der ein Dia zu sehen ist. Die Gäste sehen dann im Vordergrund den Vorführer und im Hintergrund (sozusagen als optisch erzeugte Kulisse oder Dekoration) das Dia. Im Studio wird nun beides zusammen von einer Kamera aufgenommen und dem Fernsehzuschauer als ein Bild angeboten. Wenn das Hintergrundbild so von vorn auf eine Leinwand projiziert wird, nennt man dieses Verfahren Aufpro(jektion). Steht der Projektor hinter der Leinwand, wirft er das Bild also von hinten auf die Projektionsfläche, sagt man Rückpro(jektion).
Die vom Film übernommenen Methoden Aufpro und Rückpro sind – mit Ausnahme besonderer Produktionen z. B. im Showbereich – zumeist vom Chroma-Key-Verfahren verdrängt worden.

Virtuelle Studios sind mit Hilfe der Computertechnik »möblierter« künstlicher Raum (vgl. »Mit elektronischen Tricks informieren«). Dekorationselemente sind nur scheinbar vorhanden. Der im leeren Studio agierende Moderator wird von der Senderegie in den virtuellen Raum so hineingemischt, daß sich für den Zuschauer beides ununterscheidbar zu einem Bild verbindet. Leistungsstarke Computer sorgen dafür, daß Licht, Schatten und die Perspektive selbst dann noch stimmen, wenn sich der/die Moderator/in im Studio bewegt. Die »Gänge« müssen aber genau festgelegt werden, damit Sein und Schein auch zusammenpassen.

Nachrichtenstudio von RTL Aktuell mit Peter Kloeppel und Petra van Oyen. Rechts und links neben den Moderatoren Blue-Box-Wände für das Chroma-Key-Verfahren. An der Studio-Decke Scheinwerfer, die zur einfacheren Bedienung mit Nummern gekennzeichnet sind.

Der Schriftgenerator arbeitet ebenfalls nach dem Prinzip des Einstanzens: In eine bestimmte Stelle des Fernsehbildes wird eine Schrift (begrenzte Zahl von Schrift-Typen) eingestanzt. Der sehr kurze Text wird dazu auf einer Tastatur geschrieben, die der eines PCs ähnelt. Er wird (meist in der Senderegie) so eingegeben, daß er bei der späteren Mischung mit dem Fernsehbild an der gewünschten Stelle (z. B. unterer Bildrand) sichtbar wird. Der Regisseur wird darauf achten, daß sich die Buchstaben gut und lesbar vom Bildhintergrund abheben.

Der Schriftgenerator läßt sich vielfältig anwenden: Namen von Interview-Partnern und Mitwirkenden einer Studiodiskussion werden eingeblendet. Der Titel oder Abspann eines Filmbeitrages wird zugemischt. Im Sport werden Ergebnisse eingeblendet oder der Zuschauer wird auf Programm-Änderungen aufmerksam gemacht. Fotos oder Grafiken werden durch eine zusätzliche Text-Information ergänzt (vgl. »Die Wortnachricht optisch unterstützen« und »Mit elektronischen Tricks informieren«).
In aller Regel werden die Texte vorher geschrieben, gespeichert und bei Bedarf von der Regie abgerufen. Besonders Sportergebnisse werden aber oft auch live auf das Bild geschrieben. Die Texte können für den Zuschauer auf verschiedene Weise sichtbar gemacht werden:
- auf einmal als Schriftzeile oder Textblock
- Zeile für Zeile vom unteren Bildrand zum oberen wandernd
- Buchstabe für Buchstabe in einer Zeile vom Bildrand aus durch das Bild hindurchziehend.

Abspielzentrum ist der Oberbegriff für meist mehrere zusammenhängende Räume mit den technischen Geräten, die zur Speicherung und Wiedergabe von Fernsehprogrammen dienen (vgl. »Magnetband«).

Betacam SP (superior performance) von Sony ist im Studio-Bereich die am weitesten verbreitete analoge MAZ (Magnetische Bildaufzeichnung), die nach und nach vom digitalen Nachfolgemodell abgelöst wird. Das System ist nach dem japanischen Wort »beta« (ganzflächig) benannt, weil es die *gesamte Breite des Magnetbandes zur Aufzeichnung* des Videosignals *nutzt* und durch die Aufzeichnungstechnik auf einen Sicherheitsabstand zwischen den Spuren (den sog. Rasen) weitgehend verzichten kann.
Das *Bildsignal* wird in getrennten Spuren aufgezeichnet, eine für die Luminanz-(Helligkeitswerte) und eine für die Chrominanzsignale (Farben).
Betacam SP arbeitet mit 1/2 Zoll breiten Videobändern (1,27 cm). Sie sind mit Metall-Partikeln beschichtet.
Das mit Betacam SP von Sony vergleichbare Produkt von Panasonic heißt M II.

Digital Betacam unterscheidet sich von Betacam SP dadurch, daß die elektrischen Signale als digitale Information in 1-0-Folgen aufgezeichnet werden. Dadurch wird eine bessere Bildqualität erreicht. Das liegt vor allem daran, daß diese Technik eine automatische Fehlerkontrolle und -korrektur ermöglicht. Viele Kopien des Originalbandes (sog. Generationen) ohne Qualitätsverlust sind damit möglich.
Die Arbeit mit Digital Betacam unterscheidet sich im wesentlichen nicht von der mit dem analogen Vorgängermodell. Die Signale werden ebenfalls linear, also in Reihe nacheinander, aufgezeichnet. Damit sind auch die Zugriffszeiten gleich. Für den Ton stehen vier digitale Spuren zur Verfügung, die getrennt vom Bild zu bearbeiten sind, zusätzlich eine analoge Mithörspur. Das Konkurrenzmodell von Panasonic nennt sich D 5. Es arbeitet – anders als Digital Beta – ohne Datenreduktion und ist deshalb beim Kopieren weitestgehend verlustfrei (für den EB-Bereich vgl. »EB-Kamera« und für die Digital-Technik »Digitaler Schnitt«).

Die zur Signal-Speicherung verwendeten Magnet-Bänder sind von unterschiedlicher Breite. Die Entwicklung ging von *2-Zoll-Bändern* (etwa fünf Zentimeter breit) bis zu *Halb-Zoll-Bändern* (1,27 cm). Die Halb-Zoll-Technik hat sich im Studio-Bereich durchgesetzt. Die vorhandenen älteren Geräte, die mit breiteren Bändern arbeiten, werden aber teilweise weiter genutzt, um Archivmaterial abzuspielen.

Ampex. Nach der Hersteller-Firma Ampex wird die Speicherung auf zwei Zoll (etwa fünf Zentimeter) breiten Bändern benannt. Die Impulse für die Bilder werden bei dieser Methode in Querspuren aufgezeichnet (»Querspur-Verfahren«).

BCN. Weit verbreitet war die Magnetische Bildaufzeichnung auf nur *ein Zoll* (ca. 2,5 cm) breiten Bändern. Die Aufzeichnungsrichtung ist dabei nicht quer, sondern schräg zur Bandrichtung. Deshalb der Name Schrägspurverfahren. Die in deutschen Fernsehanstalten gebräuchlichen Ein-Zoll-MAZ-Maschinen wurden in der Regel nach den Typenbezeichnungen von Bosch einfach »BCN's« genannt.
Das Schrägspurverfahren wurde 1953 von dem deutschen Ingenieur Eduard Schüller entwickelt, aber erst 1959 von einem ja-

panischen Unternehmen in der Produktion von Videorecordern für den privaten Gebrauch angewendet.

Die »U-Matic« (Sony, seit 1969) genannte Technik (wegen der Bandführung) war dann der nächste Schritt in der Entwicklung und erreichte bereits mit einer *Bandbreite von 3/4 Zoll* (knapp 2 cm) höchste Qualität. Transportable Recorder dieses Typs trugen entscheidend dazu bei, daß der Film als Produktionsmethode aus dem aktuellen Fernsehen verdrängt wurde.

Konfektionierung. Beim *Magnetband* sind nach einem Testbildvorspann von zwei Minuten ca. 10 Sek. Schwarzblende vor dem ersten Bild üblich. Für die Ton-Spur gibt es einen entsprechenden technischen Vorspann. Diese Konfektionierung einschließlich der vorgeschriebenen Beschriftung von MAZ-Bändern ist Voraussetzung für eine korrekte Wiedergabe durch das Abspielzentrum und für die Archivierung.

Vorlaufzeiten. Der Fernsehjournalist muß wissen, daß die Technik im Abspielzentrum zum Einlegen oder Wechseln von MAZ-Bändern eine bestimmte Zeit benötigt. Dies spielt dann eine Rolle, wenn während einer Produktion oder Sendung noch geändert oder ergänzt werden muß.
Für kürzere MAZ-Bänder gibt es einen Speicher, in den zahlreiche Band-Kassetten vorher eingelegt werden können. Auf Abruf durch Knopfdruck werden sie dann in programmierbarer Reihenfolge automatisch in die MAZ-Maschine eingelegt.
Mit dem Regisseur vereinbarte Stichwörter für das Einstarten müssen vom Moderator eingehalten werden.

Die digitale Produktion hat die Fernsehtechnik zur Fernseh-Datenverarbeitung verändert. So wie der PC in den Redaktionen die Schreibmaschine und das Papier, im Radio das Tonbandgerät und das Tonband, so ersetzt der Computer im Fernsehen die Recorder zum Aufzeichnen und Abspielen und das Videoband als Speichermedium. Fernsehbild und -ton werden als digitale Daten in leistungsstarken miteinander vernetzten Rechnern gespeichert und bearbeitet.

Die Arbeitsabläufe bei der digitalen Produktion haben auch Auswirkungen auf die Arbeit des Fernseh-Journalisten.
Das Bild- und Tonmaterial wird über ein festes Datennetz zwischen den Computern (»Servern«) hin- und hergeschickt oder über Terminals gleich dort bearbeitet, wo es gespeichert ist. Es müssen keine Spulen oder Videokassetten mehr eingelegt, herumgetragen oder beschriftet werden.
Gleichzeitiges Sichten und Bearbeiten des Materials an verschiedenen Arbeitsplätzen (Schnitt, journalistische »Work-Stations«) ist jederzeit möglich. Aus dem Rohmaterial können so parallel für unterschiedliche Sendungen die jeweiligen Fassungen produziert werden. Das zeitaufwendige Kopieren entfällt.
Auf das gesamte Material kann jederzeit sofort zugegriffen werden. Wie bei der CD jeder einzelne Titel direkt anwählbar ist, so steht bei der Speicherung auf Festplatte jedes einzelne Bild (und jede Bildsequenz, auch der Ton) unmittelbar zum Bearbeiten oder Sichten zur Verfügung. Das langwierige Hin- und Herspulen der Videobänder, um z. B. beim Schnitt die als nächste vorgesehene Einstellung zu finden, gehört der Vergangenheit an (vgl. »Digitaler Schnitt«).
Die Bearbeitung des Materials erfolgt durch Tastendruck oder Mausklick wie bei der Textverarbeitung. Die Bedien-Oberflächen versuchen, mit einfachen und leicht verständlichen Symbolen auszukommen, die für PC-Nutzer relativ problemlos sein sollten. Die handwerkliche Bedienung mechanischer MAZ-Maschinen ist nicht mehr nötig. Dies – und die jederzeitige Verfügbarkeit des Materials auch an den journalistischen Arbeitsplätzen – schaffen die Voraussetzung für eine Veränderung der Arbeitsfelder von Journalisten und Technikern/Cuttern.

Bei stärker werdendem Kostendruck und Rationalisierungsbemühungen ist denkbar, daß der Fernseh-Journalist vermehrt zusätzliche Tätigkeiten übernimmt (übernehmen muß), die traditionell anderen Berufsgruppen vorbehalten waren – so wie das in Zeitungs- und Radioredaktionen schon geschehen ist.

Eine Unmenge von Daten müssen solche vollkommen bandlosen digitalen Produktionssysteme speichern und bearbeiten können. Die bewegten Fernsehbilder erfordern eine viel höhere Kapazität als die Textverarbeitung.

Deshalb wird mit (teilweise qualitätsmindernder) Datenreduktion gearbeitet. Trotzdem sind Hochleistungscomputer, die allen Ansprüchen großer Fernsehproduktionen genügen, noch teuer. Deswegen wird auch mit sog. Insel-Lösungen gearbeitet; die neue digitale wird mit der alten analogen Produktionstechnik kombiniert. Digitale Komplett-Systeme sind aber im aktuellen Bereich weltweit bereits in großer Zahl installiert. In der Grafik ist ein Newsroom-Konzept des größten Anbieters, der Firma »Avid Technology«, dargestellt.

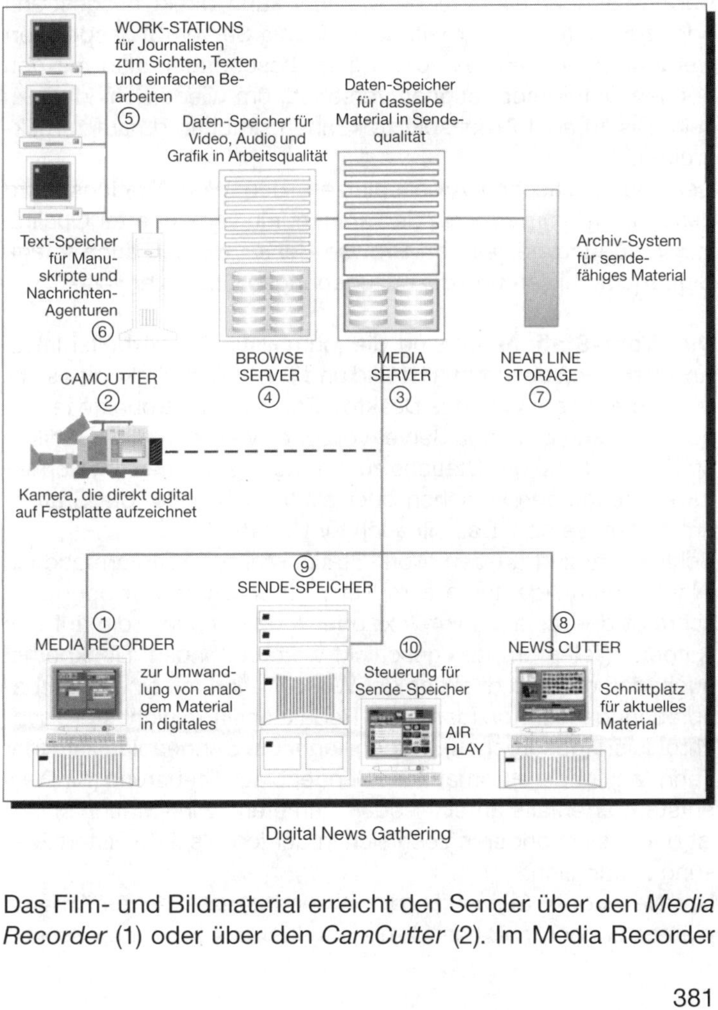

Digital News Gathering

Das Film- und Bildmaterial erreicht den Sender über den *Media Recorder* (1) oder über den *CamCutter* (2). Im Media Recorder

werden die ankommenden analogen Signale in digitale Informationen gewandelt.
Der CamCutter ist eine digitale Kamera, die direkt auf einer eingebauten Festplatte Bild und Ton speichert. Mit dem Camcutter kann das Material auch direkt vor Ort bearbeitet werden. Die Festplatte wird zum Sender gebracht, wenn Zeit ist. Ist keine, wird Bild und Ton über Datenleitung zum Sender überspielt. Dies kann schneller geschehen als der Beitrag lang ist. Es muß also keine Echtzeit-Datenübertragung sein.
Das im Sender eintreffende Material kann direkt ausgestrahlt oder zur weiteren Bearbeitung im *Media Server* (3) gespeichert werden. Dabei wird es sozusagen »beschriftet«, also mit den nötigen Datei-Informationen versehen, um wiederauffindbar zu sein. Bis zu acht Arbeitsplätze können simultan darauf zurückgreifen.
Den journalistischen Arbeitsplätzen, den Work-Stations, wird das Material vom *Browse Server* (4) nur in verminderter Qualität zur Verfügung gestellt. Im Browse Server werden auch fertige Beiträge archiviert und die dazugehörigen Daten verwaltet.

Die Work-Stations (5) sind die journalistischen Arbeitsplätze. An ihnen kann der Journalist Bild und Ton »in Arbeitskopie« sichten und auf dem Weg des Desktop Editing Schnittpunkte festlegen, die dann im Media Server vollzogen werden. Auch Grafiken stehen an den Work-Stations zur Verfügung, können mit Korrektur-Anmerkungen versehen oder als Vorschlag für die Grafiker entworfen werden. Das gilt auch für Untertitel.
Schließlich sind an den Work-Stations alle Text-Informationen (Nachrichten-Agenturen zum Beispiel) abrufbar. Der Journalist schreibt dort seinen Film-Text oder Moderationen, die auf den Autocue (Teleprompter) geschickt werden können. Denkbar ist auch, daß der Text direkt an der Work-Station mit einem Nahbesprechungsmikrofon (damit der Redaktionslärm nicht stört) synchronisiert (gesprochen) werden kann. Die Sendeablaufliste (der Fahrplan) für die automatische Sendeablauf-Steuerung (Air Play) entsteht ebenfalls an einer oder mehreren Work-Station(s) und ist damit allen anderen zeitgleich in der jeweils aktuellsten Fassung zugänglich.
Der *Newsroom Server* (6), direkt den journalistischen Arbeitsplätzen zugeordnet, hält für die unmittelbare Nutzung das »ak-

tive« Material bereit (Texte, Bild, Ton, Grafiken) und stellt auch dessen Verwaltung sicher.

Near Line Storage (7) speichert als zusätzliche Datenbank sendefähiges Material – ein Archiv, das nicht direkt (online) zur Verfügung steht, sondern über den Media Server nutzbar gemacht wird.

News Cutter (8) nennt sich der digitale Schnittplatz des Systems, der speziell für den aktuellen Bedarf ausgelegt ist. Für die Titelbearbeitung ist ein Titelgenerator integriert. Der Kommentarton (der Text zum Beitrag) kann direkt am NewsCutter aufgezeichnet werden.

Das Endprodukt nach dem Schnitt ist aber, anders als beim MAZ-Schnitt, kein »fertiger« Beitrag, bei dem die Einstellungen in der gewünschten Reihenfolge mit dem dazugehörigen Ton hintereinanderkopiert sind. Beim digitalen Schnitt bleibt das Rohmaterial unverändert gespeichert. Es wird lediglich eine »Schnittliste« erstellt, eine »Arbeitsanleitung« für den Computer, die einzelnen Bilder und Töne in der vorgegebenen Abfolge hintereinander zu zeigen. Er tut dies dann, indem er sich das jeweils erforderliche Element in Sekundenbruchteilen von seinem Platz auf dem Plattenspeicher holt und an das vorangegangene direkt anschließt. Der »fertige Beitrag« besteht also aus Rohmaterial und dazugehöriger Schnittliste. Für die Archivierung oder zur Sicherheit kann man das »Endprodukt« (das nur im Moment des Vorführens oder der Sendung vorhanden ist) natürlich auch so abspeichern.

Im *Sende-Speicher* (9) wird das sendefähige Material für die Ausstrahlung bereitgehalten. Über *Air Play* (10) erfolgt die automatische Sendeablaufsteuerung (vgl. dort).

Hans-Peter Gumprecht, Ruhe Bitte! Aufnahmeleitung bei Film und Fernsehen (UVK Medien, Konstanz 1999)

Journalistischer Arbeitsplatz Ü-Wagen

Parteitage, Demonstrationen, Umzüge und große Sportveranstaltungen, aber auch regionale Messen und lokale Ereignisse wie die Einweihung einer neuen Brücke – das alles können Anlässe für eine *Außenübertragung (AÜ) sein. Dafür werden* Übertragungs-

wagen (Ü-Wagen) eingesetzt. In ihnen sind die technischen Einrichtungen für Bild- und Tonaufzeichnung und -bearbeitung und die dazugehörigen Arbeitsplätze untergebracht.
Im Ü-Wagen arbeitet auch der Fernsehjournalist, wenn er als Redakteur für den Ablauf einer Sendung verantwortlich ist, wenn er Bilder kommentiert, wenn er Beiträge schneidet oder synchronisiert. Die journalistische Seite seiner Tätigkeit im Ü-Wagen unterscheidet sich im Prinzip nicht von der im Studio. Allerdings erfordern die räumliche Enge und die meist große Hektik bei aktuellen Ereignissen auch vom Journalisten besondere Konzentration und große Professionalität.

Die Planung einer AÜ beginnt mit der genauen Festlegung des Zwecks und Umfangs der Produktion.
- Soll am Übertragungsort *nur aufgezeichnet* werden? Die Bearbeitung findet dann im Studio statt.
- Soll *aufgezeichnet und bearbeitet* werden? Die Ausstrahlung der Sendung erfolgt dann vom Studio aus.
- Soll am Ü-Ort *aufgezeichnet, bearbeitet und* von dort aus auch *gesendet* werden? Dann sind zusätzlich alle Einrichtungen für die Ausstrahlung über Richtfunk oder Satellit vorzuplanen, wenn keine Leitung geschaltet wird.
- Soll ohne Bearbeitung vom Ü-Ort *live gesendet* werden?

Natürlich ist auch ein *Mischbetrieb* denkbar. Dann wird manches live gesendet, manches am Ü-Ort vorher bearbeitet und zeitversetzt ausgestrahlt. Nach diesen unterschiedlichen Zielsetzungen, dem Umfang der Produktion und auch den räumlichen Gegebenheiten am Ü-Ort richtet sich der *Einsatz der Produktionsmittel,* die für den jeweiligen Zweck *ausgewählt und zusammengestellt* werden. Nach den Zielvorgaben der Redaktion geschieht dies in Zusammenarbeit von Produktion und Technik. In aller Regel findet in dieser Planungsphase auch *mindestens eine Vorbesichtigung des Ü-Orts* statt.
Dieses Funktionsschema zeigt alle Produktionsmittel, die für eine umfangreiche AÜ erforderlich sind.
Richtfunk- und *Mastwagen* (oben links) werden nur gebraucht, wenn vom Ü-Ort aus Bild und Ton zum Funkhaus (zur Live-Sendung oder Aufzeichnung) durch die Luft übermittelt werden sollen. Manchmal werden dafür auch bei der Post Leitungswege bestellt oder immer häufiger Satelliten genutzt.

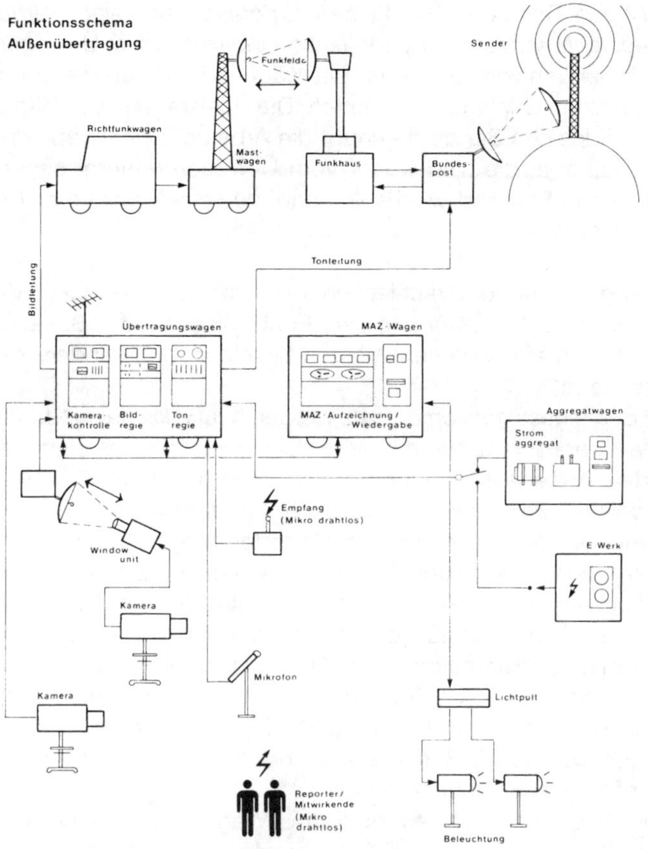

Neben dem *Übertragungswagen* steht ein *MAZ-Wagen* mit Maschinen zur Magnetbildaufzeichnung. Er ist nur dann erforderlich, wenn die MAZ-Maschine(n) im Ü-Wagen für die Produktion nicht ausreichen. Der *Aggregatwagen* (ganz rechts) wird gebraucht, wenn am Ü-Ort kein Strom vorhanden ist oder das Stromnetz dort überlastet würde. Eine eigene Stromversorgung über ein Dieselaggregat kann aber auch nur zur Sicherheit mitgeführt werden.

Die *Kamera* links unten im Bild ist über ein *Kabel* mit dem Ü-Wagen verbunden. Die zweite *Kamera* (etwas rechts oberhalb) sendet über eine sog. *Window-unit* ihre Bilder (über Richtfunk) zum

Ü-Wagen. Der ist dafür mit einem *Empfänger* und einer *Parabolspiegelantenne* ausgerüstet (links unterhalb des Ü-Wagens). Auch der Ton wird entweder per Kabel oder durch die Luft per Sender zum Ü-Wagen übermittelt. Die Übertragung von Bild und Ton mit kleinen Sendern erlaubt die Arbeit mit einer »abgesetzten« Kamera, die also weiter vom Ü-Wagen entfernt sein und auch ihren Standort wechseln kann, da keine Kabelverbindung erforderlich ist.

Ü-Wagen sind unterschiedlich mit Kameras bestückt. Meist sind es *zwischen zwei und vier.* Ein Ü-Wagen mit z. B. vier Kameras wird als 4-Kamera-Wagen bezeichnet, die anderen entsprechend.
Für den *tagesaktuellen Einsatz* werden häufig *kleine und bewegliche Reportagewagen* mit einer oder zwei Kameras eingesetzt, in denen die Aufzeichnung auch gleich geschnitten und synchronisiert werden kann. Schon wegen der beengten Platzverhältnisse sind diese kleinen Reportagewagen auch nur mit einem kleinen Team besetzt. Der Reporter ist dann oft gleichzeitig auch Produktions- und Aufnahmeleiter. Die Einsätze mit diesen Wagen müssen gut vorbereitet und geplant sein, damit nicht eine zu lange Bearbeitung den Zeitvorteil wieder zunichte macht. Zur Übertragung von Beiträgen und Live-Teilen werden meist Satelliten genutzt. Die Verbindungen sind in wenigen Minuten aufgebaut. Die FS-Berichterstattung von »vor Ort« ist dadurch sehr flexibel und schnell geworden.
Eine Produktion mit dem großen Ü-Wagen ist Generalstabsarbeit, die Produktions- und Aufnahmeleiter, Regisseur und Journalist nur gemeinsam mit einem großen Team bewältigen können. Die Ausstattung dieser Wagen für Nachbearbeitung und Livesendung entspricht dem Funkhausstandard.

Das Bild auf den nächsten Seiten zeigt das Innere eines großen Ü-Wagens des NDR. Hier zunächst die Erläuterung, welche Ausrüstung und Geräte durch die Ziffern markiert sind:

❶ Am Steuerpult der Bildtechnik sorgen ein Bildingenieur und zwei Bildtechniker für die technische Qualitätskontrolle und gleichen u. a. die angeschlossenen Kameras ab ❷ Geräte für die magnetische Bildaufzeichnung (MAZ) ❸ Steckwand für Video-

Kabelverbindungen (4) Hier sind Stromversorgung und die Elektronik für die Bildtechnik untergebracht (5) Am Bildmischpult sitzen Regisseur, Bildmischer, Übertragungswagen-Leiter, Redakteur und 1. Kameramann. Hier werden die Bilder der Kameras, der MAZ und weiterer Bildquellen von der Bildregie ausgewählt, gestaltet und zur Sendung gebracht (6) Die Auswahl der Bilder erfolgt mit Hilfe zahlreicher Monitore.
(7) Auf den Abhörlautsprechern läuft der Produktionston für die Bildregie auf (8) Am Steuerpult der Tonregie mischen Toningenieur, Tontechniker oder Tontechnikerin den eingehenden Ton für die Sendung. Stereo und Zweikanaltechnik sind möglich (9) Abhörlautsprecher für die Tonregie (10) Kontroll-Monitore für die Tonregie (11) Sichtfenster zur Bildregie (12) Tonbandmaschinen (13) Steckwand für Ton-Kabelverbindungen (14) Abdeckklappen.
(15) Vier Farbfernsehkameras LDK 6 der Herstellerfirma Broadcast Television Systems (BTS) in Holland (16) Eine tragbare BTS-Kamera LDK 54.
(17) Leiter zum Dach (18) Kraftstromanschluß (19) Klimageräte (20) Transformatoren zur galvanischen Entkopplung vom Stromnetz. Notwendig für gleichbleibende Netzspannung.
(21) Kurbel für Fahrzeugstützen (22) Fahrzeugstützen (23) Dieseltank (24) Begehbare Dachfläche, auf der auch Kameras aufgestellt werden können (25) Zugmaschine.
(26) Rüstwagen. Dort sind die Kameras, Optiken und weiteres Zubehör untergebracht.

Zusatzwagen unterstützen bei Bedarf den Ü-Wagen. Im MAZ-Wagen sind zusätzliche Maschinen für die Magnetbildaufzeichnung untergebracht. Lichtwagen in unterschiedlichen Größen transportieren Scheinwerfer und Lichtpulte. Aggregatwagen sichern die unabhängige Stromversorgung. In Rüstwagen werden die Kameras transportiert (und weiteres Zubehör), wenn dafür auf dem Ü-Wagen kein Platz ist. Sonderfahrzeuge werden z. B. für Beschallung oder Maske eingesetzt.

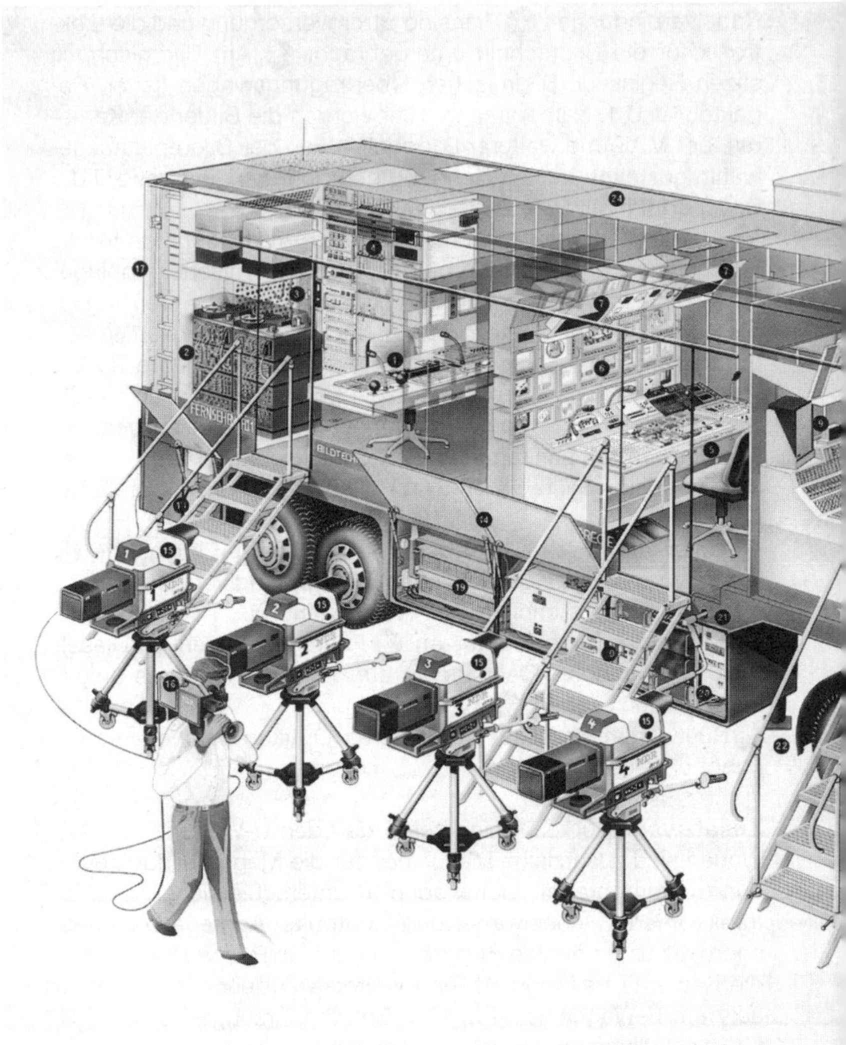

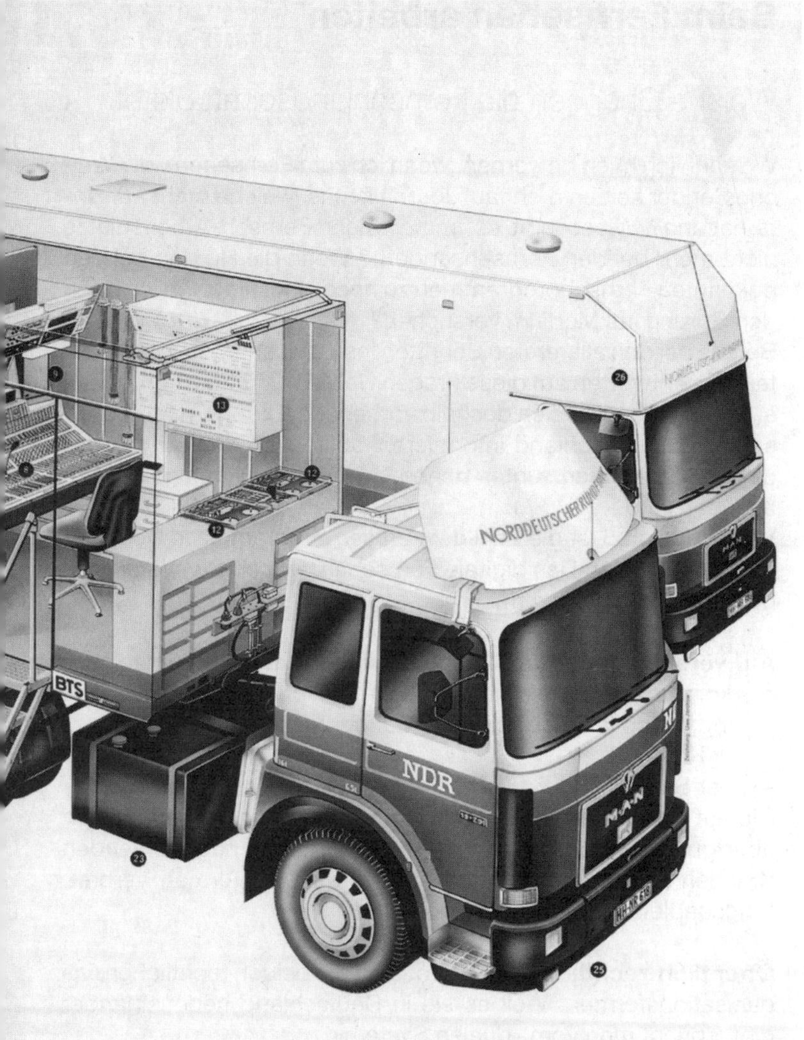
NORDDEUTSCHER RUNDFUNK
NDR
M·A·N
BTS

Beim Fernsehen arbeiten

Welche Chancen die Fernsehlandschaft bietet

Wo kann ich mich bewerben, wenn ich zum Fernsehen will? Welche Sender setzen mehr auf Journalismus, welche mehr auf Unterhaltung? Wieso gibt es immer mehr Fernseh-Arbeitsplätze nicht mehr bei den Fernsehsendern? Wenn die Hürden bei den bekannten Fernsehprogrammen zu hoch sind, wo kann ich dann den Sprung ins Medium versuchen?
Bereits bei den allerersten Schritten ins Fernsehen ist der im Vorteil, der Antworten auf diese Fragen weiß. Wer für das Fernsehen arbeiten will, sollte sich deshalb vorher über die »Fernseh-Landschaft« in Deutschland informieren, sollte also die Rahmenbedingungen kennen, unter denen er seinen zukünftigen Beruf ausüben wird.
Verwirrend groß ist die Zahl der Fernseh-Programme in Deutschland bereits jetzt. Das digitale Fernsehen wird eine weitere wundersame Programmvermehrung bewirken.

Auf verschiedenen technischen Wegen, die häufig miteinander kombiniert sind, erreichen sie ihre Zuschauer:
- terrestrisch (also über Sender auf der Erde)
- per Kabel
- über Satellit.

Die auf den ersten Blick verwirrende Programmvielfalt läßt sich aber gut entwirren, wenn man die Programme nach folgenden Kriterien ordnet: Organisationsform, Programmformat, Verbreitungsgebiet und Finanzierung.

Öffentlich-rechtlich oder privat sind die beiden rechtlichen Organisationsformen. Weil es sie in Deutschland nebeneinander gibt, spricht man vom »dualen System«.

Die Öffentlich-rechtlichen (ARD und ZDF) haben den durch Rundfunkgesetze, Staatsverträge und Verfassungsgerichtsurteile definierten Auftrag zur »Grundversorgung«.
Programmanalysen ergeben, daß bei den Öffentlich-rechtlichen der Anteil an Informationssendungen im Programm (im Vergleich

zu den Unterhaltungssendungen) am höchsten ist. Auch ist der Zwang, »Quote zu machen«, also möglichst viele Zuschauer mit einer Sendung zu erreichen, wegen des Programmauftrags und der Gebührenfinanzierung nicht ganz so groß. Sie bieten deshalb für Journalisten die anspruchsvolleren Arbeitsplätze. Die allerdings werden durch die Abhängigkeit von den Gebührenerhöhungen und dem damit verbundenen Sparzwang immer rarer.

Die Privaten sind Wirtschaftsunternehmen, die Gewinne erzielen sollen. Dabei müssen sie Rahmenbedingungen einhalten, die durch Gesetze, Staatsverträge, die Landesmedienanstalten und Verfassungsgerichtsrechtsprechung gesetzt sind.
In privaten FS-Programmen ist der Unterhaltungsanteil höher. Informationssendungen sind außerhalb der Nachrichten weniger vertreten und wenn, dann enthalten auch sie teilweise unterhaltungsorientierte Beiträge. Wer gegen populäre Themen nichts einzuwenden hat und auch nicht dagegen, sie effektvoll zu präsentieren, der wird als Fernseh-Journalist auch bei den Privaten interessante Betätigungsfelder finden. Der Weg dorthin und dann auf der Erfolgsleiter nach oben ist vielleicht sogar etwas einfacher als bei den Öffentlich-rechtlichen.

Voll- oder Spartenprogramme sind unterschiedliche Programmtypen oder -Formate, die sich bei Privaten wie Öffentlich-rechtlichen finden.
Vollprogramme (z. B. ARD, ZDF, RTL und SAT. 1) enthalten alle wesentlichen Programmsparten, wenn auch zu unterschiedlichen Anteilen.
Spartenprogramme sind z. B. ARTE (Kultur), Kinderkanal, ntv (Information), Viva (Musik) und DSF (Sport).
Selbst wenn man die ausländischen Kanäle nicht hinzunimmt, sind manche Sparten gleich mehrfach besetzt, besonders natürlich die populären wie Musik, Sport und Kinder (vgl. »Anschriften«).
Das digitale Fernsehen sorgt für noch wesentlich mehr Spartenkanäle.

Vollprogramme bieten vielseitige Arbeitsplätze. Fernseh-Journalisten haben dort die Möglichkeit, besonders als Freie, z. B. für Nachrichtensendungen, Magazine und Fachredaktionen zu arbeiten, ohne den Sender wechseln zu müssen. Anfänger können in Sendungen »einsteigen«, in denen (einfachere) Kurzfilme gebraucht werden und sich Schritt für Schritt an längere Produktionen in anderen Redaktionen heranwagen. Die entsprechenden Kontakte ergeben sich oft von selbst.

Ob Spartenkanäle für Fernseh-Journalisten geeignete Arbeitsplätze haben, hängt von der Sparte ab. In Spielfilm- und Unterhaltungskanälen ist das weniger der Fall. Trotzdem kann sich eine Anfrage lohnen, gelegentlich gibt es auch dort »journalistische Ecken«, wo man sie nicht vermutet.
Ein News-Kanal dagegen beschäftigt viele Journalisten, vor und hinter der Kamera. Allrounder arbeiten da für die Nachrichten, aber z. B. auch Fachredakteure für die Wirtschaftsberichterstattung. Sport-Journalisten braucht natürlich das Sport-Fernsehen. Selbst wenn dort für lange Programmstrecken die Bilder »eingekauft« werden, müssen sie doch kommentiert und bearbeitet, und eigene Sendungen gestaltet werden.

Fensterprogramme können ebenfalls interessante Arbeitgeber für Fernseh-Journalisten sein, besonders wenn sie den Namen renommierter Zeitungen oder Zeitschriften wie Spiegel-TV oder Stern-TV tragen. Sie haben in privaten FS-Programmen regelmäßige Sendungen (»Fenster«), die sie mit einer eigenen Lizenz oder auf Grund vertraglicher Vereinbarungen mit TV-Produktionsfirmen selbständig gestalten.

Weltweit bis lokal werden Fernsehprogramme ausgestrahlt. Das »Deutsche Welle Fernsehen« sendet aus Berlin über Satellit in alle Welt ein nachrichtenorientiertes Vollprogramm. In Bayern etwa gibt es eine Reihe von »Mini-Sendern«, die mit ihrem Lokal-Programm nur die eigene Stadt und die Umgebung erreichen, wie z. B. »Schweinfurt TV 1«. Dazwischen gibt es alle denkbaren Verbreitungsgebiete: Ballungsraum-Fernsehen (z. B. in Hamburg, Berlin, Rhein-Main und in München), Programme für einzelne Regionen, Bundesländer und überregionale für ganz Deutschland. Oft sind Lokal- oder Regional-Sendungen nur »Fenster« in Programmen, die für ein größeres Sendegebiet bestimmt sind und dafür zeitweise auseinandergeschaltet werden. Solche Programme können öffentlich-rechtlich oder privat sein.

Die ARD mit Rundfunkanstalten oder Funkhäusern in allen Bundesländern hat ein besonders großes Angebot an Regionalberichterstattung, vor allem in den »Dritten«. ZDF-Studios gibt es in allen Bundesländern. Kleine Private haben lokale oder regionale Lizenzen. Die großen Privaten schalten ihr bundesweites Programm für landesweite »Fenster« auseinander.

Dieser unterschiedliche räumliche Zuschnitt bringt *für Berufsanfänger große Vorteile.* Für solche Programme werden zahllose Nachrichten-Meldungen und Kurz-Filme gebraucht. Sehr häufig gelingt Reportern damit der Einstieg in das Medium Fernsehen. Auch wer gern als Moderator vor die Kamera möchte, hat als Anfänger im Lokalen oder Regionalen größere Chancen und weniger hohe Hürden zu überwinden. Wer so Sicherheit und Erfahrungen im Kleinen gesammelt hat, kann sein Glück dann »eine Nummer größer« versuchen. Nicht selten kommen Angebote von ganz allein. In einem so wettbewerbsorientierten Markt werden Talente und »frische Gesichter« immer gesucht. Man muß nur erst einmal »drin« sein und die Möglichkeit bekommen haben, sich zu bewähren.

Wie sich Fernseh-Programme finanzieren – auch danach kann man sie einteilen:
- hauptsächlich durch Gebühren und nur zum geringen Teil durch Werbung die öffentlich-rechtlichen,
- durch Werbung die privaten Voll- und Sparten-Programme,
- durch monatliches Entgelt für den gesamten Sparten-Kanal (Pay per channel, Abonnementsfernsehen, z. B. »Premiere World«),
- durch Entgelt für einzelne Sendungen (Pay per view),
- durch eine Kombination von »Pay per Channel« und zusätzlich »Pay per View« für einzelne besonders attraktive Angebote.

Fernseh-Produktionsfirmen sind wichtige »Programm-Lieferanten«. Sie produzieren in der Regel kostengünstiger als die Fernsehsender selbst, weil sie als kleinere Firmen flexibler sind, das Produktionspersonal oft nur auf Produktionsdauer verpflichten und weniger Arbeitszeitregelungen zu beachten haben oder sie in Selbstausbeutung »großzügig« praktizieren. Die Privaten kaufen deshalb traditionell Fremdproduktionen im großen Umfang, auch viele Beiträge für aktuelle Sendungen. Die Öffentlich-

rechtlichen folgen zunehmend diesem (für die Arbeitnehmer nicht immer guten) Beispiel (vgl. »Wirtschaftlich produzieren«).
Produktionsfirmen sind zum Teil sehr kleine Privatunternehmen, größere haben als Gesellschafter auch finanzkräftige Privatsender oder sind durch langfristige Verträge mit ihnen verbunden. Die Öffentlich-rechtlichen lassen häufig auch bei privaten Tochterunternehmen produzieren.
Wer als Journalist zum Fernsehen will, kann sich *auch bei solchen Produktionsfirmen bewerben,* weil es auch bei ihnen journalistische Arbeitsplätze, Praktika und teilweise Volontariate gibt. Wer dort seine Fernsehlaufbahn beginnt, wird sich über mangelnde Auslastung und Praxis sicher nicht zu beklagen haben, über mangelnde Ausbildung vielleicht schon eher. Durch die Arbeit ergeben sich aber auch Kontakte in die Redaktionen der Fernsehsender, was nicht selten beim nächsten Karriereschritt hilft.

Offene Kanäle sind ausdrücklich nicht für Profis gedacht, sondern für Laien, die sich mit Hilfe des Fernsehens einem breiteren Publikum mitteilen wollen. Dennoch sind die Offenen Kanäle auch für diejenigen interessant, die das Fernsehen zum Beruf machen wollen. Sie verfügen nämlich häufig über Trainer und eine akzeptable technische Ausstattung. Beides hilft dabei, erste Fernseh-Erfahrungen zu sammeln und dann vielleicht bei Bewerbungen als Nachweis des Interesses am Medium.

Einen Aus- und Fortbildungskanal (AFK) unterstützt die Bayerische Landeszentrale für Neue Medien in München. Er bietet im Kabel Sendeplätze, die von zahlreichen journalistischen Ausbildungseinrichtungen genutzt werden. Aber z. B. auch über die Münchner Volkshochschule kann man von dieser Möglichkeit profitieren, sich erste praktische Fernsehkenntnisse anzueignen (vgl. »Fernsehkurse«).

Einen Wegweiser durch den Dschungel der deutschen Fernsehlandschaft gibt es nicht – nur mehrere. Adressen finden sich unter »Anschriften«. Vollständig und immer auf dem letzten Stand kann aber auch ein regelmäßig neu aufgelegtes Lehrbuch wie dieses nicht sein. Deshalb folgen hier einige wichtige Literaturhinweise.

ARD (Verlag: Hans-Bredow-Institut, Hamburg) und ZDF (hgg. von der ZDF-Abteilung Information und Presse) bringen *Jahrbücher* heraus, in denen die Anschriften der Funkhäuser und Landesstudios, Namen leitender Mitarbeiter und Angaben zu Organisation und Programmen ebenso zu finden sind wie grundsätzliche Beiträge u. a. zur Entwicklung der Medienpolitik und Rechtsprechung.

Die Anbieter des Privatfernsehens sind im »DLM-Jahrbuch« der Direktorenkonferenz der Landesmedienanstalt (Verlag Neue Mediengesellschaft Ulm) aufgelistet. Auskünfte gibt es auch bei den einzelnen Landesmedienanstalten, zumindest über das jeweilige Bundesland. Die aktuellste Übersicht mit Adressen, Angaben zu Mitarbeiterzahl und Programmformat findet sich im »Spots Media-Katalog Fernsehen«, der vierteljährlich ebenfalls im Verlag Neue Mediengesellschaft Ulm erscheint.

Adressen von deutschen Fernsehsendern, Produktionsfirmen und Fernseh-Ausbildungseinrichtungen bringt neben zahlreichen weiteren Service-Informationen und Grundsatzartikeln das »Jahrbuch Fernsehen«, vom Adolf-Grimme-Institut, dem Gemeinschaftswerk der Evangelischen Publizistik und dem Katholischen Institut für Medieninformation herausgegeben.

Einen Überblick über die internationale Fernsehlandschaft mit ausführlichen Angaben auch zu privaten und öffentlich-rechtlichen deutschen Sendern gibt das »Internationale Handbuch für Hörfunk und Fernsehen« (Nomos Verlagsgesellschaft Baden-Baden/Hamburg). Das sorgfältig gemachte Buch enthält außerdem informative Übersichtsartikel wie etwa zur Rundfunkentwicklung.

Das »TV Produktionshandbuch« (Kellerer & Partner, München) listet die Fernseh-Produktionsfirmen auf. Will man wissen, welche Firmen für ein bestimmtes Programm arbeiten, sollte man sein Glück direkt bei den Sendern versuchen. An den größeren Medienstandorten helfen bestimmt auch schon die »Gelben Seiten« weiter.

Manche der hier aufgeführten Bücher sind zu teuer oder zu mühselig zu beschaffen, wenn es nur um Adressen geht. Man findet sie auch in Universitäts- und in Sender-Bibliotheken oder kann sie über Fernleihe beschaffen lassen.

Wie sich die Fernsehlandschaft entwickelt hat

In der Bundesrepublik gibt es *öffentlich-rechtlich* und *privat* organisiertes Fernsehen *nebeneinander,* eine *»duale Rundfunkordnung«.* Als die (Fernseh-)Bilder laufen lernten, war der Rundfunk staatlich.

Der erste regelmäßige Fernseh-Programmdienst der Welt machte die Berliner zu Fernseh-Pionieren. Am 22. März 1935 eröffnete der *»Paul-Nipkow-Fernsehsender Berlin«* sein Programm, das wie ein Schock auf die Bevölkerung wirkte. Kurt Krüger-Lorenzen (»erster Fernsehreporter der Welt«) berichtet, daß das Fernsehen »sofort zum Stein des Anstoßes, zum öffentlichen Ärgernis«[1] wurde. Es war allein die Technik, die die Zuschauer mißtrauisch machte. Viele von ihnen glaubten, daß die »Nipkows« (wie die ersten Fernsehleute genannt wurden) mit ihrem »Teufelsauge« durch die Wände in die Wohnstuben sehen könnten. Gegen die »Briefflut voller Bestürzung und Empörung« kämpfte man auf Rundfunkausstellungen und Messen u. a. mit einem Plakat, das versicherte: *»Wir können nicht durch die Wände sehen!«*
Empfangen wurden die ersten Sendungen (werktags zwischen 20.00 und 22.00 Uhr) meist *in öffentlichen »Fernsehstuben«.* Für etwa zweitausend Mark konnte sich nämlich kaum jemand einen eigenen Empfänger leisten. Im Großraum Berlin gab es ganze 250 davon.
Gesendet wurden neben Musik, aktuellen Filmberichten und Ausschnitten aus Spielfilmen vor allem Interviews. Aber wie! Kurt Krüger-Lorenzen: »Ein scharf gebündelter Abtaststrahl wurde durch ein Wandloch in den Senderaum geschossen. Was dieser Strahl traf, wurde reflektiert und zum Fernsehbild umgewandelt. Anfangs konnte in dieser *winzigen* Abtastzelle, die an einen japanischen Schwitzkasten erinnerte, gerade ein Mensch auf einem Stuhl sitzen. Jeder von uns, ob Reporter oder Sprecher, Künstler und Gesprächspartner, mußte *in völliger Dunkelheit* arbeiten. Mancher bekam Platzangst. Plötzlich stach uns unvermutet und ungewohnt ein Lichtstrahl in die Augen. Wir wurde abgetastet! Wir wurden gesendet!« Das Kommando vor Sendebeginn hieß denn auch treffend »Ruhe im Karton!« – und nicht etwa »Ruhe im Studio«.

So wundert es nicht, daß sich *die mechanische Kamera (»Nipkows Scheibe«)* schon 1936 von der *Röhren-Kamera* geschlagen geben mußte. Solche Ikonoskop-Kameras wurden im Berliner Olympiastadion installiert und sorgten dafür, daß in 27 Berliner Fernsehstuben und in Fernseh-Großbildstellen 150tausend Zuschauer die Olympischen Spiele verfolgen konnten.

Staatlich war das Fernsehen vor 1945. Es gehörte zur Reichs-Rundfunk-Gesellschaft und war damit *Teil des Propaganda-Apparats der Nationalsozialisten,* was Reichssendeleiter Hadamovsky bei der feierlichen Eröffnung des Programmbetriebs im »Haus des Rundfunks« auch keineswegs verschwieg: Die »größte und heiligste Mission« des Fernsehens sei es, »das Bild des Führers unauslöschlich in alle deutschen Herzen zu pflanzen«[2]. Aber ehe es damit so richtig beginnen konnte, war dann wieder Schluß mit dem Fernsehen in Deutschland. Der Krieg sorgte dafür.

Die von Telefunken für die Olympischen Spiele 1936 in Berlin gebaute Ikonoskop-Kamera, die elektronisch (und nicht mehr mechanisch) das Bild »zerlegte«. Wegen ihrer Größe wurde sie »Fernseh-Kanone« genannt. Fünf Personen bedienten sie: zwei an der Kamera, einer half beim Objektivwechsel, zwei arbeiteten an der Verstärkeranlage (Foto: Deutsches Rundfunkmuseum, Berlin).

Die Nachkriegsgeschichte des bundesdeutschen Fernsehens beginnt in einem Betonbunker auf dem Heiligengeistfeld in Hamburg. Am 27. November 1950 nimmt der NWDR (Nordwestdeutscher Rundfunk, später aufgeteilt in NDR, WDR und SFB) den Versuchsbetrieb auf. Zuschauer vor rund 40 Fernsehgeräten in Hamburg, *alle zwei Tage etwa zwei Stunden Programm* – so die Notizen des Fernseh-Publizisten Dr. Kurt Wagenführ über die erste Zeit: »Es war kalt in dem Bunker, und die Wände sonderten Feuchtigkeit ab.«[3]
Mit diesem Versuchsprogramm war der öffentlich-rechtliche Rundfunk in der Bundesrepublik trotz aller Nachkriegsprobleme zahlreichen westeuropäischen und allen osteuropäischen Ländern voraus. *Am* ersten Weihnachtsfeiertag 1952 begann der NWDR mit dem *regelmäßigen Fernseh-Programm,* das aus technischen Gründen allerdings noch nicht überall in der Bundesrepublik zu sehen war.

Als Gemeinschaftsprogramm der ARD war das Fernsehen dann vom 1. November 1954 an bundesweit zu empfangen. Die inzwischen »klassische« Fernseh-Nachrichtensendung *»Tagesschau«* übrigens wurde erst zwei Jahre später (vom 1. Oktober 1956 an) regelmäßig ausgestrahlt – aber nur an Werktagen.

Erstes Deutsches Fernsehen heißt das Gemeinschaftsprogramm der *Arbeitsgemeinschaft der öffentlich-rechtlichen Rundfunkanstalten der Bundesrepublik Deutschland (ARD).* Am 12. Juni 1953 unterzeichneten die sechs Gründungsmitglieder den *»Fernsehvertrag«,* mit dem sie damals ein gemeinsames Fernsehprogramm von zwei Stunden täglich beschlossen. Dieser Vertrag ist auch heute noch eine der Rechtsgrundlagen des Ersten Deutschen Fernsehens, dessen Gemeinschaftsprogramm von den Landesrundfunkanstalten mit *Pflichtbeiträgen* (unterschiedlich je nach Größe) bestritten wird.

Fernseh-Gebührenzahler Nr. 1 (Gebühr 5 Mark) war 1952 der Journalist Eduard Rhein, der unter dem Titel »Zauberspiegel« in der »Hör Zu« zum ersten Mal eine regelmäßige Fernseh-Programmübersicht einführte. In den Zauberspiegel Fernsehen wollten bald immer mehr hineinsehen. Einhunderttausend waren es 1955. Bei 33 Millionen angemeldeten Fernsehgeräten ist es heute fast jeder. Die Gebühren der Zuschauer sollen dem öffentlich-rechtlichen Fernsehen eine staats- und wirtschaftsunabhängige Finanzierung sichern. Hinzu kommen Einnahmen aus dem Werbefernsehen.

Öffentlich-rechtlich begann also das Fernsehen in der Bundesrepublik. Nach den schlimmen Erfahrungen mit dem Rundfunk als Propagandainstrument der Nationalsozialisten sollte diese Organisationsform gewährleisten, daß *Radio* und *Fernsehen weder vom Staat noch von einzelnen gesellschaftlichen Gruppen beherrscht* werden. Und die Gesellschaft sollte selbst die Kontrolle über diese gemeinnützigen Anstalten übernehmen – durch die *Rundfunkräte,* in die die *»gesellschaftlich relevanten Gruppen«* ihre Vertreter entsenden. Die westlichen Alliierten förderten diese Entwicklung. Die gesetzlichen Grundlagen dafür schufen die *Bundesländer,* da der Rundfunk ein Teil der ihnen nach der Aufgabenverteilung zwischen Bund und Ländern zustehenden *Kulturhoheit* ist.

Die öffentlich-rechtliche Organisationsform für Radio und Fernsehen in der Bundesrepublik ist *durch das Grundgesetz nicht zwingend vorgeschrieben.* Mit jedem Zuschauer mehr, den das Fernsehen erreichte, wurde es deshalb sowohl unter kommerziellen wie unter politischen Gesichtspunkten interessanter, auf dieses zukunftsträchtige Medium Einfluß zu nehmen.
Mindestens seit 1955 hatten *kommerzielle Interessenten* »an die Amtstüren geklopft«, schreibt der frühere SDR-Intendant Hans Bausch[4]. Für derartige Überlegungen sei man im Bundespostministerium und im Kanzleramt des Bundeskanzlers Konrad Adenauer »nicht unempfänglich« gewesen, weil sie »zumindest von Gesinnungsfreunden, wenn nicht von Parteimitgliedern« gekommen seien. Und damit habe man auch hoffen können, »Fernsehprogramme ohne jene Noten zu erhalten, die im negativen Sinne als ›kritisch‹, ›intellektualistisch‹ oder gar ›rot‹ charakterisiert wurden«[5].

Die dezentrale Organisation des Rundfunks auf der Grundlage von Ländergesetzen war schon früh umstritten. Bereits im Gründungsjahr der Bundesrepublik, *1949*, begann Adenauer mit den Bemühungen um ein Bundesrundfunkgesetz. So kam dreierlei

zusammen: der Wunsch des CDU/CSU-regierten *Bundes* nach *Einfluß auf Radio und Fernsehen, parteipolitische Interessen* der CDU/CSU nach einem publizistischen Gegengewicht zur ARD und das Drängen der Wirtschaft nach Teilhabe an einem Medium, das (wie in den USA und später auch in Großbritannien zu sehen) *lukrative Werbeeinnahmen* versprach. Es begann ein jahrelanges politisches Tauziehen.
Schließlich versuchte Bundeskanzler Adenauer am 25. Juli 1960 mit der Unterzeichnung des Gesellschaftsvertrages für eine »Deutschland-Fernsehen GmbH« eine *privatrechtliche Lösung* in seinem Sinne. Die Freie und Hansestadt Hamburg rief gegen dieses sog. *»Adenauer-Fernsehen«* das Bundesverfassungsgericht an. Andere SPD-Länder schlossen sich an.

Das Rundfunkurteil des Bundesverfassungsgerichts vom 28. Februar 1961[6] wurde zu einer wichtigen Rechtsgrundlage für den Rundfunk. Diese Entscheidung stärkte die Position der *Bundesländer* und der *öffentlich-rechtlichen Landesrundfunkanstalten.* Den Bund verwies sie in enge Schranken. Gleichzeitig aber stellt dieses Urteil klar, daß ein öffentlich-rechtliches Monopol *nur unter den damals herrschenden Bedingungen* verfassungsgemäß war, und privatrechtlich organisierter Rundfunk rechtlich durchaus möglich ist.
Bereits drei Wochen nach dem Fernseh-Urteil (am 17. März 1961) beschlossen die *Ministerpräsidenten,* gemeinsam *eine gemeinnützige Anstalt des öffentlichen Rechts für das zweite deutsche Fernsehprogramm* zu gründen.

Das Zweite Deutsche Fernsehen (Mainz) begann seinen Sendebetrieb am 1. April 1963 auf der Grundlage eines Staatsvertrages zwischen den Bundesländern, der am 1. Dezember 1961 in Kraft getreten war. Die gesellschaftlich relevanten *Gruppen* werden beim ZDF durch den *Fernsehrat* repräsentiert. Das ZDF sendet ein einheitliches Programm für die Bundesrepublik.

Der Streit um die rundfunkpolitische Ordnung in der Bundesrepublik war allerdings mit dem Verfassungsgerichtsurteil von 1961 und dem dann öffentlich-rechtlich realisierten zweiten Fernsehprogramm keineswegs beendet.

Die Bemühungen der Verleger um den Zugang zu Radio und Fernsehen führten zu weiteren grundlegenden höchstrichterlichen Urteilen. Rahmenbedingungen setzten auch die Rundfunkstaatsverträge der Bundesländer und europäische Regelungen.

Das Urteil des Bundesverwaltungsgerichts: Die »Fernsehgesellschaft Berliner Tageszeitungen mbH« hatte bereits 1960 eine Fernsehlizenz beantragt. Im Rechtsstreit um die Ablehnung durch den Berliner Post-Senator (1965) entschied das Bundesverwaltungsgericht am 10. Dezember 1971[7]:
- Der Gesetzgeber ist *berechtigt*, privates Fernsehen zuzulassen. Er ist aber *nicht verpflichtet,* dafür einen Weg zu finden.
- Ein freies Spiel der Kräfte im Rundfunkbereich ist wegen des Frequenzmangels und der mit der Ausstrahlung verbundenen Kosten *derzeit* nicht möglich.

Erstmals gesetzlich ausdrücklich zugelassen wurde der Privatfunk 1967 im CDU-regierten *Saarland.* Eine Lizenz wurde aber nicht erteilt. Die Klage der »Freien Rundfunkaktiengesellschaft in Gründung« (Zeitungsverleger) führte 1981 schließlich zum sog. *»FRAG-Urteil«.*

Das FRAG-Urteil des Bundesverfassungsgerichts vom 16. Juni 1981[8] verdeutlichte die *Bedingungen, unter denen Privatfunk verfassungsgemäß* ist:
- Gesetzliche Regelungen, die u. a. Zugangsvoraussetzungen klären und eine begrenzte Staatsaufsicht vorsehen.
- Der Gesetzgeber kann zwischen einem *»binnenpluralistischen«* und einem *»außenpluralistischen* Modell« wählen.
- Bei einer »außenpluralistischen« Regelung muß das Gesamtangebot der inländischen Programme der bestehenden Meinungsvielfalt im wesentlichen entsprechen.

Das Gericht sagte auch gleich dazu, daß solche Regelungen auch dann erforderlich seien, wenn die durch Knappheit der Sendefrequenzen und hohen finanziellen Aufwand für die Gestaltung von Rundfunksendungen bedingte *Sondersituation des Rundfunks* »im Zuge der modernen Entwicklung« *entfalle.*

Tatsächlich hatten sich 1981 diese Bedingungen schon sehr verändert. Mit der Verkabelung der Bundesrepublik war begonnen worden.

Deutlich zeichneten sich die Möglichkeiten der *Ausstrahlung von Fernsehprogrammen über Satellit* ab.
SPD-Bundesregierung und SPD-Länder bremsten die Verkabelung und wollten den Zugang möglichst auf die Öffentlich-rechtlichen beschränken. Die CDU-Länder wollten schneller verkabeln und so auch den Privaten zum Durchbruch verhelfen. Die politischen Rahmenbedingungen änderten sich mit der Regierungsübernahme durch CDU/CSU und FDP. In seiner Regierungserklärung vom 13.10.1982 kündigte Bundeskanzler Helmut Kohl an, die Meinungsvielfalt solle erhöht und die Urteilskraft des Bürgers herausgefordert werden. Dazu werde die Bundesregierung im Zusammenwirken mit den Bundesländern *die Medienordnung erneuern.*

Das Kabelpilotprojekt Ludwigshafen (ab 1. Januar 1984) schuf zum zweiten Mal in der Bundesrepublik den gesetzlichen Rahmen für Privatfunk – ein, wie es hieß, *»medienpolitischer Urknall«*. Unter dem öffentlich-rechtlichen Dach einer *»Anstalt für Kabelkommunikation«* wurde auch *privaten Veranstaltern* eine Sendeerlaubnis erteilt.
Kabelpilotprojekte wurden eingerichtet. Theoretisch sollten diese Versuche *bei einem Mißerfolg »rückholbar«* sein. Die Wirklichkeit sah anders aus. Die fortschreitende Verkabelung und die Satellitentechnik schufen Fakten.

Landesmediengesetze, die privaten Rundfunk endgültig zulassen, wurden parallel zur Vorbereitung für die »Versuche« in den Kabelprojekten verabschiedet. Die CDU-Länder *Niedersachen* (15. Mai 1984) und *Schleswig-Holstein* (27. November 1984) *waren* die *Vorreiter.* Nach und nach folgten alle anderen Länder.

Die ersten privaten Fernsehprogramme in Deutschland waren 1984 RTL plus und ab 1985 SAT.1. 1990 bereits erreichte RTL schwarze Zahlen und wurde zu einem großen wirtschaftlichen Erfolg wie später auch Pro 7.

RTL, bis Herbst 1992 RTL plus, (Sitz: Köln), ist der reichweitenstärkste Privatsender. Das Programm wurde seit Januar 1984 über einen Sender in Luxemburg (terrestrisch also und vom Ausland) in die benachbarten Teile von Nordrhein-Westfalen, Rheinland-Pfalz und ins Saarland ausgestrahlt. Mit der deutschen Lizenz begann im August 1985 die Satellitenausstrahlung und damit die Möglichkeit der Einspeisung in deutsche Kabelanlagen. Erst mit der terrestrischen Ausstrahlung kam aber der erforderliche Durchbruch bei den Reichweiten. RTL ist ein Tochterunternehmen der CLT/UFA, an der Bertelsmann zusammen mit der WAZ mit 50 % beteiligt ist.

SAT.1 war das erste in der Bundesrepublik veranstaltete private Satellitenprogramm. Es begann seinen Sendebetrieb am 1. 1. 1985 im Kabelpilotprojekt Ludwigshafen. Ursprünglich wegen der Beteiligung von rund 160 Zeitungsverlegern das *Verleger-Fernsehen* genannt, mußte sich SAT.1 nach einem guten Start später deutlich von RTL auf den zweiten Platz verweisen lassen. Das Programm litt unter heftigen Auseinandersetzungen der Gesellschafter Springer-Konzern (20 %) und Filmehändler Leo Kirch, der über die »Kirch Media« die Mehrheit hält.

PRO 7 (Sitz: München, Sendebeginn 15. 11. 1986) ist ein Sender, der mit »Eureka TV« schon einen anderen Namen und auch heftige Finanzierungsprobleme hatte. Der rettende Geldgeber war 1988 Thomas Kirch, Sohn von Leo Kirch, (mit der Rewe-Handelsgruppe) Haupteigentümer der »Pro 7 Television«, die 1997 an die Börse gegangen ist und in die »Kirch Media« eingebracht werden soll. Das unterhaltungsorientierte Vollprogramm ist die Nummer 3 unter den deutschsprachigen Privatsendern.
In Deutschland war das duale Rundfunksystem Wirklichkeit geworden, das Nebeneinander von öffentlich-rechtlichen und privaten Sendern.

Im Niedersachen-Urteil[9] vom 4. 11. 1986 wurde die Aufgabenverteilung in dieser neuen Ordnung vom Bundesverfassungsgericht definiert:
- Den Öffentlich-Rechtlichen obliegt die Aufgabe der *Grundversorgung.*
- Einen Grundstandard von Meinungsvielfalt und ein »möglichst hohes Maß gleichgewichtiger Vielfalt« muß der Gesetzgeber aber *auch im Privatfunk* erreichen und sichern.
- Dafür sind wirksame gesetzliche Vorkehrungen »gegen eine Konzentration von Meinungsmacht« erforderlich. Die Durchführung und Kontrolle kann der Gesetzgeber einem Organ

übertragen, das vom Staat unabhängig ist und »unter dem Einfluß der maßgeblichen gesellschaftlichen Kräfte und Richtungen« steht.

Landesmedienanstalten (mit von Land zu Land anderen Namen) ist der Oberbegriff für diese öffentlich-rechtlich organisierten Organe. Sie werden *von Gremien kontrolliert,* die sich aus Vertretern der *gesellschaftlich relevanten Gruppen* zusammensetzen und den Rundfunk- und Fernsehräten der Öffentlich-rechtlichen ähnlich sind. Die Landesmedienanstalten entscheiden über die *Zulassung* von privaten Rundfunkveranstaltern, bestimmen *Richtlinien* für deren Arbeit und wachen über die *Einhaltung.*

Im »fünften Rundfunkurteil«[10] vom 24. 3. 1987 stellte das Bundesverfassungsgericht klar, daß Grundversorgung die Versorgung der gesamten Bevölkerung mit Programmen aller Sparten in der vollen Breite des klassischen Rundfunkauftrags bedeute.

Der Rundfunkstaatsvertrag[11] vom 2. Dezember 1987 (»Staatsvertrag zur Neuordnung des Rundfunkwesens«) soll eine weitgehend *einheitliche Rundfunkordnung* in der Bundesrepublik *gewährleisten.* Er stellt in einer Präambel fest:

- *Bestand* und *Entwicklung* des öffentlich-rechtlichen Rundfunks sind zu gewährleisten. An neuen technischen Entwicklungen soll er teilhaben. Seine *finanziellen Grundlagen* einschließlich des Finanzausgleichs sind zu sichern.
- *Aufbau* und *Fortentwicklung* des Privatfunks sollen *ermöglicht werden.* Dafür sollen ihm ausreichende (auch terrestrische) Sendekapazitäten und angemessene Einnahmequellen erschlossen werden.

Der *Staatsvertrag über den Rundfunk im vereinten Deutschland* vom 31. 8. 1991 bezog vor allem die neuen Länder in das Rundfunkrecht ein und berücksichtigte europäische rundfunkrechtliche Regelungen[12].

In seiner sechsten Rundfunkentscheidung[13] vom 5. 2. 1991 zu Bestimmungen des nordrhein-westfälischen Rundfunkrechts entschied das Bundesverfassungsgericht u. a., daß der Gesetzgeber auch die Kooperation von öffentlich-rechtlichen und privaten Rundfunkveranstaltern zulassen darf.

Rundfunkgebühren sind die dem öffentlich-rechtlichen Rundfunk gemäße Finanzierung. Das stellte das Bundesverfassungsgericht mit Beschluß vom 6. Oktober 1992[14] (*siebente Rundfunkentscheidung*) fest. Soweit der Gesetzgeber die Veranstaltung von Rundfunk öffentlich-rechtlichen Anstalten übertrage, müsse er die Finanzierung sicherstellen.

Die zweite Generation der Privatsender tat sich schwer, den wirtschaftlichen Durchbruch zu erreichen. Namensänderungen, Ausrichtung auf (andere) Zielgruppen und Wechsel im Kreis der Gesellschafter waren die Folge. Einige Beispiele sollen dies, die Konzentration von Medienmacht und die Internationalisierung des Fernseh-Geschäfts aufzeigen.

DSF (Deutsches Sportfernsehen, Sitz: München) sendet seit 1993. Gesellschafter sind: der italienische Medienmagnat Silvio Berlusconi und die Kirch-Media des deutschen Filmkaufmanns und TV-Unternehmers Leo Kirch.
Die Geschichte dieses Senders ist bewegt: Sendebeginn Januar 1984 unter dem Namen »Musicbox«, 1987 dann Rettung aus finanzieller Not durch Berlusconi, neuer Name »Tele 5« und neues Format als unterhaltungsorientiertes Vollprogramm. Seit 1993 unter dem Namen DSF Sport-Spartenkanal.

Kabel 1 (Sitz: München), zuvor »Der Kabelkanal«, erst Unterhaltungs-, dann Vollprogramm, ging 1992 auf Sendung.
Eigentümer: Pro Sieben Television, soll wie PRO 7 in die Kirch-Media eingebracht werden.

n-tv (Sitz: Berlin), Nachrichten-Spartenkanal, seit Ende 1992 auf Sendung. Größte Gesellschafter sind der weltweit größte Medienkonzern Time Warner/AOL (USA) über CNN und die Handelsblatt-/Holtzbrinck-Gruppe.

Premiere World (Sitz: München), deutsches digitales Bezahl-Fernseh-Programm der »Kirch Pay TV«, im Oktober 1999 hervorgegangen aus den Pay-TV-Programmen Premiere (CLT/UFA und Kirch) und DF 1 (Kirch). In Premiere war 1991 Kirchs Pay-TV-Programm »Teleclub« aufgegangen. Beteiligt an Premiere World (24 %) ist auch der angloamerikanische Medienunternehmer

Rupert Murdoch über den britischen Pay-TV-Konzern BSkyB. Die ständigen Neugruppierungen sind eine Folge der riesigen Anlaufverluste des Bezahl-Fernsehens in Deutschland.

RTL 2 (Sitz: München), jugendorientiertes Unterhaltungsprogramm. Gesellschafter: CLT/UFA, Bauer Verlag, »tele München (Filmehändler Dr. Kloiber) und Burda.

VOX (Sitz: Köln), Unterhaltungsprogramm. Hauptgesellschafter CLT/UFA (74,8 %) und (mit Verkaufsabsichten) der französische Canal plus. Vox begann im Januar 1993 als aktueller Informations- und Ereigniskanal, kam in große wirtschaftliche Probleme, wurde von Rupert Murdoch (49,9 %) aufgefangen, der seine Anteile 1999 an die CLT/UFA verkaufte.

Die Eigentumsverhältnisse sind in stetigem Wandel. Zwei große deutsche Gruppen haben sich herausgebildet, die im privaten Fernsehmarkt eine herausragende Position einnehmen: Der Bertelsmann-Konzern mit der CLT/UFA (seit Anfang 1997 UFA zusammen mit der luxemburgischen CLT als CLT/UFA Europas größter Fernseh-Konzern) und der Münchner Medien-Unternehmer Leo Kirch über die Kirch Media (vor allem Beteiligungen an Free-TV-Sendern), Kirch Pay TV (u. a. Premiere World) und Kirch Beteiligungen (u. a. 40,05 % am Springer Konzern). An der Kirch Media sind neben der Kirch-Gruppe (87,5 %) auch der italienische Fernseh-Unternehmer Silvio Berlusconi und internationale Investoren beteiligt.
Um die Flaggschiffe der beiden Gruppen haben sich Sender-Familien gebildet. Für die CLT/UFA ist das RTL (mit RTL2, Super RTL und Vox), Kirch-Flaggschiff ist SAT.1 mit DSF und (geplant) Pro7, Kabel 1 und N24, den Ballungsraum-Fernsehsendern TV Berlin und TV München und Premiere World als Pay-TV).
Die zunehmende private Konkurrenz und damit auch zurückgehende Werbeeinnahmen führen dazu, daß die Rundfunkgebühr und die Modalitäten ihrer Festsetzung für die öffentlich-rechtlichen Sender immer wichtiger werden.

Im Gebührenurteil[15] vom 22. 2. 1994 stellt das Bundesverfassungsgericht u. a. fest, daß die Rundfunkgebühr rechtens ist. Sie muß in einem Verfahren festgesetzt werden, das dem öffentlich-

rechtlichen Rundfunk die erforderlichen Mittel gewährleistet und ihn vor Einflußnahmen auf das Programm sichert. Als Folge des Urteils wird die Arbeit der »Kommission zur Ermittlung des Finanzbedarfs (KEF)« neu geregelt.
Höchstrichterliche Rechtsprechung und Bundesländer bekamen mit dem Fortschreiten der europäischen Einigung zunehmend Konkurrenz bei der Fortentwicklung der Rahmenbedingungen für das Fernsehen in Deutschland.

Die BVerfGE zur EG-Fernsehrichtlinie[16] vom 22. 3. 1995 stellt fest, daß der Kernbereich der Rundfunkgesetzgebung bei den deutschen Bundesländern verbleiben muß. Deshalb können sich die Länder dagegen wehren, wenn der Bund gegen ihren Willen einer europäischen Richtlinienbestimmung zustimmt, die Sender verpflichtet, in einem bestimmten Umfang europäische Produktionen auszustrahlen (Quotenregelung).
In anderen Bereichen wie Werbung, Sponsoring, Jugendschutz, Gegendarstellungs- und Urheberrecht dagegen ist der Bund nach dem Grundgesetz nicht gehindert, Regelungskompetenzen auf die Gemeinschaft zu übertragen. Als Folge kann europäisches Recht die deutsche Gesetzgebung teilweise ersetzen.
Auf dem deutschen Fernsehmarkt werden die Verteilungskämpfe zunehmend härter.
Ein Ursachenbündel von Länderegoismen, parteipolitischen Überlegungen und Eigeninteressen der Sender bei ständig knapper werdenden finanziellen Mitteln führt auch im öffentlich-rechtlichen Lager zu so heftigen Kontroversen, daß der Zusammenhalt der ARD insgesamt gefährdet erscheint und die Existenz der kleinen Sender in Frage gestellt wird.

Die medienpolitische Klausur von Bad Neuenahr beruhigt am 13./14. 10. 1995 vorläufig den immer heftiger werdenden Streit um die Zukunft der ARD und die vom ARD-Finanzausgleich abhängigen Anstalten RB, SFB und SR. In einem Moratorium einigen sich die Bundesländer darauf, daß Finanzausgleich, Einheitsgebühr und ARD-Gemeinschaftsprogramm bis zum Jahr 2000 erhalten bleiben. Im Herbst 1999 einigen sich die Ministerpräsidenten und ARD-Intendanten auf eine Neuregelung des Finanzausgleichs, der bis 2004 schrittweise annähernd um die Hälfte reduziert wird. Der Zusammenhalt der ARD bleibt erhalten, als Folge müssen Radio Bremen und der Saarländische Rundfunk aber Personal in erheblichem Umfang abbauen und die Programmkosten entscheidend zurückfahren. Mehr Gewicht in der ARD erhalten die großen Anstalten auch durch eine Gewichtung des Stimmrechts wodurch sie bei Mehrheitsentscheidungen mehr Stimmen haben als die kleineren Sender.

Die Segmentierung des Fernsehmarktes wird mit der Gründung immer neuer privater Spartenkanäle versucht. Im Musikbereich sind dies »VIVA« (ab 24.12.1994, mit Musik-Konzernen als Geldgeber), VIVA 2 (21.3.1995) und VH-1 (4.5.1995, Tochter des englischsprachigen Musiksenders MTV und damit des amerikanischen Medienkonzerns Viacom).
»TM 3« beginnt am 25.8.1995 zunächst als Frauenprogramm, wird vorübergehend 1999 nach einer Beteiligung des amerikanisch-australischen Medien-Magnaten Rupert Murdoch zum Unterhaltungssender mit viel Fußball. Mit N24 startet im Januar 2000 ein weiterer Nachrichtenkanal (Kirch »Sender-Familie« mit Beteiligung der FAZ, 25,1 %).

Die fortschreitende Konzentration im Fernsehmarkt verbunden mit wechselseitigen Beteiligungen im gesamten Mediensektor (Cross Ownerships) führt zu einer kritischen Debatte über die Ballung von Medienmacht und dem Versuch einer Regelung im Dritten Rundfunkänderungsstaatsvertrag (27.11.1996). Danach wird die Vielfalt bei einem Marktanteil eines Unternehmens von mehr als 30 % als gefährdet angesehen. Zuschaueranteile werden aber einem Konzern erst dann angerechnet, wenn seine Beteiligung an einem Fernsehsender mindestens 25 % beträgt. Diese Grenzen sind so weit gesteckt, daß auch den Großen noch Spielraum für weitere Entwicklung blieb. Eine »Kommission zur Ermittlung der Konzentration im Medienbereich (KEK)« wird als Kontrollorgan eingerichtet.

Digitale Fernsehprogramme kommen seit Mitte 1996 zu den bisherigen analog ausgestrahlten hinzu. Die Digital-Technik gestattet durch eine weit bessere Ausnutzung der Übertragungskapazität zahllose neue Programme und Zusatzdienste. Was ihre Finanzierbarkeit angeht, sind die Prognosen zuerst optimistisch, dann zunehmend pessimistisch.

Kinderkanal und Ereigniskanal »Phoenix« sind die ersten (gemeinsamen) *Digitalprogramme von ARD und ZDF.* Der Kinderkanal (Sitz: Erfurt) sendet ab 1. 1. 1997, der Ereignis- und Dokumentationskanal »Phoenix« (Sitz: Köln/Bonn) ab 7. 4. 1997.

ADR digital und ZDF vision. Zur IFA 97 präsentierten ARD und ZDF digitale »Bouquets« aus ihren Programmen. Einzelne Bestandteile wurden auch zu Spezialangeboten zusammengestellt.

Der Kampf um Quote und gegen Kosten wird den deutschen Fernsehmarkt auch weiterhin prägen. Konzentration in Form von »Senderfamilien« zur besseren Nutzung teuer erworbener Rechte an Filmpaketen und Sportübertragungen zeichnet sich dabei im privaten Bereich ebenso ab wie Kooperation und Konzentration bei den Öffentlich-rechtlichen. So wurden im April 1997 die politischen Weichen dafür gestellt, daß Südwestfunk und Süddeutscher Rundfunk ab 1998 als *Südwestrundfunk (SWR)* eine Zweiländeranstalt wurden, die größte nach dem WDR.

[1] Kurt-Krüger-Lorenzen, Ruhe im Karton, als Manuskript veröffentlicht von (Deutsche Verlags-Anstalt, Stuttgart, o. J.), S. 256 ff., auch die weiteren Zitate stammen aus dieser Quelle.

[2] Kurt Wagenführ, Anmerkungen zum Fernsehen 1938 bis 1980, herausgegeben von Hans Bausch, Dieter Stolte (Mainz/Stuttgart, 1983, ohne Verlag)

[3] Werner Rings, Die 5. Wand. Das Fernsehen, (Econ Verlag Wien/Düsseldorf, 1962, S. 63)

[4] Hans Bausch, Rundfunk in Deutschland, Bd. 3, Rundfunkpolitik nach 1945, Teil 1 (Deutscher Taschenbuch-Verlag, München, 1980) S. 386

[5] Hans Bausch, Ebd. Wer sich eingehend mit der Geschichte des öffentlich-rechtlichen Rundfunks befassen möchte, findet in diesem Buch eine detaillierte Darstellung.

[6] Abgedruckt in Ring, Medienrecht, (Verlag für Verwaltungspraxis Franz Rehm, München/Münster, Loseblattsammlung.

[7] Abgedruckt in ARD-Jahrbuch 1972, S. 295 ff.

[8] Abgedruckt in ARD-Jahrbuch 1981, S. 330 ff.

[9] Abgedruckt in ARD-Jahrbuch 1987, S. 384 ff.

[10] Abgedruckt in ARD-Jahrbuch 1987, S. 367 ff.

[11] Abgedruckt in ARD-Jahrbuch 1987, S. 403 ff.

[12] Abgedruckt in ARD-Jahrbuch 1991, S. 437 ff.

[13] Abgedruckt in ARD-Jahrbuch 1991, S. 459 ff.

[14] Abgedruckt in Media Perspektiven IV/1992, S. 201 ff.

[15] Abgedruckt in ARD-Jahrbuch 1994, S. 348 ff.

[16] Abgedruckt in ARD-Jahrbuch 1995, S. 420 ff.

[17] Dieter Dörr, Maßnahmen zur Vielfaltssicherung gelungen?, in Media Perspektiven, 12/1996, S. 621 ff.

Mit den Eigentumsverhältnissen beim Privatfernsehen beschäftigt sich der Medienwissenschaftler Horst Röper (Formatt, Dortmund). Er publiziert fortlaufend u. a. in »Media Perspektiven« und in »journalist«.

Medienrecht für Fernsehleute

Für die Darstellung des Artikels 5 Grundgesetz und der darin verankerten Rundfunkfreiheit sei auf die einleitenden Absätze im Aufsatz »Medienrecht für Radioleute« in »Radio-Journalismus« verwiesen. Der folgende Beitrag beschäftigt sich mit den für die Praxis des Fernsehjournalisten unmittelbar einschlägigen Rechtsproblemen, indem er einerseits die für beide Medien geltenden Absätze aus dem oben erwähnten Beitrag ergänzt und aktualisiert, andererseits auf zusätzliche fernsehspezifische Rechtsfragen eingeht.

Das allgemeine Persönlichkeitsrecht: Alle Sendungen, die sich auf Menschen, ihr Denken, Reden, Handeln und Unterlassen beziehen, müssen das allgemeine Persönlichkeitsrecht dieser Betroffenen beachten, wie es von den Gerichten aus dem obersten Verfassungsgrundsatz abgeleitet wurde, dem Schutz der Würde der menschlichen Persönlichkeit. *Jeder Mensch hat einen persönlichen und privaten Bereich, der für jedermann unantastbar ist.* Das beginnt beim Namen eines Menschen und reicht bis zur Vertraulichkeit des nicht öffentlich gesprochenen Wortes und des Briefverkehrs, bis zu Intimität der Wohnung und des ganzen privaten Lebens.
Andererseits trägt jeder Mensch ein gewisses *Öffentlichkeitsrisiko.* In dem Maße, in dem er selbst in das Licht der Öffentlichkeit tritt, legitimiert er auch das Interesse der Öffentlichkeit und der öffentlichen Medien an seiner Person und seinem Tun. Wer beispielsweise ein öffentliches Amt anstrebt oder bekleidet, muß damit rechnen, daß in diesem Zusammenhang darüber berichtet wird und auch sein sonstiges Verhalten, seine Vorgeschichte und seine Lebensumstände in eine Beziehung zu seiner Eignung für dieses Amt gesetzt werden. Wer dagegen einen privaten Beruf ausübt, wird im allgemeinen nicht hinnehmen müssen, daß seine Verhältnisse öffentlich beleuchtet werden, es sei denn, er wird im Einzelfall im Zusammenhang mit einem besonderen Ereignis (Verkehrsunfall, Gerichtsverfahren usw.) aus seinem privaten Alltag herausgezogen und erfährt dadurch, aber auch nur insoweit, berechtigtes öffentliches Interesse.
Diese Unterscheidung ist vergleichbar mit dem Begriff der »Person der Zeitgeschichte«, wie er gesetzlich vom *Recht am eige-*

nen Bild bekannt ist. Dort spricht man von der »absoluten« und »relativen« Person der Zeitgeschichte. Der Bundeskanzler ist eine absolute, d. h. mindestens während seiner Amtszeit in jeder Hinsicht der öffentlichen Betrachtung unterworfene Persönlichkeit, wohingegen der Zeuge eines Zugunglücks, der Angeklagte in einem Strafprozeß, das Opfer eines Überfalls nur relativ, d. h. nur insoweit und solange im Lichte der Öffentlichkeit stehen muß, als diese Anlässe seiner öffentlichen Bekanntheit dauern.
Die Rechtsprechung hat zum allgemeinen Persönlichkeitsrecht in zahlreichen Einzelfällen ein regelrechtes *Richterrecht* entwickelt; nur wenige Bestandteile des Rechts des Menschen auf Achtung seiner personalen Würde (Artikel 1 GG) und auf freie Entfaltung seiner Persönlichkeit sind ausdrücklich gesetzlich geregelt. Hier können nur einige Aspekte schlagwortartig behandelt werden.[1]

Namensrecht: Der Name kennzeichnet und unterscheidet den Menschen in seiner Individualität. Das Bürgerliche Gesetzbuch schützt in § 12 den Namen gegen Mißbrauch durch Unbefugte. Geschützt sind die bürgerlichen, d. h. amtlich registrierten Namen, aber – wenn sie eindeutig zuzuordnen sind – in der Regel auch Künstlernamen, Pseudonyme usw. Auch die gesetzlichen Namen juristischer Personen und sonstiger Unternehmer (z. B. Aktiengesellschaften, Hotelnamen usw.) sind grundsätzlich geschützt. Daneben können noch handels- oder wettbewerbsrechtliche Mißbrauchsregeln anwendbar sein.
Unabhängig vom Mißbrauch eines Namens können der Nennung des Namens eines Dritten in einer Sendung auch allgemeine Gründe des Persönlichkeitsschutzes entgegenstehen. Entscheidend ist die Bedeutsamkeit des *Anlasses* und der beteiligten *Personen* sowie Art und Ausmaß ihrer *Betroffenheit.*
Während es bei »absoluten Personen der Zeitgeschichte« zulässig, ja notwendig sein kann, unter voller Namensnennung zu berichten, wird es sonst in der Regel vom Anlaß nicht geboten und damit auch rechtlich nicht gestattet sein, mehr oder weniger zufällig in ein öffentliches Ereignis geratene Personen durch Nennung ihres Namens, ihrer Wohnung oder sonstiger eindeutiger Merkmale für die breiteste Öffentlichkeit identifizierbar zu machen.

Dies gilt grundsätzlich auch für den Fall, daß der Betroffene durch eigenes Verschulden zu solch vorübergehendem öffentlichen Interesse gelangt ist. Gerade zum Beispiel bei straffällig Gewordenen ist auch an die Reintegration in ihre frühere Umwelt zu denken. Das Bundesverfassungericht hat in einem solchen Fall seinem »Lebach-Urteil«[2] u. a. folgende Leitsätze vorangestellt:
»... Im Einzelfall ist die Intensität des Eingriffs in den Persönlichkeitsbereich gegen das Informationsinteresse der Öffentlichkeit abzuwägen.
Für die aktuelle Berichterstattung über schwere Straftaten verdient das Informationsinteresse der Öffentlichkeit im allgemeinen den Vorrang vor dem Persönlichkeitsschutz des Straftäters. Jedoch ist neben der Rücksicht auf den unantastbaren innersten Lebensbereich der *Grundsatz der Verhältnismäßigkeit* zu beachten; danach ist eine Namensnennung, Abbildung oder sonstige Identifikation des Täters nicht immer zulässig ... Eine Gefährdung der Resozialisierung ist regelmäßig anzunehmen, wenn eine den Täter identifizierende Sendung über eine schwere Straftat nach seiner Entlassung oder in zeitlicher Nähe zu der bevorstehenden Entlassung (aus der Strafhaft) ausgestrahlt wird.«
Umgekehrt darf durch eine *fiktive Namensgebung* nicht ein an sich unbeteiligter Träger dieses vom Berichterstatter beliebig gewählten Namens öffentlich auch nur scheinbar in einen Zusammenhang gezogen werden, mit dem er nichts zu tun hat. Dies gilt vor allem für seltene und besonders unterscheidungskräftige Namen. Träger von häufig vorkommenden Namen (Massennamen, Allerweltsnamen) werden in der Regel nicht dartun können, daß sie durch fiktive Verwendung eines solchen Namens in ihren Rechten verletzt sind, wenn nicht andere Umstände (Wohnung, Beruf usw.) eine Verwechslungsgefahr herbeiführen können.

Recht am eigenen Bild: Das plastisch so bezeichnete Recht am eigenen Bild schützt den Menschen vor unbefugter Verbreitung oder öffentlicher Schaustellung seines »Bildnisses« – in welcher Form auch immer ein solches Bildnis hergestellt wird (Fotografie, Zeichnung, Film, Fernsehen usw.) Geregelt ist das Recht am eigenen Bild in den §§ 22 ff. des sog. Kunsturhebergesetzes (KUG), das nur insoweit noch gültig ist. Von jeher war es systematisch falsch, dieses Recht in einem Gesetz über Urheberrecht zu regeln; man ist nicht der Urheber des eigenen physischen Konterfeis. Vielmehr handelt es sich um ein *Persönlichkeitsrecht.* Das Bild eines Menschen darf grundsätzlich nur mit seiner Einwilligung verbreitet oder öffentlich zur Schau gestellt werden. Das Gesetz bestimmt aber einige für die Publizistik wichtige Ausnahmen.

Keiner Einwillung bedarf es gemäß § 23 KUG bei

- Bildnissen aus dem Bereich der Zeitgeschichte,
- Bildern, auf denen die abgebildeten Personen nur als Beiwerk neben einer Landschaft oder sonstigen Örtlichkeiten erscheinen,
- Bildern von Versammlungen, Aufzügen und ähnlichen Vorgängen, an denen die dargestellten Personen teilgenommen haben,
- Bildnissen, die nicht auf Bestellung angefertigt sind, sofern die Verbreitung oder Schaustellung einem höheren Interesse der Kunst dient.

Auch diese gesetzlichen Freistellungen stehen aber unter dem Vorbehalt, daß nicht berechtigte, d. h. vorrangige Interessen des Abgebildeten oder, falls dieser schon verstorben ist, seiner Angehörigen verletzt werden.

Praktische Bedeutung für das Fernsehen haben vor allem die Ausnahmen bei *Personen der Zeitgeschichte,* bei dem sog. *Beiwerk* und bei *Versammlungsteilnehmern* (Sportplatz-, Theaterbesucher usw.). Hiervon stammt die oben bereits erwähnte Unterscheidung zwischen »absoluten« und »relativen« Personen der Zeitgeschichte.

Im Grunde sind die Ausnahmen vom Recht am eigenen Bild gesetzliche Ausprägungen des »Öffentlichkeitsrisikos«, von dem schon die Rede war: Wer in die Öffentlichkeit tritt, muß hinnehmen, daß die Öffentlichkeit *insoweit* von ihm Kenntnis nimmt. Wer »Beiwerk« bei einer Straßenaufnahme ist, muß freilich belanglose Nebensache bleiben und darf nicht als Person, in der Regel auch nicht als Typ zum Mittelpunkt und zum Hauptgegenstand des Bildes werden; ähnlich ist es bei Versammlungsteilnehmern, die nur als solche, quasi als Menge, ohne weiteres abgebildet werden dürfen (es sei denn für Zwecke der Rechtspflege und der öffentlichen Sicherheit, für die § 24 KUG als Sondervorschrift gilt).

Briefgeheimnis: Zur Privatsphäre, ja u. U. zum Geheim- oder gar Intimbereich eines Menschen[3] gehören schriftliche und sonstige technische Festlegungen von Gedankeninhalten jeglicher Art, die der Verfasser der Öffentlichkeit vorenthalten will. Das *unbefugte Eindringen in diesen persönlichen Bereich* ist nicht nur rechtswidrig, sondern auch *strafbar.* Nach § 202 des Strafgesetzbuches wird bestraft,

»wer unbefugt,

1. einen verschlossenen Brief oder ein anderes verschlossenes Schriftstück, die nicht zu seiner Kenntnis bestimmt sind, öffnet, oder
2. sich vom Inhalt eines solchen Schriftstücks ohne Öffnung des Verschlusses unter Anwendung technischer Mittel Kenntnis verschafft.«

Das gleiche gilt, wenn jemand unbefugt Schriftstücke zur Kenntnis nimmt, die in Kassetten und dergleichen verschlossen waren und die er dazu geöffnet hat.

Schriftstücken gleichgestellt sind alle sonstigen »zur Gedankenübermittlung bestimmte Träger« wie *Schallplatten, Ton- und Bildträger, Filme, Mikrofilme und Abbildungen.*

Unbefugte Tonaufnahmen: Auch Sprechen und Singen gehört zu den Äußerungen menschlicher Persönlichkeit, für die der sich Äußernde Vertraulichkeit beanspruchen kann, wenn er mit der Veröffentlichung nicht einverstanden ist. Diese »Vertraulichkeit des Wortes« schützt gegen nicht gestattete Weiterverbreitung, aber auch schon gegen die technische Festlegung der Äußerung. Tonaufnahmen sind daher in aller Regel nur mit Zustimmung des sich Äußernden zulässig, es sei denn, daß nach Lage der Dinge angenommen werden kann, daß der sich Äußernde das »Öffentlichkeitsrisiko« in Kauf genommen hat, also stillschweigend in die Aufnahme einwilligt, oder diese aufgrund der gegebenen Situation (öffentliche Veranstaltung, sichtbare Mikrofone) hinnehmen muß. Im Zweifel empfiehlt sich indes, die *Einwilligung zur Aufnahme* auch dann einzuholen, wenn das Aufnahmegerät bzw. das Mikrofon offen sichtbar ist, da das Inbetriebnehmen u. U. nicht wahrgenommen wird und der Sprechende nicht feststellen kann, wann und wie lange die Aufnahme läuft.

Schlechthin unzulässig ist die *heimliche* Tonaufnahme, bei der das Aufnahmegerät und das Mikrofon versteckt sind oder von dem sich Äußernden erkennbar sonstwie nicht wahrgenommen werden.

Nach § 201 des Strafgesetzbuches kann sogar *bestraft* werden,

»wer unbefugt

1. das nicht öffentlich gesprochene Wort eines anderen auf einen Tonträger aufnimmt oder
2. eine so hergestellte Aufnahme gebraucht oder einem Dritten zugänglich macht.

Ebenso wird bestraft, wer unbefugt das nicht zu seiner Kenntnis bestimmte nicht öffentlich gesprochene Wort eines anderen mit einem Abhörgerät abhört.«

Nicht öffentlich gesprochen ist das Wort – in der Sprache der Juristen – wenn es an sich »nicht über einen kleineren, durch persönliche oder sachliche Beziehungen abgegrenzten Personenkreis hinaus wahrnehmbar« ist.[4] Nicht öffentlich kann ein Gespräch auf der Straße sein, öffentlich eine Veranstaltung in einem geschlossenen Raum. Der Wille des sich Äußernden allein entscheidet nicht über die Vertraulichkeit des Anlasses; die näheren Umstände, z. B. Anlaß, Zweck, üblicher Ablauf usw. des Gesprächs spielen auch eine Rolle. Beliebig herumstehende, dem sich Äußernden unbekannte Zuhörer sind ein Indiz für nicht vorhandene Vertraulichkeit, aber nicht stets eine Rechtfertigung für eine Tonaufnahme, zumal, wenn der sich Äußernde diese nicht bemerkt. Bei *Gerichtsverhandlungen,* auch wenn – wie in der Regel – die Sitzung öffentlich ist, sind Tonbandaufnahmen des Rundfunks und zu sonstiger öffentlicher Vorführung oder zur Veröffentlichung ihres Inhalts gemäß § 169 des Gerichtsverfassungsgesetzes unzulässig. Tonaufnahmen von *Parlamentssitzungen,* auch wenn diese öffentlich sind, bedürfen der Einwilligung des Parlamentspräsidenten.

Urheberrecht: Auch wenn eine Ton- oder Bildaufnahme persönlichkeitsrechtlich oder strafrechtlich zulässig war, ist damit noch nicht gesagt, daß sie auch *gesendet* werden darf. Handelt es sich nämlich um die Aufnahme eines Werks oder einer Darbietung, die urheberrechtlich geschützt ist, muß der Urheber bzw. der Leistungsschutzberechtigte seine *Einwilligung zur Sendung* geben; ohne diese darf ein Beitrag grundsätzlich nicht zur Sendung freigegeben werden.

Für die Arbeitnehmer der Rundfunkanstalt übertragen die Manteltarifverträge die zur Programmherstellung und Sendung benötigten Urheberrechte. Bei allen anderen Mitwirkenden muß dies durch Einzelvertrag geschehen, der in der Regel auf die sog. allgemeinen Honorarbedingungen Bezug nimmt (vgl. »Honorare und Honorarvertragsrecht« in »Radio-Jounalismus«).
Dabei sind sorgfältig *alle benötigten Nutzungsrechte,* einschließlich z.B. des Bearbeitungsrechts, und alle beabsichtigten Nutzungsarten (Sendung in Hörfunk und Fernsehen, öffentliche Wiedergabe u.ä.) – je nach Art und Bestimmung der Produktion – einzeln vertraglich aufzuführen; andernfalls bestimmt sich der Umfang des Nutzungsrechts nach dem mit der Einräumung verfolgten und dem Urheber dabei erkennbaren Zweck (§ 31 Abs. 5 UrhG).
Fehlt eine solche Übertragung der nötigen urheberrechtlichen Nutzungsrechte, so kann dies im Einzelfall höchstens einmal bei einem ständigen Mitarbeiter vernachlässigt werden, bei dem aufgrund laufender Zusammenarbeit die Einräumung der notwendigen Rechte unterstellt werden kann; ansonsten aber fehlt es dann an der urheberrechtlichen Befugnis zur Sendung. Urheberrechtlich geschützt ist nicht jeder Beitrag, sondern nur eine *eigenständig-schöpferische Leistung von inhaltlichem Belang,* die freilich auch schon in einem Interview, einer Reportage, einem Diskussionsbeitrag erbracht werden kann.
Das Urheberrecht ist auch eine Ausprägung des allgemeinen Persönlichkeitsrechts, jedenfalls, soweit es dem Autor ein »Urheberpersönlichkeitsrecht« gewährt, das in der praktischen Redaktionsarbeit bei der Bearbeitung von Beiträgen eine wichtige Rolle spielt. Die übliche redaktionelle Bearbeitung, einschließlich sendungsbedingter Kürzungen, ist abgedeckt durch die Urheberklauseln der Tarifverträge und der Honorarbedingungen. Eine Veränderung der vom Autor gewollten inhaltlichen Aussage, eine Beeinträchtigung seines »Werks« im Wesenskern ist dadurch aber nicht erlaubt. Jede dahingehende redaktionelle Änderung bedarf der vorherigen Zustimmung. *Ausnahmen vom ausschließlichen Verfügungs- und Nutzungsrecht des Urhebers* gelten nur in den vom Urheberrechtsgesetz genannten Fällen (z.B. Zitate in dem vom Zweck gebotenen Umfang, § 51 UrhG, oder Vervielfältigung und Verbreitung öffentlicher Reden, § 48 UrhG, von Zeitungsartikeln und Rundfunkkommentaren, § 49

UrhG, oder die Vervielfältigung, Verbreitung und öffentliche Wiedergabe durch Lichtbilder oder durch Film und Fernsehen von Kunstwerken, die sich bleibend auf öffentlichen Straßen und Plätzen befinden, § 59 UrhG).
Eine *Vereinfachung des Rechtserwerbs* gewährt das Gesetz bei der Verfilmung eines urheberrechtlich geschützten Werks (auch mit Mitteln des Fernsehens). § 88 UrhG zählt im Wege der gesetzlichen Vermutung alle Nutzungsrechte auf, die dabei im Zweifel eingeräumt werden (einschließlich des Senderechts, wenn das Filmwerk zur Funksendung bestimmt ist).
Wer sich zur Mitwirkung bei der Herstellung eines Films verpflichtet, räumt damit für den Fall, daß er ein Urheberrecht am Filmwerk erwirbt, dem Filmhersteller (Produzenten), z. B. der Rundfunkanstalt, im Zweifel, d. h. vorbehaltlich anderer Abmachungen, das ausschließliche Recht ein, das Filmwerk sowie Übersetzungen und andere filmische Bearbeitungen oder Umgestaltungen des Filmwerks auf *alle bekannten Nutzungsarten zu nutzen (§89 UhG).* Die Urheberrechte an den zur Herstellung des Filmwerks benutzten vorbestehenden Werken (Roman, Drehbuch, Musik) bleiben davon freilich unberührt.
Ähnliches wie für das Urheberrecht des Autors gilt – mit Einschränkungen – für die sog. *Leistungsschutzrechte* der ausübenden Künstler die ein geschütztes Werk vortragen oder aufführen bzw. daran künstlerisch mitwirken (§§ 73 - 84 UrhG).

Gegendarstellung: Manche Redakteure reagieren darauf geradezu allergisch. Nach den Rundfunk- bzw. Pressegesetzen haben die von einer Sendung durch *Tatsachen*behauptungen unmittelbar betroffenen Personen oder Einrichtungen das Recht, in vergleichbarer Weise eine *Tatsachen*darstellung dagegenzustellen. Da oft verkannt wird, daß es sich hierbei nicht um die Frage handelt, welche Tatsachenbehauptung richtig ist, sehen manche Redakteure allein in dem Wunsch auf Gegendarstellung einen Angriff auf ihre Berufsehre. Dies ist unbegründet.
Der Gesetzgeber wollte lediglich dem durch eine Sachverhaltsschilderung in einem Massenmedium Betroffenen eine *einigermaßen adäquate Reaktionsmöglichkeit* einräumen, ohne darauf abzustellen, ob die Gegendarstellung richtig oder falsch ist. Die Gegendarstellung ist von der Berichtigung oder gar von einem Widerrufsverlangen sorgsam zu unterscheiden.

Man sollte daher *Gegendarstellungsbegehren eher aufgeschlossen gegenüberstehen,* wenn sie rechtlich begründet sind. Ob sie das sind, ist allerdings im Einzelfall nur sehr schwer festzustellen, da häufig Tatsachenbehauptungen von Meinungsäußerungen oder Wertungen nicht leicht zu trennen sind. Auf Wertungen und Meinungsäußerungen gibt es kein Gegenäußerungsrecht. Enthält eine Gegendarstellung selbst eine Meinungsäußerung, so ist sie unzulässig, auch wenn die übrigen formalen Voraussetzungen – von der unmittelbaren Betroffenheit bis zur eigenhändigen Unterschrift des Betroffenen – erfüllt sind.
In aller Regel empfiehlt es sich, Gegendarstellungsverlangen von einem sachkundigen Juristen *prüfen* zu lassen. Diesen Rat kann man im übrigen getrost auch für alle sonstigen Rechtsfragen, die in der täglichen Redaktionsarbeit auftreten, geben.
Häufig kann der Rat der *Rechtsabteilung,* vor der Sendung eingeholt, nachträglichen Ärger ersparen, ohne dem Ziel der Sendung Abbruch zu tun.

Redaktionsgeheimnis: Rechtlichen Rat sollte man auch unverzüglich einholen, wenn ein Redakteur als Zeuge in dienstlicher Angelegenheit vernommen werden soll oder wenn ein Gericht, die Staatsanwaltschaft oder Polizei redaktionelle Unterlagen oder sonstiges Programm-Material einsehen will oder gar herausverlangt.
Solche Zeugenschaft und Herausgabe von redaktionellem Material kommen nur insoweit in Frage, als nicht das *besondere Zeugnisverweigerungsrecht* der »Personen, die bei der Vorbereitung, Herstellung oder Verbreitung von periodischen Druckwerken oder Rundfunksendungen berufsmäßig mitwirken oder mitgewirkt haben« (so § 53 Abs. 1 Ziff. 5 StPO) reicht. Solche Personen dürfen das Zeugnis verweigern »über die Person des Verfassers, Einsenders oder Gewährsmannes von Beiträgen und Unterlagen *sowie* über die ihnen im Hinblick auf ihre Tätigkeit gemachten Mitteilungen, soweit es sich um Beiträge, Unterlagen und Mitteilungen für den redaktionellen Teil handelt« (a.a.O.).
Geschützt ist also zunächst das Vertrauensverhältnis zwischen Presse/Rundfunk und dem Informanten – dessen Name, Person, Aufenthaltsort und das, was er der Redaktion mitgeteilt oder übergegeben hat, gleichgültig, ob das Material von ihm zur

Veröffentlichung bestimmt war oder nur Hintergrundmaterial sein sollte. Selbst wenn der Informant mit der Veröffentlichung seiner Person oder des Materials einverstanden wäre, könnte die Redaktion sich entscheiden, die Aussage darüber zu verweigern. Das zeigt, daß dieses Recht vor allem der *Sicherung der Presse- und Rundfunkfreiheit* dient, wie sie unter dem institutionellen Schutz des Grundgesetzes gemäß Art. 5 Abs. 1 GG steht. Diese Freiheitsgarantie für Presse und Rundfunk umfaßt die redaktionelle Tätigkeit von der Beschaffung der Information bis zur Verbreitung von Nachrichten und Meinungen einschließlich der hierzu erforderlichen redaktionellen Entscheidungen.[5]

Soweit das Zeugnisverweigerungsrecht reicht, kann auch *nichts beschlagnahmt* werden, was sich im Gewahrsam der Redaktion, des Verlages, der Rundfunkanstalt oder der zur Zeugnisverweigerung berechtigten Person befindet (§97 Abs. 5 StPO), es sei denn, diese Personen sind selbst einer Teilnahme an einer Straftat, der Begünstigung, Strafvereitelung oder Hehlerei verdächtig; gleiches gilt, wenn die Gegenstände »durch eine Straftat hervorgebracht oder zur Begehung einer Straftat gebraucht oder bestimmt sind oder – aus einer Staftat herrühren« (§97 Abs. 2 Satz 3 StPO). In diesen Fällen darf zwar eine Beschlagnahme erfolgen, aber nur durch einen Richter.

Ähnliche Bestimmungen über die Zeugnisverweigerung für Journalisten gibt es im übrigen *in allen Verfahrensgesetzen.* Wichtig ist, daß die Rechtsprechung solche Eingriffe in den neuralgischen Bereich der Presse- und Rundfunkfreiheit von einer sorgfältigen Abwägung der gegeneinanderstehenden Rechtsgüter abhängig macht und dabei sehr wohl den konstituierenden Rang der Informations- und Meinungsfreiheit für die freiheitlich-demokratische Staatsordnung berücksichtigt. Nach dem Grundsatz der Verhältnismäßigkeit ist jedenfalls – selbst bei Vorliegen aller gesetzlichen Voraussetzungen – *im Zweifel für die redaktionelle Freiheit* zu entscheiden.[6]

[1] Vgl. hierzu die umfängliche und prägnante Darstellung bei Karl Egbert Wenzel, Das Recht der Wort- und Bildberichterstattung, Verlag Dr. Otto Schmidt KG Köln

[2] BVerFGE 35, 202 (Lebach-Urteil)

[3] Zur Unterscheidung von Privat-, Geheim- und Intimsphäre vgl. Wenzel a. a. O., S. 79 ff.

[4] Vgl. Dreher-Tröndle, Kommentar zum Strafgesetzbuch, 38. Aufl., A. 2 zu § 201.

[5] BVerfGE 12, 205/260 (FS-Urteil); 20, 162/175 (Spiegel I)

[6] BGH NJW 1979, 1212/1213.

Wolf-Dieter Ring, Deutsches Presse- und Rundfunkrecht. Textsammlung mit Anmerkungen, Verweisungen und Sachregister (Verlag für Verwaltungspaxis Franz Rehm, München)
Martin Löffler/Reinhard Ricker, Handbuch des Presserechts (Verlag C. H. Beck München)
Ludwig Delp, Das gesamte Recht der Publizistik (Luchterhand Verlag, Neuwied)
Fromm/Nordemann, Urheberrecht (Verlag W. Kohlhammer, Stuttgart)
Horst von Hartlieb, Handbuch des Film- und Fernsehrechts (Verlag C.H. Beck, München)

Zuschauerforschung – Entscheidungshilfe für die Programmpraxis

Die Fernsehforschung der Rundfunkanstalten ist fast so alt wie das Fernsehen selbst. Dabei ist es in der Medienforschung keineswegs selbstverständlich, daß ein Medium kontinuierlich beobachtet, wie seine Angebote genutzt werden, und dabei vom Methodischen her die Voraussetzungen für längerfristige Vergleiche schafft, die Trends der Entwicklung erkennen lassen.

Die Notwendigkeit der Fernsehforschung ist zweifach begründet: einmal in der technischen Beschaffenheit des Mediums, die keine direkte Rückkopplung zwischen Rezipienten und Produzenten ermöglicht, und zum anderen in der Größe und Verschiedenheit des Publikums, wodurch die eigene private Erfahrung des Programmachers sozial bedeutungslos wird. Ebenso sind auch Zuschauer, Pressekritik und Telefonanrufe kein Ersatz für die kontrollierte, systematische Rückkopplung zwischen dem Rezipienten und dem Programmacher/-verantwortlichen, da alle diese Feedback-Formen nur gruppen- und schichtspezifisch eingeengten Ausschnitte aus dem Gesamt der rund 73 Millionen Fernsehzuschauer ab 3 Jahren bilden[1].

Quantitative Zuschauerforschung. Das Einschalt- und Sehverhalten wird seit 1985 von der GfK-Fernsehforschung gemessen, z. Zt. bei rd. 5500 Fernsehhaushalten in der gesamten Bundesrepublik das Sehverhalten von in diesen Haushalten lebenden ca. 12 000 Menschen ab 3 Jahren.
Das GfK-Meßgerät erfaßt mittels Fernbedienung die Fernsehnutzung von bis zu acht Personen im Haushalt und stellt fest, welche Personen zuschauen. Ein Modem der Deutschen Tele-

kom übersetzt die gespeicherten Daten in akustische Signale, die täglich über Telefon der zentralen Auswertungsstation von der GfK in Nürnberg abgerufen werden. Nach Rückverwandlung der akustischen in digitale Signale werden die Einzeldaten pro Haushalt bzw. Person in Angaben zum Einschalt- und Sehverhalten aller Panel-Haushalte und -Personen zusammengefaßt und auf die Gesamtheit der Fernseh-Haushalte bzw. Zuschauer ab 3 oder 14 Jahren hochgerechnet.
Die Forschungen mittels Meßgerät begannen ARD und ZDF 1963. Mitte 1988 wurde die Arbeitsgemeinschaft Fernsehforschung (AGF) gegründet, bestehend aus ARD, ZDF, RTL und SAT. 1, zu den 1991 Pro 7 und DSF und 1995 K1 und RTL 2 als Auftraggeber der GfK-Fernsehforschung hinzukamen. Ab 2000 gilt ein 5-Jahresvertrag mit veränderter Binnenstruktur.
Weitere Fernsehveranstalter sind als Lizenznehmer am AGF-Meßsystem beteiligt, so daß man feststellen kann: Es gibt für das Fernsehen eine *»einheitliche Währung«* bei der Messung des Einschalt- und Sehverhaltens.

Überlegen ist dieses System in vielerlei Hinsicht traditionellen Instrumentarien der Markt- und Meinungsforschung.
- Es ist *sekundengenau,* während in Interviews bestenfalls »runde« Zeiteinheiten (Viertelstunden usw.) abgefragt werden können.
- Es ist *objektiv,* da der beim Interview auftretende Interviewereinfluß eliminiert ist und Zuordnungsprobleme (Sendungen zum Sender) nicht auftreten können.
- Es ist *schneller,* da die Auswertung der Daten bereits einen Tag nach dem Sendetag erfolgt.
- Es ist *flexibler* und *vielfältiger* hinsichtlich der weiterführenden Auswertungs- und Analysemöglichkeiten.

Für die Programmpraxis ist der letztgenannte Vorteil von besonderem Interesse. So sind z. B. über die Einzeldaten pro Folge von Reihen und Serien zusammenfassende Angaben zur Sehintensität von Zuschauergruppen möglich, die den Grad der Bindung an ein Angebot beschreiben. Die Kenntnis der Überschneidungen in der Nutzung von Krimis und Politik, Fernsehspiel und Quiz usw. benötigt der Programmplaner für seine langfristigere Arbeit beim Programmschema ebenso wie bei der kurzfristigen Ablaufplanung. Die Nutzung der vielfältigen Analysemöglichkeiten der Standardforschung bietet neue Ansatzpunkte für eine gezielte Erforschung einzelner Programmteile und Zuschauergruppen.

Die standardisierten Auswertungsmöglichkeiten, die den Rundfunkanstalten sowohl im Direktzugriff auf die GfK-Datenbank als auch in Form schriftlicher Berichte zur Verfügung stehen, sind der Flexibilität des Meßsystems entsprechend vielfältig. Tagesaktuell liegen die Daten des jeweiligen Vortages am nächsten Morgen vor. Eine immer größere Bedeutung bei der vergleichenden Bewertung der Zuschauerdaten bekommt dabei der Ausweis der Marktanteile. *Der Marktanteilswert,* Ausdruck für das veränderte Wettbewerbsverhältnis, *gibt den Anteil der jeweiligen Sendung am Gesamt der Nutzung* zum Sendungszeitpunkt an.
Kontinuierliche Nutzungsanalysen ermöglichen es, langfristige Änderungen im Fernsehverhalten der Bevölkerung aufzuzeigen und Ansatzpunkte für Programmstruktur-Veränderungen sichtbar zu machen. Hiermit lassen sich auch am deutlichsten Folgen der Programmvermehrung und -ausweitung ablesen, die 1984 mit dem Start der Kabelpilotprojekte begann und wenige Jahre später die Fernsehlandschaft total verändert hatte.

Die Sehdauer von Erwachsenen wie Kindern ist gestiegen: 1985 sahen Erwachsene in der BRD täglich durchschnittlich 147 Minuten fern, 1999 waren es 185 Minuten. Bei Kindern stieg die Dauer von 87 auf 97 Minuten. Zuschauer in den neuen Bundesländern, die seit Mitte 1991 in die GfK-Untersuchung einbezogen sind, sehen deutlich mehr fern als die Westdeutschen: 1999 immerhin täglich 28 Minuten mehr bei den Erwachsenen und 25 Minuten bei Kindern. Die Ausweitung der Angebote auf die Morgen- und Vormittagsstunden sowie die Nachtzeiten haben diese Zunahme des Fernsehkonsums verursacht.

Die Programm-Mischung durch die Fernsehzuschauer hat sich dagegen radikaler verändert. Statt einer »bunten Kost« von Unterhaltung, Spielfilm, Politik, Sport, Kultur usw. verengt sich das Fernseh-Menü der Zuschauer immer mehr auf Fiction-Programme, also Filme und Serien. Leidtragende dieser Entwicklung sind vor allem informierende Programme, politische wie kulturelle Hintergrundberichterstattung, aber auch »anspruchsvolle« Spiele und Filme der öffentlich-rechtlichen Fernsehsysteme ARD und ZDF.

Die Entwicklung ist noch nicht abgeschlossen. Die technischen Reichweiten der privaten Programme werden via Satellit, Kabel oder mittels terrestischer Frequenzen noch weiter steigen. Die *Szenarien des digitalen Fernsehens* mit Hunderten von Programmen für immer kleinere Zielgruppen beschreiben dann nochmal *eine andere Fernsehwelt* als die der letzten 15 Jahre.
Der Charakter des Fernsehens wird sich damit weiter in Richtung eines *Marktmediums* statt des früheren Zuteilungsmediums verändern. Und damit wird auch die Bedeutung der quantitativen Forschung als Entscheidungshilfe bei den öffentlich-rechtlichen und als Maßstab bei den privaten Fernsehsystemen noch zunehmen.

Qualitative Zuschauerforschung. Gegenüber der Forschungspolitik der Rundfunkanstalten lautet immer wieder der Einwand, es gebe zur kontinuierlichen quantitativen Standardforschung keine gleichgewichtige qualitative Forschung über die Einstellung und Wertung des Publikums. Die Folge sei, daß als »Erfolg« verbucht werde, was von vielen gesehen werde, und als »Mißerfolg« gelte, was nur wenige sehen.
Diese Kritik beruht zum Teil auf dem nichtprofessionellen Umgang mit Nutzungsdaten, der außerhalb der Rundfunkanstalten z. B. in der unsinnigen Publizierung von »Hit-Listen« für Sendungen unterschiedlicher Genres kulminiert, zum Teil auf dem Charakter dieser Forschung als nicht-öffentliche planungsrelevante Forschung.
Zu Sendungen, Sendereihen, Programmsparten und Zielgruppen ermitteln ARD und ZDF die Einstellung der Zuschauer einzeln oder gemeinsam (über die ARD/ZDF-Medienkommission) neben der kontinuierlichen Nutzungsforschung auf vielfältige Weise – mit mündlichen, schriftlichen und telefonischen Umfragen, mit Studiotests und Gruppendiskussionen[2].

Schwerpunkte in den letzten Jahren waren Forschungen zu Kinderprogrammen, insbesondere Kleinkinderprogrammen, so-

wie zu Nachrichtensendungen. Andere Projekte betreffen z. B. Serien und kulturelle Programme. Letztere waren Gegenstand eines mehrjährigen ARD/ZDF-Forschungsprojekts »Kultur in Medien und Institutionen«, das den Stellenwert der »Fernseh-Kultur« im Gesamt aller institutionellen Kulturangebote ermittelte[3].
Überblickt man die Studien der letzten 15 Jahre, so läßt sich ein auffälliges Forschungsdefizit eigentlich nur für einen Bereich konstatieren: für die sogenannte Große Unterhaltung (Quiz, Show u. dgl.), für die vielfach das oben genannte Argument der hohen Einschaltquote die empirische Erforschung von Meinungen und Wertungen der Formen und Inhalte dieser unterhaltenden Angebote verdrängt hat. Angesichts der veränderten Konkurrenzsituation sind aber auch diese Programme jetzt verstärkt ins Blickfeld der Forscher geraten.

Mit Untersuchungen zur Funktion des Fernsehens haben die Rundfunkanstalten die öffentliche Diskussion mitbestimmt. So entstand 1964 aus der Auseinandersetzung mit den Zeitungsverlegern die Studie »Massenkommunikation«[4], die den unterschiedlichen Stellenwert der Tagesmedien Fernsehen, Hörfunk und Zeitung für die Rezipienten deutlich machte. Unverändert fortgesetzt wurde diese Untersuchung 1970, 1974, 1980, 1985, 1990 und 1995, so daß heute Trendaussagen über einen Zeitraum von über 30 Jahren hinweg möglich sind. Ein anderes langfristiges ARD/ZDF-Projekt ist der »TV-Programmtrend«, der vorrangige Fragen zu den System- und Sender-Images beantworten soll.

Wirkungsforschung wird in der Öffentlichkeit vielfach mit qualitativer Forschung gleichgesetzt. Man könnte die Situation so beschreiben: *Alle sprechen davon, doch weiß keiner Genaues*. Die »Karte« der Wirkungsforschung ist mit »weißen Flecken« durchsetzt, insbesondere hinsichtlich der längerfristigen Wirkungen. Zweifellos hat das Fernsehen seit seinem Beginn Mitte der 50er Jahre sein Publikum beeinflußt, angefangen von dem *Einfluß auf die Lebensgewohnheiten* (z. B. Reduzierung der Schlafzeit) bis hin zur *Beeinflussung der Wahrnehmung und des Empfindens*. Da die Wissenschaft aber bald feststellen mußte, daß der *Wirkungsprozeß nicht eindimensional* auf der Schiene

Sender – Angebot – Empfänger verläuft, erschöpft sich die wissenschaftliche Diskussion weitgehend in methodischen Glaubenskriegen über Nutzen und Schaden von Labortests und verschiedenen Meßinstrumentarien. Dafür steht exemplarisch die Wirkungsforschung zum Thema »Gewaltdarstellung«[5]. Nur begrenzte Projekte bieten sich vorläufig mit Aussicht auf Teilerfolg an: z. B. werden bestimmte Nachrichteninhalte, formal unterschiedlich präsentiert, auf ihre Wahrnehmung und Erinnerung getestet.[6]

Die Schwierigkeiten bei der Erforschung von Fernsehwirkungen gründen nicht zuletzt auf der medienspezifischen Vorgegebenheit der mehrkanaligen Sinnesansprache. Ob es für die Kombination von optischer und akustischer Wahrnehmung in den verschiedensten Relationen jemals eine Verallgemeinerung für Zuschauergruppen (Kinder, Jugendliche, politisch Interessierte usw.) geben kann, muß bezweifelt werden. Nicht nur meßtechnisch kontrollierbare Faktoren wie Intelligenz und Wissen wirken auf die Rezeption ein, sondern auch Empfindungen, Stimmungen, Erinnerungen, die das für alle gleiche Angebot zu je sehr verschieden rezipierten Sendungen bzw. Sendungspartikeln werden lassen. Diese methodischen Probleme sind in Betracht zu ziehen, wenn der Ruf nach einer empirisch fundierten Beantwortung der Fragen lauter wird, die das duale System mit sich gebracht hat: Was sind die gesellschaftlichen Auswirkungen des veränderten Fernsehverhaltens? Was bewirkt die Einengung der Nutzung auf wenige Programmsparten, vorweg Fiction?

[1] Bernward Frank, Bemerkungen zum Stellenwert von Forschung; in: F. Hufen/W. Lörcher,
Phänomen Fernsehen, Düsseldorf/Wien 1978, S. 471 ff.

[2] Hansjörg Bessler, Hörer- und Zuschauerforschung. Rundfunk in Deutschland, Bd. 5 München 1980

[3] Bernward Frank/Gerhard Maletzke/Karl H. Müller-Sachse, Kultur und Medien. Angebote-Interessen-Verhalten, Baden-Baden 1991.

[4] Klaus Berg/Marie-Luise Kiefer, Massenkommunikation IV. Eine Langzeitstudie zur Mediennutzung und Medienbewerbung 1964 – 1990. Baden-Baden 1992.

[5] Michael Kunczik, Brutalität aus zweiter Hand. Wie gefährlich sind Gewaltdarstellungen im Fernsehen? Köln/Wien 1978

[6] Karsten Renckstorf, Nachrichtensendungen im Fernsehen I, II, Berlin 1980.

Fachausdrücke

Fachausdrücke im Fernsehen sind – wie in anderen Berufen – häufig Jargon, eine Umgangssprache unter »Insidern«.
Der Fernsehjournalist muß wissen, »was Sache ist« und diese auch beim Namen nennen können. Die folgende Sammlung von gebräuchlichen Ausdrücken soll dabei helfen. Sie erhebt nicht den Anspruch, vollständig zu sein.

Abblende	Weicher Schluß einer Einstellung. Im Gegensatz zum harten Schnitt versinkt das Bild langsam ins Schwarz. Der Ton endet in Ruhe (→ Aufblende). Bildliches und/oder akustisches Kennzeichen am Ende einer Sendung.
Abdikativ	→ Indikativ.
abfahren	Starten von Ton- und Bildaufzeichnungsgeräten. Bei Dreharbeiten (mit Film) heißt es: »Ton ab!«. Der Tontechniker oder Kameraassistent schaltet das Aufnahmegerät ein und gibt Rückmeldung: »Ton läuft!« – dann »Kamera ab« – der Kameramann bestätigt: »Kamera läuft!«.
Abklammermaterial	oder Klammermaterial, nicht selbstgedrehtes Film- oder Video-Material aus dem Archiv oder von anderen Sendern, Firmen oder Instituten.
Ablauf	Fahrplan einer Sendung. Ihre verschiedenen Bestandteile (Moderation, Filme, Gespräch, Inserts) sind genau aufgeführt, ebenso die jeweiligen Zeiten. Die letzten Worte der Filme und Moderationen sind vermerkt, um den Technikern das Starten des nächsten Programmteils ohne Pannen zu ermöglichen.
Abspann	Ähnlich wie ein → Vorspann hergestelltes Ende der Sendung. Auflistung der beteiligten Personen.
Abtastung	Elektronisches »Ablesen« von Filmen, Dias oder Fotos zur Aufzeichnung auf Magnetband oder zur direkten Ausstrahlung.
AB-Verfahren	Drehen auf zwei veschiedene Filmspulen oder MAZ-Bänder, die dann später beim Schnitt für Überblendungen, Tricks oder Schrifteinblendungen auf ein Band kopiert werden.

Achsensprung (auch Achssprung): Bildgestaltungsfehler, durch den die Kontinuität der Bewegung oder die optische Beziehung (Möglichkeit der räumlichen Zuordnung für den Zuschauer) von Reporter und Interviewpartner zueinander verlorengeht.

Ampex Herstellerfirma von Geräten zur Aufzeichnung und Bearbeitung von Fernsehsignalen (MAZ-Geräte, Bildmischer, Kameras, etc.).

angeln Mikrofon angeln, Halten des Mikrofons an einer stabförmigen, in der Länge veränderbaren Mikrohalterung, ohne daß es im Bild sichtbar ist.

Animation → Computer-Animation.

anlegen Beim Filmschnitt wird der vom Normaltonband (→ Senkel) auf → Cord-Band überspielte Ton den Bildern synchron angepaßt. Dazu dienen akustische und optische Markierungen wie → Klappe oder → Pilotton.

Arri Kürzel für Arriflex, Filmkamera der Fa. Arnold und Richter aus München.

Assemble-Schnitt Beim elektronischen Schnitt wird damit unmittelbar an eine Einstellung die nächste gewünschte Einstellung durch Kopieren – Bild und Ton gleichzeitig – angefügt. → Cutten, → Insert-Schnitt.

Assi Kürzel für (Kamera-) Assistent.

Atmo Ton-Atmosphäre (allgemeine Umweltgeräusche).

AÜ Außenübertragung, Produktion einer Sendung vor Ort mit einem Übertragungswagen (Ü-Wagen).

Aufblende Weicher Übergang im Bild. Aus dem Schwarz entsteht langsam das Bild. Beim Ton: Aus der Ruhe beginnt das Geräusch oder die Sprache. (→ Abblende).

Aufnahmeleitung ist mit der organisatorischen Vorbereitung und Durchführung einer Produktion vor Ort beschäftigt.

Autocue → Teleprompter.

AVID Herstellerfirma von Geräten für nonlineare Schnittsysteme.

Bauchbinde Einblendung einer Schrift am unteren Bildrand, Name und andere Angaben zur dargestellten Person.

BCN — Firmenbezeichnung für eine 1-Zoll-MAZ-Maschine der Firma Bosch, arbeitet nach dem → B-Format.

Betacam — Analoges magnetisches Aufzeichnungsformat auf Kassetten (1/2 Zoll), ermöglicht kompakte Kamera-Recorder-Einheit. Technische Besonderheit: Helligkeitssignal und Farbkomponenten werden gesondert und nicht in einem einzigen Signal aufgezeichnet.

Betacam SP — ist eine Weiterentwicklung der technischen Qualität des analogen Betacam-Formats und hat dieses abgelöst. Das Format hat sich weltweit durchgestzt.

Betacam SX — Digitales Fernsehformat mit Datenreduktion, Aufzeichnung auf Kassetten (gelbe Betacamkassetten). Die maximale Spieldauer kleiner Kassetten für Kamerarecorder beträgt 60 Minuten. Stationäre Geräte des SX-Formates können Kassetten des Betacam SP-Formates abspielen.

B-Format — Älteres analoges Aufzeichnungs-Format auf 1 Zoll breiten Magnetbändern (→ BCN). Aufzeichnung des Ton- und Bildsignals in sehr guter Qualität.

Bildmischung — Die von verschiedenen Bildquellen zugeführten Bilder (z. B. Kamera, → MAZ, → Filmgeber, → Bildspeicher, → Schriftgenerator) werden zu einem Gesamtbild aneinandergeführt und/oder miteinander kombiniert und/oder mit dem → DVE weiter bearbeitet.

Bildspeicher — Gerät, mit dem elektronische Bildschirmsignale auf eine Festplatte (z. B. aus einem Filmbeitrag, einer Paintbox oder von der Kamera direkt) gespeichert werden. Wiedergabe auf Abruf für eine Sendung.

Blackout — gedanklicher »Filmriß«, plötzliches »Brett vorm Kopf«.

Blimp — Bezeichnung für ein Übergehäuse der Film-Kamera, mit dem die Laufgeräusche gedämpft sind.

Blue-Box-Verfahren — Elektronischer Trick, der ein Vordergrund- und Hintergrundbild zu einem neuen Gesamtbild kombiniert. Richtige Bezeichnung: Chroma-Key.

Bobby	Film- bzw. Tonbandspule aus Metall oder Kunststoff.
Camcorder	Integrierte Kamera-Recorder-Einheit.
Casting	Die Besetzung von Filmrollen oder Produktionsfunktionen, oft nach Probeaufnahmen.
Chroma-Key	→ Blue-Box-Verfahren.
Chrominanzsignal	ein Teil des Videosignals, der die Werte für die Farbsättigung und den Farbton des Fernsehbildes enthält.
Close-up	Englische Bezeichnung für Groß-Einstellung.
Colormatching	Nachträgliche Korrektur der Farbqualität einer Produktion → Farbkorrektur.
Computer-Animation	Einzelne ausschließlich mit dem Computer (→ Computergrafik) erzeugte Bilder oder Grafiken werden ebenfalls mit dem Computer »belebt«. So können Abläufe und Entwicklungen ohne Verwendung von Kamera- oder elektronischen Tricks dargestellt werden.
Computer-Grafik	Mit dem Computer erstellte Grafiken oder Bilder, die ohne Verwendung einer Kamera bei einer MAZ-Aufzeichnung direkt von einem Bildmischer zugemischt oder live ausgestrahlt werden.
Cord-Band	Ähnlich wie 16-mm-Film, perforiertes Magnettonband, das synchron zum Film abgespielt wird. Cord-Band wird wie Film abgeschnitten.
Cue	Markierungssignal, z. B. beim elektronischen Schnitt zum Wiederfinden der vorgesehenen Schnittstelle, → cutten.
cutten	Schneiden, daher die Berufsbezeichnung: Cutter, Cutterin. Beim Film: mechanisches Durchschneiden des Bild- und Tonmaterials und anschließendes Zusammenkleben. Bei der MAZ: elektronisches Umkopieren einzelner Einstellungen von einem ursprünglichen Aufnahmeband auf ein neues Magnetband (→ Master-Band), → nonlinearer Schnitt.
DAT	Kürzel für Dia-Abtaster , außerdem Bezeichnung für digitale Ton-Aufnahme.
Diageber	auch Dia-Abtaster, → Abtastung.
Digi-Beta	(Digital-Betacam) digitales Aufzeichnungsformat

	auf Kassetten. Die Handhabung gleicht Betacam SP. Bessere Ton- und Bildqualität. Keine Qualitätsverluste beim Kopieren.
Digitaler Schnitt	→ nonlinearer Schnitt.
DNG	Digital News Gathering – ähnlich wie → ENG neue Bezeichnung für → EB mit digitaler Technik. Aufzeichnung auf eine Festplatte.
Dolly	Kamerawagen mit Hochsitz (beweglich und verstellbar).
Dreh	Jargon für Dreharbeiten.
Drehplan	Ablauf der Dreharbeiten. Enthält alle wichtigen Angaben über Zeiten, Aufnahmeorte, Motive, Dekorationen und Personen.
Drehteller	Ein von einem Motor gleichmäßig angetriebener Teller, auf dem Gegenstände (in der Drehbewegung) vor der Kamera vorbeitransportiert werden.
Drehverhältnis	Länge des gesendeten Filmbeitrags im Verhältnis zu der Länge des gedrehten Rohmaterials. Normalerweise nicht mehr als 1:6.
Drop out	Kleine Bild- und/oder Tonstörung durch Fehler des Magnetbands.
Dub	Kopie eines fertig geschnittenen Films (Masterbands).
D2MAC	Bezeichnung für einen Fernseh-Übertragungsstandard vorzugsweise mit Hilfe der Satellitentechnik. Farb- und Helligkeitssignale werden (anders als bei den jetzt üblichen Verfahren → PAL,→ NTSC und → SECAM) nacheinander übermittelt. MAC ist die Abkürzung von Multiplexed Analogue Components.
DV	Digital Video, digitales Homevideo, Konsumerformat mit semiprofessionellen Einsatzmöglichkeiten, z. B. für den Videoreporter.
DVC Pro	Digitales Fernsehformat auf kleinen Kassetten. Bandbreite nur $\frac{1}{4}$ Zoll. Magnetaufzeichnung mit Datenreduktion 5:1. Maximale Spieldauer der Kamerakassetten 60 Minuten. Die weiterentwickelte Version DVC Pro 50 hat nur 30 Minuten Spieldauer der Kamerakassetten.

DVE	Digitales Video-Effektgerät, kann ähnlich wie ein Bildmischer fertige Aufnahmen und Bildsignale kombinieren, Bilder verkleinern, vergrößern und Ausschnitte bearbeiten. Typische DVE-Effekte: Umblättern, wegfliegen lassen, umdrehen usw. Das bekannteste DVE-Gerät heißt ADO.
EB	Elektronische Berichterstattung (Aktuelles).
Editing	Bearbeitung des aufgezeichneten Materials, vor allem durch → cutten.
EFP	Abkürzung für electronic field production, elektronische Bildaufzeichnung vor Ort, deutsch: elektronische Außenproduktion (EAP).
einblenden	→ Inserts werden einem Bild elektronisch hinzugeführt.
einkopieren	Verfahren zum Kombinieren von Wort und Bild sowie Bild und Bild; beim Film im Kopierwerk gemacht oder am Tricktisch.
Einspielung	In eine laufende Sendung wird ein Beitrag über Bildleitung oder Satellit übermittelt = eingespielt.
Einstellung	Einzelne, nicht unterbrochene Aufnahme, englisch: shot (die Kamera schießt ein Bild).
Einstellungsgröße	Festformulierte Größe des Bildausschnitts. Es gibt: Supertotale, Totale, Halbtotale, Halbnah, Nah, Groß, Ganzgroß und Detail (wichtig für den Schnitt).
E-Kamera	Elektronische Kamera.
Elektronischer Schnitt	Schnittverfahren für Magnetaufzeichnung. Das Band wird nicht wie beim Film geschnitten, sondern die einzelnen Einstellungen werden in der richtigen Reihenfolge auf ein zweites Band überspielt.
ENG	Abk. für Electronic News Gathering, englische Bezeichnung für → EB.
ESS	Elektronischer Standbildspeicher, Gerät zur Speicherung der Einzelbilder, die von allen möglichen Bildquellen stammen, → Bildspeicher.
Farbbalken	Elektronisches Testbild, das zu Beginn jeder Magnetaufzeichnung (am Anfang jeder Kassette) oder zum Pegeln von Videoleitungen aufgenommen wird, farbige senkrechte Steifen (Balken).

Farbkorrektur	Bearbeitung der Rohaufnahmen für farbliche Anpassung von einzelnen Einstellungen und Szenen des Film- oder MAZ-Materials zur Verbesserung der Bildqualität.
FAT	Filmabtaster → Abtastung.
FAZ	Film-Aufzeichnungsverfahren, mit dem elektronische Fernsehbilder auf Film aufgenommen werden. FAT ist das Kürzel für den Filmabtaster, → Abtastung.
Fernsehnormen	Verfahren zur Codierung der Farbinformationen im Fernsehsignal. Weltweit sind drei verschiedene Normen im Einsatz. PAL (Europa ohne Frankreich), SECAM (Frankreich und Ost-Europa) und NTSC (Nordamerika/Asien).
Fernsehtext	Immer üblicher werdende Bezeichnung für → Videotext in Deutschland.
Filmformate	Professionelle Filmformate: 16 mm-Film, Super 16 mm-Film, 35 mm-Film, 65 mm-Film, 70 mm-Film, Amateurformate: Super 8-Film, Doppel 8-Film.
Frame	Einzelbild einer magnetischen Bildaufzeichnung, 25 pro Sekunde. Der → Timecode unterteilt in Stunden, Minuten, Sekunden und Frames.
Freeze	Standbild, ein »eingefrorenes« Bild aus einer Einstellung.
Fundus	Bestand eines Senders an Kostümen und Dekorationen.
Galgen	Fahrbarer Mikrofon-Ständer (auch Mikrogalgen) oder Vorrichtung zum Ordnen von Filmmaterial beim → Cutten.
Gegenlesen	Einen Text (vom Sprecher) am Schneidetisch »zum Bild lesen« (lassen), um die richtigen Einsätze festzulegen. Auch Lesen des Manuskriptes durch einen Kollegen oder Fachmann zur inhaltlichen und sprachlichen Überprüfung.
gelaufen oder gestorben	Jargon für: Die Sendung ist fertig, »im Kasten«; auch das Ende der Dreharbeiten.
Generation	Bezeichnung für Kopie eines → MAZ- oder → EB-Bandes, Zahl der möglichen Kopien von Kopien (Generationen) ist aus Qualitätsgründen be-

	grenzt. Bei digitalen Fernsehformaten unerheblich.
Gummilinse	Zoomobjektiv, → Zoomfahrt.
Handkamera	Tragbare Kamera, vorwiegend im aktuellen Bereich eingesetzt. Außerdem die kabelverbundene Kamera im Studiobereich.
Heiße Probe	Bei einer Produktion im → Verbundsystem (Studio, AÜ), Durchlaufprobe unter Beteiligung der gesamten Technik.
HDTV	Abkürzung für High-Definition-Television, d. h. hochauflösendes Fernsehen. Es verbessert die Bildqualität u. a durch mehr Zeilen. Übertragung ist nur über Satellit oder Kabel möglich.
Highband	Eine von drei analogen U-matic Aufzeichnungsformaten im 3/4-Zoll-Bereich.
Hi8	Eine Weiterentwicklung des VIDEO 8-Systems. Als Industriefilm-Format geeignet.
Indikativ	Anfang einer Sendung. Bildliches und akustisches Kennzeichen einer Produktion. Ähnlich wie am Schluß einer Sendung das → Abdikativ.
Insert	Grafische Darstellung von Informationen (z. B. Programmvorschau, Senderkennbild, Schrifteinblendung).
Insert-Schnitt	In eine Bildfolge werden andere Bilder hineinkopiert. Eine Methode, bei der Bild und Ton getrennt (nacheinander) bearbeitet werden (können). Die ursprünglich dort vorhandenen Bilder werden gelöscht und durch die neuen Bilder ersetzt, → Cutten, → Assemble-Schnitt.
IT-Band	Kürzel für »Internationales Ton-Band«, enthält O-Töne, Atmo und Musik, jedoch keine Sprachaufnahme.
IT-Spur	Bei der Magnetaufzeichnung Tonspur für »Internationalen Ton«.
Jogging	Bezeichnung für Bandtransport zum Erreichen von Einzelbild-Schaltungen bei der MAZ und beim EB-Schnitt.
Joystick	Bedienungshebel am elektronischen Schneidetisch zur Fortbewegung des MAZ-Bandes.

Kabelfernsehen	Verbreitung von Fernsehsignalen per Kabel. Ein Kupfer-Koaxialkabel hat eine Kapazität von bis zu 35 Programmen, → Rundfunk-Satelliten, → terrestrisch.
Kalte Probe	Probe im → Verbundsystem (Studio, AÜ) ohne Beteiligung der Technik.
Kamerabewegungen	→ Kamerafahrt, → Rückfahrt, → Zufahrt, →Schwenk.
Kamerafahrt	Die Kamera verändert den Standort während der Aufnahme. Der Kameramann bewegt sich mit der Kamera, z. B. auf oder in einem Fahrzeug wie Auto, Motorrad, Rollstuhl, Kran, etc. oder die Kamera ist fest auf einem sich bewegenden Objekt montiert, → Dolly, → Pumpenstativ.
Kasch	Etwas ist im Kasch, d. h. etwas ist im Bild. Blendenvorrichtung, vor dem Objektiv der Kamera angebracht, die einen Teil des Bildes abdeckt.
kein »Saft«	Kein Strom.
Klappe	Holztafel, die sich wie eine Schere öffnen und schließen läßt. Sie dient zur Bezeichnung von Aufnahmen, an deren Anfang oder Ende = Schlußklappe. Z. B. Gespräch III, 2 heißt: Gespräch die dritte Einstellung, das zweite Mal aufgenommen. Darüber hinaus ist der Klappenschlag Synchronisationspunkt für Bild und Ton. Elektrische Synchronzeichen haben den Klappenschlag vor der Kamera weitgehend abgelöst.
Kompressionsverfahren	Die Datenmenge für die Aufzeichnung wird verringert. Verzichtbare Daten, Bild- und Toninformationen werden weggelassen.
Konserve	Jargon für MAZ-Aufzeichnungen im Gegensatz zu einer Live-Sendung.
Kopierwerk	Laborbetrieb zur Bearbeitung belichteten Filmmaterials (entwickeln und kopieren).
Kunstlichtlampe	Elektrische Lichtquelle, wird in Innenräumen ohne Tageslichteinstrahlung und in Fernsehstudios eingesetzt.
Laufschramme	Längliche Beschädigung der Filmoberfläche.
Lichtgriffel	(auch Light-Pen) elektronischer »Zeichenstift«, mit dem man auf dem Bildschirm durch einfa-

	ches Berühren Grafiken erstellen oder verändern kann, → Computer-Grafik.
Licht-setzender Kameramann	auch erster Kameramann genannt, ist im Studio und bei der Außenübertragung für die Lichtgestaltung verantwortlich.
Lichtwagen	Fahrzeug mit mehreren Beleuchtungsgeräten (Lampen) und Fachpersonal (Beleuchtern).
Lowband	Eine von 3 U-Matic Aufzeichnungen im 3/4-Zoll-Bereich. Heute nur als Industriefilm-Standard.
Luminanz-signal	Helligkeitsanteil eines Farbfernsehsignals.
Magnetband	Speichermedium für Bild- und Tonsignale, bestehend aus einem Trägermaterial und einer magnetisierbaren Schicht, → Tape.
Master-Band	Das fertig geschnittene Magnetband (Kassette), auf das beim elektronischen Schnitt aufgezeichnet wird → Cutten.
MAZ	Magnetaufzeichnung oder als »die MAZ« bezeichnetes Magnetaufzeichnungsgerät.
Mischung	Vertonen des geschnittenen Filmbeitrags mit O-Ton, Atmo, gesprochenem Text und Musik, → Synchronisation.
Mix/Effects	Trickvorrichtungen auf dem Bildmischer und den zugeordneten → Monitoren in der Bildregie.
Monitor	Kontroll- oder Arbeits-Bildschirm bei Studio-, AÜ- und EB-Produktionen.
MPEG 2	Technischer Standard für Übertragung, Aufzeichnung und Ausstrahlung digitaler Fernsehsignale.
Mühle	Jargon für Kamera.
M II	Magnetisches Aufzeichnungsformat auf Kassette, ähnlich wie bei Betacam SP. In Europa bei ORF vertreten.
Neger	Jargon für große schwarze Flächen, die Lichtverhältnisse verändern. Auch Texthilfen für Sprecher/Darsteller: Riesenbuchstaben auf großer dunkler Tafel neben der Kamera ermöglichen »freies« Sprechen.
NiF	Jargon für Nachrichtenfilm = Nachricht im Film.
NTSC	In Amerika und Asien gebräuchliches Fernseh-

system. Besonderheit: Aufzeichnung mit 30 Bildern pro Sekunde.

Nonlinearer Schnitt Arbeitsmethode an digitalen Schnittplätzen, bei der ohne Spul- oder Suchzeiten auf jedes Bild vom Rohmaterial zugegriffen werden kann. Das eingesetzte Speicher-Medium gibt keine Reihenfolge innerhalb des Bildmaterials vor, die früher bei der Bearbeitung beachtet werden mußte.

Nullsendung → Pilotsendung.

n – 1 (n minus eins), eine Tonleitung für den Moderator über einen Lautsprecher, Kopfhörer oder → Ohrwurm, in der er die Sendung hört, ohne sich selbst zu hören.

on Sprecher ist im Bild.

off Sprecher ist nicht im Bild.

Offener Kanal Fernseh(Kabel)kanal, der interessierten Bürgern Sendeplätze für eigene Produktionen bietet.

Offline-Schnitt Methode, bei der nur eine Arbeitskopie (→ Cutten) geschnitten wird. Für die Arbeitskopie und deren Bearbeitung werden → VHS-Material und preiswerte VHS-Recorder verwendet. Mit dem dabei erstellten Schnittplan wird dann vom Zuspielband das → Masterband in viel kürzerer Zeit auf den teureren Profi-Maschinen geschnitten (→ Online-Schnitt).

Ohrwurm Kleiner Kopfhörer, über den Regieanweisungen oder → n –1 Tonleitung gegeben werden.

Online-Schnitt Schnittmethode, bei der man mit dem Originalmaterial arbeitet, → Offline-Schnitt.

Open end Sendeform für Talk-Shows oder Live-Übertragungen, bei denen die Sendelänge (zumeist zugleich der Sendeschluß des gesamten Programms) offen ist.

O-Ton Originalton, der »echte Ton «, der bei den Dreharbeiten aufgenommen wird mit Ausnahme der → Atmo. Oft ein Statement.

Paintbox Elektronischer »Malkasten«, Computer zur Erstellung von Grafiken und Bildern. Das Ergebnis aus der Paintbox wird im → Bildspeicher oder auf dem → Magnetband gespeichert.

PAL	In Deutschland entwickelte und gebräuchliche Technik zur Übertragung von Farbfernsehen, 625 Zeilen, 50 Halbbilder pro Sekunde, → Secam, → D 2 MAC, → NTSC.
Pilotsendung	(Nullsendung), Probesendung für eine neue Sendeform, etwa eine neu zu gestaltende Sendereihe.
Pilotton	Bei Dreharbeiten mit der Filmkamera, die akustische Hilfe für die Cutterin, um die Synchronität von Bild und Ton zu erreichen.
Piepser	Akustische Markierung auf dem Tonband als Synchronhilfe für den Schnitt.
Playback	Der Darsteller/Sänger ahmt bei der Aufnahme lippensynchron die Mundbewegungen zum Ton nach, der ihm über Lautsprecher zugespielt wird.
Post-Production	Nachbearbeitung eines geschnittenen Fernsehbeitrages (Film oder EB). Dazu kann die → Synchronisation ebenso gehören wie → Colormatching, die Einblendung von Namens- und Funktionszeilen und die Ergänzung durch Tricks.
Praktikabel	Genormtes Podest, rückt die aufzunehmenden Personen (Gegenstände) in eine bessere Position zur Kamera. Podest auch für Scheinwerfer und Kameras.
Preview	Vorschau; auf Preview-Monitoren liegen in der Senderegie für die → Bildmischung die Bilder der Kameras und andere Bildquellen an.
Pumpenstativ	Höhenverstellbares Kamerastativ für Studio und Außenübertragung.
Rundfunksatelliten	Relais-Stationen im Weltall, die mit einer festen Position im Orbit »stehen«. Sie empfangen die von der Erde zu ihnen gesendeten Fernsehsignale und reflektieren sie auf eine große Zone der Erdoberfläche zurück. Ihr Empfang ist von jedermann mit kleinen Parabolantennen möglich, → terrestisch, → Kabelfernsehen.
Schalte	Jargon für eine Konferenzschaltung, bei der verschiedene Sender, Senderstandorte oder Redaktionen zur Ab- und Aussprache miteinander verbunden sind, auch Jargon für → Schaltgespräch.

Schaltgespräch	Gespräch mit einem Partner, der nur auf dem Monitor (Leinwand) erscheint, über Bildleitung oder Satellitenstrecke dazugeschaltet wird.
Schießen	Jargon für: mit der Kamera aufnehmen, z. B. aus der Hand schießen = ohne Stativ arbeiten.
Schleife	Ein Film- oder Tonband – in sich geschlossen – wiederholt stets die gleichen Bilder oder Geräusche. Eine Tonschleife wird bei der → Mischung aufgezogen, um ein bestimmtes Geräusch bei der Mischung jederzeit verstärken zu können.
Schmalzbohrer	Kleiner Kopfhörer, über den Regieanweisungen gegeben werden, → Ohrwurm.
Schneiden	→ cutten.
Schriftgenerator	Gerät zur elektronischen Erzeugung von Texten, die in ein Fernsehbild eingeblendet werden können. Die Eingabe erfolgt über eine Computertastatur, → Bauchbinde.
Schwenk	Die Kamera bewegt sich an ihrem festen Standort (Kamerastativ), »schwenkt« das aufzunehmende Motiv ab oder mit ihm mit.
Search	Funktion an MAZ-Maschinen für den »Such«-lauf der Magnetbänder beim elektronischen Schnitt, → cutten.
Secam	In Frankreich entwickeltes und gebräuchliches System zur Übertragung von Farbfernsehen, → PAL, → D 2 MAC, → NTSC.
Senkel	(Magnet-) Tonband. Senkelmaterial wird auf → Cord überspielt, damit es dann am Schneidetisch bearbeitet werden kann.
Sequenz	Zusammenhängende Folge von Einstellungen und Szenen, die zu einem inhaltlichen Teil gehören.
Shotlist	Auflistung von Einstellungen, die während der Dreharbeiten entstanden sind, auch TC(timecode)-Liste genannt.
Shuttle	Schneller Vor- und Rücklauf bei der Bearbeitung von → MAZ-Bändern.
Slave-Band	Zuspielband → cutten.
slow-motion	(Zeitlupe), setzt bei der Wiedergabe von Videobildern die Bandgeschwindigkeit herab; Bewegungen werden dadurch langsamer.

SNG	Satellite News Gathering, englische Bezeichnung für Fernsehberichterstattung über Satellit. Dafür braucht man SNG-Wagen/transportable Geräte.
Spinne	Drei spinnenartig ausgestreckte, flach liegende Elemente geben den Beinen des Kamera-Stativs festen Halt. Auch Bodenspinne genannt.
Spot	Scheinwerfer mit gleichmäßigem Lichtkegel. Auch Bezeichnung für einen kurzen (Fernseh-) Beitrag, z. B. Werbespot.
Stanzen	Beschreibung des Arbeitsvorgangs beim → Blue-Box-Verfahren. Aus einem Gesamtbild werden nach vorgegebenem Muster Bildteile elektronisch weggenommen und durch Bildteile eines anderen Bildes ersetzt.
Steadicam	Kameraaufhängung, am Körper des Kameramanns befestigt, erlaubt ruckfreie Kamerabewegungen beim Gehen, → subjektive Kamera.
Story-Board	Kleine Skizzen, mit denen die gewünschten Bildinhalte und Bildfolgen einzelner Sequenzen oder des gesamten Beitrags dargestellt werden, ein »Drehbuch in Bildern«.
Subjektive Kamera	Die Kamera nimmt den Standpunkt der handelnden Person ein, gibt das Geschehen mit den Augen des »Hauptdarstellers« wieder. Bezeichnung für filmische Stilrichtung. Meistens mit Steadicam realisierbar.
Synchronisation	Vertonen (mit Sprache, O-Ton, Atmo, Musik) von Fernsehbeiträgen. Der Ton muß dabei zeitgleich (synchron) zum Bild gesprochen werden. In der Filmbranche versteht man darunter auch das Aufnehmen des Textes und der Dialog-Szenen in einer anderen als der ursprünglichen Sprache, → Mischung.
Tageslicht	Licht erzeugt von der Sonne oder von → Tageslichtlampen.
Tageslichtlampe	Elektrische Lichtquelle erzeugt bestimmte Lichtfarbe (Farbtemperatur 5600°K), die ähnlich wie das Sonnenlicht ist. Wird bei Außenaufnahmen und bei Innenaufnahmen mit vorhandenem Tageslicht eingesetzt.

Take	Ein Teil, der ohne Unterbrechung aufgezeichnet wird (auch mit mehreren Kameras). Beim Schnitt werden dann die einzelnen Takes zusammengefügt.
Tape	Band, gebräuchlich für Ton- und für Videoband (→ Magnetband), auf einer Rolle aufgewickelt oder in einer Kassette.
Teleprompter	Gerät, das dem Moderator das Ablesen von Texten ermöglicht und dabei gleichzeitig in die Kamera zu blicken, so daß der Zuschauer dies nicht merkt, auch Auto-Cue genannt.
Terrestrisch	Ausstrahlung von Fernsehprogrammen über Sender, die auf der Erde stehen. Fernsehprogramme werden außerdem von → Rundfunksatelliten aus abgestrahlt oder per → Kabel(fernsehen) verbreitet.
TBC	Timebase-Corrector, ein Gerät, das auf elektronischem Wege über einen Laufzeit-Ausgleich mechanische Gleichlaufschwankungen von Playern und Recordern korrigieren kann.
Timecode	Digitale Zeitinformation auf einer gesonderten Spur eines Videobandes, ermöglicht die genaue Zuordnung (und damit das Wiederauffinden) eines jeden einzelnen Bildes, z. B. beim Schnitt, → Frame, → Cutten.
Tor	Hilfsmittel für den Beleuchter, um Lichtquellen abzuschatten. Dem selben Zweck dienen auch Tüte und Tubus.
Tornister	Teil der tragbaren elektronischen Kamera, die drahtlos Bildsignale an Relaisempfänger gibt.
Totale	Eine Einstellungsgröße, die eine Gesamtansicht gibt. Halbtotale: Teilansicht der ersten Einstellung. Großaufnahme als Gegensatz zur Totalen zeigt einen (den wichtigen) Teil der Einstellung groß, »viel näher«.
Trailer	Interessant gemachter »Einstieg« für eine Sendung, oft akustisch unterstützt.
Türke oder türken	Man türkt, wenn man eine gestellte Szene als wirklich ausgibt, was nicht gestattet ist.
überblenden	Ein Bild geht weich ins andere über. Oft vom un-

	scharfen ersten ins wieder unscharfe nächste Bild, das dann scharf wird. Auch weicher Übergang von einem Ton zum anderen.
überlappen	Ton »überlappt«, wenn er länger ist als die dazugehörige (Bild-)Einstellung.
Überspielung	eines Beitrags von einer Fernsehanstalt zur anderen. Im Gegensatz zur Einspielung kann die Überspielung noch vor der Sendung angeschaut werden.
überziehen	Eine vorgegebene Sendezeit länger ausdehnen als vorgesehen. Darf nur in Ausnahmefällen nach vorheriger Absprache erfolgen.
U-matic	Älteres Aufzeichnungsformat auf 3/4-Zoll-Kassetten. Man unterscheidet drei Fernsehformate → Highband, → Lowband und SP.
unterlegen	→ O-Ton oder → Atmo unter bestimmte Bilder legen.
unterschneiden	Man unterschneidet mit Zwischenschnitten, um z. B. während einer Aussage (Statement) einen Eindruck vom Handlungsort zu vermitteln oder um zu kürzen.
VB	Vorbesichtigung am Drehort.
VCR	Eines von vielen früheren Video-Systemen.
Verbundsystem	Arbeiten mit mehreren Kameras, die gleichzeitig Bilder anbieten. Das gesendete Bild wird in der Regie ausgewählt. Alle Kameras sind mit Kabel verbunden: z. B. bei Studio- und AÜ-Produktionen.
verzerren	von Tönen, um z. B. einen Gesprächspartner (zu seinem Schutz) unkenntlich zu machen. Als Effekt bei Geräuschen und Musiken einsetzbar.
VHS	Abkürzung von Video-Home-System, das in Europa am weitesten verbreitete analoge Videosystem im Amateurbereich; Bandbreite 1/2 Zoll, entwickelt von JVC (Victor Company of Japan). Die Weiterentwicklung Super-VHS wird für semiprofessionelle Zwecke verwendet. Der D-VHS-Recorder arbeitet mit Digitaltechnik.
Video 8	Ähnlich wie VHS. Video-System für den Amateurbereich. Bandbreite 8 mm; entwickelt bei

	Sony. Die Kassette ist nicht größer als die bekannte Audio-Kompakt-Kassette. Nachfolger Hi8-System wird für Industrie-Film verwendet.
Videotext	(auch Fernsehtext), Text-Informationen, die zusammen mit dem Fernsehsignal ausgestrahlt und im Fernsehgerät mit einem Decoder sichtbar gemacht werden.
Videoband	→ Tape, → Magnetband.
Virtuelles Studio	Fernsehtechnische Studioausstattung. Der Moderator bewegt sich in einem dekofreien Studio. Dekoration und Hintergrundbilder werden rein elektronisch erzeugt und mit den Bildern vom Moderator zu einem Gesamtbild kombiniert.
Vorspann	Anfangstrailer einer Sendung, beinhaltet u. a. Titel der Sendung.
Wanne	Lampe, die weiches Licht liefert, → Spot.
Weißabgleich	Abstimmung elektronischer Kameras auf die korrekte Farbwiedergabe bei unterschiedlichen Lichtbedingungen (Tageslicht, Kunstlicht, Neonlicht).
Zeitlupe	Zeitdehnung durch größere Bildwechselfrequenz, bei Film- und Fernsehaufnahmen mehr als 25 Bilder/sec. → slow-motion.
Zeitraffer	Beschleunigung eines Ablaufs durch geringere Bildwechselfrequenz, bei Filmaufnahmen weniger als 25 Bilder/sec.
Zoll	englische Maßeinheit, in der die Breite von → Tapes angegeben wird. Ein Zoll = 2,54 cm.
Zoomfahrt	Stufenlose Veränderung des Bildausschnitts mit Hilfe des Varioobjektivs (Zoom, Transfokator, oder – im Jargon – Gummilinse, deshalb auch Linsenfahrt genannt).
Zwischenschnitt	Eine Einstellung, die zwischen zwei andere geschnitten wird, um den Fluß der Szene nicht zu unterbrechen. Mit einem Zwischenschnitt können auch längere Vorgänge unbemerkt gekürzt werden, → cutten.

Aus- und Fortbildung

Ausbildung beim öffentlich-rechtlichen Rundfunk

Die ARD-Anstalten und das ZDF fühlen sich wie die anderen Medien verpflichtet, journalistischen Nachwuchs zu fördern und ihm eine systematische und praxisorientierte Ausbildung anzubieten. Sie haben sich deshalb auf Voraussetzungen und Inhalte für diese Angebote verständigt.
Die ARD-Anstalten bilden überwiegend bimedial aus, daß heißt im Hörfunk- und Fernsehbereich gleichermaßen. Das ZDF kann zwar keine Hörfunkausbildung anbieten, in seinem »Werkstattvolontariat« legt es dafür großen Wert auf theoretische Wissensvermittlung und praktische Übungen.
In den Fernsehanstalten gibt es *drei Informations- und Ausbildungsangebote,* über die die Aus- und Fortbildungsbeauftragten die aktuellsten Auskünfte geben können.

Das Praktikum ist für Studierende zugänglich, deren Studiengang ein solches vorschreibt. Das ist überwiegend in den Fächern Journalistik oder Publizistik der Fall. Der WDR und das ZDF z.B. haben sich vertraglich verpflichtet, Studenten des Dortmunder Studiengangs Journalistik zur Ausbildung aufzunehmen.

Hospitationen ermöglichen eine berufskundliche Information. Sie dauern in der Regel zwei bis drei Monate (meist während der Semesterferien) und stehen Bewerbern offen, die mindestens vier Semester an einer Hochschule studiert haben und ihr Interesse am Journalismus nachweisen. Ein Unterhaltszuschuß wird nicht immer gezahlt.
Für eine Hospitation im Fernsehbereich sind journalistische Vorkenntnisse erwünscht, weil das Medium durch die komplexe Aufnahmetechnik von Bild und Ton und durch die damit verbundenen organisatorischen Abläufe in der Regel für die ersten journalistischen Gehversuche zu kompliziert ist. Hospitieren ist sicher der sinnvollste Weg, eine Fernsehanstalt, ihre Redaktionen und deren Programmfelder kennenzulernen und Erkenntnisse für die Berufwahl zu gewinnen.

Das Volontariat orientiert sich an einem ARD/ZDF-Rahmenkonzept. Danach kann Volontär werden, wer jünger als 30 ist und alternativ eine der folgenden *Voraussetzungen* erfüllt:

- abgeschlossenes Hochschulstudium
- abgeschlossenes Studium an einer Fachhochschule oder einem Fachinstitut
- einschlägige mehrjährige Tätigkeit bei Zeitungen, Rundfunk, Presse, Nachrichten- oder Fernsehagenturen, Verlagen, Bühnen oder in vergleichbaren Berufen.

Das Auswahlverfahren ist nicht einheitlich. Das ZDF wählt sowohl unter externen Bewerbern als auch aus dem Kreis der ehemaligen Praktikanten und Hospitanten aus, und zwar durch repräsentative Arbeitsgruppen und Vorstellungsgespräche bei der Geschäftsleitung, der WDR durch breitgefächerte Tests.
In den Rundfunkanstalten der ARD werden Volontäre *sowohl beim Fernsehen als auch beim Hörfunk ausgebildet.* Der *Ausbildungsschwerpunkt* liegt allerdings nur bei einem der beiden Medien. Hier wiederum ist das Volontariat einem bestimmten Programmbereich (Stamm-Hauptabteilung) zugeordnet, bei dessen Wahl Kenntnisse und Kompetenz berücksichtigt werden sollten, die der Volontär während seines Studiums erworben hat.

Der Ausbildungsschwerpunkt Fernsehen hat beispielsweise beim HR folgenden Rahmenplan:
2 Monate Aktuelles
2 Monate Technik und Produktion
2 Monate Stamm-Hauptabteilung
2 Monate Hörfunk
4 Monate weitere Fernsehredaktionen nach Absprache
6 Monate Stamm-Hauptabteilung

Die Ausbildungsstationen werden individuell festgelegt. Die Volontäre haben zusätzlich die Möglichkeit, in praxisbezogenen *Begleitseminaren* journalistisches Handwerk zu erlernen. Im Bedarfsfall ist individueller *Sprechunterricht* vorgesehen. Während der *technischen Grundausbildung* verfolgen die Volontäre eine größere Film- und eine elektronische Produktion von der Projektentwicklung bis zur Endproduktion. In den Redaktionen/Abteilungen sind *Tutoren* die Ansprechpartner der Volontäre. Nach jedem Ausbildungsabschnitt erfolgt eine schriftliche *Beurteilung* (ZDF 12 Monate).

Am Ende der achtzehnmonatigen Ausbildung besteht Anspruch auf ein *Zeugnis,* nicht aber auf Festanstellung oder Beschäftigung als freier Mitarbeiter.

Externe Ausbildungsgänge ergänzen die Konzepte der Fernsehanstalten. Dazu gehören die Studienangebote der Deutschen Film- und Fernsehakademie, Berlin; der Hochschule für Fernsehen und Film, München; der Pädagogischen Hochschule Ruhr, Dortmund (Studiengang Journalistik); des Journalistischen Seminars am Institut für Publizistik, Mainz; der Deutschen Journalistenschule, München; des Fachbereichs 7 (Medienwissenschaft) der Universität Osnabrück; der Katholischen Akademie Eichstätt, Studiengang Journalistik; Hochschule für Musik und Gestaltung Hannover, Ergänzungsstudiengang Journalistik.

Ausbildung beim Privatfernsehen

Das Thema Ausbildung wird von den privaten Fernsehveranstaltern sehr unterschiedlich behandelt. Klare Ausbildungskonzepte – wie sie z. B. bei RTL vorhanden sind – bilden eher die Ausnahme als die Regel. Es ist nicht weiter verwunderlich, daß bei Sendern, die sich erst seit kurzer Zeit am Markt bewegen, solche Konzepte nicht vorhanden sind und oft auch nicht ernsthaft erwogen werden. So versteht es sich, daß im Bereich der Ausbildung von Journalistinnen und Journalisten noch viel experimentiert wird. Gleichwohl ist das private Fernsehen für viele Berufsanfänger attraktiv, zumal sich durch die Zulassung neuer Sender weitere Ausbildungsmöglichkeiten für Journalistinnen und Journalisten ergeben werden.

Auskünfte über die Ausbildungsmöglichkeiten geben die großen nationalen TV-Anbieter selbst: Sie bilden überwiegend journalistischen Nachwuchs aus. Gleiches gilt aber auch für die

Vielzahl von Produktionsfirmen, die für private Anbieter arbeiten. Sollten bei einem Sender klare Ausbildungskonzepte nicht vorhanden sein, ist Vorsicht beim Abschluß eines Ausbildungsvertrages geboten. Denn nicht selten wird (gerade bei kleinen Produktionsfirmen) die Volontärin/der Volontär eingesetzt, um den/die ausgebildeten, aber in der Regel teureren Redakteur/in zu ersetzen.

Geprägt wird die Ausbildung im privaten Fernsehen wesentlich von den Inhalten der Programme. Als Stichwort sei hier nur der Begriff *Infotainment* angeführt. Im Vordergrund der Ausbildung steht daher naturgemäß die Vielseitigkeit. Allround-Talente haben also im privaten Fernsehen die besten Chancen. Auf Grund der immer härter werdenden Wettbewerbsbedingungen im Bereich des privaten Fernsehens ist es ein Anliegen der Sender, möglichst kostengünstig zu produzieren. Dies hat dazu geführt, daß Journalistinnen und Journalisten auch Tätigkeiten übernehmen müssen, die nicht in das klassische Berufsbild des Journalisten passen. So versteht es sich, daß dem Auszubildenden auch die technischen Voraussetzungen des Mediums vermittelt werden und er die Bereitschaft haben muß, sich auf diese einzulassen.
Redaktionelle Stationen kann ein/eine auszubildende(r) Journalist/in bei allen ausbildenden Sendern durchlaufen. Bei Sendern mit Regionalredaktionen in den einzelnen Bundesländern ist es zudem Übung, die Volontäre dort einzusetzen. Ziel ist es, dem/die auszubildende(n) Journalisten/in mit den besonderen Anforderungen vertraut zu machen, die bei der Produktion regionaler Fensterprogramme gestellt werden. Teilweise besteht auch die Möglichkeit, in einem Korrespondentenbüro im Ausland tätig zu werden.

Der Ausbildungsplan wird bei den größeren Privatsendern vorher festgelegt, wobei jedoch besondere Wünsche der Volontärin/des Volontärs berücksichtigt werden können. Mehrere Sender haben für die Aus- und Fortbildung einen Volontärsbeauftragten. Einige Sender gewährleisten zudem, daß die Volontärin/der Volontär alle relevanten Redaktionen des Senders während der Ausbildungszeit, die in der Regel zwei Jahre beträgt, durchläuft.

Bei der theoretischen Ausbildung der Volontäre greifen die Sender sowohl auf hausinterne Seminare als auch auf Journalisten-Ausbildungszentren wie beispielsweise das Haus Busch in Hagen, die Akademie für Publizistik in Hamburg, die Springer Journalistenschule oder die Akademie der Bayerischen Presse zurück. Teilweise wird auch eine externe Ausbildungsstation bei einem Hörfunksender und einer Tageszeitung oder Nachrichtenagentur angeboten. Da zur Ausbildung im Medium Fernsehen auch ein ansprechendes Auftreten vor der Kamera und ein sicherer Umgang mit dem Mikrofon gehören, bieten alle Sender ihren Auszubildenden die Möglichkeit des Sprechunterrichts, wobei dies von Sender zu Sender unterschiedlich intensiv gehandhabt wird.
Schwerpunktmäßig erfolgt die Ausbildung dort, wo der Sender seine programmlichen Schwerpunkte setzt. So verbringen Volontäre/innen bei SAT.1 den größten Teil ihrer Ausbildungszeit in der Redaktion Aktuelles oder Sport. Bei RTL können Schwerpunkte im Unterhaltungs- oder Nachrichtenbereich gewählt werden. So durchlaufen Volontäre/innen beim Kölner Sender die Stationen »Unterhaltung/Wort«, »Unterhaltung/Musik und Show«, »Unterhaltung/Spiele«. Im Hinblick auf die unterschiedliche Ausrichtung lassen sich die einzelnen Ausbildungsgänge bei den verschiedenen Anbietern nicht miteinander vergleichen.

Die Ausbildungsbedingungen im privaten Fernsehen sind mit denen des öffentlich-rechtlichen Rundfunks nicht zu vergleichen. Es gibt zwar seit Mitte 1991 einen Manteltarifvertrag für das private Fernsehen, der die wesentlichen Arbeitsbedingungen regelt. Unter seinen Geltungsbereich fallen aber nur RTL, SAT.1 und Pro Sieben. Bei n-tv wurde durch einen Haustarifvertrag dieser MTV übernommen. Bei diesen Sendern sind auch die Volontärsgehälter denen im Printbereich vergleichbar oder liegen teilweise sogar darüber. Bei anderen privaten Anbietern ist neben einer mittelmäßigen Bezahlung und einem Mangel an sozialer Absicherung auch mit einer Vielzahl von Überstunden zu rechnen. Im Gegensatz zum öffentlich-rechtlichen Rundfunk werden aber auch die sog. *Seiteneinsteiger* – auch ohne abgeschlossenes Hochschulstudium – berücksichtigt. Dies allerdings nicht mehr in dem Ausmaß wie in den vergangenen Jahren. Daher ist das Volontariat bei einem privaten Fernsehsender für viele Bewerber/innen aus anderen Berufen oder für Studienabbrecher immer noch eine Möglichkeit für den Einstieg in den Journalismus.

Dem Ausbildungsvertrag kommt eine besondere Bedeutung zu. Er sollte auf jeden Fall schriftlich abgeschlossen werden. Durch ihn kann gewährleistet werden, daß eine geordnete und gründliche journalistische Ausbildung erfolgt. Der Ausbildungsvertrag ist juristisch als befristeter Dienstvertrag anzusehen. Er sollte auf jeden Fall das Ziel des Volontariats, die Ausbildung zum Rundfunkredakteur, ausdrücklich erwähnen. Außerdem sollte er nachfolgende Regelungen enthalten:
- Art, sachliche und zeitliche Gliederung der Ausbildung,
- Anzahl und Art der Ausbildungsstationen,
- Beginn und Dauer der Ausbildung,
- vorgesehene Ausbildungsmaßnahmen außerhalb des Senders, z. B. in einer Landesredaktion, einer Ausbildungseinrichtung oder bei einer Zeitung,
- Dauer der regelmäßigen Wochenarbeitszeit,
- Dauer der Probezeit (nicht länger als drei Monate),
- Dauer des Urlaubs,
- rechtzeitige Mitteilung der Übernahme in ein festes Anstellungsverhältnis,
- Art und Umfang des auszustellenden Zeugnisses.

Da es bislang keinen Ausbildungstarifvertrag für den privaten Rundfunk gibt und der vorliegende Manteltarifvertrag nur in wenigen Sendern Anwendung findet und nicht zu allen genannten Punkten Regelungen enthält, kommt es ganz entscheidend auf den einzelnen Vertrag an. Der Deutsche Journalisten-Verband e. V. (DJV) bietet dazu einen Musterausbildungsvertrag an, der sich im wesentlichen an den bei den Printmedien üblichen Regelungen orientiert.

Ein Praktikum oder eine Hospitanz bieten sich an, wenn man sich zunächst einmal im privaten Fernsehen umsehen möchte. Sie sind grundsätzlich bei fast allen Anbietern möglich. Während bei einer Hospitanz zwei Wochen die Regel sind, variiert die Dauer eines Praktikums je nach Anbieter zwischen sechs und zwölf Wochen.

Ausbildung in der Schweiz

Beim *Fernsehen DRS* starten die meisten Journalisten und Journalistinnen ihre berufliche Karriere in Sendungen, die täglich produziert werden (z. B. Schweiz-aktuell, Tagesschau. Sport, 10 vor 10 etc.), aber auch in Wochenmagazinen, bei denen ein Aktualitäten-Druck besteht.
Eine eigentliche Lehrzeit (ein Volontariat) mit einem festen Lernprogramm gibt es zwar noch, ist aber immer seltener. Heute wird beim Fernsehen viel individueller ausgebildet: in einer stark auf die jeweilige Funktion und die bereits vorhandene Erfahrung zugeschnittenen Ausbildung von unterschiedlicher Länge. Obwohl ein abgeschlossenes Hochschulstudium oder eine gleichwertige Ausbildung immer noch wichtige Voraussetzung für den Journalistenberuf ist, wird immer stärker auf *journalistische Erfahrung* geachtet. Über eine Anstellung wird in der Regel erst nach einer ein- bis vierwöchigen Hospitanz in jener Redaktion entschieden, in die der Journalist, die Journalistin möchte. Erfolgreiche Teilnahme an einem Bildschirm- und Sprechtest (in Mundart und Hochsprache) sowie ein Eignungstest für optisches Gestalten sind die Eintrittshürden, die zudem genommen werden müssen. Jeder neue Mitarbeiter erhält einen *Tutor*, der gemeinsam mit dem Ausblildungsdienst einen individuellen Ausbildungsplan erstellt. *Die Ausbildung am Arbeitsplatz* bleibt der wichtigste Teil der Grundausbildung für das Fernsehen.

Kurse und Workshops des Ausbildungsdienstes ergänzen die Ausbildung am Arbeitsplatz. In diesen Kursen lernen die neuen Mitarbeiter die Normen, Standards und Abläufe sowie die handwerklichen und technischen Grundlagen kennen, die für die Arbeit beim Fernsehen wichtig sind. Die Kurse sind praxisbezogen und werden in der Regel als Workshops durchgeführt, in denen auch andere Berufsgruppen im gestalterischen Bereich ausgebildet werden. Dadurch lernt man bereits in der Ausbildung, im Team zu arbeiten. Kernstücke dieser Ausbildung sind: ein *Videogrundkurs* zum Erlernen des filmischen Handwerks, ein *Studio-Workshop* und diverse weitere medienspezifische Angebote wie *Videotexten*, *Videojournalismus*, *mediengerechtes Gestalten* und *Interviewtraining*. Die medienspezifische Ausbildung beträgt je nach späterem Aufgabengebiet zwischen zehn und vierzehn Wochen.

Sprechausbildung. Die Präsentation des Inhalts wird beim Fernsehen immer wichtiger. Sie muß deshalb intensiv geschult und trainiert werden, sei es in bezug auf die Sprechtechnik, das hörverständliche Formulieren oder das Auftreten am Bildschirm. Die Integration der Sprechausbildung in das gesamte medienspezifische Ausbildungsprogramm wird zusehends wichtiger: Kurse, bei denen die Gesamtpräsentation und die Wahrnehmungsmechanismen in der audiovisuellen Vermittlung im Mittelpunkt stehen, ergänzen den Einzelunterricht im Sprechen und im Auftreten. Journalisten und Journalistinnen, die Moderationsaufgaben haben, werden für ihre Tätigkeiten am Bildschirm besonders trainiert.

Bewerbungen sind zu richten an: Schweizer Fernsehen DRS, Abt. HR, Postfach, 8052 Zürich. Sie müssen enthalten:
- Ausführliches Bewerbungsschreiben, aus dem u. a. die Motivation zum Fernsehjournalismus hervorgeht, und das darlegt, welche Redaktion dem Interessensgebiet entspricht,
- Abschluß und Arbeitszeugnisse,
- Arbeitsproben.

Dies gilt sowohl für die wenigen Volontariate als auch für sogenannte Azubis (Auszubildende) – das sind Redakteure, die bereits mehrere Jahre Berufspraxis in Printmedien oder am Radio mitbringen. Ein Azubi erhält in der Regel einen einjährigen Vertrag mit der Möglichkeit, interne Ausbildungsangebote zu besuchen und dabei in der Redaktion die spezifische Fernsehpraxis zu erlernen. Für alle journalistischen Berufe erfolgt eine Anstellung in der Regel nur, nachdem ein Sprech- und Bildschirmtest sowie ein Eignungstest für optisches Gestalten erfolgreich bestanden wurden. Nach dem Ausbildungsjahr wird ein Azubi als fester Redakteur oder als freier Mitarbeiter angestellt, sofern die dafür notwendigen Qualifikationen ausreichen.

Ausbildung in Österreich

Der ORF bildet grundsätzlich nur eigene MitarbeiterInnen aus. Zuständig dafür ist die Abteilung »BAF« (Berufsaus- und -Fortbildung), die direkt dem Generalintendanten des ORF untersteht. Um journalistische(r) Mitarbeiter/in im ORF zu werden, muß man ein objektiviertes Auswahlverfahren bestehen.

Auswahlverfahren. Getestet wird in folgenden Bereichen:
- Wirkung vor der Kamera – wie gewandt und natürlich verhält sich jemand vor der Kamera.
- Mikrofontauglichkeit – wie österreichisch, wie dialektfrei klingt die Stimme, gibt es Sprachfehler etc.
- Allgemeinbildung – wie intensiv beschäftigt sich jemand mit aktuellen Themen, wie profund ist die Allgemeinbildung.
- Journalistische Fähigkeiten – wie gut kann jemand texten, Liveeinstiege machen, wie nähert sich jemand an Geschichten an etc.

Wer den Test besteht, dem bzw. der wird eine Probezeit im ORF angeboten.

Ausbildung der Mitarbeiter. Je nach Berufsbild erfolgen spezifische Ausbildungsschritte. Dazu gehören bei JournalistInnen unter anderen:
Interviewtechnik, Recherchetechnik, Darstellungsformen in Radio/TV, Aufsager & Liveeinstieg, Sprechtechnik, Textierung von Beiträgen, Verfassen von Nachrichten, Dramaturgie in elektronischen Medien, entsprechende EDV-Tools, etc.
Diese Seminare werden berufsabhängig in ein- bzw. mehrtägigen Kursen abgehalten, in Einzelfällen kann man am Modul »Journalistischer Grundkurs« teilnehmen, der alle dem Berufsbild zugeordneten Fähigkeiten bzw. Kenntnisse vermittelt.
Anschrift: ORF, Berufsaus- und -Fortbildung, ORF-Zentrum, Würzburggasse 30, 1136 Wien. Tel.: (02 22) 8 78 78/22 96

Fortbildung beim öffentlich-rechtlichen Rundfunk

Im Rahmen der betrieblichen Fortbildung von ARD und ZDF bietet die Zentrale Fortbildung der Programmitarbeiter (ZFP) jährlich ca. 400 Seminare und Trainings an. Damit erreicht sie pro Jahr nahezu 4000 MitarbeiterInnen aus Hörfunk und Fernsehen. Die Bandbreite des Angebots reicht vom Informationstag bis hin zur Werkstattwoche. Die Teilnahme ist freiwillig. Sie wird über den Fortbildungsbeauftragten des jeweiligen Senders beantragt. Für die TeilnehmerInnen entstehen keine Kosten. Die ZFP unterhält je ein *Trainingszentrum in Hannover und in Wiesbaden*.

Zielgruppe im Fernsehen sind zunächst die JournalistInnen und RedakteurInnen, dann aber auch alle anderen, die kreativ am Zustandekommen eines Sendebeitrags bzw. des Programms beteiligt sind (z. B. MitarbeiterInnen aus den Bereichen Bild und Ton – Aufnahme wie Bearbeitung –, Grafik, Regie, Ausstattung, Planung). Ausgesprochen technikorientierte Seminare führt die Schule für Rundfunktechnik (SRT) in Nürnberg durch.

Die Leistungen der ZFP sind gegliedert in Zentral- und Gemeinschaftsveranstaltungen sowie in Auftragsseminare. Sie umfassen: Trainings im journalistischen Handwerk (Präsentieren, Recherchieren, Produzieren), Erfahrungs- und Informationsaustausch über neue Entwicklungen in Programm und Technik, Seminare zur Erweiterung des Sach- und Hintergrundwissens, zum Redaktions- und Produktionsmanagement, zu Marketing und Öffentlichkeitsarbeit sowie zum mehrmedialen Arbeiten.
Die Programme der *Zentral- und Gemeinschaftsveranstaltungen* werden viermal im Jahr veröffentlicht und an die ProgrammitarbeiterInnen in den Rundfunkanstalten verteilt.
Auftragsseminare werden auf Anfrage organisiert. Die ZFP entwickelt entsprechend den spezifischen Anforderungen einer Redaktion oder eines Programmbereichs individuelle Konzepte, die vielfältige Bedürfnisse abdecken müssen. Sie reichen vom Einzelcoaching über Soll/Ist-Analysen bis hin zur Prozeßberatung verbunden mit entsprechenden Trainings.
Die Auftragsseminare machen mittlerweile ca. 40 % der Gesamtleistung aus.

Jüngere ProgrammitarbeiterInnen wählen vornehmlich *handwerklich orientierte Trainings*, die als Vorbereitung auf ihre neue Tätigkeiten dienen und das Ausprobieren in neuen Rollen ermöglichen. Hierzu zählen auch die Seminare, die Kenntnisse für das notwendige Zusammenspiel mit Produktion und Technik vermitteln. Berufserfahrene KollegInnen besuchen eher Seminare, die Analyse, Reflexion, Austausch und Innovation beinhalten.
Besonderen Wert legt die ZFP auf das Stärken und Weiterentwickeln der *Kommunikationsfähigkeit* des Einzelnen. Sprache, Sprechen und kommunikatives Verhalten sind deshalb nicht nur

inhaltliche Schwerpunkte bei Interview- und Moderationstrainings, sondern auch wichtig im Blick auf die Zusammenarbeit im Team.

Wer unterrichtet? Die ca. 300 ReferentInnen, TrainerInnen, GesprächspartnerInnen und Assistenzkräfte kommen von Hochschulen und anderen Forschungseinrichtungen (aus staatlichen und privaten Institutionen, aus der Erwachsenenbildung) oder sind als Selbständige in der freien Wirtschaft tätig. Rund ein Drittel sind Fachkräfte aus den Rundfunkanstalten selbst. Das Ganze organisiert das 16-köpfige Team von beiden Trainingszentren aus.

Organisation: Die Sitzanstalten Hessischer Rundfunk und Norddeutscher Rundfunk gewährleisten eine Grundversorgung mit Geräte- und Studiokapazitäten. Grundsätzlich nutzt die ZFP die mannigfaltigen Ressourcen der Rundfunkanstalten und anderer Kooperationspartner. Die Kosten für Seminare, Geschäftsbedarf und die Personalkosten werden durch eine Umlage gedeckt.
Anschriften: ZFP Wiesbaden, Unter den Eichen 5, 65195 Wiesbaden (Leitung), Telefon (06 11) 59 05 04
ZFP Hannover, Auf dem Emmerberge 23, 30169 Hannover, Telefon (05 11) 9 88 20 40

Fortbildung in der Schweiz

Der interne Ausbildungsdienst bietet den Mitarbeitern und Mitarbeiterinnen eigene Kurse, Workshops und Seminare an. Außerdem gibt es die Möglichkeit, an Veranstaltungen anderer Institutionen im In- und Ausland teilzunehmen. Aufenthalte bei ausländischen Rundfunkanstalten sind eine weitere Maßnahme im Fortbildungsbereich.
Um handwerkliche Aspekte geht es vor allem bei den hauseigenen Veranstaltungen, wie dem Reportage-Training, dem Interview-Training und in den regelmässigen Sendungs- und Gestaltungsanalysen. Es ist ein wichtiges Ziel in der Fortbildung, die Mitarbeiter *sich selbst* und ihrer Arbeit *gegenüber noch kritischer* und *im Handwerk geübter* zu machen. Dies geschieht auch in

Sendungsanalysen, die im Rahmen der einzelnen Redaktionen stattfinden. Dabei werden Sendungen und Beiträge daraufhin analysiert, inwieweit sie den konzeptionellen Vorstellungen der Macher entsprechen und das gestalterische und journalistische Handwerk optimal eingesetzt wurde. Aus den Analysen werden Konsequenzen für die Programmentwicklung und die eigene Fortbildung gezogen.

Fortbildung in Österreich

Die Weiterbildung für JournalistInnen des ORF ist vielfältig. Je nach Berufsziel des/der MitarbeiterIn – das im übrigen mit dem/der Vorgesetzten abgestimmt werden sollte – werden in Seminaren Themenbereiche wie Urheberrecht, Vertragsrecht, Zeitmanagment, Montagetechniken, Fertigkeiten zur Abwicklungsregie, Grundlagen zu Marketing u. v. a. m. angeboten. Zunehmend wird dabei *das Angebot maßgeschneidert*. Vor allem bei ModeratorInnen kommt *Einzelcoaching* bzw. -beratung zur Geltung, Sendungsteams unterstützt die BAF durch Analyse oder Supervision.

Fernsehkurse

Die nachfolgende Übersicht in Auswahl gliedert sich nach den Zielen der Kurse und Seminare: Orientierung, Ausbildung, Weiterbildung.

Orientierung: Wer an der Arbeit beim Fernsehen interessiert ist, kann Einführungskurse der verschiedensten Veranstalter besuchen – und sich testen, ob und wofür er geeignet ist. Stiftungen und Akademien, kirchliche und berufsständische Bildungseinrichtungen, auch Volkshochschulen bieten diese Orientierung regelmäßig an.

Stiftungen von Parteien: Bei der *Hanns-Seidel-Stiftung* lernen die Teilnehmer in jeweils dreitägigen Grund-, Aufbau- und Hauptseminaren, in der Regel an Wochenenden, die wichtigsten Arbeitsgebiete des Fernsehjournalisten kennen. Sie produzieren einen Nachrichtenspot, moderieren vor der Kamera und führen Live-Interviews mit Studiogästen. Das Medienzentrum im Kloster Banz hat ein professionell ausgestattetes Fernseh- und Video-Studio. Daneben bietet das Förderungswerk der Hanns-Seidel-Stiftung auch ein journalistisches Stipendiatenprogramm (JFS) für Studierende an Universitäten und Fachhochschulen an. (Lazarettstraße 33, 80636 München, F: (0 89) 1 25 84 03, I: www.hss.de, Referat für journalistische Nachwuchsförderung, T: (0 89) 12 58-3 53, Referat für das journalistische Stipendiatenprogramm (JFS), T: (0 89) 12 58-3 06).

Auch andere politische Stiftungen führen junge Interessenten an die spätere Berufspraxis heran und machen sie mit medienpolitischen Themen vertraut.

Die Akademie für Publizistik bietet in einwöchigen Seminaren »Fernsehprexis für Einsteiger«. Die Teilnehmer sind mit der Kamera unterwegs und lernen, wie man dreht, schneidet und textet. Sprech- und Moderationsübungen gehören dazu. Sie produzieren eine kurze Magazin-Sendung. Zwei- und dreitägige Seminare behandeln Moderation, Interview und Texten. Außerdem gibt es ein zweitägiges »Sprechtraining für Radio und Fernsehen«. (Warburgstr. 8-10, 20354 Hamburg, T: (0 40) 41 47 96-0, F: -90, I: www.akademie-fuer-publizistik.de).

Die Henri-Nannen-Schule Berlin bringt im Rahmen der Volontärkurse eine Fernseheinführung. Außerdem gibt es die Seminare »TV-Moderatorentraining« und »TV-Einführung für Einsteiger«. (Karl-Liebknecht-Straße 29, 10178 Berlin, T: (0 30) 23 27-55 05, F: -55 12, I: www.journalistenschule.de/berlin).

Die Evangelische Medienakademie/cpa wendet sich an Neugierige mit ihrem Fernseh-Grundkurs »Von der Idee zur Sendung«. Produziert werden 1-, 2- und 10-Minuten-Beiträge und ein einstündiges Regionalmagazin, das von den Teilnehmern gestaltet und präsentiert wird. (Emil-von-Behringstraße 3, 60439 Frankfurt, T: (0 69) 5 80 98-1 58, F: -2 54, I: www.gep.de/medien/medien.html).

Die Akademie der Bayerischen Presse veranstaltet ebenfalls einen einwöchigen Schnupperkurs; auch hier kommen die Teilnehmer aus den Printmedien und wollen wissen, wie man beim Fernsehen arbeitet. Wer bereits FS-Erfahrungen hat, besucht den zweiwöchigen Grundkurs. (Rosenheimer Str. 145 C, 81671

München, T: (0 89) 49 99 92-0, F: -22, I: www.bayerische-medienakademien.de).

Ausbildung. Öffentlich-rechtliche und private Fernsehveranstalter, aber auch Produktionsfirmen verlangen in wachsendem Maß qualifizierten Nachwuchs und die dazu erforderlichen Ausbildungsstätten.

Das Institut zur Förderung publizistischen Nachwuchses (ifp) bietet als Fachinstitut für multimediale journalistische Ausbildung primär für katholische Bewerber/innen eine studienbegleitende Ausbildung. In Ludwigshafen steht ein professionell ausgestattetes FS-Studio mit eigenem Profi-Team zur Verfügung. (Rosenheimer Str. 145 b, 81671 München, T: (0 89) 54 91 03-0, F: (0 89) 5 50 44 86, I: www.kath.de/ifp).

Die Bayerische Akademie für Fernsehen (BAF) hat 1994 mit der Ausbildung zum Videoreporter begonnen. Der Videoreporter ist als Ein-Mann-Team mit aktuellen Einsätzen für die technische und für die journalistische Komponente seines Beitrags verantwortlich. Die Ausbildung zum selbst drehenden und auch schneidenden Videoreporter ist einer von zwei Studienwegen der BAF und dauert neun Monate. Ein Aufbaustudiengang »TV-Produktionsmanagement« wird ebenfalls angeboten. (Betastraße 5, 85774 Unterföhring, T: (0 89) 42 74 32-0, F: -23, I: www.fernsehakademie.de).

Journalistenschulen: Die Ausbildung zum Fernsehjournalisten ist in die Aufgaben der Journalistenschulen zwar integriert, hat aber noch keinen angemessenen Anteil am Gesamtprogramm. Entsprechend begabte Studierende werden jedoch Anleitungen für ein späteres Learning by doing mit nach Hause nehmen.
Die Deutsche Journalistenschule organisiert die Ausbildung in Lehrredaktionen und vermittelt nach 9 Monaten praxisbezogenem Unterricht zwei je dreimonatige Praktika auch beim Fernsehen. In Zusammenarbeit mit der Universität München wird eine Kombination von praktischer Journalistenausbildung und Diplomstudium (Diplom-Journalist) angeboten. (Altheimer Eck 3, 80331 München, T: (0 89) 23 55 74-0, F: (0 89) 26 87 33, I: www.djs-online.de).

Die Evangelische Journalistenschule in Berlin, 1995 gegründet, selbständig arbeitende Abteilung der Evangelischen Medienakademie/cpa (Frankfurt), bildet bis zu ihrer Auflösung Ende 2000 durch ein zweimonatiges Praktikum bei einem Fernsehsender mehrmedial aus. (Auguststr. 80, 10117 Berlin, T: (030) 28395-194, F: -130, I: www.gep.de/journal/).

Die Hanseatische Akademie für Marketing und Medien GmbH bildet Fachkräfte für alle Berufsfelder in Medien, Marketing und Design heran. Im Studiengang »Kommunikationswirt AV Medien« lernen die Teilnehmer neben Theorie, realitäts- und praxisnah eine Fernsehproduktion zu organisieren und finanziell exakt zu planen. (Conventstraße 14, 22089 Hamburg, T: (040) 253013-0, F: -98, I: www.hhamm.de).

Medien Praxis, eine Akademie für privaten Rundfunk, bietet Volontärseminare als Blockausbildung: Rechtsgrundlagen und Grundlagen des Journalismus. In Seminaren und Workshops reichen die Themen von Feature-Produktion und Magazin-Planung, Moderation, Programmpräsentation und Talk bis zu »Wie führe ich meinen Chef?« (Theresienplatz 27, 94315 Straubing, T: (09421) 830595, F: -596, I: www.medienpraxis.de

Die Film- und Fernsehakademien sind demgegenüber eher Ausbildungsstätten für künstlerische Berufe, also in erster Linie für künftige Filmemacher, aber auch für Dramaturgen, Autoren, Kritiker, Medienberater.
Die Deutsche Film- und Fernsehakademie Berlin (dffb) bildet in einem vierjährigen Studium in den Bereichen Regie, Kamera und Produktion aus. Die Studierenden absolvieren zunächst ein zweijähriges Grundstudium, das alle Bereiche des Spiel- und Dokumentarfilms umfaßt. Im Hauptstudium konzentrieren sie sich auf den jeweiligen Ausbildungsschwerpunkt. Seit 1997 gibt es die zweijährige Drehbuch-Akademie. (Heerstraße 18-20, 14052 Berlin, T: (030) 300904-0, F: -61, I: www.dffb.de).
Die Hochschule für Fernsehen und Film bildet Nachwuchs für die verschiedensten Berufsfelder der audiovisuellen Medien aus. Der Abteilung für »Dokumentarfilm und Fernsehpublizistik« ist ein Lehrstuhl für Fernsehjournalismus angegliedert, den seit 1997 Gerd Ruge leitet. In den Seminaren und praktischen Übun-

gen können sich die Studenten der Hochschule für eine Tätigkeit als Fernsehjournalisten qualifizieren. (Frankenthaler Str. 23, 81539 München, T: (0 89) 6 89 57-0, F: -1 89, I: www.hff-muenchen.mhn.de).

Universitäten: Neben den wissenschaftlich orientierten Studiengängen für *Publizistik und Kommunikationswissenschaft* (Abschluß mit Magister oder Dr. phil.) haben sich in den letzten zwanzig Jahren praxisorientierte Studiengänge für *Journalistik* entwickelt. Man kann je nach Universität Journalistik nicht nur im Vollstudium studieren (Abschluß meist: Diplomjournalist), sondern auch in einem Aufbaustudium und da und dort als Nebenfach. Einige Studiengänge (wissenschaftlich wie praxisorientierte) bieten ihren Studenten Kurse zur Fernsehpraxis an.
Über die Ausbildung an Universitäten informiert sehr ausführlich Walther von La Roche, Einführung in den praktischen Journalismus (List Journalistische Praxis). Außerdem:
Karin Gavin-Kramer, Studienführer Journalistik, Kommunikations- und Medienwissenschaften (Lexika-Verlag, Würzburg)
Walter Hömberg/Renate Hackel-de Latour (Hg.): Studienführer Journalismus, Medien, Kommunikation (Verlag UVK Medien, Konstanz)
Die Medien-Studiengänge in Nordrhein-Westfalen listet eine Publikation des Ministeriums für Schule und Weiterbildung, Wissenschaft und Forschung auf: »Qualifizierung in Medienberufen. Ausbildungsberufe und Studiengänge in NRW« (Düsseldorf 1999), S. 39-75.

Fortbildung: Wenn es bei Fernseh-Mitarbeitern an systematischen Kenntnissen mangelt, ist Fortbildung oft nachgeholte Ausbildung. Darauf richten sich manche Anbieter realistisch ein.
Die Aus- und Fortbildungs GmbH für elektronische Medien (AFK) ermöglicht jungen Journalisten, Producern und Moderatoren, ihre Arbeiten der Öffentlichkeit vorzustellen. Das AFK-Fernsehen ist der erste Fernseh-Lehrsender mit einer eigenen Lehrredaktion, der im Münchner Kabelnetz regelmäßig dreimal in der Woche zu empfangen ist. In Zusammenarbeit mit der Hochschule für Fernsehen und Film, der Akademie der Bayerischen Presse,

dem Institut zur Förderung publizistischen Nachwuchses, der Bayerischen Akademie für Fernsehen und dem Institut »Jugend Film Fernsehen« entstehen hier die Beiträge der Fernsehmacher von morgen. (Rosenheimer Straße 145 c, 81671 München, T: (0 89) 42 74 08-0, F: -99, I: www.afk.de).

Die Bayerische Landeszentrale für neue Medien bietet Workshops zu folgenden Themen an: Fernseh-Licht, Nachrichten, Sprechtraining, Schnitt-Technik, Moderation, Montage und Vertonung. Die Redakteure und Volontäre bei privaten Hörfunk- und Fernsehstationen in Bayern können sich um Teilnahme bewerben. Die Veranstaltungen finden freitags bis sonntags statt. Heinrich-Lübke-Straße 27, 81737 München, Tel: (0 89) 63 80 80, Fax: (0 89) 63 80 81 40, I: www.blm.de

Das FFFZ/Film Funk Fernseh Zentrum der Evangelischen Kirche im Rheinland bietet in der »FFFZ Akademie« eine Reihe von Kursen und ein Curriculum »Rundfunkjournalismus«. Diese letztere Fortbildung ist bimedial aus einer Einheit von 10 Kursen in anderthalb Jahren konzipiert. Für den Fernsehbereich konzentrieren sich die Kurse vom 4tägigen Basiskurs Fernsehen, über Interviewtraining, digitale Fernsehbearbeitung, Texten und Moderation bis zum Produktionskurs. (FFFZ Medienhaus, Kaiserswerther Straße 450, 40403 Düsseldorf, Tel: (02 11) 45 80-2 50, F: -2 00, I: www.fffz.de).

Die Fortbildungsakademie Medien (FAM), eine Gründung der Universität-Gesamthochschule Siegen und des Landkreises Siegen-Wittgenstein, berücksichtigt in einem ihrer vier Fachbereiche die Medienberufe (Journalisten, Drehbuchautoren, Werbefachleute); weitere Schwerpunkte sind Medienkunst- und -kultur, Medien in Wirtschaft und Verwaltung, Lehrerfortbildung. (St.-Johann-Straße 18, 57068 Siegen, T: (02 71) 7 40 49 44, I: www.fam-siegen.de).

Die Adolf Grimme-Akademie hat die Schwerpunkte Programmentwicklung und -gestaltung, Redaktions- und Produktionsmanagement sowie Stoffentwicklung. Neben offenen Seminaren auf diesen Feldern bietet die Adolf Grimme-Akademie gezielte Fortbildung für Sender und Produktionsfirmen an. Bei der Nachwuchsschulung von Volontären und Jungredakteuren versteht sich das Aus- und Fortbildungskonzept als grundlegende Einführung in das Fernsehgeschäft und als systematische Ergänzung zum »training on the job«. (Eduard-Weitsch-Weg 25,

45768 Marl, T: (0 23 65) 91 89-45, F: -89, I: www.grimme-institut.de/akademie; Im Mediapark 5b, 50670 Köln, T: (02 21) 45 43-5 00, F: -09, e-mail: AGACologne@aol.com).

Die Katholische Medienakademie (kma/ifp) betreibt die publizistische Fort- und Weiterbildung in offener Bildungsarbeit. Als Tochtereinrichtung des Instituts zur Förderung publizistischen Nachwuchses bietet sie jedes Jahr acht Journalisten, die bei anderen Einrichtungen ausgebildet wurden und/oder schon mehrere Jahre lang im Beruf sind, jedoch künftig beim Fernsehen arbeiten wollen, eine vierwöchige Einführung im institutseigenen Studio in Ludwigshafen (Heinrich-Pesch-Haus). In Grund- und Aufbauseminaren kann man das Berufsfeld des Producers für fiktionale Programme kennenlernen, so Fragen der Produktionsbedingungen (Kostenkalkulation, Finanzierung, medienrechtliche Fragen, Marktbedingungen). In der Fernseh-Autoren-Werkstatt »Talente« erarbeiten jährlich zwölf Teilnehmer die Dramaturgie des filmischen Erzählens bei der Entwicklung von Drehbüchern. (Frankenthaler Straße 229, 67059 Ludwigshafen, T: (06 21) 59 17 20, F: (06 21) 51 68 09, I: www.kath.de/ifp).

Die Schreibschule Köln bietet praxisorientierte Fortbildung beim Drehbuchschreiben für Fernsehen und Film. Zwölf Autorinnen und Autoren haben dazu jedes Jahr seit 1995 die Möglichkeit. Das Fortbildungsprogramm hat zwei Komponenten: jeweils drei mehrtägige Intensiv-Workshops vermitteln die theoretischen Grundlagen des Schreibens in unterschiedlichen Genres. Tutoren betreuen jeden Autor bei seiner Arbeit. (St.-Apern-Straße 20-26 a, 50667 Köln, T: (02 21) 92 01 88-11, F: -12, I: www.filmschule.de).

Die Christliche Medien-Akademie (cma) bietet in ihrem offenen Fortbildungsprogramm jährlich rund 50 studien- und berufsbegleitende Seminare für Medien- und Kommunikationsberufe an. Ein Schwerpunkt liegt bei journalistischen Grund- und Aufbauseminaren. Für Journalisten in den elektronischen Medien gibt es den Grundkurs Fernsehen, Interviewtechnik, Stimm- und Sprechtraining. (Postfach 1869, 35528 Wetzlar, T: (0 64 41) 9 15-1 51, F: -1 57, e-mail: www.kep.de).

Auch andere Akademien (z. B. der evangelischen und katholischen Kirche) laden zu Tagungen über Medienfragen ein, bei denen oft das Fernsehen im Vordergrund steht.

Die Bertelsmann Stiftung richtet sich mit den Seminarreihen

»Redaktionsmanagement« und »Produktionsmanagement: Fernsehen« an Redakteure der öffentlich-rechtlichen und privaten Rundfunkanbieter sowie Producer von Film- und Fernsehproduktionsfirmen. Im Mittelpunkt: Personalführung, Projektmanagement, Programmstrategien, Medienrecht, Marketing und Controlling. An der Medienakademie Köln – eine Initiative der Bertelsmann Stiftung und des Landes Nordrhein-Westfalen – werden Seminare zu Online-Redaktion, Online-Recherche, Digital TV und Business TV angeboten.
Weitere Seminare beschäftigen sich mit der Moderation von informationsorientierten Formaten sowie der Wirtschaftsberichterstattung im Fernsehen. (Carl Bertelsmann Straße 256, 33311 Gütersloh, T: (0 52 41) 81-71 80, F: (0 52 41) -93 81, I: www.stiftung.bertelsmann.de/seminare/semmed/index.htm).
Das Institut für europäische Medienbildung bietet in seiner einjährigen Fortbildung einen dreimonatigen theoretischen Unterricht, der die unterschiedlichen Produktionsbedingungen in Deutschland, England, Frankreich, Italien, Griechenland, Holland und Portugal behandelt. Die Teilnehmer lernen u. a. die öffentlich-rechtlichen und privaten Senderstrukturen, Programmschemata, Rechts- und Versicherungsbedingungen in den Medien, Film- und Fernsehkalkulationen und typische Produktionsabläufe kennen. Sprachkurse mit produktionsspezifischem Wortschatz gibt es in Englisch, Französisch und Italienisch. (An der Hasenkaule 22b, 50354 Hürth, T: (0 22 33) 51 83-16, F: -18, I: www.medienbildung.com).
Das Bildungswerk des Deutschen Journalistenverbandes organisiert Seminare zu Arbeitsbedingungen (speziell auch für Freie), zum journalistischen Handwerk, Online-Journalismus und Internet. (Bennauerstr. 60, 53115 Bonn, T: (02 28) 24 27-8 20, F: -8 22, I: www.djv.de/bildung).
Die Berliner Journalisten-Schule des Journalistenverbandes Berlin bietet Weiterbildungsveranstaltungen zum journalistischen Handwerk, speziell auch für das Medium Fernsehen. (Karl-Liebknecht-Str. 29, 10178 Berlin, T: (0 30) 23 27-60 09, F: -60 03, I: www.berliner-journalisten-schule.de).
Die IG Medien veranstaltet für freie und feste Mitarbeiter der Film- und Fernsehbranche Seminare mit den Themenschwerpunkten Digitalisierung und Urheberrecht, sowie Betriebs- und Personalräteseminare. Einzelthemen sind den Programmen der

Bildungseinrichtungen der Gewerkschaft zu entnehmen. Informationen bei den Landesbezirken der IG Medien. (Bundesgeschäftsstelle der Fachgruppe Rundfunk/Film/AV-Medien, Friedrichstraße 15, 70174 Stuttgart, T: (0711) 2018-117, F: -300, I: www.igmedien.de).

Andrea Hanke, Aus- und Fortbildung für Drehbuchautoren; in: Syd Field, Andreas Meyer, Gunther Witte, Gebhard Henke u. a., Drehbuchschreiben für Fernsehen und Film. Ein Handbuch für Ausbildung und Praxis (List Journalistische Praxis)

Walther von La Roche, Einführung in den praktischen Journalismus. Mit genauer Beschreibung aller Ausbildungswege, Deutschland, Österreich, Schweiz (List Journalistische Praxis)

Anschriften

Öffentlich-rechtliche Rundfunkanstalten

Die Sender der ARD und das ZDF haben zum Teil auch in anderen Städten als dem Sitz der Anstalt Funkhäuser, Studios und Korrespondentenbüros. Alle Angaben darüber finden sich in den Jahrbüchern von ARD und ZDF. Informationen gibt es auch über die Internet-Adressen oder von den Pressestellen der Sender. *Bewerbungen* werden an die Personalabteilung am Sitz der Anstalt gerichtet.

Bayerischer Rundfunk (BR)
Fernsehen
Floriansmühlstraße 60, 80939 München
Tel.: (0 89) 38 06-02, I: www.br-online.de

BR-alpha – der Bildungskanal
des Bayerischen Rundfunks (über BR)

Hessischer Rundfunk (HR)
Bertramstraße 8, 60320 Frankfurt (Main)
Tel.: (0 69) 15 51, I: www.hr-online.de

Mitteldeutscher Rundfunk (MDR)
Programmdirektion Fernsehen
Kantstraße 71 – 73
04275 Leipzig
Tel.: (03 41) 30 00, I: www.mdr.de

Norddeutscher Rundfunk (NDR)
Fernsehstudio Lokstedt
Gazellenkamp 57
22504 Hamburg
Tel.: (0 40) 4 15 60, I: www.ndr.de

Ostdeutscher Rundfunk Brandenburg (ORB)
August-Bebel-Str. 26-53
14482 Potsdam
Tel.: (03 31) 72 10, I: www.orb.de

Radio Bremen (RB)
Heinrich-Hertz-Straße 13, 28211 Bremen
Fernsehen: Hans-Bredow-Straße 10, 28307 Bremen
Tel.: (04 21) 24 60, I: www.radiobremen.de

Saarländischer Rundfunk (SR)
Funkhaus Halberg, 66100 Saarbrücken
Tel.: (06 81) 60 20, I: www.SR-online.de

Sender Freies Berlin (SFB)
Masurenallee 8–14, 14057 Berlin
Tel.: (0 30) 3 03 10, I: www.sfb-berlin.de

Südwestrundfunk (SWR), Funkhaus Stuttgart
Neckarstr. 230, 70190 Stuttgart
Tel.: (07 11) 92 90, I: www.swr-online.de

Südwestfunk (SWR), Funkhaus Baden-Baden
Hans-Bredow-Straße, 76530 Baden-Baden
Tel.: (0 72 21) 92 90

Südwestfunk (SWR), Funkhaus Mainz
Am Fort Gonsenheim 139, 55027 Mainz
Tel.: (0 61 31) 92 90

Westdeutscher Rundfunk (WDR)
Appellhofplatz 1, 50667 Köln
Tel.: (02 21) 22 01, I: www.wdr.de

Arte Deutschland TV
Schützenstraße 1, 76530 Baden-Baden
Tel.: (0 72 21) 9 36 90, I: www.arte-tv.com

Deutsche Welle Fernsehen
Voltastraße 5
13355 Berlin
Tel.: (0 30) 4 69 90, I: www.dwelle.de

Zweites Deutsches Fernsehen (ZDF)
ZDF-Straße
55127 Mainz (Lerchenberg)
oder: Postfach 40 40
55100 Mainz
Tel.: (0 61 31) 7 01, I: www.zdf.de

Der Kinderkanal
(ARD/ZDF)
Richard-Breslau-Str. 11a, 99094 Erfurt
Tel.: (03 61) 2 18 18 90, I: www.mdr.de/Kinderkanal

3sat
(ORF, SRG, ARD, ZDF)
Zweites Deutsches Fernsehen
Postfach 40 40
55100 Mainz
Tel.: (0 61 31) 7 01, I: www.3sat.com

PHOENIX. Ereignis- und Dokumentationskanal
(ARD/ZDF)
50662 Köln
Tel.: (02 21) 22 83 00, I: www.phoenix-tv.de

Privates Fernsehen

Die hier aufgeführten bundesweiten Sender haben teilweise Studios in Berlin und den Bundesländern, manche strahlen regionale oder themengebundene Fensterprogramme aus. Für Auskünfte und Anschriften wendet man sich direkt an den Sender. In *Kabelnetzen* und terrestrisch wird außerdem noch regionales und lokales Privatfernsehen angeboten. Den jeweils aktuellen Stand erfährt man bei den *Landesmedienanstalten* (s. dort) oder aus dem »DLM-Jahrbuch« der Direktorenkonferenz der Landesmedienanstalten (Verlag Neue Mediengesellschaft Ulm, erscheint unregelmäßig).

Bundesweite Anbieter

Deutsches Sportfernsehen (DSF)
Bahnhofstr. 27 a
85774 Unterföhring
Tel.: (0 89) 95 00 2-0, I: www.dsf.de

Eurosport
Siedlerstr. 2
85774 Unterföhring
Tel.: (0 89) 95 05-2 44, I: www.eurosport.com

Kabel 1
(Unterhaltung)
Gutenbergstr. 1
85774 Unterföhring
Tel.: (0 89) 9 50 72-1 00, I: www.kabel1.de

n-tv
(Information)
Taubenstraße 1
10117 Berlin
Tel.: (0 30) 20 19 00, I: www.n-tv.de

N24
(Nachrichten)
Gutenbergstr. 1
85774 Unterföhring
Tel.: (0 89) 95 07 10, I: www.N24.de

Premiere World
(Pay-TV)
Medienallee 4
85774 Unterföhring
Tel.: (0 89) 9 58 55-0, I: www.premiereworld.de

Pro7
(Unterhaltungsorientiertes Vollprogramm)
Bahnhofstraße 28
85774 Unterföhring
Tel.: (0 89) 9 50 71-0, I: www.prosieben.de

RTL
(Vollprogramm)
Aachener Str. 1036
50858 Köln
Tel.: (02 21) 45 60, I: www.rtl.de

RTL 2
(Unterhaltung)
Bavariafilmplatz 7
82031 Grünwald
Tel.: (0 89) 6 41 85-0, I: www.rtl2.de

SAT. 1
(Vollprogramm)
Jägerstr. 32
10117 Berlin
Tel.: (0 30) 20 90-0, I: www.sat1.de

tm3
(Unterhaltung, Fußball)
Bavariafilmplatz 7
82031 Grünwald
Tel.: (0 89) 6 41 95-0, I: www.tm3.de

VH-1
(Musik, Videoclip, Lifestyle)
Bramfelder Str. 117
22305 Hamburg
Tel.: (0 40) 6 11 50-0, I: www.vh1.de

VIVA
(Musikkanal, junge Zielgruppe)
Im Mediapark 7
50670 Köln
Tel.: (02 21) 57 44-0, I: www.vivaliebtdich.de

VIVA II TV
(Musikkanal, ältere Zielgruppe)
wie VIVA

VOX Fernsehen
(unterhaltungsorientiertes Vollprogramm)
Richard-Byrd-Straße 6
50829 Köln
Tel.: (02 21) 9 53 40, I: www.vox.de

Anschriften privater Fernseh-Veranstalter kann man auch erfragen beim:
Verband Privater Rundfunk und
Telekommunikation
Burgstr. 69, 53177 Bad Godesberg
Tel.: (02 28) 36 10 44, I: www.vprt.de

Landesmedienanstalten

Für Zulassung, Weiterverbreitung und Kontrolle der privaten Fernsehsender sind die Landesmedienanstalten zuständig. Diese öffentlich-rechtlich organisierten Institutionen gibt es in jedem Bundesland. Die Namen sind unterschiedlich. Bei den Pressestellen kann man Senderadressen aus dem jeweiligen Bundesland erfragen. Die Landesmedienanstalten haben zum Teil eigene Schriftenreihen mit oft aufschlußreichen Beiträgen zu Medienthemen. Gemeinsam geben sie (unregelmäßig) ein Jahrbuch heraus.

Landesanstalt für Kommunikation Baden-Württemberg (LFK)
Rotebühlstr. 121, 70178 Stuttgart
Tel.: (07 11) 66 99 10, I: www.lfk.de

Bayerische Landeszentrale für neue Medien (BLM)
Fritz-Erler-Straße 30, 81737 München
Tel.: (0 89) 6 38 08-0, I: www.blm.de

Medienanstalt Berlin-Brandenburg (MABB)
Kleine Präsidentenstr. 1, 10178 Berlin
Tel.: (0 30) 26 49 67-0, I: www.mabb.de

Bremische Landesmedienanstalt
Grünenweg 26, 28195 Bremen
Telefon: (04 21) 32 81 14

Hamburgische Anstalt für neue Medien (HAM)
Kl. Johannisstr. 10, 20457 Hamburg
Tel.: (0 40) 3 69 00 50, I: www.ham-online.de

Hessische Anstalt für Privaten Rundfunk (LPR)
Wilhelmshöher Allee 262, 34131 Kassel
Tel.: (05 61) 9 35 86-0, I: www.lpr-hessen.de

Landesrundfunkzentrale Mecklenburg-Vorpommern (LRZ)
Bleicher Ufer 1, 19053 Schwerin
Tel.: (03 85) 55 88 10, I: www.mvnet.de/inmv/lrz

Niedersächsische Landesmedienanstalt
für privaten Rundfunk (NLM)
Seelhorststr. 18, 30175 Hannover
Tel.: (05 11) 28 47 70, I: www.nlm.de

Landesanstalt für Rundfunk Nordrhein-Westfalen (LfR)
Willi-Becker-Allee 10, 40025 Düsseldorf
Telefon: (02 11) 7 70 07-0, I: www.lfr.de

Landeszentrale für private Rundfunkveranstalter Rheinland-Pfalz (LPR)
Turmstr. 8, 67059 Ludwigshafen
Tel.: (06 21) 5 20 20, I: www.lpr-online.de

Landesmedienanstalt Saarland (LMS)
Karcherstraße 4, 66111 Saarbrücken
Tel.: (06 81) 3 89 88-0, I: www.lmsaar.de

Sächsische Landesanstalt für privaten
Rundfunk und neue Medien (SLM)
Carolinenstraße 1, 01097 Dresden
Tel.: (03 51) 5 51 61, I: www.slm-online.de

Landesrundfunkausschuß
für Sachsen-Anhalt (LRA)
Reichardtstr. 9, 06114 Halle
Tel.: (03 45) 52 55-0, I: www.lra.de

Unabhängige Landesanstalt für das Rundfunkwesen
Schleswig-Holstein (ULR)
Schloßstr. 19, 24103 Kiel
Tel.: (04 31) 97 45 60, I: www.ulr.de

Thüringer Landesmedienanstalt (TLM)
Am Haeckerstieg 12, 99310 Arnstadt
Tel.: (0 36 28) 6 11 60, I: www.tlm.de

Offene Kanäle

Die Offenen Kanäle bieten interessierten Bürgern in Kabelnetzen Sendeplätze für private Video-Produktionen. Dafür stellen sie kostengünstig Kameras, Schnittplätze und auch Studios zur Verfügung. Dort erfährt man auch, wer Einführungskurse in die Video-Arbeit anbietet. Dies sind keine Kurse, die auf die professionelle Arbeit eines Fernsehjournalisten vorbereiten. Dennoch bekommt man dort viele Hinweise und Anregungen, die bei den ersten Schritten im Fernsehen hilfreich sein können.

Berlin

Offener Kanal Berlin
Voltastraße 5, 13355 Berlin
Tel.: (0 30) 4 64 00 50, I: www.okb.de

Offener Kanal Bremen
Findorffstraße 22–24, 28215 Bremen
Tel.: (04 21) 3 50 10-0, I: www.ok-bremen.de

Offener Kanal Dortmund
Teutoburger Straße 18, 44149 Dortmund
Tel.: (02 31) 17 00 01, I: www.ok-dortmund.de

Offener Kanal Essen
Wilhelm-Nieswandt-Allee 104, 45326 Essen
Tel.: (02 01) 8 34 44 83, I: www.ok43.de

Offener Kanal Hamburg
Stresemannstraße 375, 22761 Hamburg
Tel.: (0 40) 89 69 07-0, I: www.offener-kanal-hamburg.de

Offener Kanal Kaiserslautern
Kanalstraße 3, 67655 Kaiserslautern
Tel.: (06 31) 3 60 53 94

Offener Kanal Kassel
Im Kulturbahnhof, 34117 Kassel
Tel.: (05 61) 10 79 04
e-mail: okks@ok-kassel.de

Offener Kanal Kiel
Hamburger Chaussee 36
24113 Kiel
Tel.: (04 31) 64 00 40, I: www.okkiel.comcity.de

Offener Kanal Koblenz
Markenbildchenweg 38
56068 Koblenz
Tel.: (02 61) 3 28 53

Offener Kanal Ludwigshafen/Vorderpfalz
Prinzregentenstraße 48
67063 Ludwigshafen
Tel.: (06 21) 52 40 63, I: www.lpr-online.de/OK-Lu/start.htm

Offener Kanal Saarland
Eschberger Weg 65
66121 Saarbrücken
Tel.: (06 81) 81 20 26, I: www.oksaar.de

Offener Kanal Trier
Zurmaiener Straße 114
54292 Trier
Tel.: (06 51) 1 46 88 40-46

Dies sind nur die Adressen einiger Offenener Kanäle. Wer wissen will, in welchen anderen Städten es außerdem noch Offene Kanäle gibt, der bekommt unter folgender Adresse weitere Informationen:

Bundesverband Offene Kanäle (BOK) e. V.
c/o Offener Kanal Berlin
Voltastraße 5, 13355 Berlin
Tel.: (0 30) 4 64 00 50, I: www.bok.de

Mehr Anschriften in- und ausländischer Fernsehsender mit zusätzlichen Informationen über das jeweilige Rundfunksystem finden sich in: Internationales Handbuch für Rundfunk und Fernsehen, (Nomos Verlagsgesellschaft Baden-Baden, erscheint zweijährlich).

Autoren

Jeder Autor wurde um fünf Zeilen Autobiografie gebeten. Wo uns längere Texte eingesandt wurden, haben wir jene Daten bevorzugt, die über den individuellen Weg zum Fernsehen Auskunft geben.

ULRICH BERLS, Dr. phil. (*Nachrichtenfilm*), geb. 1954 in Reutlingen, seit 1994 Institutsleiter der Bayerischen Akademie für Fernsehen, München; davor Reporter im ZDF-Landesstudio Stuttgart, persönlicher Referent des Programmdirektors ZDF, ab 1992 Redaktionsleiter der Hauptredaktion Kultur des ZDF.

RUTH BLAES, Dr. phil. (*Fortbildung beim öffentlich-rechtlichen Rundfunk*), geb. 1949 in Mannebach, Leiterin der Zentralen Fortbildung der Programmitarbeiter ARD/ZDF (ZFP). Wissenschaftliche Assistentin Universität München, Dozentin, freie Journalistin, Bereichsleiterin ZFP, stellvertr. Leiterin der ZFP 1988–1990. Lehraufträge u. a. Universität München, Hannover; div. Fachaufsätze zum Thema Aus- und Weiterbildung, Sprache und Sprechen. Veröffentlichung: »ABC des Fernsehens« (Hg. mit Gregor Alexander Heussen), Konstanz 1997.

STEPHAN BOEDER, (*Die Wortnachricht optisch unterstützen*), geb. 1937 in Köln, bis 1996 Leiter der Abteilung ARD-Design. Nach dem Studium der freien Malerei und Bühnenbildvolontariat seit 1959 Designer beim WDR, seit 1992 Professor für Mediengestaltung an der Kunsthochschule für Medien in Köln. Veröffentl.: Grafik-Design, Bildsprache im Fernsehen; in: ARD-Jahrbuch 78 (Hamburg 1978), S. 65-80.

AXEL BUCHHOLZ (div. Beiträge s. Inhaltsverzeichnis), Personalien s. »Herausgeber« am Schluß.

MANFRED BUCHWALD, Dr. phil. (*Statement, Redeausschnitte, Interview, Politisches Magazin/Spartenmagazin, Moderation, Fernseh-Diskussion*), geb. 1936 in Oberhausen/Rheinland, Honorarprofessor TU Berlin, bis 1996 Intendant des Saarländischen Rundfunks, vorher Chefredakteur HR-Fernsehen, davor Chefredakteur ARD/Tagesthemen in Hamburg. 1963-1965 politischer Redakteur im Landesstudio Rheinland/Pfalz, SWF Mainz; 1965-1980 stellv. Leiter des FS-Regionalprogramms Rheinland/Pfalz, Vorsitzender des Deutschen Journalistenverbandes 1978-1981; Lehraufträge an den Universitäten Mainz, Hamburg und Berlin (TU), Dozent an der Hamburger Journalistenschule.

GUNTRAM VON EHRENSTEIN (*Bildschnitt*), geb. 1929 in München, bis 1992 Abteilungsleiter Produktionsbereich Bearbeitung beim SDR. 1948-1954 Filmtechniker Bavaria-Kopierwerk, 1954-1956 Filmtechniker SDR (Aufbau des Schwarz-Weiß-Kopierwerks), 1956-1963 Cutter SDR, 1963-1973 Chefcutter SDR. Lehrbeauftragter Fachhochschule Druck in Stuttgart.

FRANK FELL-BOSENBECK (*EB-Kamera*), geb. 1962, Produkt-Manager Panasonic Broadcast. Nach Ausbildung zum Radio- und Fernsehtechniker und staatlich geprüften Techniker Nachrichtentechnik Tätigkeit bei Sony Broadcast als Service Ingenieur. Später Wechsel zu Panasonic Broadcast als Leiter des Broadcast Service. Veröffentlichungen in Video-Fachzeitungen.

BERNWARD FRANK, Dr. phil. (*Zuschauerforschung – Entscheidungshilfe für die Programmpraxis*), geb. 1937 in Hünfeld, seit 1970 Leiter der Abteilung Medienforschung ZDF, seit 1994 Leiter der Abteilung Marketing ZDF. Studium der Soziologie, Publizistik, Philosophie; zahlreiche Veröffentlichungen.

ROLAND FREYBERGER (*Bildaufbau*), geb. 1933 in Freising, bis 1997 Produktionsdirektor WDR, vorher Leiter der Hauptabteilung Planung und Herstellung. Studium der Mathematik und Physik in München und der Soziologie in Köln, 1959-1971 Produktionsingenieur beim WDR. Veröffentlichungen: »Licht-Signale-Bilder, Tricks und Techniken des Fernsehens« (aus diesem inzwischen vergriffenen Buch stammt der überarbeitete Beitrag »Bildaufbau«); zahlreiche Fachbeiträge in Zeitschriften.

AMELIE FRIED (*Talk-Show*), geb. 1958 in Ulm, Freie Journalistin und Autorin, bis 1989 Moderatorin der ZDF-Talk-Show »Live«. Studium der Theaterwissenschaft, Germanistik, Kunstgeschichte; Wechsel an die Münchner Hochschule für Fernsehen und Film. Während des Studiums Beginn der Moderatorentätigkeit bei Jugendsendungen: »Live aus dem Alabama« (BR) und »Gut drauf« (WDR).

HANNELORE GADATSCH (*Fachausdrücke*), geb. 1941 in Berlin, freie FS-Autorin, bis 1998 Redaktionsleiterin »Schlaglicht« beim SWR, ARTE-Beauftragte des SWF, Leiterin der Redaktion ARD Eins Plus beim SWF; Report-Redaktion Baden-Baden, Tagesthemen-Moderatorin. Einige Semester Jura, Volontariat beim SFB, freie Reporterin und Moderatorin im SR 1963–1966, seitdem beim SWF. Erster Preis der Arbeitsgemeinschaft der Freien Wohlfahrtsverbände.

HELMUT GÖB (*EB-Kamera*), geb. 1954 in Würzburg, techn. Studioleiter der Zentraleinrichtung Videostudio der Fachhochschule Würzburg-Schweinfurt-Aschaffenburg. Lehrbeauftagter für Videotechnik, Fernseh- und Videofilmgestaltung. Freie Mitarbeit beim Bayerischen Rundfunk, Referent bei der Hanns-Seidel-Stiftung für journalistische Nachwuchsförderung im Bereich Fernsehjournalismus.

RAINER HAAKE (*Ausbildung beim öffentlich-rechtlichen Rundfunk*) geb. 1944 in Klingenthal, Bez. Chemnitz, Lehrbeauftragter »Redaktion« des ZDF, bis 1988 Redakteur in den Redaktionen »Bildung und Erziehung« und »Kinder und Jugend« im ZDF.

PETER HARDT, Dipl. Ing. (FH) (*Digitaler Schnitt, Magnetband*), geb. 1953 in Mainz, seit 1980 Planungsingenieur beim ZDF/Abt. Fernsehtechnische Planung und Ausrüstung. 1968-1971 Ausbildung zum Fernmeldemonteur bei Siemens AG Frankfurt, 1971-1974 Studium der Allgemeinen Elektrotechnik in Bingen, 1974-1980 Prüffeldingenieur bei R. Bosch GmbH Darmstadt. 1993/1994 Vorsitzender der ARD/ZDF-Arbeitsgruppe »Bandlose, digitale Speicher- und Bearbeitungssysteme für Fernsehprogramme«.

GREGOR ALEXANDER HEUSSEN (*Erklärstück, Rausschmeißer und andere Kurzformen, An alles denken – eine Checkliste für die Produktion*), geb. 1939 in Berlin, Berater und Trainer für TV-Dramaturgie, Dokumentarfilm und Redaktionsmanagement für Fernsehredaktionen. Seit 1970 Autor und Regisseur von Dokumentar-TV-Filmen für ARD und ZDF. Adolph-Grimme-Preis 1973, Wilhelmine-Lübke-Preis 1978. Seit 1984 Trainer in der Ausbildung von Fernseh-Journalisten bei mehreren Sendern und bei der ZFP.

PETER KERSTAN (*Bildsprache*), geb. 1939 in Berlin, Kameramann und Regisseur von Dokumentarfilmen, 1978-1986 Lehrauftrag für den Produktionsbereich beim

ZDF. Ausbildung zum Cutter, Kameramann und in der Dokumentarfilm-Regie. Mitautor »DuMont Handbuch der Filmgestaltung«.

MICHAEL KLEHM (*Ausbildung beim Privatfernsehen*), geb. 1956 in Witten/Ruhr, Referent für Neue Medien beim Deutschen Journalistenverband e. V. (DJV) seit 1992, vorher Rechtsanwalt in Bonn. Jura- und Germanistik-Studium in Bonn.

BERNHARD KLIEBHAN (*Wirtschaftlich produzieren*), geb. 1948 in Ansbach, Redakteur beim Fernseh-Regionalprogramm des Hessischen Rundfunks seit 1974, Schwerpunkt: Einsatz Neuer Technologien. Lehrtätigkeit bei verschiedenen Einrichtungen der journalistischen Aus- und Fortbildung, u. a. Trainer bei der ZFP seit 1981 (Datenbank-Recherche, PC-Workshop, Von der Idee zur Sendung), Ausbildung von Fernsehmitarbeitern in verschiedenen afrikanischen Entwicklungshilfeprojekten.

ALEXANDER KULPOK (*Vor der Kamera, Online/Videotext, Journalistischer Arbeitsplatz Studio: »Der Aufnahmeleiter« und »Der Kameramann«*), geb. 1938 in Berlin, Leiter ARD-TEXT, zuvor Leiter der ARD/ZDF-Videotext-Zentrale; 1966-1970 stellv. Leiter des SFB-Zeitfunks, bis Mai 1980 Leiter des Berliner Büros von »ARD aktuell« Dozent für Hörfunk- und TV-Journalismus, seit 1998 Vorsitzender des Journalisten-Verbandes Berlin. Veröffentlichungen u. a.: (mit Axel Buchholz) »Revolution auf dem Bildschirm – Die neuen Medien Videotext und Bildschirmtext«.

KARL MARCINIAK (*Die Bilder mit der Kamera einfangen, Übungsplan Bildgestaltung, Fachausdrücke*), geb. 1951 in Ostrowo/Polen, Regie-Kameramann. Nach dem Studium der Filmrealisation in Warschau bis 1981 als Kameramann in der Fernsehanstalt Kattowitz/Polen. 1979-1981 Lehrauftrag (Kameraführung) an der Fakultät für Rundfunk und Fernsehen der Universität Kattowitz. Seit 1982 freier Kameramann vorwiegend für ZDF und ARD. Seit 1987 tätig beim Institut zur Förderung publizistischen Nachwuchses.

KONRAD MITSCHKA (*Aus- und Fortbildung in Österreich*), geb. 1969 in Wien, seit 1997 Koordinator für Weiterbildung im ORF; seit 1987 Redakteur beim ORF, Buchautor und Journalist.

GERNOT MEYER-SCHWARZENBERGER, (*Mit elektronischen Tricks informieren*), geb. 1945 in Alzey, Dipl.-Physiker, seit 1972 Technischer Autor und Redakteur SRT Nürnberg, Abteilung Bild. Studium an der TH Darmstadt; Autor und Produzent von Fortbildungsprogrammen für techn. u. außertechn. Mitarb. d. Rundfunkanstalten; Veröffentl.: »Elektronische Tricks« (1974), »Noch analog – schon digital« (1995), CD-ROM »MPEG, JPEG, & Co.« (1997).

JOHANNES MÜLLER, Dr. Ing. (*Licht und Bildgestaltung, Die Kamera kennenlernen, Mit Filmtricks arbeiten, Mikrofone, Lampen und Leuchten*), geb. 1933 in Scheibenberg/Erzgeb., bis 1999 Professor (Technik der Kommunikationsmittel für Film und Fernsehen) a. d. Hochschule f. Fernsehen und Film in München. Studium der Physik und Mathematik in Leipzig, ab 1960 Dozent a. d. Hochschule für Fernsehen und Film Potsdam-Babelsberg.

CARMEN NEBEL (*Vor der Kamera*), geb. 1957 in Grimma bei Leipzig, Moderatorin beim MDR, zuvor beim DDR-Fernsehen, Studium der Pädagogik an der Humboldt-Universität zu Berlin, 5 Jahre Lehrerin für Deutsch und Englisch in Berlin. Beginn der Fernseh-Karriere während des Studiums.

BERNHARD NELLESSEN (*Wortnachricht, Nachrichtensendungen, Nachrichtenmagazin und Newsshow*), geb. 1958 in Bad Ems, beim SWR Chefredakteur FS Rheinland Pfalz, von 1991 bis 1994 Co-Moderator des ZDF »heute-journals« und Chef vom Dienst der Hauptredaktion Aktuelles im ZDF.

GEBHARD PLANGGER (*Ein Nachrichtenfilm als Beispiel*), geb. 1937 in Kiefersfelden/Oberbayern, bis 1999 Hauptabteilungsleiter Fernsehproduktion SWF, zuvor Abteilungsleiter SWF-Fernsehen, davor 10 Jahre lang freier Filmemacher, Gastdozent für EB an der Schule für Rundfunktechnik und am Institut für Publizistik.

LUDWIG PROBST (*Der Beitrag des Tons zur Information*), geb. 1938 in München, bis 1994 Leiter der Betriebsgruppe Vertonung im Filmproduktionsbetrieb des BR, Studium an der Nordwestdt. Musikakademie in Detmold, Abschluß als Diplom-Tonmeister. Gastdozent a. d. Hochschule für Fernsehen und Film in München; zahlreiche Veröffentlichungen.

KARL NIKOLAUS RENNER, Prof. Dr. phil. (*Feature und Dokumentation*), geb. 1949 in Ruhpolding. Ausbildung zum Kameramann, Studium der Germanistik in München, freier Mitarbeiter des Bayerischen Rundfunks (Features und Dokumentationen, wissenschaftsjournalistische Filmbeiträge). Seit 1995 Professor für Fernsehjournalismus am Journalistischen Seminar der Universität Mainz.

ALBERT SCHARF (*Medienrecht für Fernsehleute*), geb. 1934 in München, Intendant des Bayerischen Rundfunks, vorher Justitiar und (seit 1973) Stellv. des Intendanten des BR. Rechtsanwalt, Honorarprofessor für Medienrecht an der Hochschule für Fernsehen und Film, München, Präsident der Union der Europäischen Rundfunkanstalten.

HEINER SCHMITT, Dr. phil. (*Archive, Bibliotheken, Dokumentationsstellen*), geb. 1939 in Bonn, seit 1979 Leiter der Hauptabteilung »Archiv-Bibliothek-Dokumentation« des ZDF. Studium der Neueren Geschichte, Politischen Wissenschaften und Vergleichenden Religionswissenschaft an der Universität Bonn; danach am Bundesarchiv Koblenz und beim Hessischen Rundfunk tätig.

SIMONE SCHNEPPENSIEFEN (*Zwei Nachrichtenfilme als Beispiele*), geb. 1966 in Frankfurt a. M., Reporterin in der aktuellen Fernseh-Redaktion des Bayerischen Rundfunks, arbeitet auch für Tagesschau und Tagesthemen, vorher Mitarbeiterin bei der »Allgemeinen Zeitung« Mainz, Studium in Mainz und Dijon.

JÖRG SCHÖNENBORN, (*Bericht/Reporterbericht, Live-Berichterstattung, Korrespondentenbericht aus dem Ausland, Reportage*), geb. 1964, Dipl.-Journalist, Leiter d. FS-Redaktionsgruppe Zeitgeschehen Aktuell beim WDR; ARD-Wahlmoderator; 1992-1997 NRW-Korrespondent für Tagesschau und Tagesthemen, ZFP-Trainer für Fernseh-Journalismus.

GERHARD SCHULT, Dr. phil. (div. Beiträge s. Inhaltsverzeichnis), Personalien s. »Herausgeber« am Schluß.

ALEXANDER VON SOBECK-SKAL (*Elektronische Bild- und Ton-Aufzeichnung, Elektronischer Schnitt, Ton-Bearbeitung)*, geb. 1955 in München, Rechtsanwalt, Programmgeschäftsführer PHOENIX, zuvor stv. Leiter des ZDF-Studios Bonn, davor ZDF-Korrespondent in Südafrika, Redakteur im Bonner ZDF-Studio, freier Mitarbeiter beim BR in den Redaktionen »Tagesschau/Tagesthemen« und »Landespolitik«; lehrt seit 1981 EB-Produktion an der Deutschen Journalistenschule in München; bis 1978 Freier Mitarbeiter im SDR-Regionalfernsehen.

CARMEN THOMAS *(Sendungen mit Zuschauer-innen-Beteiligung)*, geb. 1946 in Düsseldorf, Leiterin der WDR-Programmgruppe »Forum für Mitmach-Sendungen«, bis 1991 Redakteurin HA Politik WDR; Studium der Anglistik und Germanistik; seit 1968 beim WDR, Veröffentlichungen: »Die Hausfrauengruppe« (Hrsg.), »Hallo Ü-Wagen«.

SANDRO VIROLI, *(Nachrichtenfilme aus dem Ausland, Zwei Nachrichtenfilme als Beispiele, Storyboard)*, geb. 1957 in Cesena/Italien, Leiter der Nachrichtenredaktion/Fernsehen MDR. Nach freier Mitarbeit im Hörfunk des Saarländischen Rundfunks (1980) Redakteur im Regionalfernsehen und der ARD-Dokumentation Politik, 1991 Wechsel zum MDR, Leiter des Bereichs Politik und Zeitgeschehen im Landesfunkhaus Thüringen, 1995 Wechsel in die Chefredaktion Fernsehen, Mitarbeit in der Volontärsausbildung des MDR und bei der Journalistenausbildung der Kath. Medienakademie.

PETER VOSS *(Kommentar)*, geb. 1941 in Hamburg, Intendant des Südwestrundfunks, Studium und erste journalistische Tätigkeit in Göttingen, 1977/78 ZDF-Korrespondent in West-Berlin, bis 1981 stellvertr. Redaktionsleiter »Report« (BR), 1981 stellvertr. Redaktionsleiter »heute-journal«, 1983 Redaktionsleiter dieser Sendung, 1983-1993 Moderator, Kommentator, Leiter ZDF-Hauptredaktion »Aktuelles«, 1990 auch stellvertr. ZDF-Chefredakteur, 1993-1998 Intendant des Südwestfunks, 1997 Professor in Karlsruhe, 1999 ARD-Vorsitzender. Veröffentlichungen: Aufsätze, Reden, Zeitungskolumnen u. a. zur Medienpolitik.

WERNER ZIMMER *(Sportreportage)*, geb. 1936 in Schaffhausen/Saar, stv. SR-Intendant, Programmdirektor Fernsehen SR, zuvor HA-Leiter Aktuelles Fernsehen und Sport beim SR, stellvertr. Chefredakteur. Studium an der Univ. des Saarlandes: Philosophie, Theologie, Geschichte, Leibesübungen; zahlreiche Saarlandrekorde als Leichtathlet; seit 1964 Redakteur, Reporter, Moderator bei olympischen Spielen.

PETER ZUELLIG (*Ausbildung und Fortbildung in der Schweiz*), geb. 1939 in Buchs AG, Studium der Kunstgeschichte, Journalist BR, Redakteur am Schweizer Fernsehen DRS, Ausbilder für audiovisuelle Medien, Dozent an der Universität Fribourg. Zahlreiche Veröffentlichungen (Interviewtraining, optisches Gestalten, Videotext).

Herausgeber:

AXEL BUCHHOLZ, geb. 1939 in Berlin, Chefredakteur u. stv. Hörfunkdirektor beim SR, Jurastudium in Berlin und Saarbrücken, beim SR seit 1961; Reporter, Moderator, Redakteur, SR1-Wellenchef. Co-Autor (mit Alexander Kulpok) »Revolution auf dem Bildschirm – Die neuen Medien Videotext und Bildschirmtext«, Mitherausgeber (mit Walther von LaRoche) »Radio-Journalismus«; Lehrbeauftragter am Journalistischen Seminar der Universität Mainz, Dozent an der Deutschen Journalistenschule in München und anderen Einrichtungen der praktischen Journalistenausbildung.

GERHARD SCHULT, Dr. phil., geb. 1928 in Hamburg. Neben und nach journalistischer Tätigkeit (zuletzt als Abteilungsleiter Fernsehen-Aktuelles beim Hessischen Rundfunk) seit 1971 Lehraufträge an Universitäten und Hochschulen, seit 1979 in der Aus- und Fortbildung ARD/ZDF (ZFP); Dozent und Trainer für praktischen Journalismus (Printmedien, Hörfunk und Fernsehen) an Journalistenschulen und in Organisationen. Autor von »Fernsehprogramme – programmiertes Fernsehen« (Zürich 1977), »Medienmanager oder Meinungsmacher?« (Zürich 1988) und zahlreicher Fachaufsätze.

Bildnachweis

Grafiken:
Stephan Boeder, »Die Wortnachricht optisch unterstützen«
Beate Erdmann, »Storyboard«
Susanna Fanton, Ingrid Mruk, »Bildsprache« (nach Entwürfen von Peter Kerstan) und »Bildschnitt« (nach Entwürfen von Guntram von Ehrenstein)
Roland Freyberger, »Bildaufbau«
Werner H. Joest, »Journalistischer Arbeitsplatz Ü-Wagen« (Schemazeichnung)
Richard Kirst, »Die Kamera kennenlernen«, »Die Bilder mit der Kamera einfangen«, »Magnetband«, »Umfrage«, Elektronische Bild- und Ton-Aufzeichnung«
Gernot Meyer-Schwarzenberger, »Mit elektronischen Tricks informieren«
Eva Rosenfarb, »Nachrichtenfilme aus dem Ausland«
Gabriele Seibert, »In Bildern erzählen«, »Interview«,

Für *Vorlagen* danken wir dem Deutschen Rundfunkmuseum, Berlin, sowie den Firmen Avid, Nordmende und Sony.

Fotos:
Arnold & Richter (Arri); Bayerischer Rundfunk; Deutsches Rundfunkmuseum, Berlin, Eclair, Norddeutscher Rundfunk, Panasonic Broadcast Europe, RTL, Sennheiser electronic; Sony Deutschland GmbH; Steenbeck, Südwestrundfunk, Telefunken.

Register

Die Seitenzahlen von Hauptfundstellen sind durch **Fettdruck** hervorgehoben.
Die Namen von Sendeanstalten und Sendungen werden nicht berücksichtigt.